अज्ञेय होने का अर्थ

वत्सल-निधि-न्यास
हीरानन्द शास्त्री स्मारक व्याख्यान माला-15
अज्ञेय स्मृति व्याख्यान-2007

अज्ञेय होने का अर्थ

कृष्णदत्त पालीवाल

वाणी प्रकाशन

वाणी प्रकाशन
4695, 21-ए, दरियागंज, नयी दिल्ली 110 002
शाखा
अशोक राजपथ, पटना 800 004
फ़ोन: +91 11 23273167 फ़ैक्स: +91 11 23275710
www.vaniprakashan.in
vaniprakashan@gmail.com

AJNEYA HONE KA ARTH
by Krishnadutt Paliwal

ISBN : 978-93-5000-780-8
Literature

प्रथम संस्करण

मूल्य : ₹ 425

आर. टेक ऑफ़सेट, दिल्ली-110095 में मुद्रित

वाणी प्रकाशन का लोगो मक़बूल फ़िदा हुसेन की कूची से

अज्ञेय जी के परमप्रिय

कवि, नाटककार, निबन्धकार, आलोचक, कोशकार

प्रोफेसर नन्दकिशोर आचार्य को

सस्नेह समर्पित

निवेदन

डॉ. कृष्णदत्त पालीवाल का यह ग्रन्थ 'अज्ञेय होने का अर्थ' हीरानन्द शास्त्री स्मारक व्याख्यानमाला के अन्तर्गत दिए गये व्याख्यान का मुद्रित रूप है।

प्रोफेसर पालीवाल अज्ञेय साहित्य के जाने-माने अध्येता और विद्वान हैं। वह अज्ञेय जी के काव्य-गुरु मैथिलीशरण गुप्त की ग्रन्थावली का सम्पादन कर चुके हैं और अब 'अज्ञेय रचनावली' का पूरे मनोयोग से सम्पादन कर रहे हैं। अज्ञेय जी पर उनकी तीन आलोचना-कर्म से सम्बन्धित पुस्तकें पाठकों के सामने आ चुकी हैं—(1) अज्ञेय : कवि कर्म का संकट, (2) अज्ञेय : विचार का स्वराज्य, (3) आलोचक अज्ञेय की उपस्थिति।

विद्वत समाज इस तथ्य से अच्छी तरह परिचित है कि स. ही. वात्स्यायन 'अज्ञेय' की भूमिका भारतीय साहित्य के लिए कितनी महत्त्वपूर्ण है। अज्ञेय जी की परिव्याप्ति हिन्दी के आधुनिक साहित्य, हिन्दी पत्रकारिता, यात्रा साहित्य, निबन्ध साहित्य, सम्पादन कला, डायरी लेखन, साक्षात्कार और अनुवाद कार्य में इतनी गहन है कि उनके सम्पूर्ण सृजन चिन्तन के सम्यक् ज्ञान के बिना उनका महत्त्व समझ पाना दुष्कर है।

'अज्ञेय होने का अर्थ' उस आवश्यकता की पूर्ति करेगा। इस कामना के साथ।

न्यासधारी सचिव
वत्सल-निधि-न्यास

इन्द्रनाथ चौधुरी

वत्सल-निधि

वत्सल-निधि (स्थापित 1980) के न्यास-पत्र के अनुसार उसके उद्देश्य ये हैं :

- साहित्य और भाषा की संवर्द्धना : साहित्यकारों और विशेषतः युवा लेखकों की सहायता साहित्यिक अभिव्यक्ति प्रतिमानों, संस्कारों तथा साहित्य-विवेक और सौन्दर्य-बोध का विकास; अन्य सभी सम्बद्ध आनुषंगिक कार्य।

इन लक्ष्यों के लिए अपने साधनों की सीमाएँ ध्यान में रखते हुए वत्सल-निधि निम्नलिखित कार्यों का आयोजन करेगी :

- व्याख्यान-मालाएँ, शिविर, कार्यशालाएँ, संगोष्ठियाँ, परिसंवाद, सभाएँ, उत्सव और यात्राएँ;
- सन्दर्भ सामग्री और दस्तावेजों का संग्रह, दृश्य-श्रव्य उपकरणों का संग्रह तथा फिल्म, टेप, चित्र, पाण्डुलिपि आदि का निर्माण, सम्पादन आदि;
- लेखकों के लिए विनिमय, भ्रमण, सहयोग और सहायता के कार्यक्रम;
- शोध अथवा लेखनावकाश वृत्तियाँ;
- पत्रकों और पुस्तिकाओं का प्रकाशन आदि।

स्व. डॉ. हीरानन्द शास्त्री (1874-1946), जिनकी स्मृति में वत्सल-निधि द्वारा एक व्याख्यान-माला का प्रवर्तन हुआ है, भारतीय इतिहास, पुरालेख तथा पुरातत्त्व के प्रसिद्ध मर्मज्ञ और संस्कृत तथा अन्य प्राचीन भारतीय भाषाओं के विद्वान थे। कुशीनगर, सारनाथ, नालन्दा आदि के महत्त्वपूर्ण उत्खनन उनकी देखरेख में हुए थे। पंजाब के पर्वतीय प्रदेश के पुरावशेषों का सर्वेक्षण, लखनऊ संग्रहालय की स्थापना, तत्कालीन जम्मू-काश्मीर राज्य में पुरातत्त्व विभाग और श्रीनगर-संग्रहालय की स्थापना, बड़ौदा राज्य में पुरातत्त्व विभाग का संस्थापन और बड़ौदा-संग्रहालय के भीतरी खण्ड का पुनः संगठन और गुजरात के विभिन्न स्थलों में उत्खनन कार्य का आरम्भ उन्होंने किया।

डॉ. हीरानन्द शास्त्री के प्रकाशनों में कई शोध-प्रबन्ध और प्राचीन स्थलों की परिचायिकाएँ भी हैं। चित्रकला और मुद्राशास्त्र के बारे में उन्होंने पुस्तकें लिखीं। एपीग्राफिया तथा इंडियन एण्टिक्वेरी का उन्होंने कई वर्षों तक सम्पादन किया। विंसेण्ट स्मिथ के भारतीय इतिहास की एक लम्बी और विवरणात्मक आलोचना प्रकाशित करने की सरकारी अनुमति न मिलने पर उन्होंने उसे निजी तौर पर इतिहासविदों के पास अवलोकनार्थ भेजा था।

डॉ. हीरालाल, श्री राखालदास बन्द्योपाध्याय और डॉ. काशीप्रसाद जायसवाल उनके अभिन्न मित्रों और सहयोगियों में रहे। इसके अतिरिक्त देश और विदेश के अनेक विद्वानों और भारतविदों से उन्हें सम्मान मिला : इनमें स्व. गौरीशंकर ओझा, राहुल सांकृत्यायन, रायकृष्णदास, वोगेल, लेवी, सेनार, ओल्डहम, फ्रेंच आदि के नाम उल्लेखनीय हैं।

वत्सल-निधि-न्यास

हीरानन्द शास्त्री स्मारक व्याख्यान माला-15

अज्ञेय स्मृति व्याख्यान-2007

अनुक्रम

पुरोवाक्

अध्यक्षीय आमुख एवं आभार

आज से चार वर्ष बाद हम अज्ञेयजी की जन्म शताब्दी का उत्सव मना रहे होंगे। यह 96 वाँ स्मृति वर्ष भी उसी माला का एक मनका है।

मुझे स्मरण है वत्सल-निधि बनाने के पीछे अज्ञेयजी का उत्साह एवं उनकी आशा और आकांक्षा थी। वत्सल-निधि के प्रारूप के पीछे उनकी एक दृष्टि थी, जिसका मैं साक्षी हूँ। एक अन्तरंग आनन्द और धन्यता का अनुभव होता था, उनके सान्निध्य में। एक गम्भीर सघनता थी उनके मौन में, उनके प्रत्येक शब्द में। उनके मौन में था सार्थक, मुखर और सम्पन्न संवाद। उनके संवाद में वाक् और अर्थ की गरिमा सम्पृक्त थी। एक विराट सर्वस्व की यथता एवं तथता का व्यक्तित्व और कृतित्व था उनका, जिसमें लहराता था सत्य और शब्द का सागर। विराट् समष्टि उस शाश्वत चेतना के यायावर का घर-आँगन, नन्दन-कानन और अन्तरिक्ष था। वे उस विराट् सर्वस्व के थे और विराट् त्रैलोक्य की यथता और तथता उनकी अपनी थी। उनके सृजन में सूक्ष्म और विराट् का अद्वैत समागम था। वाल्ट व्हिटमैन तथा निराला और प्रसाद की तरह अज्ञेय भी महाप्राण थे। वाणी की असाध्य वीणा की साधना से उन्होंने अपने आप को विराट् त्रैलोक्य की समग्र-सर्वांगीण चेतना को अर्पित कर दिया था; उसी वीणा और वाणी के माध्यम से विराट् सृष्टि का निविड़ त्रैलोक्य उनमें प्रविष्ट-अन्तर्निविष्ट था। सृष्टि की चेतना का वह गूढ़ रहस्य अज्ञेय के जीवन और सृजन में सर्वत्र व्याप्त है। उनका सच निर्भ्रान्त आर्जव की साधना का सच है, जो अपनी धरती से जितना जुड़ा हुआ है, उतना ही वैश्विक भी है। अज्ञेय परम्परा की प्रत्यभिज्ञा और व्यग्रता के आराधक भी हैं, व्याख्याता भी हैं, भंजक भी हैं, शिल्पी भी हैं। इसीलिए सर्जक अज्ञेय परम्परा के यशस्वी वंशधर भी थे और उसके नैरन्तर्य के सहज प्राकृतिक सन्निविष्ट धन्वन्तरि चिकित्सक भी।

अज्ञेयजी के सघन मौन का गीत और उसकी अनुगूँज अब भी मुझे सुनाई देते हैं। उन्होंने वत्सल-निधि का निर्माण उसी गीत की धुन में किया, जिसे उन्होंने अपने जीवनपर्यन्त जिया और गाया। वत्सल-निधि के निर्माण द्वारा उस महाप्राण चिन्तक और सर्जक को साहित्यकारों की बिरादरी को उनकी जीवन-साधना का नैष्ठिक उपहार है।

इस स्मृति व्याख्यान द्वारा वत्सल-निधि के माध्यम से हम जो विद्यमान हैं, वत्सल-निधि के रूप में इस सारस्वत उपक्रम के लिए अपने स्वनामधन्य संस्थापक के प्रति पूरे भारतीय साहित्यिक समाज की ओर से प्रीति और कृतज्ञता की श्रद्धांजलि अर्पित करते हैं। अज्ञेयजी ने वत्सल-निधि के प्रथम गठन के समय अपने अतिरिक्त जो दो आजीवन न्यासी (डॉ. कर्ण सिंह एवं वर्तमान लेखक) मनोनीत किये थे, हम दोनों आज भी उपस्थित हैं और उनके दिये गये दायित्व को विस्मृत या विसर्जित नहीं कर सकते। हम दोनों पर अज्ञेयजी के बाद इस न्यास के मन्तव्य का निर्वाह करने का साझा दायित्व रहा। फिर इलाजी ने और तदनन्तर डॉ. विद्यानिवास मिश्र ने प्रबन्ध न्यासी के कर्तव्यों का निर्वाह किया। वे दोनों भी हमसे विदा हो चले। कुछ समय के लिए हमने डॉ. कपिला वात्स्यायन को भी सहवृत किया था। सम्प्रति प्रो. इन्द्रनाथ चौधुरी एवं डॉ. कन्हैयालाल नन्दन हमारे साथ पूर्णतः जुड़े हुए हैं। व्याख्यान के आयोजन का विशेष श्रेय डॉ. नन्दन को है। डॉ. कर्ण सिंह मेरे इतने अभिन्न हैं कि उनको धन्यवाद देना औपचारिकता की दृष्टि से चाहे उचित हो, अन्यथा अनावश्यक ही लगता है। वे एक मनीषी हैं, जिनका वत्सल-निधि के साथ जुड़ना मैं विधि का वरदान मानता हूँ। इस अवसर पर आदरणीय भाई पण्डित विद्यानिवास मिश्र और इलाजी की कमी खलती है। उनके स्मरण में अज्ञेयजी का स्मरण भी स्वतः हो जाता है।

डॉ. कृष्णदत्त पालीवाल द्वारा प्रस्तुत यह स्मृति व्याख्यान अज्ञेय का ज्ञेय भाष्य एवं मार्मिक साक्ष्य है। उन्होंने अज्ञेय जी के व्यक्तित्व और कृतित्व में डूब कर गहन अवगाहन करते हुए यह व्याख्यान लिखा है, जिसमें अज्ञेयजी की सूक्ष्मतम अनुभूति और उस सूक्ष्मतम अनुभूति में अन्तर्निहित विराट् की प्रतीति है। मैं कृतज्ञ, प्रीत और अभिभूत हूँ, डॉ. कृष्णदत्त पालीवाल के इस सम्प्रेरित विलक्षण कृतित्व और अवदान के लिए। सहज ही यह व्याख्यान निराला तथा महादेवीजी के प्रति एवं आचार्य हजारी प्रसाद द्विवेदी के शताब्दी वर्ष में उनके प्रति भी एक श्रद्धासुमन है। इसकी सार्वजनिक प्रस्तुति और प्रकाशन को मैं वत्सल-निधि के लिए एक सन्तोषजनक उपलब्धि मानता हूँ। डॉ. कृष्णदत्त पालीवाल एवं श्रीमती रीतारानी पालीवाल के सहयोग के लिए वत्सल-निधि उनकी आभारी है। मुद्रक श्री गोकुल

सिंह नेगी के तत्पर सहयोग के लिए मैं उनको विशेष धन्यवाद देना चाहूँगा।

अज्ञेयजी एक कालजयी कलाकार थे। "साहित्यिक बिरादरी" के कुछ सिरफिरे लोगों के अकारण, अविवेकी एवं दुराशयपूर्ण विद्वेष को जिस प्रकार उन्होंने झेला, उन्हें विषपायी अज्ञेयजी के रूप में भी स्मरण किया जाना चाहिए।

आज अज्ञेयजी हमारे बीच नहीं रहे, किन्तु जो उन्होंने दिया और जिया वे समूचे विश्व साहित्य की एक अविस्मरणीय धरोहर हैं। इस धरोहर की अन्तिम न्यासी हैं, हमारे समाज और साहित्य की जीवन्त जिज्ञासापूर्ण जिजीविषा और सनातन परम्परा। वत्सल-निधि उस परम्परा के नैरन्तर्य की एक कड़ी बनी रहे, इस प्रार्थना और प्रतिबद्धता के साथ और मेरी विनम्र सख्यता एवं श्रद्धांजलि सहित इस पुरोवाक् को विराम देता हूँ।

सविनय

—डॉ. लक्ष्मीमल्ल सिंघवी

(अध्यक्ष एवं आजीवन न्यासी, वत्सल-निधि)

अज्ञेय स्मृति व्याख्यान, 2007

अज्ञेय होने का अर्थ

यह व्याख्यान सच्चिदानन्द हीरानन्द वात्स्यायन अज्ञेयजी की पवित्र स्मृति में आयोजित किया गया है। मैं सबसे पहले अज्ञेय जी की स्मृति को प्रणाम करता हूँ, तत्पश्चात् वत्सल-निधि के प्रति कृतज्ञता ज्ञापित करना चाहता हूँ कि उसने मुझे एक ऐसे महान रचनाकार पर आपसे बात करने का अवसर दिया है, जिसे अक्सर केन्द्र से परिधि पर ठेलकर अपमानित-प्रताड़ित किया जाता रहा है। हिन्दी साहित्य-समीक्षा में उन पर न जाने कितने मनमाने आरोप लगाये गये हैं और उनके पूरे चिन्तन को कलावाद, रूपवाद, चमत्कारवाद, भाववाद, व्यक्तिवाद आदि कहकर खारिज किया गया है। हिन्दी का दुर्भाग्य ही कहा जाएगा कि हम एक ऐसे देशभक्त रचनाकार को समाज विरोधी, व्यक्तिवादी, अमेरिकी शीत-युद्ध का प्रचारक कहते 'शर्म' महसूस नहीं करते, जिसने देश के स्वाधीनता-संघर्ष में अपने प्राणों की बाजी हर जोखिम झेलकर लगा दी। हमें अपने गरेवाँ में झाँककर देखना चाहिए कि हम स्वयं क्या हैं और देश के प्रति अपने उत्तरदायित्व को पूरा भी कर रहे हैं या नहीं। एक रचनाकार होने के साथ-साथ अज्ञेय ने चिन्तक और पत्रकार की हैसियत से समाज की समस्याओं, चिन्ताओं और प्रश्नाकुलताओं पर गम्भीरता से विचार किया। ऐसे सन्त रचनाकार को समाज-निरपेक्ष, समाज-विरोधी, कोरा शिल्पकार कहना मेरी समझ में नहीं आता। मुझे अर्थशास्त्र में मौजूद ग्रेशम की थियरी का स्मरण हो आता है। जैसे इस सिद्धान्त के अनुसार नकली सिक्के असली सिक्के को गायब कर देते हैं, वैसे ही असली आदमी को नकली आदमी। क्या अज्ञेय के साथ साहित्य में यही नहीं हुआ है? आखिरकार अज्ञेय को कलावादी-रहस्यवादी अभिजात्यवादी कहने वालों की नियत क्या है? क्या अज्ञेय का वामपंथी-विचारधारा का विरोध विरोधियों को पागल कर देता रहा है? जबकि

अज्ञेय ने कहा है कि मैंने वामपंथ का विरोध नहीं किया, किन्तु वामपंथी ही मेरे विरोधी रहे।

अज्ञेय-विरोध के मूल में अज्ञेय का व्यक्ति-स्वातंत्र्य चिन्तन बनाम स्वाधीनता से जुड़ा चिन्तन है। लिखना अज्ञेय के लिए पराधीनता, जड़ता काटकर मुक्त होना है। इस मुक्त होने में व्यक्ति और समाज दोनों समाहित हैं। फिर बचपन में अज्ञेय ने किसी लीकबद्धता या परिपाटी में बँधकर साहित्य-कला-विज्ञान का अध्ययन नहीं किया। इसलिए परम्परा-संस्कृति से जो भी ग्रहण किया वह लीक से हटकर। फलतः उनमें परम्परा-संस्कृति-साहित्य का अवदान मौलिकता और 'नये प्रयोग' के रूप में सामने आया। इससे विरोध हुआ और निरन्तर बढ़ा भी। कुछ ने विरोध के नाम पर उन्हें गालियाँ देकर भड़ास निकालीं।

यह न भूलना चाहिए कि "अज्ञेय का जन्म खण्डहरों में शिविर में हुआ था। उसका बचपन भी वनों और पर्वतों में बिखरे हुए महत्वपूर्ण पुरातत्त्वावशेषों के मध्य में बीता। इन्हीं के बीच उसने आरम्भिक शिक्षा पायी। वह भी पहले संस्कृत में, फिर फारसी में, फिर अंग्रेजी में। और इस अवधि में वह सर्वदा अपने पुरातत्त्वज्ञ पिता के साथ और बीच में बाकी परिवार से–माता और भाइयों से अलग रहता रहा। खुदाई में लगे पुरातत्वान्वेषी पिता के साथ रहने का मतलब था–अधिकतर अकेला ही रहना। और अज्ञेय बहुत बचपन से एकान्त का अभ्यासी है।" (आत्मपरक–'अज्ञेय अपनी निगाह में') बचपन का नाम था 'सच्चा'। सच्चा चुप्पा था "संस्कृतज्ञ पिता के प्रभाव से मेरी शिक्षा संस्कृत से आरम्भ हुई। वह भी पुराने ढंग से यानी अष्टाध्यायी रटकर। आज भी सबसे पहले और पुराने काव्य-प्रभावों का स्मरण करने लगें तो संस्कृत श्लोकों की पुरानी काव्य-ध्वनियाँ ही मन में गूँज जाती हैं। शिवमहिम्नस्तोत्र का मन्द्र गम्भीर शिखरिणी छन्द पिता के भारी और ओजस्वी कण्ठ स्वर में गाये हुए शार्दूल विक्रीड़ित के छन्द, जिनमें कुछ उन्होंने भी कण्ठस्थ कराये थे और जो अभी तक अविस्मृत हैं जैसे सरस्वती की वन्दना का श्लोक या "कुंदेन्दु तुषार हार धवला या श्वेत वस्त्रावृत्ता" तुलसी की शिव वन्दना "वामांके चविभाति भूधर-सुता" और राम-वन्दना "शान्तं शातवमप्रेमय मनघं निर्वाण शान्ति प्रदम..." रामायण का बालकाण्ड और अयोध्या काण्ड पिता से बाद में पढ़ा पर तुलसी रामायण तो बहुत पीछे।" "असल में पिता का विश्वास था–उस काल में बहुत से लोग ऐसा मानते थे कि पढ़ना हो तो संस्कृत-फारसी पढ़ें; हिन्दी का क्या है, वह तो अपने आप आ जाएगी। आज मैं यह तो न मानूँगा कि हिन्दी विधिवत् पढ़े बिना आ जाती है; पर यह मानता हूँ कि उसे ठीक जानने के लिए संस्कृत और फारसी दोनों जानना और उर्दू से परिचित होना आवश्यक

है। (ऋण स्वीकारी हूँ) ''और अंग्रेजी की बारी इसके बाद ही आयी। यद्यपि इसके बाद तो लगातार तीन-चार भाषाओं के प्रभाव साथ-साथ चलते रहे और अभी तक मैं जितना हिन्दी काव्य पढ़ता हूँ—कम से कम उतना ही हिन्दीतर भाषाओं को भी—पर उस समय तो एकदम ही अंग्रेजी साहित्य में डूब गया।'' ''लांगफ़ेलो और टेनिसन से शुरू किया, पर प्रभाव टेनिसन का स्थाई हुआ। टेनिसन को कई बार पढ़ा और उसके प्रभाव में अंग्रेजी में लिखना भी शुरू किया। समय के साथ टेनिसन का सौन्दर्य-स्मृति में बसा रहा, बाकी सब गायब होता गया। अंग्रेजी में तो इसके बाद रवीन्द्रनाथ ठाकुर से परिचय हुआ। ब्राउनिंग के ओज भरे आशावाद और ठाकुर के आशा भरे रहस्यवाद के सम्मिश्रण ने मेरे नये विकसित मन पर क्या प्रभाव डाला।'' यह सोचा जा सकता है। पर अंग्रेजी की परम्परा यहाँ सहसा टूटी। हिन्दी में पढ़ा और फिर—

नीलाम्बर परिधान हरित पट पर सुन्दर है,
सूर्य-चन्द्र युग मुकुट मेखला रत्नाकर है।
करते अभिषेक पयोद हैं बलिहारी इस वेश की,
हे मातृभूमि! तू सत्य ही सगुण मूर्ति सर्वेश की।

उसके बाद तो मैथिलीशरण गुप्त की जो भी रचना मिली पढ़ डाली। 'सर्जना के क्षण' की भूमिका में कहा—''मेरे गुरु स्थानीय स्वर्गीय मैथिलीशरण गुप्त वाचिक परम्परा के अन्तिम महाकवि थे। उनका शिष्य जब मैं लिखने लगा तो नयी रचना-स्थिति के तर्क को पूरी तरह स्वीकार करके और यह जान-मान करके कि नयी रचना-स्थिति को, नयी सम्प्रेषण स्थिति के नियामक-प्रभाव को पूरी तरह स्वीकार करके ही ''आधुनिक कवि हुआ जा सकता है, फिर वह आधुनिकता चाहे जितनी कठिनाइयाँ अपने स्वीकार के साथ लाये। (पृ. 9) वाचिक परम्परा के अन्तिम कवि मैथिलीशरण भी अपने समय में कम विद्रोही न थे। उन्होंने महावीर प्रसाद द्विवेदी की प्रेरणा-प्रभाव से रीतिवाद-विरोधी अभियान चलाया था और ''मेघनाद वध'', ''वीरांगना'', ''व्रजांगना'' का हिन्दी में अनुवाद तो कभी 'मधुशाला' का अनुवाद, कभी भास के नाटकों का अनुवाद। ''पंचवटी'', ''जयद्रथ-वध'', ''भारत-भारती'' का कवि मैथिलीशरण गुप्त अज्ञेय का काव्य-संस्कार बना है तो उसके कारक हैं। हिन्दी में इन ''कारकों'' की चर्चा कम हुई है। क्यों हुआ है ऐसा? क्योंकि मैथिलीशरण गुप्त को ही हिन्दी-समीक्षा ने इतिवृत्तात्मकता का कवि कहकर ठुकरा दिया है। कोई-कोई दुष्ट बुद्धि तो उन्हें हिन्दू कवि तक कहती रही है। जबकि गुप्तजी के विपुल साहित्य की परम्परा हमारे जनमानस में लगातार भिदती रही है। आज जरूरत उनकी महानता

के बखान की नहीं है, उनके महत्त्व को समझने की है। औपनिवेशिक दासता के दौर में गुप्तजी ने भारतीय चेतना का पुनर्निर्माण किया। देश में गुप्तजी के सृजन की प्रेरणा ने सांस्कृतिक नवजागरण को धारदार बनाया। यह चेतना अज्ञेय के लिए प्रेरणा बन गयी। किसी भी साहित्यिक कृति का कोई बँधा-ढला एक अर्थ नहीं होता। वह तो पाठ के साथ बदलता है। फिर गुप्तजी हिन्दू साम्प्रदायिकता के कवि नहीं थे—उनमें पूरा देश बोलता था—"भारतीयता के भाव परिष्कार के साथ। इसी भारतीयता को अज्ञेय जी ने गुप्त जी से धारण किया। अज्ञेय जी का "भारतीयता" शीर्षक निबन्ध इसी बात को पुष्ट करता है।

अज्ञेय ने पढ़ा तुलसीदास को, पर उनका मन उस भक्त कवि में नहीं रमा। उनका मन सूरदास के भाव-विभोर करने वाले पदों में रमा और विद्रोही कबीर में। मीराबाई के भजनों की अटपटी तन्मयता में वे डूबते-उतराते रहे। संस्कृत में वाल्मीकि के साथ कालिदास पर मुग्ध रहे—विशेषकर "कुमार-सम्भव" और "रघुवंश" पर। छायावाद के काव्यों में महादेवी वर्मा की कविताएँ और प्रसाद का "आँसू" हृदय में उतरता गया। फिर पन्त और निराला ही घनिष्ठ होते गये और "जब-जब निराला को पढ़ता हूँ, मानो नया आविष्कार करता हूँ।" "स्मृति लेखा" का कथन साक्षी है कि उन पर निराला का गहरा असर है—"अब भी 'राम की शक्तिपूजा', 'बादल राग' अथवा निराला के अनेक गीत बार-बार पढ़ता हूँ, लेकिन "तुलसीदास" जब-जब पढ़ने बैठता हूँ तो इतना ही नहीं, एक नया संसार मेरे सामने खुलता है। ऐसी रचनाएँ तो बहुत होती हैं जिनमें एक रसिक हृदय बोलता है। बिरली ही रचना होती है, जिसमें एक सांस्कृतिक चेतना सर्जनात्मक रूप में अवतरित हुई हो। "तुलसीदास" मेरी समझ में ऐसी ही रचना है। "वैसे निरालाजी अज्ञेय के विलोम थे, पर विलोम का आकर्षण भी कम नहीं होता। अव्यवस्थित निराला का अज्ञेय ने कभी "विशाल भारत" में विरोध किया था। लेकिन इस विरोध का बाद में पश्चाताप भी कम नहीं किया। उनके असली तार पन्त से नहीं जयशंकर प्रसाद से मिले। जबकि प्रेमचन्द, नवीन, माखनलाल चतुर्वेदी उन्हें निरन्तर खींचकर अपना बनाते रहे।

संकोची और समाज-भीरू अज्ञेय के मानस में समय-समाज-राजनीति-धर्म-दर्शन-साहित्य, नैतिकता और साहित्य के प्रयोजन को लेकर निश्चित और दृढ़ धारणाएँ रही हैं। क्रान्तिकारियों की संगति में अज्ञेय ने बम बनाने से लेकर बम ढोने तक का कार्य किया। पकड़े गये, जेल काटी। "कोठरी की बात" तथा "शेखर : एक जीवनी" में इसी अनुभूति को अर्थ दिया है। "स्मृतिलेखा" में "एक भारतीय आत्मा : एक चुनौती" संस्मरण में लिखा—"माखनलालजी की कविता से पहला

परिचय कारावास में हुआ और भी अनेक पाठकों का पहला परिचय उसी कविता से हुआ होगा, जिससे मेरा। पर उस परिस्थिति में नहीं। दिल्ली षड्यंत्र के एक अभियुक्त के रूप में दिल्ली जेल में लम्बे दिन काटते हुए मैंने एक कॉपी में हिन्दी की कविताएँ उतारकर रखना आरम्भ किया था। कविता पढ़ने में रुचि थी और किताबें एक साथ दो-तीन से अधिक रख नहीं सकता था। तभी एक दिन चमत्कृत-सा होकर एक भारतीय आत्मा की छोटी-सी कविता पढ़ी :

चाह नहीं मैं सुरबाला के केशों में गूँथा जाऊँ
चाह नहीं, प्रेमी माला में बिंध प्यारी को ललचाऊँ
चाह नहीं सम्राटों के शव पर हे हरि डाला जाऊँ
चाह नहीं देवों के सिर पर चढ़ूँ भाग्य पर इठलाऊँ
मुझे तोड़ लेना वनमाली, उस पथ पर देना तुम फेंक
मातृभूमि पर शीश चढ़ाने जिस पथ जावें वीर अनेक

कविता फौरन कॉपी में उतार ली गयी, इतना ही नहीं एक साथी से, जिसका गला अच्छा था, वह बार-बार गायी जाकर सुनने को मिलती भी रही।

जेल की अवधि समाप्त नहीं हुई कि एक और कविता—इस बार लम्बी कविता "कैदी और कोकिल" पढ़ने को मिली :

इस शान्त समय में
अन्धकार को बेध रो रही क्यों हो?
कोकिल बोलो तो
चुपचाप मधुर विद्रोह बीज
इस भाँति बो रही क्यों हो?
कोकिल बोलो तो!

यह कविता भी कॉपी पर उतार ली गयी, फिर गायी हुई तो नहीं सुनी गयी; पर रात में अकेली कोठरी में कई बार जोर-जोर से पढ़ी जाती रही—मैं तब काल कोठरी में था और लम्बी रातें प्रायः कविता पढ़ते हुए अपने ही स्वर के सरव्य के सहारे कटती थीं...निःसन्देह इस कविता के उन दिनों इतना प्रिय होने में एक कारण मनोवैज्ञानिक भी रहा होगा, कोकिल के साथ एकात्मा का बोध, क्योंकि उन दिनों हम बन्दी क्या अपने को "चुप मधुर विद्रोह बीज बोने वाले" नहीं मानते थे? (पृ. 96) मधुर विद्रोही अज्ञेय की इसी मानसिकता का सर्जनात्मक विस्तार उनके सम्पूर्ण साहित्य में अन्तर्व्याप्त है। माखनलाल के काव्य की तेजस्विता और

प्रवाहमयता अज्ञेय को निरन्तर आकृष्ट करती रही। फिर अज्ञेय के लिए हिन्दी जितनी "जानी हुई" भाषा थी, कम से कम उतनी ही "सीखी हुई" भाषा भी थी–"अतः मेरे लिए स्वाभाविक था कि मैं भाषा के संस्कार के बारे में सतर्क रहूँ, न केवल स्वयं बोलते या लिखते समय बल्कि दूसरों का लिखा या बोला हुआ पढ़ते या सुनते समय भी।" इसका प्रभाव अज्ञेय पर पड़ा कि रचना-कर्म हो या पत्रकारिता (प्रतीक, नया प्रतीक, दिनमान आदि) में संस्कारी भाषा को स्थान दिया–सम्मान दिया और कीर्तिमान स्थापित किया। संस्कार और भाषा संयम पीछे के रचनाकारों के लिए अज्ञेय से सीखने की चेतना बन गयी और स्वातंत्र्योत्तर भारत में अज्ञेय एक नये तरह के आचार्य महावीरप्रसाद द्विवेदी बनते गये।

अज्ञेय में "सेन्स ऑफ प्राइवेसी" का दृढ़-भाव रहा। इस भाव का देश में बड़ा आदर रहा है कि अपने मनोवेगों को अधिक मुखर न होने दिया जाये। निजी अनुभूतियों की निजता पर व्यक्ति संयम-सन्तुलन स्थापित करे। इसलिए "प्राइवेट फेसेज इन पब्लिक प्लेसेज" की बात उठायी गयी और कहा गया कि प्रत्येक स्थान पर सोच-विचार कर बोलना चाहिए। अनर्गल गप्प और उपहास से शिष्टता का क्षरण हो जाता है, इसलिए वाक्-संयम को एक तरह का तप कहा गया है। अपने इस वाक्-संयम के लिए अज्ञेय का जीवन और सृजन स्मरणीय रहा है। "एक सीमा से आगे वह दूसरों के जीवन में प्रवेश या हस्तक्षेप नहीं करता। इस तरह का अधिकार वह बहुत थोड़े से लोगों से चाहता है और बहुत थोड़े लोगों को देता है। जिन्हें देता है, उन्हें अबाध रूप से देता है, जिन्हें चाहता है उनसे उतने ही निर्बाध भाव से चाहता है।" अज्ञेय को लेकर अनेक भ्रांतियाँ फैलायी जाती रही हैं। उन्होंने स्वयं कहा है–"इससे गलतफहमी जरूर होती है। बहुत से लोग बहुत नाराज भी हो जाते हैं। कुछ को इसमें मनहूसियत की झलक मिलती है, कुछ अहंमन्यता पाते हैं, कुछ आभिजात्य का दर्प, कुछ और कुछ। कुछ की समझ में यह निरा आडम्बर है और भीतर के शून्य को छिपाता है जैसे प्याज का छिलका पर छिलका।" मैं साक्षी हूँ कि अज्ञेय को इन सब प्रतिक्रियाओं से बहुत क्लेश होता रहा है। फिर हर आदमी की अपनी प्रकृति, अपना स्वभाव, अपना संस्कार होता है। अज्ञेय दूसरों के प्रति करुणा द्रवित सजग मनुष्य थे और उनकी मनुष्यता में आत्म-दान का दुर्लभ-भाव था। वे घर छोड़ संन्यासी तो थे नहीं। रचनाकार-चिन्तक और गहरी सामाजिकता से सम्पन्न थे। देश और समाज की राजनीति तथा धर्म-चेतना को समझते थे और तद्नुकूल आचरण भी। इसलिए उनके रचनाकार की सामाजिकता का दायरा न छोटा था, न संकुचित। छोटा होता तो चार सप्तकों में सत्ताईस-अट्ठाईस कवि कैसे जुटा पाते और कैसे जुटा पाते प्रेम उपन्यास की प्रयोग भूमि। 'बारहखंभा'

में उपन्यासकारों की एक अलग-अलग राय रखने वाली पीढ़ी। ''तारसप्तक'' मुक्तिबोध, गिरिजाकुमार माथुर, नेमिचन्द्र जैन, रामविलास शर्मा आदि को एक साथ लय में ले आना अज्ञेय का ही कलेजा था। दूर पास बिखरे हिन्दी के रचनाकारों की सर्जनात्मक शक्ति इस तरह साहित्य में मिलना दुर्लभ है। ''नया प्रतीक'' और ''दिनमान'' हिन्दी पत्रकारिता के दो ऐसे कीर्तिमान हैं, जिनसे पीढ़ियों ने प्रेरणा और विश्वास पाया है। दूसरों की गाली खाकर भी प्रसन्न रहना और कहना कि शब्द और अर्थ जो दोनों सदा एक-दूसरे से तने रहते हैं—''उन्हें कब कैसे कहाँ मिला दूँ।'' क्योंकि दोनों ही हैं, ''बन्धु सखा चिर सहचर मेरे''। शब्द और शब्द की अन्तरात्मा का ज्ञान ही अज्ञेय को कृती बनाता है।

जेल जीवन के एकान्त ने अज्ञेय को चुप्पा बनाया। यह बात अज्ञेय ने ''स्मरण का स्मृतिकार'' रायकृष्णदास के संस्मरण में कही है कि व्यक्तित्व और स्मृति का अभिन्न सम्बन्ध होता है और व्यक्तित्व के खण्डित होने पर स्मृति-भ्रंश हो जाता है। रायसाहब अहिंसक राष्ट्रीय आन्दोलन के स्मृति-यन्त्र थे। उनका स्वाधीनता-प्रेम गौरव जगाता था। उनका स्वाधीनता प्रेम केवल राजनीति में ही नहीं था, इतना विस्तृत था कि उसके सांस्कृतिक आयाम में, दर्शन, कला, साहित्य, इतिहास सब कुछ समा जाता था। इन रायकृष्णदास का प्रभाव अज्ञेय के जीवन पर अमिट रूप में पड़ा। काशी में भारतीय पुराविदों का विराट् सम्मेलन हुआ तो अज्ञेय अपने पिता के साथ वहाँ गये—''मैं जेल से नया-नया छूट कर आया था और देश-भ्रमण कर रहा था, पिताजी उन दिनों काशी में होंगे, यह जानकर मैं भी कलकत्ता से वहाँ आ गया। उनके सामने यों भी कम बोलता, पर जेल के लम्बे एकान्तवास के कारण मेरा तो लगभग यह हाल हो गया था कि मानो बोलना ही नये सिरे से सीखना पड़ रहा था।'' जब अज्ञेय ने सुना कि रायकृष्णदास को ''सरकार जी'' सम्बोधन से बुलाया तो वे चौंक पड़े—''यह सम्बोधन मुझे भी बड़ा अटपटा लगा, फिर भी अपने क्रान्तिकारी संस्कारों के बावजूद उसे स्वीकार करने में कठिनाई नहीं हुई, क्योंकि मेरे मन ने तुरन्त सरकार और ''सरकार जी'' में भेद कर लिया। सरकार से मेरा बैर रहा था और तब भी था और किसी को सरकार या हुजूर कहने में जो सामन्तयुगीन हीनभाव आता, उससे मैं भी तिलमिला जाता। (स्मृति-लेखा पृ. 38) लेकिन ''सरकार जी'' सामन्त नहीं थे। कला-विदग्ध रईस थे। पूरा जीवन ''भारत कला भवन'' को समर्पित कर दिया। ''लेकिन'' सरकार जी को कोरा कला पारखी ''आर्ट हिस्टोरियन'' आदि कहकर छोड़ देना न केवल उनके साथ अन्याय है, बल्कि समूची भारतीय परम्परा के साथ अन्याय है, क्योंकि वे उस परम्परा के एक समग्र और सन्तुलित रूप थे, श्रेष्ठ उदाहरण थे—बहुश्रुत-बहुपठित मर्मज्ञ ज्ञानी

और अद्‌भुत सूझबूझ के धनी। अज्ञेय ने कृतज्ञ भाव से लिखा—"मेरे ही गुरु स्थानीय स्व. मैथिलीशरण गुप्त थे, जिनकी रचनाओं से काव्य का पहला संस्कार मुझे मिला। लेकिन इसके बावजूद मुझे सरकार जी से जितना प्राप्त हुआ और जितनी तरह का प्राप्त हुआ उसकी कोई नाप मेरे पास नहीं है। क्योंकि सरकार जी अगर "कला-साधक" थे, तो चित्रकला, संगीत कला या काव्य-कला तक ही सीमित नहीं थे, उनकी साधना जीवन की कला की साधना थी। ऐसा व्यक्ति गहरे तक समाज का निर्माता होता है। वह जीर्ण का उद्धार नहीं करता, जीर्ण में से उसकी अर्थवत्ता को निकालकर सामने लाता है और हमें बताता है कि हमारा जीवन कैसे सम्पन्न हो सकता है। अज्ञेय ने माना है कि "सरकार जी" की आत्मीयता का विस्तार प्रसाद, महादेवी, दिनकर के प्रति था और मैथिलीशरण गुप्त की "भारत भारती" के तो वे संशोधनकार ही थे। इतना ही नहीं निराला के "तुलसीदास" की उन्होंने भूमिका लिखी थी। वे स्वयं गद्य-गीतकार थे और जानते थे कि कविता तनाव की ऊर्जा माँगती है।

भारतीय जातीय स्मृति के भण्डार थे आचार्य हजारीप्रसाद द्विवेदी। अज्ञेय ने उन्हें "बीसवीं सदी का बाणभट्‌ट" कहा है। अज्ञेय ने उन्हें शान्ति निकेतन के आकर्षण "विश्वभारती" में पाया। आचार्य द्विवेदी के घर अज्ञेय ठहरे थे। बलराज साहनी के साथ उन्होंने वात्सल्य भरे आतिथेय की चिन्ता न की और "अंधड़" में निकल पड़े। कड़कती बिजली की तीखी कौंध झेली और कहा—"वैसा सुन्दर दृश्य जीवन में कदाचित् ही देखा होगा।" (वही, पृ. 130) अनिवर्चनीय सौन्दर्य की सिहरन। लेकिन पंडित जी की चिन्तामग्न आत्मीयता, वनस्पतियों में दोनों की गहरी रुचि, वनस्पतियों के देशज स्थानीय नामों से लेकर "शास्त्रीय" नामों की खोज में दोनों एक साथ रहे हैं। दोनों की खोज पागलपन की हद पार किये थी—"यों ऐसा नहीं था कि बात वनस्पतियों तक ही सीमित रह जाती हो या संस्कृत तक ही सीमित रहती हो। पशु-पक्षियों, रत्नों, जनजातियों के नाम और उनसे सम्बद्ध किंवदंतियाँ, कवि-प्रसिद्धियाँ और लोक-विश्वास सभी हमारी पड़ताल के घेरे में आ जाते थे। मानो विश्वभर के सांस्कृतिक नेतृत्व की पोथियाँ हमारे सामने खुल जाती थीं। लक्ष्मी का वाहन उल्लू क्यों? पश्चिमी सभ्यता में शुभ और पूर्वी सभ्यता में अशुभ क्यों? वही पश्चिम में ज्ञान का प्रतीक है और हमारी सभ्यता में मूर्खता का।" इस तरह के विचार-संवादों से अज्ञेय को आचार्य द्विवेदी से वह मिला जो कोई और न दे सकता था। समाज को संस्कृति की दीक्षा देने वाले गुरु थे आचार्य द्विवेदी। आचार्य द्विवेदी ने कवि गुरु रवीन्द्रनाथ से बहुत कुछ पाया था।

अज्ञेय ने "असीम और ससीम बीच" के कवि बालकृष्ण शर्मा 'नवीन' से

भी कम नहीं पाया था। सन् 1935 में उनकी भेंट नवीन जी से हुई। जेल जीवन में अज्ञेय ने नवीन की कविताओं को गाकर तनाव कम किया था। नवीन जी को अज्ञेय के क्रान्तिकारी जीवन की जानकारी थी और यह भी कि वे कहानियाँ लिखते हैं। अज्ञेय कवि हैं—यह उन्हें बाद में पता चला। नागपुर कवि सम्मेलन के बाद अज्ञेय फिर से उन्हें नरेन्द्रदेव के यहाँ मिले और फिर पंडित जवाहरलाल नेहरू के यहाँ आनन्द भवन में। अज्ञेय ने श्रीमती सरोजिनी नायडू के व्याख्यान सुने और उनसे भीतर तक भीगे। नवीन जी ही कवि अज्ञेय को भारत-कोकिला सरोजिनी नायडू के पास ले गये। श्रीमती नायडू ने अज्ञेय को देखकर कहा, "यस, ही लुक्स लाइक ए पोएट-हैल्दी, स्ट्रांग एंड हैंडसम।" नवीनजी ने नायडू से कहा—यह हमारा क्रान्तिकारी अभी जेल से छूटकर आया है। श्रीमती नायडू ने कहा—"नैचुरली! ए पोएट मस्ट बी ए रेबेल।" अज्ञेय और नवीन दोनों कवि-कर्म पर बतियाते-चिढ़ाते और यह निष्कर्ष पाते थे कि कविता में राजनीति होती है, लेकिन कविता राजनीति का बाइ-प्रोडक्ट नहीं है। कविता जीवन है—जीवन की पुनर्रचना। असल चीज है जीवन। राजनीति भी तो उसी में से निकलती है।

आगरे का "सैनिक" अखबार छोड़कर अज्ञेय कलकत्ता के "विशाल भारत" में गये और वहाँ नवीन जी को खूब छापा। दद्दा मैथिलीशरण गुप्त जब दिल्ली आये तो नवीनजी भी उनके दरबार में आते थे। नवीनजी "परनिन्दा" में तो नहीं पर शृंगारिक स्कैंडलों में बड़ी रुचि रखते थे। यहाँ अज्ञेय भी आते और चुपचाप बैठते। काव्य-प्रयोगों की बात आने पर नवीनजी प्रायः अज्ञेय को छेड़ते—"यह तो आपका ही विषय है" और इस विषय प्रयोग की बात "शब्द" पर पहुँचती तो अज्ञेय जी कहते "दद्दा हर शब्द का अपना संस्कार होता है। कोई संज्ञा कोई एक अपना चालू अथवा कोशगत अर्थ लेकर नहीं आती, बल्कि अपने साथ एक पूरा इतिहास, एक परिवेश, एक सांस्कृतिक अनुगूँज लेकर आती है। बात सिर्फ मात्राएँ गिनने की ही तो नहीं होती, उस दुनिया की होती है जो शब्द के साथ बँधी होती है। (वही पृ. 149) निष्कर्ष यह कि कविता में शब्दों के न तो पर्याय चलते हैं, न एक शब्द की जगह दूसरा शब्द बदला जा सकता है। इसलिए कविता शाब्दिक क्रिया है। समर्थ कवि शब्द की सूक्ष्मतर अर्थ व्यंजकता या अनुगूँज को पहचानता है—घटिया कवि यह सब नहीं जानता। अज्ञेय के कवि-कर्म का भाष्य करने वाले विद्वान मानते हैं कि अज्ञेय के बहुत से विचार एजरा पाउंड और टी.एस. एलियट से मिलते हैं। लेकिन यह होते हुए भी ये भिन्न संस्कृति-परम्परा और दृष्टि के कवि हैं। यूरोपीय परम्परा अज्ञेय को जन्म नहीं दे सकती थी। उनकी कवि-निष्पत्ति को भारतीय सांस्कृतिक परम्पराओं से ही पाया जा सकता था। इसलिए जो आलोचक

अज्ञेय पर विदेशीपन का आरोप लगाते हैं, उन्हें पुनर्विचार की आवश्यकता है। अज्ञेय के पूर्ववर्ती काव्य में विदेशी झटके हैं, लेकिन परवर्ती काव्य पूरी तरह भारतीयता में पोर-पोर भीगा हुआ है।

नवीनजी की तरह अज्ञेय भी "हम विषपायी जनम" के क्या नहीं रहे? क्या दोनों जीवन के वसन्त से कटकर पतझड़ में नहीं भटके? जबकि दोनों ही महाकाव्योचित व्यक्तित्व से सम्पन्न रहे। दोनों ही अपनी वैष्णवता में फक्कड़, अपनी परम्पराओं को खोजने-गहने में परम धाकड़, साहसी और ट्रेजेडी की सम्भावनाओं से भरे, उजले-पावन भारतीय विश्वास के ऋषि प्रतीक, दोनों ही इंदु मथित सिन्धु लहर से खेलने वाले लीला नायक। लेकिन यायावर अज्ञेय नवीन से जुड़कर भी एकदम अलग अखण्ड अडिग व्यक्तित्व के धनी। "अरे यायावर रहेगा याद" तथा "एक बूँद सहसा उछली" के देश-विदेश छानने रमने वाले अज्ञेय—जापानी ज़ेन-चिन्तक के साधक अज्ञेय, "अरी ओ करुणा प्रभामय" की साधना में मग्न-मस्त-अनुरक्त-नेत्र-पनडुब्बा, पियरेक्वीर की समाधि पर विदेश में धूनी रमाते अज्ञेय, कविता के "सुनहले शैवाल" में जीवन का आलोक-दीप्तराग पाते अज्ञेय, हिरोशिमा में बौद्ध-चिन्तन का सत्य पाते अज्ञेय। मेरे मन में न जाने कितने अज्ञेय हैं—अज्ञेय के नानाविध बिंब हैं—मथुरा-वृन्दावन में कृष्ण-राधा-रस खोजते अज्ञेय और अपनी जातीय-अस्मिता को खोजते-पहचानते-जीते "जन जनक जानकी" के अज्ञेय, लीला-नायकों, पर्वों, तीर्थों, नदियों में भारतीय संस्कृति के विस्मृत अतीत को स्मृति के आलोक में लाकर उसमें धड़कते-रचते अज्ञेय; अपनी संस्कृति की आँख से अपना आत्मालोचन करते अज्ञेय। मानवेन्द्र राय के विचारों के साथी फिर मानवेन्द्र राय से मुक्त होते अज्ञेय एक आलोचक राष्ट्र को खोजने निकले हैं, और कह रहे हैं हमें एक आलोचक राष्ट्र का निर्माण करना होगा। भारतीय मिश्र-संस्कृति के विमर्श में अपनी धुन छेड़ते हैं अज्ञेय। खूब सोच-समझकर अज्ञेय जी इस विचार पर पहुँचे थे कि भारतीय संस्कृति 'सामासिक-संस्कृति' नहीं है 'मिश्र संस्कृति' है। संस्कृतियाँ प्रभाव ग्रहण करती हैं उनमें आदान-प्रदान चलता है, इसलिए वे अपनी "संग्राहता" से "मिश्रता" को ही उजागर करती हैं। समन्वय-सामंजस्य, विरोधों का मेल, टकराहट-तनाव-संघर्ष यह सब संस्कृति का भीतरी संवादी-स्वर है, जो अन्ततः एक मिश्र-संस्कृति का रूप ले लेता है। समाजशास्त्रीय-पुरातात्त्विक खोजों का सार-सर्वस्व यही है कि भारतीय संस्कृति को "मिश्र-संस्कृति" ही कहा जा सकता है।

अज्ञेय के रचना-कर्म का "मौन" बुद्ध और ईसा के मौन की याद दिलाता है। यह मौन आरम्भ में एकान्तवास से पनपा, फिर चिन्तन की दिशा में। "जेल

में अपने सहकर्मियों के दिन-रात के अनिवार्य साहचर्य से त्रस्त होकर उसने काल कोठरी की माँग की थी और महीनों उसमें रहता रहा। एकान्तजीवी होने के कारण देश और काल के आयाम का उसका बोध कुछ अलग ढंग का है! उसके लिए सचमुच "कालोऽयमं निरवधिर्विपुला च पृथ्वी।" वह घंटों निश्चल बैठा रहता है, इतना निश्चल कि चिड़ियाँ उसके कन्धों पर बैठ जायें या कि गिलहरियाँ उसकी टाँगों पर से फाँदती चली जायें। पशु-पक्षी और बच्चे उससे बड़ी जल्दी हिल जाते हैं।" इन सभी के प्रति "राग-दीप्त प्रेम" अज्ञेय कविं-कर्म में इन सभी को स्थान देता है। इस प्रेम का अनन्त विस्तार 'असाध्य वीणा' में मिलता है, जहाँ किरीटी-तरु से केहरि पीठ खुजलाने आते हैं, वन-यूथों का शोर और द्रुत धावित पक्षियों के पैरों की सिहरन है। अज्ञेय की कविता में पशु-पक्षी जगत् बहुत है। पूरी प्रकृति से तदाकार है कवि अज्ञेय—वह प्रकृति जिस पर आज आरियाँ चल रही हैं, जिसे काटा-उजाड़ा जा रहा है, नन्दादेवी के वन की तरह। पूरे पर्यावरण के विनाश की चिन्ता से अज्ञेय का परवर्ती-सृजन और चिन्तन भरा पड़ा है। "विकास" तथा "प्रगति" के नाम पर आती सत्यानाशी आधुनिकता के विरोधी रहे हैं अज्ञेय।

प्रकृति का साहचर्य मानव को जीवन का रूप-रंग-रस देता है। इस भारतीय चिन्तन का अज्ञेय जी प्रसाद जी की तरह विस्तार करते हैं। "पशु उसने गिलहरी के बच्चे से तेंदुए के बच्चे तक पाले हैं। पक्षी बुलबुल से मोर चकोर तक, बन्दी इनमें से दो-चार से अधिक किसी को नहीं रखा। उसकी निश्चलता ही उन्हें आश्वस्त कर देती है। लेकिन गति का उसके लिए दुर्दांत आकर्षण है। निरी अन्ध गति का नहीं, जैसे तेज मोटर या हवाई जहाज की। ...आकर्षण है एक तरह की ऐसी लय युक्त गति का जैसे घुड़दौड़ के घोड़े की गति, हिरण की फलाँग या अच्छे तैराक का अंग-संचालन या शिकारी पक्षी के झपट्टे की या सागर के लहरों की गति। उसके लेखन में, विशेषकर कविता में यह आकर्षण मुखर है पर जीवन में भी उतना ही प्रभावशाली है।" (आत्मपरक, पृ. 316) सागर, नदी, पर्वत का अज्ञेय में अगाध आकर्षण है। जापान में सागर और पर्वत को एक साथ मिले देखकर अज्ञेय विस्मय-विमुग्ध रहे और कहा कि यदि वहाँ हिन्दी बोली जाती होती तो वहीं रहना पसन्द करते, महाबुद्ध की करुणा के गीत गाते।

अज्ञेय अन्तर्मुखी रचनाकार हैं, लेकिन यह अन्तर्मुखता समाज-विरोधी न होकर गहरे में समाज से शान्त सामंजस्य बैठाने वाली है। यह शान्त संत-स्वभाव अज्ञेय के रचनाकार का है और यह रचनाकार समाज को बदलना चाहता है, क्योंकि आज ज्ञान-विज्ञान के प्रभाव से गति इतनी तेज हो गयी है कि जो व्यक्ति, समाज या देश नहीं बदलेगा वह पिछड़ जाएगा। किन्तु यह बदलाव हमें अपनी

संस्कृति की मूल्य दृष्टि के हिसाब से करना होगा, दूसरों की नकल कर जीवित रह कर नहीं। प्रकृत बदलाव, शान्ति एवं आत्मबल देता है। नकली बदलाव पागलपन लगता है, इसलिए चुनना चाहिए। कवि को सर्वोत्तम चयन में प्रवृत्त होना चाहिए। स्वयं अज्ञेय इसी ओर प्रवृत्त रहे हैं। "नया कवि : आत्मस्वीकार" कविता में कहते हैं :

किसी का सत्य था, मैंने सन्दर्भ से जोड़ दिया।
कोई मधुकोष काट लाया था, मैंने निचोड़ लिया।
किसी की उक्ति में गरिमा थी, मैंने उसे थोड़ा सँवार दिया,
किसी की संवेदना में आग का-सा ताप था,
मैंने दूर हटते-हटते उसे धिक्कार दिया।
कोई हुनरमन्द था, मैंने देखा और कहा, "यों।"
थका भारवाही पाया—घुड़का या कोंच दिया, "क्यों?"
किसी की पौध थी, मैंने सींची और बढ़ने पर अपना ली,
किसी की लगायी लता थी, मैंने दो वल्ली गाड़ उसी पर छवा ली
किसी की कली थी, मैंने अनदेखे में बीन ली,
किसी की बात थी, मैंने मुँह से छीन ली।
यों मैं कवि हूँ, आधुनिक हूँ, नया हूँ :
काव्य-तत्त्व की खोज में कहाँ नहीं गया हूँ?
चाहता हूँ आप मुझे एक-एक शब्द पर सराहते हुए पढ़ें।
पर प्रतिमा—अरे वह तो जैसी आपको रुचे आप स्वयं गढ़ें।

कवि का काम बस इतना है—"सत्य" को सन्दर्भ से जोड़ देना। पचास वर्ष तक हिन्दी में कविता लिखने के बाद "सदानीरा" की "भूमिका" में ध्यान दिलाया अपने पाठक को या ग्रहीता को कि कवि-कर्म एक प्रकार का परकाय-प्रवेश हो सकता है। लेकिन कवि को नहीं, कविता को बोलना चाहिए। "कवि जो कहना चाहेगा वह किस बारे में होगा? क्या भाषा के बारे में? क्या शब्द, छन्द, लय के बारे में? क्या रूपाकार के बारे में? अपने समाज के बारे में? अपने काल, अपने समय, अपने युग समाज के बारे में? अपनी दृष्टि के, विश्व-दर्शन के बारे में? क्या उन प्रभावों के बारे में जो उस पर पड़े या जो उसने ग्रहण किये? क्या सम्प्रेषण की कठिनाइयों के बारे में? या अभिव्यक्ति की समस्याओं के बारें में? या कि आत्म-साक्षात्कार के बारे में?" क्या इस उपक्रम की आवश्यकता है? फिर अज्ञेय हों या कोई भी कवि हो, उसकी काव्य-संवेदना अप्रभावित कैसे रह सकती है? अज्ञेय

ने कभी सौन्दर्यवाद, प्रतीकवाद, बिम्बवाद, अस्तित्ववाद का प्रभाव ग्रहण किया तो कभी मानवेन्द्रराय और लोहिया-गाँधी-जयप्रकाश नारायण का। उन पर अरविन्द और विवेकानन्द की धमक भी कम नहीं है। किन्तु यह सब प्रभाव भी नकल के स्तर पर नहीं है और "प्रभाव की समस्या आधुनिक कवि-मात्र की एक बड़ी समस्या है। इतनी बड़ी कि "प्रभाव की चिन्ता" को लेकर समकालीन कविता के कुछ सिद्धान्त भी गढ़े गये हैं। हर कवि प्रभावित है, चिन्तित है कि कहीं वह प्रभावित तो नहीं है, शंकित है कि कहीं यह प्रभाव दीख न जाये।" कितनी बड़ी बात है कि अज्ञेय ने इन प्रभावों को कभी छिपाया नहीं—चाहे प्रभाव हेडेगर का हो या कामू-सार्त्र-नीत्से या एलियट-पाउंड का। आज का कवि कविता को ज्यादा बोलने नहीं देता, बेशुमार वक्तव्यबाजी करता है, जबकि अज्ञेय वक्तव्यबाजी कम करते हैं। कविता को मुक्त बोलने देते हैं—यह उनकी कविता की स्वाधीनता है। अज्ञेय की कविता वाल्मीकि-कालिदास-भवभूति-सूर-कबीर- जायसी-मीरा-गुप्त- प्रसाद-निराला को श्रद्धा से भर कर बोलती है। इसमें हमारी परम्परा के पुरखे बोलते हैं, वह चिन्तन बोलता है, जिसमें हमारी आत्मा बसती है। कविता को बोलने की ऐसी स्वतन्त्रता है कि यहाँ विज्जिका जैसी कवयित्री स्वयं सरस्वती को चुनौती दे सकती है—"नीलोत्पलदल श्यामां विज्जिका का मामजानता। वृथैव दण्डिना प्रोक्तं सर्वशुक्ला सरस्वती।" इसी तरह की चुनौती भवभूति देते हैं, विनय और शील के साथ। यह विनय और शील अज्ञेय धारण करते हैं। उनके कथन भी अहंकार के नहीं, काव्यार्थ, निष्ठा के प्रमाण हैं—"यों मैं, कवि हूँ, आधुनिक हूँ, नया हूँ।" आज के युग में कोरी विनय से काम नहीं चल सकता। "आज के कवि का संवेदन बदल गया है;" आज कविता का अम्बार लगा है और रीति अमान्य है। इसलिए नये प्रयोग, नयी संवेदना, नया जीवन-छन्द-लय-भाषा के साथ "रागात्मक सम्बन्धों की प्रणालियाँ बदल गयी हैं और इन बदली हुई प्रणालियों का कवि-कर्म पर गहरा असर पड़ा है।" फिर आज का कवि केवल "विरासत" पर नहीं जी सकता। उसे "नदी के द्वीप" की तरह अपने को बार-बार नये ढंग से संस्कारित और आधुनिक करना पड़ता है। आज उसकी शक्ति प्रश्नाकुलता है, विनयशील-श्रद्धा नहीं। कवि में शिक्षा-दीक्षा, प्रतिभा, बहुज्ञता और निर्भयता भी चाहिए ताकि समय के सच को कह सके। "नये कवि से" अपेक्षा क्या है? :

आ, तू आ,
हाँ, आ,
मेरे पैरों की छाप-छाप पर रखता पैर,

मिटाता उसे
मुझे मुँह भर-भर गाली देता
आ, तू आ।
तेरा कहना है ठीक : जिधर मैं चला
नहीं वह पथ था :
मेरा आग्रह भी नहीं रहा मैं चलूँ उसी पर
सदा जिसे पथ कहा गया, जो
इतने-इतने पैरों द्वारा रौंदा जाता रहा कि उस पर
कोई छाप नहीं पहचानी जा सकती थी।
मेरी खोज
नहीं थी उस मिट्टी की
जिसको जब चाहूँ मैं रौंदूँ : मेरी आँखें
उलझी थीं उस तेजोमय प्रभापुंज से
जिससे झरता कण-कण उस मिट्टी को
कर देता था कभी स्वर्ण तो कभी शस्य
कभी जीव तो कभी जीव्य।
अनुक्षण नव-नव अंकुर-स्फोटित, नवरूपायित
मैं कभी न बन सका करुण, सदा
करुणा से उस अजस्र
सोते की ओर दौड़ता रहा जहाँ से
सब कुछ होता जाता था प्रतिपल
आलोकित,
रंजित
दीप्त, हिरण्यम्
रहस्य वेष्टित
प्रभा-गर्भ
जीवनमय।

अज्ञेय नयी सर्जना की तलाश में भटके, उड़े, रेंगे, फिसले लेकिन रुके नहीं। साही जी के शब्दों में, उन्होंने "नयी कविता को पुनः सम्भव बनाया।" उन्होंने जीवन-संवेदना को राम-रस से सींचा और पीछे मुड़कर नहीं देखा, क्योंकि उन्हें सामने का जीवन-प्रकाश बुलाता रहा। टेरती आँखों की जिन्दा ज्योति का उन्होंने स्वागत

किया। इसी अर्थ में अज्ञेय अतीत के नहीं वर्तमान के कवि हैं—वर्तमान की चिन्ताओं से बेचैन व्यंग्य के कवि। बीहड़ पथों पर चलकर हर दल-दल को पार किया, तभी तो "काँटों पर ये संकेत, एकोन्मुख संकेत लहू के" अपना अर्थ रखते हैं। "इशारे जिन्दगी के" कविता की ये पंक्तियाँ देखिए :

जिन्दगी हर मोड़ पर करती रही हमको इशारे
जिन्हें हमने नहीं देखा।
क्योंकि हम बाँधे हुए थे पट्टियाँ संस्कार की
और हमने बाँधने से पूर्व देखा था!—
हमारी पट्टियाँ रंगीन थीं।
जिन्दगी करती रही नीरव इशारे :
हम धनी थे शब्द के।
"शब्द ईश्वर है, इसी से वह रहस् है",
"शब्द अपने आप में इति है"—
हमें यह मोह अब छलता नहीं था।
शब्द रत्नों की लड़ी गूँथ कर माला पिन्हाना चाहते थे
नये रूपाकार को
और हमने यही जाना था
कि रूपाकार ही तो सार है।

शब्द संकेत है जिन्दगी के किसी गहरे अर्थ का। सत्य को अंक भेंटने की ललक का और उस वाणी का जो जीवन के शिव और सौन्दर्य की रक्षा करती है। इसीलिए तो :

बढ़े चाहे बोझ जितना
शास्त्र का, इतिहास का,
रूढ़ि के विन्यास का या सूक्त का—
कम नहीं ललकार होती जिन्दगी की।
मोड़ आगे और और है—
कौन उसकी ओर, देखो झाँकता है?

इसलिए "नया कवि : आत्मोपदेश" कविता का सार है कि नयी अनुभूति से मत डरो। यहाँ भी अज्ञेय को पुरातत्त्ववेत्ता पिता की स्मृति प्रेरणा देती है। अज्ञेय कविता में हमेशा पिता के साथ रहे। इसलिए अकेले होते हुए भी अकेले नहीं

रहे। ''पुरातत्त्ववेत्ता की छाया में अकेले रहने का एक लाभ अज्ञेय को और भी हुआ है। चाहे विरोधी के रूप में, चाहे पालक के रूप में, वह बराबर परम्परा के सम्पर्क में रहा है। रूढ़ि और परम्परा अलग-अलग चीजें हैं, यह उसने समझ लिया है। रूढ़ि वह तोड़ता है और तोड़ने के लिए हमेशा तैयार है। लेकिन परम्परा तोड़ी नहीं जाती। बदली जाती है या आगे बढ़ाई जाती है, ऐसा वह मानता है और इसी के लिए यत्नशील है। कहना सही होगा कि वह मर्यादावान विद्रोही है।'' (अज्ञेय : अपनी निगाह में) क्या विडम्बना है कि प्रायः अज्ञेय के इस कथन को व्यंग्य-विद्रूपता में ही ग्रहण किया गया।

अज्ञेय का कितना ही उपहास किया गया हो, किन्तु वे मौन झेलते रहे और ''रूप-रस-गंध-गान'' की अपनी ऐन्द्रिय-संवेदना, ज्ञानात्मक संवेदना को कभी न छितराने दिया, न कुंद होने दिया। अज्ञेय ने विरोधियों से शक्ति पायी। विरोधियों ने उनसे शक्ति पायी या नहीं, कौन कह सकता है। फिर अज्ञेय काव्य को पश्चिमी अर्थ में कला नहीं मानते। भारतीय अर्थ में ''विद्या'' मानते हैं–ऐसी विद्या जो हमारी जड़ता को काटकर हमें मुक्त करती है। अज्ञेय में नेता का यह गुण रहा है कि वे अपने दृष्टिकोण को अपने पर इतना हावी हो जाने दें कि दूसरों के दृष्टिकोण की अनदेखी भी कर सकें।'' इसीलिए अज्ञेय ने अपने ढंग से हिन्दी कविता का नेतृत्व किया और विरोधियों को अँगूठा दिखाकर नेतृत्व किया। व्यवस्थित चिन्तन किया–शास्त्र को तोड़ा-छोड़ा, लेकिन धीरज के साथ। अव्यवस्थित चिन्तन के प्रति उनमें एक तीव्र असहिष्णुता रही है। चिन्तन के क्षेत्र में किसी भी प्रकार का 'लबड़धोंधोपन' उन्हें नापसन्द रहा। इसलिए उनके मित्र कम रहे। हिन्दी के आलोचकों-अध्यापकों का ''नाक रहित'' चिन्तन अज्ञेय को जीवन-भर गहरी पीड़ा पहुँचाता रहा। अज्ञेय ने ''नयी कविता'' शीर्षक लेख में एक प्रोफेसर और अध्येता के वाद-विवाद को प्रखरता से प्रस्तुत किया। छायावाद की 'अयि कल्पने सुकुमारि'' से कवि अज्ञेय ने विदा ली तो छायावादी संस्कारों की प्रोफेसर पीढ़ी ने नासमझ विरोध किया। विरोध क्या अज्ञेय-विरोध में डट गयी। अज्ञेय ने कहा कि कविता अपनी इन्द्रिय बदल रही है। नयी कविता सुनी कम पढ़ी ज्यादा जाती है, एकाग्र-मौन पाठ से उसकी बौद्धिकता खुलती है। इसीलिए प्रगतिवादी-प्रयोगवादी बिल्ले ''नयी कविता'' के सामने ओछे पड़ते हैं। फिर प्रगतिवाद तो एक राजनीतिक बिल्ला है और प्रयोगवाद एक गाली। इसलिए ये दोनों नाम गलत हैं, उतने गलत जितना कभी ''छायावादी'' नाम गलत था। गलत और निरर्थक। नयी कविता में ''कविता'' पर ध्यान केन्द्रित रहा है, कवि पर नहीं। नयी कविता मानती है कि नयी कविता सबसे पहले एक नयी मनःस्थिति

का प्रतिबिम्ब है, एक नये मूड का—एक नये राग-सम्बन्ध का।" कभी "छायावाद" नये मूड का प्रतिबिम्ब था, फिर नयी कविता नये मूड का प्रतिबिम्ब बनी और यह परिवर्तन पहले परिवर्तन से ज्यादा गहरा, व्यापक और विद्रोही था। छायावाद में सभी आस्तिक थे, नयी कविता में आस्तिक-नास्तिक दोनों हैं। नयी कविता में अनेक अन्तर्धाराएँ हैं, अनेक अर्थ-ध्वनियों का कोलाहल। अज्ञेय का कवि-स्वभाव, चिन्तन ग.मा. मुक्तिबोध के चिन्तन से अलग है—विरोधी नहीं, पूरक है तो गिरिजाकुमार का कवि-स्वभाव, चिन्तन इन दोनों से भिन्न। अज्ञेय पर प्रसाद की छाप है, मुक्तिबोध पर प्रेमचन्द और गिरिजाकुमार माथुर में निराला की सर्वाधिक अनुगूँज है। सभी का आग्रह कविता की अन्तर्वस्तु के गहरे सामाजिक-राजनीतिक सरोकारों से है, रूप-विधान पर नहीं। इस तरह नयी कविता छायावादी एस्थेटिक्स के प्रतिमानों को स्वीकार नहीं करती, न रूप-विधान को। इसलिए कविता के जो नये प्रतिमान निर्मित होते हैं, उसमें मुक्तिबोध, माथुर, जगदीश गुप्त, विजयदेवनारायण साही और लक्ष्मीकान्त वर्मा जैसे नये सिद्धान्तकार-भाष्यकार उभरते हैं तथा ये नये प्रतिमान पश्चिमी "न्यू क्रिटिसिज़्म" के प्रतिमानों की नकल नहीं हैं। जैसा कि सिद्ध किया जाता रहा है। नये कवि अज्ञेय समाज-निरपेक्ष नहीं हैं। वे लिखते हैं—व्यापक जागरुकता के लिए :

बह चुकीं बहकी हवाएँ चैत की
कट गई पूलें हमारे खेत की
कोठरी में लौ जला कर दीप की
गिन रहा होगा महाजन सैंत की।

हिन्दी आलोचना की गैर-ईमानदारी पर व्यंग्य करते हुए अज्ञेय ने कहा—"यह अब रामविलास शर्मा ने लिखी होती तो प्रगतिशील गिनी जाती, पर अज्ञेय की है इसलिए प्रयोगशील कहलाएगी।" अज्ञेय को प्रयोगवादी कहना एक गाली है। यह गाली पहली बार नन्ददुलारे वाजपेयी ने "आधुनिक साहित्य" पुस्तक के निबन्ध "प्रयोगवादी कविताएँ" लिखकर दी थी। "प्रयोगवादी" नाम से इतने चिढ़े अज्ञेय कि "दूसरा सप्तक" की "भूमिका" इस आक्षेप का उत्तर देने के लिए ही मानो लिखी है।

अज्ञेय ने "शब्द, मौन, अस्तित्व" लेख में प्रश्न उठाया है कि लेखक क्यों लिखता है? क्या वह पागल है? मौलिकता क्या निरन्तर आविष्कार है? कला के क्षेत्र में वास्तव में नया कुछ नहीं होता। यहाँ तक कि जो नयेपन एक आभास देता है, वह नये के रूप में तब तक प्रतिष्ठित नहीं होता, जब तक कि हम उसमें

अथवा उसके द्वारा जो कुछ उससे पहले था, उसके नये मूल्यांकन का आधार न पा लें और उससे एक अर्थनाम सम्बन्ध न स्थापित कर लें।'' अपने सामाजिक से अर्थपूर्ण सम्बन्ध स्थापित करना ही ''नया होना'' है। कला में जो शक्ति-सृजन की प्रेरणा बनती है, वही तनाव है--लेखन इस तनाव से मुक्ति पाने का हल है। ज्ञान-क्षेत्र के विस्तार के साथ नया संवेदन नया तनाव पैदा करता है। इस तनाव का हल पाने के लिए सही शब्द की तलाश शुरू होती है, ''केवल सही शब्द मिल जाएँ तो!'' यही समस्या की जड़ है। ''मेरी खोज भाषा की खोज नहीं है, केवल शब्दों की खोज है। भाषा का उपयोग मैं करता हूँ, निस्सन्देह, लेकिन कवि के नाते जो मैं कहता हूँ वह भाषा के द्वारा नहीं केवल शब्दों के द्वारा। मेरे लिए यह भेद गहरा महत्त्व रखता है।'' (सर्जना और सन्दर्भ, पृ. 188) अज्ञेय ने न जाने कितनी बार कहा है कि कला सृजन के माध्यमों में सबसे वेध्य माध्यम का उपयोग करता हूँ—ऐसे माध्यम का जिसको निरन्तर दूषित और संस्कारच्युत किया जाता रहा है। अथच उसका उपयोग मैं ऐसे ढंग से करना चाहता हूँ कि वह नये प्राणों से दीप्त हो सके। ऐसा मैं कैसे करता हूँ या कर सकता हूँ? अपना ध्यान शब्द पर—हमेशा शब्द पर—केन्द्रित करके ही । ''निस्सन्देह दूसरी कलाएँ भी वेध्य हैं। इन सभी को व्यापारिक, लौकिक या पॉपुलर बनाया जा सकता है और निरन्तर बनाया जाता है। लेकिन चित्रकारी किये बिना, गाये बिना, पत्थर या लकड़ी उकेरे बिना भी सामाजिक हुआ जा सकता है, बोले बिना सामाजिक नहीं हुआ जा सकता। भाषा को ही यह चिंत्य विशिष्टता प्राप्त है कि उसे निरन्तर और अनिवार्य हीनतर संस्कार का शिकार बनना पड़ता है।'' मूल बात यह कि किसी भी कला-माध्यम का जितनी उसकी क्षमता है, उससे कम कहने के लिए उपयोग करना उसे घटिया संस्कार देना है, संस्कार भ्रष्ट करना है, उसका बल्गराइजेशन है। कवि का काम शब्द का उपयोग करना नहीं, उसके पार जाकर अर्थ-सम्भावनाओं का विस्तार करना है। अर्थात शब्दों का ही अर्थ-गर्भ उपयोग नहीं, अर्थ-गर्भ मौन का भी उपयोग करना है। प्रायः कविता शब्दों में नहीं होती—कविता शब्दों के बीच निहित नीरवताओं में होती है, जबकि मौन के द्वारा भी सम्प्रेषण हो सकता है।

अज्ञेय ने शब्द-मौन के उपयोग पर अपने जीवन का उदाहरण दिया—''एक समय था जब मैं एक क्रान्तिकारी संगठन का सदस्य था और ब्रितानी साम्राज्यवाद के विरुद्ध लड़ रहा था, उस युद्ध में मैंने सभी साधनों का उपयोग किया था, भारतीय सेना तब अभी ब्रितानी सेना ही थी। उस समय भी मैंने कई साधनों का उपयोग किया, जिनमें क्रान्तिकारी जीवन में प्राप्त कौशल भी थे। अवसर आया होता तो और भी साधनों का मैंने उपयोग किया होता। आज मैं दिल्ली से एक राजनैतिक

समाचार-साप्ताहिक (दिनमान) का सम्पादन कर रहा हूँ। इनमें से किसी कार्य का मुझे अनुशोच या परिताप नहीं है तो दूसरी ओर इन कामों में और काव्य-रचना में कोई विरोधाभास भी नहीं दीखता है।" (वही, पृ. 190) अज्ञेय को वाल्टर ह्विटमैन क्यों याद आते हैं? विद्रोह भाव के कारण ही न। ह्विटमैन की तरह वे भी स्वतन्त्रता के लिए, सामाजिक न्याय के लिए मानव-व्यक्तित्व की प्रतिष्ठा के लिए विशालतर सामान्य उद्देश्यों की सिद्धि के प्रयत्नों के लिए आग्रह करना अपना कर्तव्य समझते रहे हैं। आस्था के मूल्यों पर खड़ा कर्मरत मानव अज्ञेय का श्रेय-प्रेय दोनों है—"भीड़ों में/जब-जब जिस-जिस से आँखें मिलती हैं/वह सहसा दिख जाता है/मानव/अंगार सा-भगवान-सा/अकेला/और हमारे सारे लोकाचार/राख की युगों-युगों की परतें हैं।" यह मानव अंगारे-सा मानव ही उनके चिन्तन के केन्द्र में है—ईश्वर नहीं। यह मानव आज यंत्रयुग प्रकट होने के दबाव में अजनबीपन, खण्डित अस्मिता, संत्रास का सामना कर रहा है। इन स्थितियों के ठीक वही कारण हैं जो विदेशों में क्रियाशील हैं। पश्चिमी समाज में विराट् यंत्र-उद्योगों के निरात्म और अमानुषी संगठन के विरुद्ध व्यक्ति जन की स्थिति जैसी नगण्य हो गयी है—"पश्चिमवाद के क्रूर संत्रास की चिन्ता अज्ञेय को घेरती रही है। फिर यह चिन्ता कि एक समूची पीढ़ी मूल में न जाकर अनुवादों में जी रही है। और ऐसे अनुवाद में जी रही है जिसके मूल तक उसकी पहुँच नहीं है, जिसके मूल के बारे में उसकी पक्की जानकारी नहीं है।" (सर्जना और सन्दर्भ—भाषा और अस्मिता, पृ. 339) यह अनुवादजीवी संस्कृति भारत में पनप रही है और अपने मूल को खो कर पनप रही है। अज्ञेय से लेकर रघुवीर सहाय तक, गोविन्दचन्द्र पाण्डेय से लेकर रमेशचन्द्र शाह तक, जड़ावलाल मेहता से लेकर नन्दकिशोर आचार्य तक यही चिन्ता व्याप्त है कि कैसे अनुवादजीवी संस्कृति हमें हमारी धुरियों से उतार कर नष्ट कर रही है। हरिऔध और मैथिलीशरण गुप्त की चिन्ताओं का यह नया रूप नहीं है क्या, जिसमें भारत की भारती के आँसू टपक रहे हैं। आजाद भारत में भारत की पराधीनता, हीनता का नव-उपनिवेशवाद, नव-सांस्कृतिक साम्राज्यवाद का झाँसा, समाजवाद की आड़ में पूँजीवाद, उत्तर-पूँजीवाद का काला नाग—"साँप तुम सभ्य तो हुए नहीं" बुदबुदाता रहा। भारतीय संवेदन-सामर्थ्य का ह्रास, अस्मिता का विनाश और बौद्धिक नपुंसकता, सभी क्षेत्रों में अवमानवीकरण की पीड़ा, अवमानना और तिरस्कार न जाने कब तक यह देश झेलेगा।

हमारी पूरी पीढ़ी के सामने यह यक्ष प्रश्न उपस्थित है कि भारत के इतने सारे लेखकों ने अपने को पश्चिमवाद-आधुनिकतावाद-मानववाद के जाल में क्यों फँस जाने दिया? यहाँ सूरजपाल नायपॉल याद आते हैं—जो भारत की "घायल

सभ्यता'' पर अफसोस जाहिर करते रहे हैं कि संस्कृति की मौलिकता को गिरवी रखने का क्या अर्थ है, खासतौर से उस देश के लिए जिसके पास दर्शन-इतिहास-कला-धर्म-संस्कृति-साहित्य हो, जिस संस्कृति को मूल से कवियों ने गढ़े हों। किसी संस्कृति का इतना महान अतीत है क्या? शायद ही किसी संस्कृति के निर्माण में कवियों का इतना बड़ा योगदान रहा हो, जितना भारतीय संस्कृति के निर्माण में रामायण-महाभारत, रघुवंश और उत्तर रामचरितम् का रहा है संत कवियों का रहा है। इधर सर्जनेतर उपयोग में गढ़ी हुई नयी शब्दावली आ रही है उसमें वास्तव में वैसी अर्थ-वहन की क्षमता नहीं है। खोटी धातु से बार-बार धोखा खाकर नया लेखक मानो हार कर अपनी भाषा के प्रति अजनबी हो गया है। जो मूल्य या अर्थ उसे अभीष्ट है, वह पराये शब्दों में उसे मिलना जान पड़ता है। इसी का परिणाम है कि वह निरन्तर अनुवादजीवी बना रहता है। इसलिए ''रचनात्मक भाषा और सम्प्रेषण की समस्या'' विकराल हो उठी है। पढ़-लिखकर असमर्थ होता समाज भाषा की सांस्कृतिक अर्थ-व्यंजनाओं से निरन्तर कट रहा है, इससे जीवन की कालिदासीय लय के टूट जाने का खतरा बढ़ गया है। शब्द को, शब्दों की सम्प्रेषण क्षमता को प्रदूषित करके हम भाषा की चिन्तन-शक्ति का क्षरण कर रहे हैं। इसी दृष्टि से अज्ञेय ने ''यथार्थ सम्प्रेषण : कथा-भाषा की समस्याएँ'' पर विचार किया है। समाज का यथार्थ स्थिर नहीं, गतिशील है, निरन्तर बदलता यथार्थ। इसलिए यथार्थ की हर अवधारणा संदिग्ध है। रचना में गायब होते ''सहृदय समाज'' की जगह ''ऑडिएन्स'' ले लेती है, एक मास ऑडिएन्स। यह सब मास कल्चर में खप जाता है। रचना में न व्यक्ति रहता है, न व्यक्तित्व रह पाता है, वह सब केवल समष्टिगत ''उपभोक्ता समुदाय'' बन जाता है। अब बचा क्या है? बिना चेहरे की ऑडिएन्स और व्यक्तित्वरहित स्रष्टा। उसके बीच ''संवाद'' कैसा और क्यों? गृहीता बिना चेहरे का उपभोक्ता और सर्जक स्रष्टा न होकर ''उत्पादक'' व्यक्तित्व रहित उत्पादक। ''मास मीडिया'' और ''मास कल्चर'' का यह आक्रमण अज्ञेय खुली आँखों देख रहे थे। क्योंकि वे जानते थे मास कल्चर में साहित्य उपभोग्य वस्तु अथवा जिन्स बन जाता है। फिर जो साहित्य ''खपत माल'' में बदल जाता है, उसका 'रसास्वादन' नहीं हो पाता। व्यक्तित्व रहित पाठक समुदाय भोक्ता-उपभोक्ता और व्यक्तित्वरहित रचनाकार उत्पादक मात्र रह जाता है। ''मास कल्चर'' में पुस्तक को पढ़ने-समझने का प्रश्न नादानी है; सयानापन है कि वह किताब कितनी बिकती है, उसका मनोरंजन आधुनिक तनावों को खत्म करने में कितनी मदद करता है। ऐसा आज का साहित्य बृहत् समाज के यथार्थ की पहचान नहीं कराता। वह केवल वर्तमान की स्थिति को अधिक सहनीय बनाने वाला बनाता है और हमारे अनुभव

में काल ऐतिहासिक क्रम में नहीं आता; सब कुछ उलट-पुलट जाता है। सच बात तो यह है कि "कलाकृति" पर अज्ञेय के विचार उत्तर-संरचनावादी विचारकों—पाल डी मान, मिशेल फूको, ल्योतार—के नज़दीक चले गये हैं।

अज्ञेय होने का अर्थ है—अपने समय-समाज की सर्जनात्मकता को पहचान कर उसे डी-कंस्ट्रक्ट करना। तभी तो उनके चिन्तन के केन्द्र में रही है आधुनिक मानव की स्वाधीनता और सर्जनात्मकता। इसी चिन्तन के वशीभूत होकर वे परम्परागत काव्य-लय को छोड़कर गद्य भाषा की ओर बढ़े। गद्य की लय को अपनाया और बक्तृता में वैशिष्ट्य की निष्पत्ति की। "असाध्य वीणा" का प्रियंवद अज्ञेय "कितनी नावों में कितनी बार" चढ़ा-उतरा। उनकी रचना-प्रक्रिया की कशमकश कवि की जागरुकता का प्रमाण रही। तत्सम से तद्भव की ओर बढ़ती रचना-यात्रा में देसीपन का लोक-विस्तार और भाव-संवेदना उनकी भाषा में आती गयी। कितनी अद्भुत बात है कि अपने परवर्ती काव्य में अज्ञेयजी निराला की तरह सहज और "जन-मन" के निकट आते गये। कवि-दृष्टि का देसीपन पूरी कवि-दृष्टि, कवि-सृष्टि में समाता गया। "नदी की बाँक पर छाया" की एक "पंडिज्जी" शीर्षक कविता देखिए—

अरे भैया, पंडिज्जी ने पोथी बन्द कर दी है
पंडिज्जी ने चश्मा उतार लिया है
पंडिज्जी ने आँखें मूँद ली हैं
पंडिज्जी चुप हो गये हैं।
भैया, इस समय
पंडिज्जी
फकत आदमी हैं।

"पंडिज्जी" की बोलचाल की लय और काव्य-टोन एकदम देसी है। ये पंडिज्जी और कोई नहीं स्वयं अज्ञेय हैं, जिनका समय-परिवेश ने काया-कल्प कर दिया है। "क्योंकि मैं उसे जानता हूँ" की आत्मीय उठान का उत्कर्ष दार्शनिकता-काव्यात्मकता खोकर कबीराई अन्दाज में आ गया है। सर्वनामों से जीवन-विस्तार को नापते अज्ञेय का यह नया कवि-बिम्ब है, आभिजात्य के दम्भ को पछाड़ता अज्ञेय का कवि-बिम्ब। आजादी के बाद "आलोक मंजूषा" को समर्पित कवि कह उठता है कि "छब्बीस जनवरी" एक विद्रूप-व्यंग्य में बदल गयी है। ऐसी ही भाव-व्यंजना कभी अज्ञेय के मानस-शिष्य सर्वेश्वर ने व्यक्त की थी—"झाँकियाँ निकलती हैं ढोंग अविश्वास की/बदबू आती है मरी हुई बात की।" आजादी के बाद का विद्रूप लोकतन्त्र रघुवीर सहाय में सर्वाधिक स्थान पाता गया

है—"राष्ट्र-गीत में भला कौन यह भारत भाग्य विधाता है।" अज्ञेय की पत्रकारिता ने—"दिनमान", "नवभारत टाइम्स" के समय की पत्रकारिता ने—रचनाकार अज्ञेय को मथा-पीसा-रगड़ा और बेचैन किया। यहाँ कविता में तीखा-तगड़ा व्यंग्य स्थान पाता है गद्य-लय के साथ। "केले का पेड़" कविता में व्यंग्य देखिए—"तू एक बार तन कर खड़ा तो होता/मेरे लुजलुज भारतवासी।" केले की तरह रीढ़-विहीन होने का क्या अर्थ? स्वाधीनता के गर्व से रहित अपने ही देश में आत्मधिक्कार के शिकार पश्चिमी संस्कृति के नकलची, मानसिक गुलाम भारतवासी।

"सागर मुद्रा" में फिर कवि का प्यार उफनाता और प्रकृति के पुराने मुहावरे को लेकर कवि गाता है—"कन्हाई ने प्यार किया", "छातियों के बीच", "राधा-टेर" तथा "प्रेमोपनिषद्" का नया पाठ। पुकार का मूल भाव है—"तुम सागर क्यों नहीं हो"? सागर कवि को मुक्त करता है, उसके व्यक्तित्व का प्रतीक है। इसी लौ में "भले आये राम जी आँधी की ओट में" अनाहूत चले आये। गुप्त जी के राम, निराला के राम, फिर आये अज्ञेय के राम—उदास-व्याकुल। उत्तर-आधुनिक युग के प्रताड़ित राम युग के नये संस्करण बने हैं। "वन तुलसी की गंध" तथा "देर तक गरमाये गये दूध की धुईली वास" उमड़ कर "पहले मैं सन्नाटा बुनता हूँ" में बस जाती है। यादों की चादर में लिपटा कवि सन्नाटे का छन्द बन जाता है। "मैं सन्नाटे का छन्द हूँ" कवि-कर्म के सार्थकता की तलाश है। फिर शुरू हुआ सामान्य जन का प्रकृत भव भरा "नाच"। छायावाद से नयी कविता और समकालीन कविता की अन्तर्यात्रा का "नाच"। सूरदास की याद आती है—"अब हौं नाच्यो बहुत गोपाल"। इस नाच में अज्ञेय की जीवन-वेदना-यातना का दर्द है तथा भोग का अर्थ-सन्दर्भ, रस्सी पर नाच दिखाने की पीड़ा। लोग नाच देखते हैं—

न मुझे देखते हैं जो नाचता है
न रस्सी को जिस पर मैं नाचता हूँ
न खम्भों को जिस पर रस्सी तनी है
न रोशनी को जिसमें नाच दीखता है :
लोग सिर्फ नाच देखते हैं।

क्या अद्भुत बात है कि यायावर अज्ञेय को परवर्ती काव्य में "घर" की हुड़क सताती है। गृहस्थ की पीड़ा-रामायण का यह नया अध्याय है, बहुलार्थक "पाठ" से भरा कविता का ध्वन्यर्थ। तभी तो "आँगन के पार/भवन के ओर-छोर में खो गया भवन/घर मेरा दो दरवाजों को जोड़ता है/एक घेरा है घर/जिसमें बाहर का दृश्य दीखता है/घर नहीं दीखता।" क्या यह कविवर नवीनजी के "हम अनिकेतन" का

नया भाष्य तो नहीं है। तभी तो कवि ने ''नहीं, यूलिसीज़'' नामक कविता में ''सत्य'' यह पाया है :

नहीं, यूलिसीज
न तुम्हें कभी मिलेगी इथाका
न मुझे कभी द्वारका।
वापसी में यों भी
कोई नगर नहीं मिलते
प्रवासी लौटते तो हैं
पर उनकी घर वापसी नहीं होती
जहाँ उनकी वापसी होती है वहाँ उनके घर नहीं होते
उन्हें कोई नहीं पहचानता।

वत्सल-निधि द्वारा आयोजित ''भारतीय घर'' शीर्षक परिसंवाद का यह कैसा निचोड़ है। अन्तिम काव्य-संग्रह ''ऐसा कोई घर आपने देखा है'' यहाँ चिड़िया रैन बसेरा का अनुभव क्यों है? क्या है? ''चिड़िया को जितने नाम दिये थे/सब झूठे पड़ गये।'' क्यों झूठे पड़ गये? वह कविता क्यों पूरी नहीं हुई—''काँपी और थिर हो गयी पत्ती।'' विराट् का स्पन्दन चिड़िया का पत्ती-डाल पर बैठना-उड़ना। जीवन ऋत का नया अनुभव-संवेदन और संवेदन में विराट् का जीवन-स्वर-लीला-गायन। कवि की अनिवर्चनीय उड़ान की अष्टाध्यायी यहाँ है। कवि अब ''छन्द'' बन गया है :

मैं सभी ओर से खुला हूँ
वन-सा, वन-सा अपने में बन्द हूँ
शब्द में मेरी समाई नहीं होगी
मैं सन्नाटे का छन्द हूँ।

अज्ञेय में ''मौन'' के छन्द गतिमान हैं, थिरकते हैं, फिर महाकाल में प्रवेश पाकर समाधि लगा लेते हैं। इस तरह ''मौन'' के अनेक ध्वन्यर्थ हैं। मौन मधु होकर भाषा को, शब्द को लयमान कर लेता है—''मैं मौन नहीं हूँ मुझ में स्वर बहते हैं'' वाली भवानी भाई की ''सन्नाटा'' कविता का मौन। मौन ही सबसे मुखर गति है, योग की चित्त-समाधि का नाम-जप। मौन अजपा जाप का नया अर्थ-सन्दर्भ अज्ञेय का मौन है। महाबुद्ध की करुणा का मौन अर्थ में बोलता मिलता है। ''असाध्य वीणा'' का मौन और मौन तोड़कर पूरी संसृति की संगिनी प्रकृति-लय का लास्य सौन्दर्य। जीवन के पार्वती-सौन्दर्य का साक्षात्कार ही तो अज्ञेय का

कवि-कर्म है। ''कामायनी'' के इच्छा-क्रिया-ज्ञान का सामरस्य भरा मौन अज्ञेय में ''स्मृति'' बनकर सर्जनात्मकता को ''अर्थ'' देता है, ''छन्द'' में नाद-सौन्दर्य की संगीत।

अज्ञेय ने सोच-समझकर ही अपने को सन्नाटे का छन्द कहा है, क्योंकि वह जीवन और प्रकृति की लय को छन्द बनाता है, और उस जीवन-छन्द की लय को जन-मन में उतारना चाहता है—''दीप हूँ मस्तक पर मेरे दीपशिखा है नाच रही''। आज भी हिन्दी कविता से एक आवाज़ उठ रही है—''दूर-दूर-दूर—मैं वहाँ हूँ! मैं हूँ, मैं यहाँ हूँ, पर सेतु हूँ/जो है और जो होगा दोनों को मिलाता हूँ।'' तभी तो परम्परा से फूटती भारतीय आधुनिकता का नाम है—अज्ञेय।

हिन्दी साहित्य-चिन्तन में ''परम्परा'' और ''आधुनिकता'' को एक अवधारणा के रूप में विकसित करने का श्रेय अज्ञेय जी को है। उन्होंने परम्परा को ''जाँचने'' और ''परखने'' की एक ईमानदार बौद्धिक पहल इस अर्थ में की है कि हम परम्परा को कोरी पूजा की वस्तु मानकर नहीं जी सकते हैं। कई बार परम्परा केवल परम्परावादी रूढ़ि का पर्याय होती है, जो नये विचार-सन्दर्भों से हमें काटकर जड़ और ठस्स बनाती है। परम्परा में जड़ता का अर्थ तब पैदा होता है जब हम उसे ''परम्परावाद'' के लीकी अर्थ में ग्रहण करते हैं। लेकिन जब हम ''परम्परा'' को ''प्रवाह'', ''जातीय स्मृति'' या ''निरन्तरता और परिवर्तन'' के अर्थ में ग्रहण करते हैं तो वह ''मौलिकता'', ''सार्थकता'', ''दाय'', ''रिक्थ'', ''धरोहर'', ''मूल्यवान का संचय'' जैसे अर्थ लेकर सामने आती है। वैसे कोई भी परम्परा अन्ततः जातीय स्मृति (रेशियल मेमरी) है, जिसमें ''संग्रह त्याग न बिनु पहचाने'' की प्रक्रिया चलती रहती है। हर व्यक्ति और हर पीढ़ी को एड़ी-चोटी का जोर लगाकर परम्परा को ''कमाना'' पड़ता है, उसके साथ जूझना-मुठभेड़ करना पड़ता है। इसी विचार सन्दर्भ को स्पष्ट करते हुए अज्ञेय जी ने कहा है कि ''परम्परा ऐसी कोई पोटली बाँधकर अलग रखी चीज़ नहीं है, जिसे उठा कर सिर पर लाद लें और चल निकलें। परम्परा का कवि के लिए कोई अर्थ नहीं है, जब तक ऐसे ठोंक बजाकर तोड़-मरोड़कर देखकर आत्मसात नहीं कर लेता।'' परम्परा को आत्मसात करने के लिए उसमें अवगाहन करना, गहरे में गोते खाना, आन्तरिक लय को गहना जरूरी होता है। विद्यानिवास मिश्र कहते रहे हैं—''परम्परा बन्धन नहीं है''। दरअसल हमारी पूरी परम्परा ''राधा'' है जो हमें ''बाँधकर खोलती है और खोलकर बाँधती है। एक गहरे अर्थ में अज्ञेय के लिए ''परम्परा'' का सन्दर्भ सांस्कृतिक अस्मिता और ऐतिहासिक दृष्टि से जुड़ा रहा है और इसी से हमारी सही पहचान बनती है। संस्कृति या परम्परा ''अन्धानुकरण'' नहीं है, न केवल इतिहास, वह तो स्रोत से लेकर सेतु तक की

अनन्त यात्रा है, अविराम यात्रा। इसीलिए अज्ञेय परम्परा को "गहरा संस्कार" बनाने के विचार पर बल देते रहे हैं।

अज्ञेय के लिए "परम्परा" रचना-कर्म में समस्या बनी रही है। क्यों बनी रही है? क्योंकि उसे बिना परखे स्वीकार नहीं किया जा सकता। कवि अपने विवेक से परम्परा को कूट-पीटकर छानता है और "सार सार को गहि रहै थोथा देय उड़ाय" की अनुभव सिद्ध "थियरी" से उसके अर्थ को अपनाता है। समय का काल-प्रवाह की चेतना से सभी मूल्य अपनी अर्थ इच्छाएँ बदलते हैं और यही वह प्रक्रिया है, जिसके भीतर से परम्परा आधुनिकता की निष्पत्ति करती है। इस तरह आधुनिकता का प्रवर्तन और प्रवाह परम्परा के पर्वत से फूटता है। इस दृष्टि से परम्परा और आधुनिकता का सम्बन्ध द्वन्द्व या संवाद मात्र का नहीं, "नाभि-नाल सम्बन्ध" है, एक से दूसरी अनिवार्य रूप से जुड़ी है। "परम्परा" में पूर्वापरत्व निहित है। वह तभी सार्थक हो सकता है जबकि "पूर्व" के साथ "अपर" हो। हम पूर्वोन्मुखता के नशे में अपने से यह पूछना ही भूल जाते हैं कि अपर क्या है।" अज्ञेय के इस कथन का ध्वन्यर्थ है कि परम्परा का "ज्ञान" एक सतत विकासमान प्रक्रिया है, जिसे विवेक-वयस्कता से ही पाया या मापा जा सकता है। विवेक-वयस्कता में निहित अनुभव कोई "स्थिर जड़पिंड" नहीं है, वह भी निरन्तर विकासशील गति है। इस दृष्टि से शाश्वत मूल्यों की बात ही अर्थहीन है, उनमें निरन्तरता और बदलाव का नियम सक्रिय रहता है। नया अनुभव पुराने अनुभव को पोंछ नहीं देता, उसमें समाहित होकर नया रूप धारण कर लेता है। जयशंकर प्रसाद का अनुभव इसी प्रक्रिया के कारण अज्ञेय में अपनी नवीन सर्जनात्मक विद्यमानता रखता है। प्रसाद का अनुभव दर्शन हमाने संत साहित्य से और संत साहित्य वेदों-उपनिषदों-आरण्यकों-रामायण-महाभारत, बौद्ध-जैन-लोकायत सभी से जुड़ा मिलता है। साहित्य के क्षेत्र में हम परम्परा की चर्चा इसी अर्थ में करते हैं—तारतम्यता उसमें अनिवार्य है। परम्परा में इतिहास और घटना-क्रम का अर्थ भी "तारतम्यता" से ही बिगड़ता-बनता है। अज्ञेय ने लिखा है—"परम्परा केवल इतिहास या घटनाक्रम नहीं है, वह घटनाक्रम से मिलने वाला जातिगत अनुभव है, अनुभव ही नहीं बल्कि उस अनुभव का ऐसा जीवन्त स्पन्दन जो जाति को अभिप्रेरित है।" इसी अर्थ में परम्परा को प्रतिभा का पर्याय मानना पड़ता है, जिसमें स्मृति-मति-प्रज्ञा तीनों की त्रिवेणी प्रवाहित रहती है।

अज्ञेय पुष्ट तर्कों से यह विचार केन्द्र में रखते हैं कि परम्परा रचनाकार के लिए शापमय वरदान है। यह शापमय वरदान कैसे है? क्या है? कहाँ है?—इस बात के लिए मैं एक अज्ञेय का लम्बा उद्धरण देना चाहूँगा ताकि यह बात ठीक-ठीक

समझी जा सके। अज्ञेय का कथन है—"साहित्यकार को कला की साहित्य दृष्टि की मुख्य प्रवृत्ति से, साहित्यिक परम्परा की निरन्तर विकासशील प्रवाहमानता से परिचित होना ही होगा, अतीत में से निकट अतीत और उसमें से वर्तमान की भी परम्परा के प्रति ऐतिहासिक जागरुकता उसे पानी ही होगी। उसे अपने निजी मन, व्यक्तिगत, भिन्न, अकेले मन के प्रति ही नहीं, अपने साहित्य के, अपने समाज के, अपनी सांस्कृतिक परिवृत्ति के, अपने देश के समष्टिगत मन के—यदि उसकी क्षमता उतनी ही है तो जन-मन, विश्व-मन के प्रति भी सचेतन होना होगा, क्योंकि उसे इसका भी अनुभव करना होगा कि यह विशालतर मन उसके निजी मन से कहीं अधिक गौरव रखता है और जितने ही बड़े मन की जितनी ही गहरी चेतना उसमें है, उतना ही अपने युग के साथ उसका सम्बन्ध फलप्रद है। इतना ही नहीं, उसे यह भी जानना होगा कि इस सामूहिक मन में परिवर्तन हो सकता है और होता है, वह विकासशील है, पर इस विकास और परिवर्तन में वह अपने किसी अंग का परित्याग अथवा बहिष्कार नहीं करता, केवल उसके प्रति एक नयी चेतना पैदा कर देता है। वाल्मीकि के लिए वेदों को, कालिदास के लिए वाल्मीकि को, तुलसीदास के लिए कालिदास को या मैथिलीशरण गुप्त के लिए तुलसीदास को, वह छोड़ नहीं देता, वह इन सबको अपनी प्रवाहमानता के लम्बे सूत्र में पिरोता चलता है। उसके मन में "अतीत" कुछ भी नहीं होता, केवल "पहले से वर्तमान" की वह परम्परा बढ़ती चलती है, जिसमें "नया आया हुआ वर्तमान" अपना स्थान बनाएगा। अचिर के साथ चिर के तारतम्य की यही बाध्यता अचिर की माला में गुँथ जाने के चिर का अधिकार, साहित्यकार के लिए रूढ़ि अथवा परम्परा का यही शापमय वरदान है।" (त्रिशंकु, पृ. 37) दरअसल, अज्ञेय प्रयोगशील संस्कारी मानस से परम्परा को अर्जित करने के विश्वासी रचनाकार हैं। प्रयोग सत्य को, जीवन-जगत के सत्य को जानने और प्रेषित करने का दुहरा साधन है। साथ ही, प्रयोग मानव के मूल रागों को उत्कर्ष देता है—वह वास्तविकता के ऊपरी-भीतरी स्तरों पर सक्रिय होकर बदलती हुई रागात्मक सम्बन्धों की प्रणालियों को युग की वास्तविकता से जोड़कर व्यक्त करता है। युग जीवन के दबाव से निरन्तर जटिल होते भाव-बोध को बोधगम्य बनाने की दिशा खोलता है। आज के कवि की सबसे बड़ी समस्या है—जटिल संवेदनाओं के सम्प्रेषण की समस्या जिसे कभी साधारणीकरण व्यापार से प्रस्तुत किया गया था। वहाँ सम्प्रेषण से साधारणीकरण अभिन्न होकर जुड़ा था, किन्तु आज इसमें थोड़ा फर्क आ गया है। आचार्य रामचन्द्र शुक्ल से लेकर आचार्य नगेन्द्र तक साधारणीकरण सिद्धान्त का चिन्तन अनुभूति-तत्त्व के साथ जुड़कर मनोविज्ञान-मनोविश्लेषण के परिप्रेक्ष्य में हुआ है। किन्तु अज्ञेय ने अद्‌भुत

कवि-कौशल इस पूरे चिन्तन को प्रयोगवाद और नयी कविता के युग में कवि-कर्म के सम्प्रेषण व्यापार से जोड़ दिया है। वैयक्तिक अनुभूति को कलात्मक अनुभूति में निर्वैयक्तिक भाव से ढालने की कला सृजन-प्रक्रिया को अज्ञेय ने यह कहकर स्पष्ट किया कि कला के भाव व्यक्तित्व से परे होते हैं, निर्वैयक्तिक होते हैं। इस तरह कला का विषय कवि नहीं कविता है। कलाकार जितना ही बड़ा होगा उतना ही उसमें वैयक्तिक मन और रचनाशील मन का पार्थक्य मिलेगा। इसी अर्थ में काव्यानुभूति, वैयक्तिक अनुभूति के विरुद्ध निर्वैयक्तिक, तटस्थ और परिष्कृत अनुभूति है।

अज्ञेय की इस विचार दृष्टि को गहते हुए अज्ञेय साहित्य के मर्मज्ञ आलोचक प्रोफेसर रामस्वरूप चतुर्वेदी ने "अज्ञेय : आधुनिक रचना की समस्या" शीर्षक पुस्तक में गैर-रोमांटिक कला के सृजन की सम्भावनाओं को ध्यान में रखते हुए कहा है कि अज्ञेय ने अपने कवि कर्म में "आधुनिकता के विकास के लिए रोमांटिक मायाजाल से अलग होने की आवश्यकता" को गम्भीरता से समझा। अपनी गैर-रोमांटिक वृत्ति के कारण अज्ञेय को टी.एस. एलियट के निर्वैयक्तिकता तथा तटस्थता सिद्धान्त दूर तक ग्राह्य हुए। अज्ञेय ने टी.एस. एलियट के प्रसिद्ध निबन्ध "ट्रेडीशन एंड इंडिविजुअल टैलेंट" का 1937 में "रूढ़ तथा मौलिकता" शीर्षक से छायानुवाद किया। यह छायानुवाद इतना सर्जनात्मक है कि भारतीय सन्दर्भों में "परम्परा" के अर्थ का स्फोट करता है। यह निबन्ध उनके निबन्ध संग्रह "त्रिशंकु" में संगृहित है और आज भी ताजा है। 1943 में "तारसप्तक" के प्रकाशन से अज्ञेय ने हिन्दी साहित्य में "आधुनिक संवेदना का सूत्रपात" किया—ऐसी आधुनिक संवेदना का सूत्रपात, जिसने छायावादी संस्कारों को झाड़कर मुक्ति दिलाने का जोरदार अभियान चलाया। इस आधुनिक संवेदना और चिन्तन में मनुष्य ही समस्त मूल्यों के चिन्तन का स्रोत है, और मूल्यों का उत्कर्ष और विघटन उसकी काल चेतना की गवाही। इस मूल्य विघटन में द्वितीय विश्व युद्ध की पृष्ठभूमि का पूरा इतिहास। इस इतिहास के भीतर प्रवेश करती अज्ञेय की सर्जनात्मकता युग का साक्ष्य प्रस्तुत करती है। "हिरोशिमा" कविता में एक काव्य पंक्ति आती है—"मानव का रचा हुआ सूरज मानव को वाष्प बनाकर निगल गया"। इस ध्वंस की चेतना से उपजा अस्तित्ववादी चिन्तन जिसने अज्ञेय को काफी दूर तक कविता-कहानी-उपन्यास-निबन्धों में प्रभावित किया है। इसी के भीतर से उपजा क्षणवाद—जिसे "परिवेश" से जोड़कर ही समझना होगा। मात्र यह कहना पर्याप्त नहीं होगा कि यह सब पश्चिम की नकल है और पश्चिम का सबसे नकलची रचनाकार है अज्ञेय। क्योंकि अज्ञेय के "भीतर जागा दाता" कहता रहा है—"यह

अनुभव-अद्वितीय, जो केवल मैंने जिया, सब तुम्हें दिया।" यह अनुभव-अद्वितीय "सर्जना के क्षणों में वज्र जिससे फोड़ता चट्टान को" की शक्ति से स्वाति में पड़कर मोती उपजाता है।

अज्ञेय ठीक पहचानते हैं कि हमारी परम्परा में "विरुद्धों के सामंजस्य" वाली शक्ति भारतीय आधुनिकता की चेतना को उजला और प्रखर बनाती रही है। यह परम्परा उस "ट्रेडीशन" का पर्याय नहीं है, जिसमें विपरीत दो धाराओं का अलगाव हो। यूनान से निकलती फलसफे की परम्परा और धर्म से निकलो धार्मिक परम्परा में मिलन बिन्दु गायब है। एक परम्परा तर्कबुद्धि को लेकर परेशान रही है और दूसरी आस्था को लेकर चकित—आस्था और तर्क के बीच संवाद न होने से सीधा तनाव। यह सीधा तनाव ही पश्चिमी बौद्धिकों को भारतीय परम्परा का कर्म-संस्कृति-दर्शन-साहित्य वाला अन्तःसूत्र नहीं पकड़ने देता। पश्चिमी जगत् अपनी भ्राँतियों का जो कूड़ा भारत में फेंकता रहा है, उसे फिर से बुहार कर फेंकने का समय आ गया है। यदि इस कूड़े को पड़ा रहने दिया गया तो जो बचा-खुचा है, वह भी विकृत-प्रदूषित हो सकता है। अज्ञेय का प्रयास रहा है कि एशिया के अन्य देशों की तरह आधुनिकता और आधुनिकीकरण पश्चिम का पर्याय बनकर नहीं आना चाहिए। यदि शत-प्रतिशत पश्चिमी आधुनिकता का आगमन यहाँ हुआ तो "भारतीयता" पर न केवल तुषारपात होगा बल्कि पूरी चिन्तन की दिशा ही बदल जाएगी। हमारी बहुदेवतावाद वाली उदार अनन्तता का स्थान एकेश्वरवादी चिन्तन पद्धति में गर्क हो जाएगी। इस दृष्टि से "परम्परा" को लेकर अज्ञेय की चिन्ता "भारतीयता" की चिन्ता है, क्योंकि परम्परा को "सेक्यूलरिज़्म" का पर्याय बनाने के प्रयास में लगे हमारे कुछ भटके बुद्धिजीवी "भारतीयता" के नाम पर असहिष्णु हो जाते हैं। वास्तव में यह विवेकानन्द का गाँधी को एक-साथ खारिज करने की कोशिश है। जबकि अज्ञेय तो प्रसाद-निराला की तरह भारतीयता का आरक्षण नहीं चाहते, उसको सम्मानित स्थान दिलाना चाहते हैं। इधर के वर्षों में हुआ यह है कि परम्परा का अविच्छिन्न प्रवाह न केवल बाधित हुआ है, अपितु उसकी अखण्ड विश्वसनीयता का भी क्षरण हुआ है। यह नहीं कि परम्परा या परम्पराओं का आदान और प्रदान न हो। हम सभी जानते हैं कि परम्पराओं में लेन-देन रुकते ही सर्जनात्मकता को लकवा मार जाता है। परम्परा को हम विरासत के रूप में प्राप्त जरूर करते हैं, किन्तु यदि उस विरासत में प्रवाह रुक गया तो जड़ता आ जाती है। मैक्समूलर के लिए वेद चाहे मामूली गड़रियों का गीत हों, लेकिन हमारे लिए विचार यज्ञ की आग हैं। जिनका हम संकट के समय भाष्य-पुनर्भाष्य करते हैं और उससे नयी प्रेरणा पाते हैं। हम वेदों को निरर्थक कहकर

नहीं फेंकते, क्योंकि वे हमारे पूर्वजों की आदिम आवाज़ें हैं। आज भी अज्ञेय जैसा कवि "विरला-हठीला" उस "समिधा" को सुलगाता मिलता है। यही तो अज्ञेय के जन का "काल की मौना" का संचय है, जिसके लिए अज्ञेय "अनुरक्त क्षेत्र" "उल्लम्ब बाहु" रहे हैं। "यह कवि, आधुनिक और नया" एक उन्मेष के साथ कहता है :

यह दीप अकेला
यह दीप अकेला स्नेह भरा
है गर्व भरा मदमाता, पर इसको भी पंक्ति को दे दो।
यह जन है : गाता गीत जिन्हें फिर और कौन गायेगा?
पनडुब्बा : ये मोती सच्चे फिर कौन कृती लायेगा?
यह समिधा : ऐसी आग हठीला बिरला सुलगायेगा।
यह अद्वितीय : यह मेरा : यह मैं स्वयं विसर्जित :
× × ×
यह मधु है : स्वयं काल की मौना का युग संचय,
यह गोरस : जीवन-कामधेनु का अमृत-पूत पय,
यह अंकुर : फोड़ धरा को रवि को तकता निर्भय,
यह प्रकृत, स्वयंभू, ब्रह्म, अयुत, इसको भी शक्ति को दे दो।
× × ×
यह वह विश्वास नहीं, जो अपनी लघुता में भी काँपा,
वह पीड़ा, जिसकी गहराई को स्वयं उसी ने नापा;
कुत्सा, अपमान, अवज्ञा के धुँधुआते कड़वे तम में,
यह सदा द्रवित, चिरजागरुक, अनुरक्त नेत्र,
उल्लम्ब बाहु, यह चिर अखण्ड अपनापा।
जिज्ञासु, प्रबुद्ध, सदा श्रद्धामय, इसको भक्ति को दे दो :
यह दीप अकेला, स्नेह भरा
है गर्व भरा मदमाता, पर इसको भी पंक्ति को दे दो।

यह है—नये कवि की प्रार्थना। प्रार्थना भरी नवयुग की विनय-पत्रिका, जिसमें दैन्य नहीं है, गर्व भरा मदमातापन है। अपनी परम्परा के परिष्कार का संकल्प "यह दीप अकेला" में बाँसुरी की तरह बजता मिलता है। अज्ञेय का यह "दे-दो" वाला विनयशील स्वभाव जाने क्यों मुझे महादेवी की युग-प्रार्थना "यह मन्दिर का दीप इसे नीरव जलने दो" की स्मृति दिलाता है, जबकि दोनों अलग-अलग

कवि-मानसिकता रखते हैं। फिर भी दोनों में आश्चर्य में डालने वाला भाव-साम्य। महादेवी में जो अनुभूति युग के नवजागरण की मनोभूमि को स्मृति में जाग्रत कर देती है, वही अनुभूति अज्ञेय में हठीली आग बनकर। इस आग में "चिर अखंड अपनापा" का राग दीप्त आलोक, प्राचीन कवि-मनीषी का अज्ञेय में पुनरावतार, पुनः आविष्कार। महादेवी में सत्याग्रह युग के संकल्प शक्ति में बदल रहे हैं तो अज्ञेय में स्वाधीन भारत की अकड़ती-कड़कती आवाज़ का तेजस्वी प्रभामंडली स्वर। विजयदेवनारायण साही ने छायावाद की मनोभूमि को गहराई से विश्लेषित करने के बाद यह निष्कर्ष ठीक ही निकाला है कि "हिन्दी के छायावादी काव्य में सत्याग्रह युग की भारतीय अनुभूति की पूरी कथा हो, ऐसा तो नहीं है। लेकिन जो कुछ भी कहा जा सका है, वह प्रधानतः नैतिकता में ही सत्य के विलयन की कथा है। निराला, पंत, महादेवी नैतिकता में ही शक्ति का होम करते हैं।" (छठवाँ दशक, पृ. 274) महादेवी और अज्ञेय, प्रसाद और अज्ञेय की कृतियों के तल में सक्रिय अनुभूति भिन्न होते हुए भी उस युग की मनोभूमि का साक्षात्कार कराती है, जिसमें महादेवी और प्रसाद की परम्परा का समृद्ध विकास अज्ञेय में दिखाई देता है। अज्ञेय के पास जो काव्यात्मक अनुभूति का इतना बड़ा खजाना है, उसमें प्रसाद का, महादेवी का योगदान कम नहीं है। "छायावादी कलाकृति मूलतः एक विस्फोट करता हुआ कलारूप है जैसे केन्द्रीय अर्थ फूटकर चारों ओर क्रमशः विलीन होता हुआ बिखर रहा हो। तीसरे दशक की कलाकृति उसे विस्फोट की तरह नहीं, बल्कि एक लहर की तरह निर्मित करती है—जिस प्रयास में महादेवी से लेकर बच्चन तक के गीत निर्मित होते हैं। नयी कविता उस तरंग के रूप को एक "स्ट्रक्चर" में बदल देती है, जैसे हीरे का क्रिस्टल हो।" (वही, पृ. 312) अज्ञेय का "यह दीप अकेला" क्या अपने पूरे स्ट्रक्चर में हीरे का क्रिस्टल नहीं है? बिल्कुल है। पोर-पोर काव्यात्मकता से दमकता हीरा।

छायावादी मनोभूमि से अपने को 1938 के आस-पास अज्ञेय ने मुक्त कर लिया। गैर-रोमांटिक भावभूमि पर दृढ़ता से पाँव टिकाकर अज्ञेय ने उस समस्या का सामना किया जो बच्चन और माखनलाल चतुर्वेदी को एक-साथ मथ रही थी—भावावेगी अगम्भीरता की समस्या। अज्ञेय और उनके साथी—भवानी भाई, मुक्तिबोध, गिरिजा कुमार माथुर, रघुवीर सहाय आदि ने मनोभूमि में फिर गम्भीरता का गाढ़ापन पैदा किया। मुझे यहाँ साही जी याद आते हैं, जो कहते हैं कि "इसका मतलब था—छायावाद के मूलभूत फार्मूले पर प्रश्नचिह्न लगाना। इसी दृष्टि से हम अज्ञेय में अभिव्यक्त हिन्दी काव्य की मनोभूमि देखेंगे, जिससे "लघुमानव" का ढाँचा निर्मित होता है। क्योंकि यहाँ न तो लघुता विसर्जित होती है, न आवेग द्वारा

संगृहीत होती है, बल्कि महत् एक आवेग द्वारा उसे बिद्ध करता है, उसकी सीमा रेखाएँ और भी स्पष्ट हो जाती हैं। लघु और महत् का सम्मिलन प्रतीकात्मक स्तर पर होता है। शाब्दिक रूप में हम महत् की तीन अवस्थाएँ मान लें—छायावाद में उसका रूप लघु की महानता का है, तीसरे दशक में लघु की महिमा का है और उसके बाद की कविता में लघु के "महत्त्व" का है। यों महत्त्व की जगह पर प्रायः सार्थकता शब्द का उपयोग होता है।" (वही, पृ. 316) तीसरे दशक में जो युग मानस धीरे-धीरे पकता है उसी तापमयी दृष्टि का सर्जनात्मक रूप अज्ञेय की काव्य-दृष्टि में "रुखे कर्मजीवन से उलझता न पल्ला" को सम्भालने में व्यस्त है। सन् 1957 में लिखी "कितनी शान्ति कितनी शान्ति" कविता में 'हरहराते ज्वार-सा बढ़ सदा आया एक हाहाकार" क्या ध्वनित करता है? मुक्ति बृहत्तर सामाजिकता में ही निहित है—व्यक्तिबद्धता में नहीं :

अहं! अन्तर्गुहावासी! स्व-रति! क्या मैं चीन्हता कोई न दूज़ी राह?
जानता क्या नहीं निज में बद्ध होकर है नहीं निर्बाह?
क्षुद्र नलकी में समाता है कहीं बेथाह
मुक्त जीवन की सक्रिय अभिव्यंजना का तेज दीप्त प्रवाह।
जानता हूँ। नहीं सकुचा हूँ कभी समवाय को देने स्वयं का दान,
विश्वजन की अर्चना में नहीं बाधक था कभी इस व्यष्टि का अभिमान।

अज्ञेय को "व्यक्तिवादी", "अहं केन्द्रित" कहकर जब हिन्दी-समीक्षा में लूटा-पीटा जा रहा था, तब साही जी ने उनके महत्त्व को रेखांकित किया कि अज्ञेय के सामने दार्शनिक समस्या नहीं है, मूलतः अनुभूति की समस्या है। अज्ञेय ने इसको सूत्रबद्ध किया और पुरानी परम्परा से जोड़ा। अज्ञेय का महत्त्व इस बात में है कि उन्होंने "समरसता का दर्शन" के बजाय "निर्वैयक्तिक अनुभूति" का प्रश्न पूछकर एक बार फिर दर्शन को अनुभूति में धुला देने की राह निकाली। विवेक और हृदय, संकल्प और विवशता को एक नये "योग" में बाँधा। इसीलिए अज्ञेय हिन्दी काव्य की धारा को मोड़ते हुए से प्रतीत होते हैं। (वही, पृ. 316) यहाँ काव्य-विवेक के धरातल पर अज्ञेय और एलियट एकदम भिन्न दिखायी देते हैं। अज्ञेय भारत को भरकर बोल रहे हैं, यूरोप के अस्तित्ववाद को भरकर नहीं। जबकि एलियट यूरोप का भोंपू बनकर भी अज्ञेय और भारतीय परम्परा के अनजाने ही निकट आता दिखायी पड़ता है, उपनिषदों के मन्त्र पढ़ता हुआ बौद्ध दार्शनिकों के अनुभव को दुहराता हुआ। अज्ञेय ठीक कहते हैं—यूरोप ने ही भारत को प्रभावित नहीं किया है, भारत ने भी यूरोप को प्रभावित किया है। यह आदान-प्रदान बराबर

चलता रहा है। किन्तु इस आदान-प्रदान में भी दो संस्कृतियों-सभ्यताओं के भाव-बीजों का अन्तर है। वस्तुतः आज विश्व मानस के सामने गहरा प्रश्न यही है कि त्रासजनित विवेक को कैसे पावनताजनित विवेक में बदल दिया जाये। अज्ञेय का पूरा चिन्तन और सृजन इसी विश्व समस्या से जूझता रहा है।

प्रश्न उठता है कि इस समस्या का मूल कहाँ है? मनुष्य की सम्भावनाएँ असीम हैं, किन्तु सार्त्र के अर्थ में या कालिदास के अर्थ में? आज का हिन्दुस्तान कालिदास का हिन्दुस्तान नहीं है। किन्तु हमारे भीतर जिन्दगी की जो कालिदासीय लय है उसे छोड़कर हम कहाँ जाएँगे? हमारे चाहने पर भी वह हमसे छूटे कैसे? दर्शन और अनुभूति को घुलाने के लिए अज्ञेय वहीं से आरम्भ करते हैं, जहाँ प्रसाद ने छोड़ा था। फलतः वे सारे प्रश्न-प्रतीक अज्ञेय के मानस को मथते रहते हैं जो ''कामायनी'' के प्रसाद को बेचैन किये थे। हाँ, यह अलग बात है कि काल प्रवाह में उनके अर्थ-सन्दर्भ भिन्न रूप ग्रहण कर लेते हैं। प्रसाद और अज्ञेय का रिश्ता दो होने का नहीं—अद्वैत होने का है। हिन्दी आलोचना में ''अज्ञेय की समानता दुनियाभर के तमाम कवियों से खोजने की कोशिश की गयी है और अक्सर उन्हें हिन्दी के लिए ''बाहरी'' आदमी समझा गया है। हिन्दी साहित्य का स्रोत जो लोग हिन्दुस्तान के बाहर, खासतौर से अंग्रेज़ी में खोजने की कोशिश करते हैं, वे यदि छोटे मुँह बड़ी बात न लगें तो कहना चाहूँगा, इसी कारण करते हैं कि उनका ज्ञान अंग्रेज़ी साहित्य के बारे में बहुत थोड़ा है। दुनिया के किसी कवि से यदि अज्ञेय की निकटता दिखती है तो वह जयशंकर प्रसाद से। वे दोनों एक ही सिमिट्री की दो विपरीत दिशाएँ हैं, जिसके ''बेस'' में तीसरे दशक की खण्डित चेतना वाली मनोभूमि है।'' (वही, पृ. 318)

अज्ञेय के लिए रचना परम्परा या संस्कृति की आँख है। इस संस्कृति की आँख से ही अज्ञेय नदी, सागर, पहाड़, पर्वत, चिड़िया, गाय—सभी को देखते हैं। ''मतियाया सागर लहराया'' तो अज्ञेय तरंग की पंख युक्त वीणा पर पवन का उमंग भरा गीत सुनते हैं। प्रकृति का लास्य-नर्तन ऐसा कि फेन झालरदार मखमली चादर पर मचलती किरण अप्सराएँ भारहीन पैरों से थिरक उठती हैं। सागर का झूम-झूम उठता किनारा देखकर दाता बोला—''लो यह, सागर मैंने तुम्हें दिया। चंचला युवती से लजाती पगडंडी ओट से झाँकती है। छरहरे पेड़ (मानव) की रंगीली फुनगी आकाश के भाल पर जय-तिलक करती है। गेहूँ की हरी बालियों में से कभी राई की उजली, कभी सरसों की पीली फूल आभा दमकती है। कभी लाली पोस्ते की चौंकाती है, कभी तीसी की लघु नीलिमा मोहती है। ''मेरे भीतर फिर जागा दाता और मैंने फिर नीरव संकल्प किया''। प्रकृति में कितनी आत्मदान की प्रेरणा है—प्रकृति में आत्म-उन्मोचन की अनन्त-अनन्त भावना का अर्थ?

लो, यह हरी भरी धरती यह सवत्सा कामधेनु—मैंने तुम्हें दी :
आकाश भी तुम्हें दिया :
यह बौर, यह अंकुर, ये रंग, ये फूल, ये कोंपलें,
ये दूधिया कनी से भरी बालियाँ
ये मैंने तुम्हें दीं :

अज्ञेय की कविता में इतना विस्तृत प्रकृति लय का संसार है कि वाल्मीकि, कालिदास, प्रसाद, निराला, महादेवी का प्रकृति-संसार स्मृति में आकाश-सा फैल जाता है। प्रकृति सौन्दर्य का अद्भुत-अनुपम लोक नयी कविता में बजरता को ठहरने नहीं देता। अज्ञेय जी के लिए यह विचार लगातार उछाला गया है कि वे नयी कविता के सौन्दर्योपासक परम संत हैं और उनका संत फ्रायड तथा हाइडेगर के प्रभाव से भी ज्यादा कालिदास की प्रकृति-चेतना से चैतन्यता पाता है। इसलिए अज्ञेय ने इस प्रकार से कालिदास का ऋण चुकाया है। उनके परवर्ती सृजन में प्रकृति-विनाश (नन्दा देवी आदि) के प्रति गहरी चिन्ता की अभिव्यक्ति मिलती है। वनों पर चलते ठेकेदारों के आरे और सरकार की उदासीनता पूरे पर्यावरण के विनाश पर आमादा है। वन, नदी, पर्वत, पशु-पक्षी हमारे आदिम सहचर रहे हैं, वन कटता है, ये सब भी कटते हैं, उजड़ते हैं। अज्ञेय में प्रकृति से प्रेम, सृष्टि से प्रेम है, दुनिया से लगाव है, सबके साथ सबका होकर जीने का मानुष-भाव है। यह कहना गलत है कि अज्ञेय का रचनाकार दुनिया इसलिए छोड़ता है ताकि उसे अपने कृतित्व में पा सके। एक आलोचक का यह कहना "दुनिया को तो अनेक लेखकों ने छोड़ा है, जैसे अज्ञेय। उन्हें भी कुछ संत कहते हैं।" (आलोचना-संपादकीय, अंक 98, संपा. नामवर सिंह) अज्ञेय को "संत" कहने पर नामवर सिंह को आपत्ति है, क्योंकि वे उन्हें समाज-विरोधी सौन्दर्योपासक, व्यक्तिवादी-कलावाद के समर्थक मानते रहे हैं। अपनी बात को सिद्ध करने के लिए नामवर सिंह ने निर्मल वर्मा की ओट में अज्ञेय पर निशाना साधते हुए कहा है, "क्या अज्ञेय इस आत्मसंहारी रूप में "आधुनिक" हो गये हैं?" इस प्रश्न का उत्तर है कि अज्ञेय न तो कबीर-नागार्जुन की तरह आधुनिक थे, न उन्होंने उन जैसा आधुनिक होना चाहा। न अज्ञेय में कबीर की वह हीनता ग्रंथि सक्रिय थी, जिसकी चर्चा आचार्य रामचन्द्र शुक्ल ने की है। कहाँ आपातकाल के चरण चाटने वाले नागार्जुन (जिन्हें नामवर सिंह आधुनिक कबीर कहते हैं) और कहाँ जयप्रकाश नारायण के साथ आपातकाल में डटे अज्ञेय? आज नागार्जुन और अज्ञेय के चरित्र को ठीक से समझने की जरूरत है। आपातकाल में सत्ता पक्ष से माफी माँगकर

छूटने वाले नागार्जुन विद्रोही और आपातकाल में सत्ता के अत्याचारों से लोहा लेते अज्ञेय प्रतिगामी? क्या उलटा पहाड़ा है? इस उलटे पहाड़े ने ही नामवर सिंह की पूरी "समझ" को अविश्वसनीय बना दिया है। आलोचना के इस कुटिल अवसरवाद ने अज्ञेय का तो क्या बिगाड़ पाया है, स्वयं आलोचक ही अपना चिन्तन गँवा बैठा है। निर्मल वर्मा की दृष्टि में अज्ञेय के विद्रोही आधुनिक चिन्तन और त्याग का जो आदर है उसे भी यह आलोचक भटकाने की तैयारी में लगा रहा है। जबकि कौन नहीं जानता अज्ञेय का आधुनिक बोध किसी भी स्तर पर "रोमांटिसिज़्म" को स्वीकार नहीं कर पाता। इसी तरह घेरकर अज्ञेय को रहस्यवादी सिद्ध करना इस आधुनिक कवि की बौद्धिकता का तिरस्कार है। आज अज्ञेय जैसे बौद्धिक संत से "नया संवाद" करने की आवश्यकता है, क्योंकि यह संवाद उनके विरोधियों ने बार-बार खण्डित किया। अज्ञेय कला की स्वायत्तता की बात करते हैं, रचना-कर्म की स्वाधीनता-स्वतंत्रता से जोड़कर। लेकिन कला-चिन्तन की स्वायत्तता न तो पश्चिमी सौन्दर्यवाद है, न भाववाद। यह तो शुद्ध भारतीय चिन्तन परम्परा की उपनिषद-धारा से उपजी सौन्दर्य दृष्टि है, जिसमें मानव और प्रकृति का सह-संवाद है, अद्वैतता है, तदाकारिता है। इसमें अलगाववादी "अदर" या अन्य नहीं है, आत्म है और आत्म का विस्तार है, आत्मदान है, "आंचल पसार कर लेने" का भाव है, आत्म-समर्पण और आत्म-उन्मोचन है। इस आत्म-दर्शन में सेक्यूलर और धार्मिक का विभाजन नहीं है, जो है वह पवित्र है—"चिर अखंड अपनापा" से उपजा है, क्योंकि अज्ञेय पश्चिमी अर्थ में कलाकार या आर्टिस्ट नहीं हैं, कला के प्रति समर्पित "असाध्य वीणा" के प्रियंवद की तरह शिष्य-साधक हैं। वस्तुतः प्रियंवद ही अज्ञेय हैं और ही प्रियंवद के रूप में आधुनिक सर्जनात्मकता की असाध्य वीणा को बजाने वाला साधक हैं, संत है, भक्त हैं, ऋषि हैं, कवि हैं। "असाध्य वीणा" का यदि कोई सत्य है तो यही कि वह हमें "स्मृति" में लौटाती है, उस स्मृति में जहाँ हम देश और काल का अतिक्रमण करते हैं। कला का यह कालानुभव बहुवचन का अर्थ लिये है।

आधुनिक सभ्यता के संकट का साक्षात्कार अज्ञेय ने प्रसाद से अलग तरह से किया है। इसलिए दोनों के यथार्थ का अनुभव अलग है। "कामायनी" में "समरस थे जड़ या चेतन" के साथ "आनन्द अखंड घना था" की रसानुभूति प्रबल है तो अज्ञेय में "नर जिसकी अनझिप आँखों में नारायण की व्यथा भरी है" का करुणा-भाव-विस्तार। अज्ञेय ने "त्रिशंकु" में प्रसाद के रोमांटिक बोध की आलोचना की है, लेकिन इतिहास-बोध की सराहना। यह सब होने पर भी अज्ञेय ने प्रसाद को काव्य-पाठकों तथा कवियों के काम का रचनाकार स्वीकार नहीं किया। "भवंती"

में लिखा—"चिन्तन प्रसाद ने अधिक किया है। काव्य निराला का श्रेष्ठ है। शब्द का ज्ञान पंत का सबसे सूक्ष्म है। प्रसाद पढ़ाये जाएँगे। पंत से सीखा जाएगा। निराला पढ़े जाएँगे।" इस कथन से यह ध्वनि साफ है कि प्रसाद "एकेडेमिक पोयट" हैं, पाठ्य-पुस्तकों के विश्वविद्यालयी कवि हैं और उनका विचारपरक दार्शनिक, काव्य निराला से हीन है। आज यह बात "भाष्य" चाहती है कि अपने प्रिय कवि प्रसाद पर अज्ञेय ने इतनी कठोर टिप्पणी क्यों की? क्या प्रसाद की दार्शनिकता से उनका कवि मन बोझ अनुभव करता रहा और वे अनुभूति को दर्शन में घुलाने की राह निकालते रहे। यहाँ फिर विजयदेवनारायण साही की एक टीप देना चाहूँगा। "अज्ञेय प्रसाद को कवि नहीं मानते, या केवल विश्वविद्यालयों का कवि मानते हैं। मुझे इस पर सदा आश्चर्य हुआ है, यद्यपि इसका कारण मैं समझ सकता हूँ। शायद उनकी निगाह वैपरीत्य पर अधिक पड़ती है, साधर्म्य पर कम। उससे अधिक आश्चर्य प्रसाद के कुछ कठिन प्रशंसकों पर हुआ है जो प्रसाद की परम्परा की अभिलाषा तो रखते हैं, लेकिन उस परम्परा को तीसरे दशक की मनोभूमि में फलित होता देखते हैं। बेशक परम्परा का अर्थ हम केवल पुनरावृत्ति लें, तो बात दूसरी है। लेकिन यदि परम्परा हमेशा परिवर्तन और वैपरीत्य की दिशाओं में फूटती चलती है तो अज्ञेय आगे के इतिहासकार को, प्रसाद की ही परम्परा में दिखायी देंगे।" (छठवाँ दशक, लघु मानव के बहाने हिन्दी कविता पर एक बहस, पृ. 321) दरअसल हिन्दी पाठक के मन में परम्परा का एक रूढ़ और भ्रामक अर्थ पैठ गया है। इस रूढ़िगत अर्थ ने हमारी समझ का ऐसा विनाश किया है कि विकासमान या द्वन्द्वात्मक अर्थ में हम परम्परा की कल्पना ही नहीं कर पाते और यह गणित नहीं समझ पाते कि "कामायनी" में जो अनुभूति दर्शन में परिवर्तित हो जाती है, उसे अज्ञेय फिर दर्शन से अनुभूति में परिवर्तित करते हैं। कविता सम्बन्धी हमारी धारणाओं में अज्ञेय के इस कार्य से एक युगान्तरकारी परिवर्तन उपस्थित हो जाता है। हम पाते हैं कि कविता को इस परिवर्तन से जोड़ने वाली कड़ी "आस्था" नहीं "यथार्थ" है। अज्ञेय अपनी अनुभूति के तनाव को भीतर ही भीतर झेलकर आलोक उत्पन्न करते हैं, और हम पाते हैं कि "मौन भी अभिव्यंजना है।" शब्द का अर्थ-गर्भ मौन नव्यरहस्यवाद नहीं है, क्योंकि अज्ञेय ईश्वर की जगह मानव को प्रतिष्ठित कर देते हैं, भीड़ में इस मानव से आँखें मिल जाती हैं। इसलिए रहस्य रहस्य नहीं रहता, पूरा अनुभव वस्तुगत यथार्थ हो जाता है।

अज्ञेय का रचना-कर्म वाचिक परम्परा से शक्ति ग्रहण करता हुआ भी उससे अलग राह पकड़ता है—"राही नहीं राहों के अन्वेषी" बनकर, कठिन होते कवि-कर्म और जटिल होती संवेदना को सहज संप्रेषणीय बनाने के लिए। अज्ञेय के रचना-कर्म

में "नयी व्यंजना का सोता" फूट-फूट पड़ता है। कवि केवल भावनाओं को नहीं सींचता, भाव-मिश्रित जीवन-विचारों की अग्नि को दहकाता है, उस अग्नि-कुण्ड में स्वयं समिधा बन जाता है, बिना मरे अपनी मुक्ति नहीं पाता। इसलिए उसके रचना संसार की "शिवेतरक्षतये" दृष्टि में अन्तर्भूत करुणा जीवन को "अनुभव की भट्ठी में गले हुए सच" का साक्षात्कार कराती है। यह वह बिन्दु है जहाँ से अज्ञेय के कवि-कर्म की चिन्ताएँ और प्रश्नानुकलताएँ नया स्वास्थ्य ग्रहण करते हुए पूर्ववर्ती कवियों से "भिन्न" हो जाती हैं। "आत्म-बलिदान" को "आत्मदान" की विस्तृत भावभूमि प्राप्त होने का अर्थ हो जाता है—"लोकमंगल की भावभूमि" का विस्तार। अज्ञेय के भीतर का दाता अपने "मौन" को "प्यार" में विलय कर देता है और दाता अपने प्राप्त धैर्य से जीवन की धज्जियाँ उड़ाता है। जीवन की धज्जियाँ उड़ाता कवि अपनी जातीय अस्मिता को नयी पहचान देता है, रहस्यवादी बनकर आध्यात्मिकता का शरणार्थी नहीं बनता। वह अपनी सांस्कृतिक अस्मिता को न तो अस्तित्ववाद में घुलाता है, न क्षणवाद में। वह हर तरह के संकट को ठेलकर जीवन की जिजीविषा को खोजता-पाता-अपनाता है। इसलिए अज्ञेय की काव्यानुभूति में अलगाववादी-मानववादी छलनाएँ नहीं हैं। वह उजली भारतीयता में श्रमरत-कर्मरत मानव है जो त्रासजनित विवेक को पावनताजनित विवेक में बदलकर दम लेता है।

अज्ञेय काव्य के मर्मी आलोचक रमेशचन्द्र शाह ने "अंतरा" नामक कवि की अंतरंग डायरी की अन्तःक्रियाओं पर अज्ञेय की एक टीप पर ध्यान दिलाया है कि "मैं मानव हूँ। मानव का एक आयाम अगर आस्था का है तो एक विद्रोह का भी है। दोनों ही स्वाधीनता के आयाम हैं जैसे विद्रोह मेरी असमर्थता में बद्धमूल नहीं है, वैसे ही मेरी आस्था भी मेरी अक्षमता में बद्धमूल नहीं है—दोनों मेरे स्वाधीन कर्म हैं।" स्वाधीन कर्म को लेकर कोई अनावश्यक भ्रांति जन्म न ले, इसलिए कहते हैं—"दोनों स्वाधीन कर्म नहीं, मेरे स्वाधीन-कर्म की दिशाएँ हैं। वे अलग-अलग हो सकती हैं, पर प्रतिकूल नहीं होनी चाहिए। इस पर शाह जी का कथन है—"अज्ञेय की कविता में आरम्भ से ही आस्था और विद्रोह दोनों के वादी-संवादी स्वर सुनायी दे जाते हैं। अपनी सांस्कृतिक परम्परा और परिवेश के साथ भी उनकी कवि-संवेदना के सम्बन्ध में इसी विन्यास की विशिष्ट गुणवत्ता झलकती है।" (अज्ञेय : वागर्थ का वैभव, पृ. 26) प्रश्न उठता है कि आस्था और विद्रोह का रिश्ता क्या विषम रूप नहीं ले पाता। अज्ञेय को यह बोध है कि रचना-कर्म में अनाश्वस्त होकर ही जीवन को जाना-परखा जा सकता है। इस अनाश्वस्ता के कारण ही अकेले केवल मौन विद्रोही नहीं रहे। अपने "परिवेश" के प्रति भरपूर सजगता का भाव उनके रचना-कर्म और चिन्तन में समाहित रहा। यह चिन्तन उनकी सर्जनात्मकता में एक स्वाधीन

मूल्य के रूप में अपनी सत्ता का अहसास कराता है। विद्रोह की प्रेरणा इसी सर्जनात्मकता के मूल्य से निकली है। अज्ञेय के क्रान्तिकारी बन्दी जीवन की कहानी ''कोठरी की बात'' क्या कहती है? ''न मैं निहलिस्ट हूँ न रोमांटिक, सच्चा विद्रोही हूँ''—अपनी पराधीनता को बूँद-बूँद निचोड़कर बाहर लाता उससे मुक्त होता विद्रोही, संत-भक्त-कवि विद्रोही, क्रान्तिदर्शी, काल अश्व की पीठ पर सवार अश्वारोही ''चिन्ता'' की आँधी में उड़कर भी विजयी अश्वारोही। प्रकृति और पुरुष को अद्वैत करती ''विश्वप्रिया'' का गायन, नश्वरता में अनश्वरता की खोज और तड़प और इसी तड़प से हिन्दी कविता को छायावादी-मैटाफिजिकल परम्परा से मुक्ति करने का अभियान—''लीक जो हमको मिली थी : अन्धी गली थी।'' अन्धी गली से कविता को मुक्ति दिलाकर आलोक भरे राजपथ पर प्रश्न करने का भगीरथ प्रयास। नयी कविता की गंगा लाने वाला भगीरथ—अज्ञेय—हिन्दी आलोचना में प्रायः गाली खाता रहा, अपने समय में अपनी विद्रोही मौलिकता-नवीनता के कारण ठुकराया जाता रहा। लेकिन आज निर्मल वर्मा के शब्दों में, अज्ञेय हर जगह बोलते हुए दिखायी देते हैं और उनके कथन की कद्र की जा रही है। ग्राम गुरु की ताड़ना से हिन्दी का पाठक चेता--काफी देर से चेता, लेकिन चेता तो सही। फिर अज्ञेय के कवि-समाज में ''श्रोता'' नहीं ''पाठक'' है। ''श्रोता'' तो छायावाद के कवि-समाज के साथ ही छूट गया।

छायावाद के विद्रोह से अज्ञेय और उनके समकालीनों का विद्रोह एक नया सर्जनात्मक परिदृश्य उपस्थित कर देता है। सप्तकों की भूमिकाओं में अज्ञेय ने पुरानी सर्जनात्मकता का पूरा ''पाठ'' ही उलट दिया। नयी अर्थच्छटाओं वाली अन्तर्वस्तु और संवेदना ने नया शिल्प रचा और कहा—''ये उपमान मैले हो गये हैं।'' इस तरह अज्ञेय होने का अर्थ हुआ--काव्य-संवेदना-बिम्ब-प्रतीक-मिथक-लय-भाषा में नवीन सर्जनात्मकता का पुनराविष्कार, व्यंजना व्यापार की बहुलार्थक सिद्धि और साधना।

अज्ञेय के कवि-कर्म में काल-चिन्तन की ''अपूर्व'' व्याख्या है, पुनर्व्याख्या है। पहले ''आलवाल'' के निबन्धों में काल-चिन्तन की कवि मानसिकता निर्मित हुई। इसी मानसिकता का विस्फोट ''संवत्सर'' में नये आयामों के साथ हुआ। अज्ञेय ने माना कि धुनी लोगों का काल-बोध विशिष्ट प्रकार का होता है। काल बोध काल के साथ उतना नहीं बँधा होता, जितना ''बोध'' के साथ। प्रश्न उठता है, ''कालगति'' क्या है? ''गति'' है तो उसकी ''दिशा'' होगी। ''काल की नदी दिग्विहीन बहती है'' अर्थात काल एक गतिमय प्रवाह है, धारा है। इसीलिए उसे नदी की उपमा देना उचित ही है। रवीन्द्रनाथ ''काल के महाप्रांगण'' की बात कहते

थे। विदेशियों के लिए भी काल नहीं, काल-धारा का उपमान "रिवर ऑफ टाइम, स्ट्रीम ऑफ कांशसनेस।" सच बात तो यह है कि उपमामूलक रूपकाश्रित चिन्तन मानव को भाषा के जाल में फँसाता है। जबकि अनुभव निरन्तर "बोध" को जीवन्त करता है, स्मृति से जुड़ जाता है–स्मृति में संचित कालातीत आयाम। "हमारा अनुभव हमें अनुक्षण बताता रहता है कि अपनी गत्वरता में भी काल सम-गति कभी नहीं होता–उसकी गति केंचुए की तरह कभी लम्बी होती और कभी सिकुड़ती रहती है।" (संवत्सर, पृ. 14) काल-गति की केंचुए से उपमा पाकर क्या हम टामस मान की ओर नहीं बढ़ जाते? उनका 'काल प्रपात", "काल निर्झर", "काल नदी" का दर्शन ध्यान में नहीं आता? और तो और हम जेम्स ज्वाइस को भी नहीं भूलते, जिसके विचार में यह निहित है कि धारा में भँवर पड़ सकते हैं, धारा विपरीत धारा में बह सकती है। यह विचार इतना बढ़ा कि उसमें चेतना की धारा (फ्रायड) अवचेतन की धारा तथा "आइलैंड ऑफ टाइम, आइलैंड्स इन द स्ट्रीम" आदि जुड़ते गये। अज्ञेय को याद आया इबान बूनिन का उपन्यास "द वेल ऑफ डेज़"–"दिनों का कुआँ"। कैसे ठहर जाता है नदी का जल ठहर कर कुएँ में निथुर जाता है। फ्रायड मानते थे कि अवचेतन का क्षेत्र कालधर्म से परे है, यानी अवचेतन में संचित स्मृतियाँ कालातीत हो जाती हैं। सिद्ध रचनाकार वही है जो "काल निचोड़ के अमृत पिए, योगी की तरह "जल स्तम्भन" की सिद्धि प्राप्त करे।" फिर "हर कविता एक स्फटिक समाधि होती है, क्योंकि एक नश्वर अनुभूति को एक पारदर्शी मंजूषा में सुरक्षित कर अमर कर देती है। नदी का नाम "सरस्वती" का क्या सन्दर्भ? क्या साहित्य-देवता वाक् सचमुच में सरस्वती नहीं है जो एक साथ ही सरोवरों को भी, स्रोतों को भी हमारी चेतना में रूपायित करती हैं, वह "कल्याणी वाक्" क्या हमारे ज्ञान-नेत्र नहीं खोलता।

अज्ञेय का एक प्रसिद्ध निबन्ध है–"काल का डमरू नाद"। यह निबन्ध अज्ञेय के काल-चिन्तन (परम्परा-आधुनिकता के द्वन्द्व) की सर्जनात्मकता के शिखर-स्पर्श का प्रमाण देता है। कला हमें देवों के निकट, दिव्यता-पावनता "कैथार्सिस" की ओर ले जाती है। इस "ले जाने" में प्रतीक मदद करते हैं, फिर प्रतीक एकार्थी नहीं अनेकार्थी होते हैं। प्रतीक, रूपक नहीं होते। उनमें एक अर्थ दूसरे अर्थ के बदले नहीं आता। प्रतीक में अनेकार्थी चमक जितनी ज्यादा हो प्रतीक उतना ही बड़ा अर्थ देता है। मिथक की भाँति प्रतीक में स्वयंसिद्ध, स्वयंप्रकाश व्यवस्था होनी चाहिए। "प्रतीक अपने में एक स्वतः प्रमाण दुनिया है।" भारत में आवर्ती काल का चिन्तन पश्चिम वालों के पल्ले नहीं पड़ता। लेकिन यह सच है कि प्राचीन संस्कृतियों में आवर्जन और पुनरारम्भ के मिथक पाये जाते हैं। अज्ञेय

भारतीय संस्कृति की आदिमता में से खगालकर उदाहरण लाते हैं—विवाह में प्रयुक्त जड़ाऊ छल्ला या "इटर्निटी रिंग" में काल की अनन्तता उसके आवर्त्तन को मानकर ही तो चलती है। आवर्तीकाल अर्थात निरन्तरता या सातत्य। निरन्तरता का प्रतीक "काल सर्प" अपनी पूँछ को निगलता सर्प हर अन्त का एक नया आरम्भ है। काल चक्र ही अमरत्व का चक्र है। निरन्तरता, अमरत्व, सातत्य का मूल है—"वृत्त"। काल की चक्र गति। काल की वृत्ताकार गति। मदारी के हाथ में डमरू देखकर ध्यान नहीं जाता कि कितना गहरा प्रतीक है। नटराज के हाथ में सार्थक प्रतीक—काल-प्रतीक। काल डमरू। डमरू-नाद, ब्रह्म-नाद का प्रतीक है। काल प्रतीक के रूप में डमरू की कटि वर्तमान—वर्तमान का क्षण—दोनों ओर के शंकु अतीत और भविष्यत्। "कालजीवी हम सदैव वर्तमान के बिन्दु पर स्थित रहते हैं : अस्ति उसी स्थिति का नाम है या हो सकता है। जब-जब डमरू की जीभ इस या उस ताँत पर—अतीत या भविष्यत् पर—आघात करती है, तब-तब हमें काल का "स्रोत" के रूप में बोध होता है। काल-चेतना अनु—या प्रति—गति की चेतना है—भविष्य की ओर गति या अतीत से परे गति है : स्मृति है अथवा प्रतीक्षा है।" भारतीय काल गणना में चतुर्युग की आवृत्ति शुत्वक्रावर्तन—कृत युग, त्रेता युग, द्वापर युग और कलियुग। काल-गणना हम आवर्त्तन के आरम्भ बिन्दु से नहीं करते, वर्तमान से करते हैं, डमरू की कटि से करते हैं—वर्तमान के क्षण से करते हैं। त्रिकोणमिति में भी यही अर्थ-सन्दर्भ है। पश्चिम के कवि एलियट और येट्स ने भारतीय साहित्य-दर्शन को समर्पित होकर समझा था। नतीजा यह हुआ कि येट्स में शंकु "निरन्तर सिमटते हुए वृत्त" बनाते थे, शून्य के वृत्त से सनातन आवर्त्तन का सिद्धान्त। ज़ीरो टाइम हमारे काल-डमरू का कटि-बिन्दु-वर्तमान का क्षण। भारतीय साहित्य पर इस "काल डमरू" का गहरा असर है। समकालीन साहित्य में जब मिथक का प्रयोग होता है, तब अवश्य उसमें भारतीय आख्यान साहित्य मूलतः आवर्ती रहा है। आवर्ती कथा ही विश्व के आख्यान साहित्य को भारत की विशिष्ट देन है। बल्कि संसार में प्रचलित प्रायः सभी आवर्ती कथाओं के प्रारूप अथवा मूल अभिप्रायों का उत्स भारत ही रहा है। ईसप के दृष्टान्त, अलिफ लैला, डेकामेरॉन तथा सभी के प्रारूप भारतीय हैं। इसके विपरीत, पश्चिम की काल परिकल्पना मूलतः ऋतु रेखानुसारी है, अर्थात शॉर्ट स्टोरी में। कथासरित्सागर, पंचतंत्र, हितोपदेश में भी कथाओं में काल-गति आवर्ती है—कथा के वृत्त के भीतर वृत्त-कथा वहीं लौटकर आती है, जहाँ से आरम्भ हुई। अन्त में आरम्भ और आरम्भ में अन्त—आवर्ती काल-चिन्तन का ही कमाल है।

भारतीय उपन्यास पश्चिमी प्रभाव से रेखानुसार काल में चलता है। यह

पूर्व-पश्चिम संवाद की आधुनिकता है, लेकिन भारतीय परम्परा के संस्कार उसमें काल-चक्र की गति का प्रमाण देते हैं—अवचेतन की संचित स्मृतियों का उत्कर्ष, परम्परा की नित्यता या सातत्य या स्मृति, रचना में काल की बृहत्तर चक्राकार गति, काल वृत्त का रचनात्मक विस्तार। आधुनिकता की अवधारणा में मूल्य-बोध के साथ काल-बोध समाहित है, तभी तो काल में मानव की सार्थकता और विकास की दिशा का संकेत है। भारतीय संस्कृति में समाया मृत्यु-बोध—काल-चिन्तन का प्रारूप अज्ञेय की एक कविता में आता है—"साँस का पुतला हूँ मैं : /जरा से बँधा और/मरण को दे दिया गया हूँ।" मृत्यु से जीवन और जीवन से मृत्यु—है न वृत्त, आवर्ती काल का भारतीय चिन्तन। इसलिए जो लोग अज्ञेय के चिन्तन को विदेशी नकल कहकर छाती फुलाते रहे हैं, उन्हें समझना होगा कि अज्ञेय भारतीय परम्पराओं की दार्शनिक गहराइयों से उपजा रचनाकार हैं।

विज्ञान के विद्यार्थी अज्ञेय की तर्क पद्धति पर विज्ञान का प्रभाव है। यही प्रभाव कहता है, कि "मेरी समझ में साहित्य का दोहरा कर्म होता है। एक तरफ तो वह निरन्तर वर्तमान की सही और सटीक पहचान कराता रहता है और दूसरी ओर वह गृहीता समाज को अर्थवत्ता के बृहत्तर सन्दर्भ से जोड़ता है।" (संवत्सर, पृ. 18) क्या अज्ञेय अपने गृहीता समाज को अर्थवत्ता के बृहत्तर सन्दर्भ से नहीं जोड़ते रहे? क्या उन्हें भारतीय चिन्तन के स्रोतों, मूल जड़ों की तलाश नहीं रही? क्या उन्होंने भारतीय आख्यान परम्पराओं से जुड़कर भारतीय मिथकीय स्रोतों की खोज नहीं की? पुरातात्त्विक पिता की तरह स्मृतियों के खंडहरों की खुदाई नहीं की? खुदाई शिविर में जन्मे अज्ञेय निरन्तर "चुप्पा" मौन, तपव्रती, खोजी रहे हैं। इसी खोज की दमखम से उन्होंने हिन्दी की "असाध्य वीणा" को "कलाकार हूँ नहीं शिष्य-साधक" बनकर क्या नहीं बजाया? जीवन-जगत के नये स्वर पैदा नहीं किये? हिन्दी की रचनाधर्मिता को पुनः सम्भव नहीं बनाया? ईमानदार पाठक का उत्तर होगा—बनाया-बनाया-बनाया। प्रसाद, निराला, प्रेमचन्द से उनके लेखक की "भिन्नता" उनकी मौलिकता का ही नाम है।

अज्ञेय के चिन्तन को जापानी ध्यान-सम्प्रदाय—या ज़ेन साधना तक ले जाने पर ज्ञात होता है कि वे उससे भीतर तक भीगे हैं। तभी तो उनके लिए "झरना" प्रपात की तेजस्विता है, पत्ता भी झरता है और वन झरना भी झरता है और उसका झरना ही अनन्त प्रक्रिया है। हरी डाल पर अटका झरता पत्ता—"झरना : झरता पत्ता/हरी डाल से/अटक गया।" प्रकृति के साहचर्य में रहने वाले श्रमण की ध्यान-परम्परा का अर्थ-प्रकृति से जीवन की नश्वरता-क्षणभंगुरता का संकेत और सन्देश। फिर झरते पत्ते से सतत आवर्तन की स्मृति/जो बचता है वह मिटता

है—आरण्यक प्रकृति का संकेत। लोक में कहा जाता है—जो फरा सो झरा। यह परम्परा है, स्मृति है। हम यहाँ ऋतु में न जी कर काल में जीने लगते हैं। जीवन की लय और गति का अर्थ "कालमृगया" में बड़ा अर्थ सन्दर्भ रखता है—अज्ञेय के लिए वन में उन्मुक्त चौकड़ी भरते हिरण से अधिक सुन्दर कल्पना और क्या हो सकती है—"चौकड़ी भरते हिरण-जोड़ी चली फलाँगती" के बिम्ब। इस प्रतीति को रूपायित करती कविता कला सर्जक की समस्या भी है और समाधान भी। कविता या कला काल में घटी घटना है, पर उसका यथार्थ कितना यथार्थ है। काल में घटित घटना का आन्तरिक सच? इतिहास घटित का वृत्तान्त है, लेकिन काव्य सम्भव की सर्जना-सृष्टि। इस तरह "साहित्य किसी एक काल में किसी एक जाति अथवा समाज की सम्पूर्ण संस्कृति की उपज होता है। उसके वर्तमान में संस्कृति का समूचा इतिहास निहित होता है।" (वही, पृ. 49) काल-धारा के बीच निरन्तर एक वर्तमान। कारण-कार्य प्रक्रिया ही काल का प्रवाह है—आर्थिक काल ने मानव को बिकाऊ माल बना दिया और औद्योगिक संसार ने मानव-श्रम को जिंस।

"आधुनिक" को हम जब "पश्चिम" के अर्थ में प्रयुक्त करते हैं तो वह ऐतिहासिकतावाद उठ खड़ा होता है, जिसने "आधुनिकता" में घुसकर हमारे चिन्तन को विकृत और भ्रष्ट किया है। "आधुनिक" को "पश्चिम" का पर्याय मानना ऐतिहासिकतावाद की देन नहीं है क्या? पूर्व के लोगों को "आधुनिक पूर्व" (प्री-मॉडर्न) प्राग्-आधुनिक क्या अर्थ देता है। पश्चिम में "प्रगति" और "विकास" का अर्थ हम भारतीयों को खाये क्यों जा रहा है। क्योंकि ये दोनों ही अवधारणाएँ पश्चिम की परम्परा और आधुनिकता से उपजी हैं जिनका हमारे काल-बोध से कोई रिश्ता नहीं बनता। पश्चिम में भौतिक-सामाजिक परिवर्तनों-क्रान्तियों (विज्ञान और यान्त्रिकी का मौलिक दिशा परिवर्तन, कला साहित्य में पुनर्जागरण आदि) ने "सत्य" का अर्थ बदल दिया। वहाँ "प्रगति" और "विकास" का सत्य नियमों के—इतिहास के नियमों के—अधीन हो गया। लेकिन भारत में ऐसा नहीं हुआ। यहाँ उत्पादन की नयी प्रक्रिया ही शुरू नहीं हुई, जो समय के अर्थ और मूल्य को बदलती है। फिर पश्चिम में इतिहासवाद एक बोझ बन गया है, जिसने पीस डाला। व्यक्ति अकेला आत्मनिर्वासित, डी-ह्यूमेनाइज़्ड क्या नहीं हुआ? प्रकृति से विच्छिन्न मानव आधुनिक यंत्रोद्योग-प्रक्रिया में अपनी विराट्ता खोकर बौना हो गया। "लघुमानव" सिद्धान्त की यही विचार-भूमि है। "उदात्त" को हटाकर गरिमा-विहीन टूटा-फूटा मनुष्य। उसकी खण्ड-खण्ड अस्मिता ने मानव को दानव बनाने का मायालोक निर्मित किया—उपभोक्ता मानव का जन्म। इतिहास की स्मृति से विहीन "ग्लोबल मैन"। यहाँ काल-आयामों के सभी महा-आख्यान धूल में ध्वस्त। भीतर से विराट्ता खोकर

सिकुड़ता मनुष्य बंजरता की ओर भागता हुआ—"वेस्टलैंड" की यातना में हाँफता-मरता मनुष्य। स्मृति के धर्म से भ्रष्ट भोगी पशु, नारियों का गुलाम, शराब के नशे में धुत्त "हिप्पी मैन"।

अज्ञेय ने स्वयं माना है कि "शेखर" की दौड़ काल के विरुद्ध एक दौड़ है। मृत्यु की मंडराती छाया में "जो भी अर्थ मिल जाये" की खोज। भारतीय साहित्य में "शेखर" पहला ऐसा उपन्यास है जो अपनी भिन्नता में पश्चिमी उपन्यासों से अलग है। प्रूस्त के उपन्यासों की काल चेतना से अलग चक्रगति सिद्धान्त का वाहक, नर-नारायण के काल का वाहक, नारायण से हटकर नये की सर्जनात्मक स्मृति का वाहक उपन्यास। "अस्ति गोदावरी तीरे विशाल : शाल्मली तरुः" की कथा कहानी का देश और काल कहानी का "है" बना है, "था" नहीं। निरन्तर पंचतंत्र का वर्तमान—आवर्तीकाल। आज हमारी जानकारी का क्षेत्र बहुत विस्तृत हो गया है। इसलिए हमारा "यथार्थ" भी बहुत विस्तीर्ण हो गया। फलतः यथार्थ की जटिलता ने "संप्रेषण का काल" भाषा के क्रम में बढ़ा दिया है। काल का अतियथार्थवादी दौर फिर उत्तर-आधुनिक दौर। आज रचना में सिनेमाई युक्तियों का प्रवेश तनाव लाने की युक्तियाँ रचना के अर्थ-वृत्त को बदल रही हैं। देरिदा का विनिर्मितिवाद उभरा है, तो उसके पीछे पश्चिम का वर्तमान है—जटिल यथार्थ का वर्तमान। जिसमें "क्लोज़ रीडिंग" के बिना "पाठ" को 'डीकंस्ट्रक्ट" करना असम्भव है। अनुभव में काल का विखण्डन, विचलन, व्यतिक्रम, अनेकायामिता, क्रम-भंग—यह सब अपने प्रतिबिम्ब उपन्यास साहित्य में ही पा रहे हों, ऐसा नहीं है। कला कविता में भी इसका प्रतिबिम्ब कम नहीं है। "राम की शक्ति पूजा" तथा "असाध्य वीणा" को लेकर अज्ञेय ने कहा है—"देश-काल का नियन्त्रण करने के लिए कई युक्तियाँ अपनायी गयी हैं, जिन्हें सिनेमाई युक्तियाँ कहा जा सकता है। इस कविता का अन्त जैसा है, वैसा क्यों है? काल की गति को नियन्त्रित करने के लिए "स्लो मोशन" और "फ्रीज" तक के उदाहरण मिल जाएँगे। आज के साहित्य की समस्या—केवल यथार्थ को प्रस्तुत करने की समस्या नहीं है, बल्कि यथार्थ को रचने की समस्या है। यथार्थ को रचने की और फिर उस रचे हुए यथार्थ के सम्प्रेषण की समस्या भी है।

प्रश्न उठता है कि अज्ञेय के सम्पूर्ण रचना-कर्म का ध्वन्यर्थ क्या है? इसका एक सीधा-साफ उत्तर हो सकता है—अज्ञेय का स्वाधीन चिन्तन। स्वाधीन मनुष्य का स्वाधीनता-बोध या मानव का स्वातंत्र्य-दर्शन। यह सोचकर आज हृदय भारी हो जाता है कि अज्ञेय का स्वाधीन-चिन्तन हिन्दी आलोचना में सर्वाधिक विवाद के केन्द्र में रहा। कौन नहीं जानता कि अपनी स्वाधीनता का बोध खोकर रचनाकार

अपने रचना कर्म से स्खलित हो जाता है। इसलिए रचना-कर्म के लिए स्वाधीनता-बोध बहुत बड़ी चीज है। किसी रचनाकार को किसी विचारधारा की गुलामी करते देख कहीं न कहीं गहराई में पीड़ा का अहसास होता है। लेखक गाँधीवादी, लोहियावादी या मार्क्सवादी, फ्रायडवादी कैसा भी हो, हम उसे अस्वीकार तो नहीं करते। लेकिन लेखक अपनी भीतरी संवेदना के विवेक से तप कर निकला हो और उसका "राग-दीप्त सच" मानव में पावनता-जनित विवेक को जागृत करता हो तो उसके प्रति पाठक का सम्मान-भाव ही और तरह का होता है। फिर हमारी औपनिवेशिक गुलामी भी तो पीछा नहीं छोड़ती। इसलिए अज्ञेय का स्वाधीन-विवेक हमारी गुलाम मानसिकता को हजम नहीं होता। हजम होता तो वे अज्ञेय को "अभिजात" व्यक्तिवादी कहकर नहीं कोसते। निर्मल वर्मा ने अज्ञेय की स्मृति में "लेखक की स्वतन्त्रता और स्वधर्म" लेख में बड़ी पीड़ा के साथ लिखा है—"स्वाधीनता अपने में कोई मूल्य नहीं, इसलिए यह संयोग नहीं जान पड़ता कि आपातकाल के दौरान सत्ता के आगे घुटने टेकने में हिन्दी के "प्रतिबद्ध" लेखक सबसे आगे थे, जबकि उससे कुछ समय पहले तक अज्ञेय जयप्रकाश जी की पत्रिका "एवरीमैन्स" का सम्पादन कर रहे थे। अगर पिछले अनेक वर्षों से सोवियत सत्ता द्वारा लेखकों पर पाबन्दी को हमारे मार्क्सवादी लेखक सही मानते आये थे, तो अपने देश में उसी तरह की तानाशाही को स्वीकार करने में भला क्या आपत्ति हो सकती है। "हिन्दी के एक प्रतिबद्ध आलोचक तो यह कहने तक में भी नहीं चूके कि हिन्दी की आधुनिक कविता में अज्ञेय का वही स्थान है जो रीतिकालीन कविता में बिहारीलाल का है। क्या उनसे यह पूछने का मन नहीं करता कि "केशव की कविताई" लेख लिख देने मात्र से अज्ञेय की मानसिकता में "रीतिवाद" समा जाता है। सामन्तवादी-रीतिवादी-कलावादी-रूपवादी परिवेश और मूल्य अज्ञेय के रचना-कर्म में हैं कहाँ? अज्ञेय जैसे विद्रोही सर्जक की स्वाधीनता का क्या यही हश्र होना है?

हम अपनी "विचारधारा" की हाँक में भूल जाते हैं कि "गुलामी एक सहज अवस्था है, जबकि स्वतन्त्रता को अर्जित करने के लिए असीम संघर्ष करना पड़ता है। इसलिए जब हम बड़े शहरों में आते हैं तो आसानी से अपनी संस्कारगत गुलामी की जगह किसी पार्टी या विचारधारा की गुलामी स्वीकार कर लेते हैं, हम यह नहीं सोचते कि किसी रेडीकल विचारधारा का ठप्पा लगाने मात्र से आत्मा के अन्दर धँसी गुलामी से छुटकारा नहीं मिल जाता। इसीलिए जब हम किसी ऐसे व्यक्ति का सामना करते हैं, जो अपने संस्कारों में सहज रूप से स्वाधीन है तो वह सीधा हमारे क्रोध या निन्दा का शिकार बन जाता है, उसकी स्वतन्त्र मेधा हमें हर क्षण अपनी गुलाम आत्मा की याद दिलाती है जो हमें असह्य जान पड़ती है। हम स्वयं

स्वाधीन होने के बजाय उसे अपनी गुलामी में घसीटना चाहते हैं और यदि वह इसके लिए तैयार नहीं होता, तो हम आसानी से उसे अमेरिकी एजेंट या पूँजीवाद दलाल कहकर दुबारा अपनी गुलामी की खोह में शरण लेकर अपनी कचोटती आत्मा से मुक्ति पा लेते हैं।" अज्ञेय का स्वाधीनता बोध गुलामी की मानसिकता वालों को बर्दाश्त नहीं हुआ। झूठे तर्क गढ़ कर कहा कि लोकतन्त्र और स्वाधीनता की रक्षा के नाम पर "कांग्रेस फॉर कल्चरल फ्रीडम" जैसी छल-छद्म भरी संस्थाओं तथा "एन काउंटर" जैसी भ्रष्ट साहित्यिक-पत्रिकाओं का सहारा लेकर अज्ञेय ने भारत के बुद्धिजीवियों-प्रगतिशीलों को गुमराह करने का षड्यंत्र रचा। उनके सहयोग से भारत में "कांग्रेस फॉर कल्चरल फ्रीडम" का विशाल एशियाई सम्मेलन सम्पन्न हुआ। अज्ञेय सहित हिन्दी के कई नामी-गरामी रचनाकार इसमें सम्मिलित हुए तथा अज्ञेय इस संगठन की भारतीय शाखा के सचिव बनाये गये। इन लेखकों ने शीतयुद्ध की विचारधारा का प्रचार किया और साम्राज्यवादी-आधुनिकतावादी विचारधारा के साथ रहे। लघु मानव सिद्धान्त का प्रचार किया और "व्यक्ति स्वातंत्र्यवाद" की नींव को दृढ़ किया। भारत में आधुनिकतावाद ने व्यक्तिवादी-पूँजीवादी मूल्यों की स्थापना का प्रयास किया।

गजानन माधव मुक्तिबोध ने 'आधुनिक कविता की दार्शनिक पृष्ठभूमि' शीर्षक लेख में कहा है कि "ये सिद्धान्त और उनके हमले, वस्तुतः उस शीत युद्ध के अंग थे, जिसकी प्रेरणा लन्दन और वाशिंगटन से ली गयी थी। पश्चिम की परिपक्व मानववादी परम्परा से साहित्यिक प्रेरणा ग्रहण न करके उन नये व्याख्याताओं ने उसकी अत्यन्त प्रतिक्रियावादी साहित्यिक विचारधारों को अपनाया और फैलाया। नयी कविता के आस-पास लिपटे हुए बहुत से साहित्यिक सिद्धान्तों में शीत युद्ध की छाप है।" "स्वाधीनता बोध की आड़ में कला की स्वायत्तता" की वकालत और कलावादी सौन्दर्यशास्त्र की प्रतिष्ठा हुई। इतना ही नहीं "लघु मानव" वाला सिद्धान्त लाकर जनसाधारण की मार्मिक आध्यात्मिक शक्तियों और भव्यताओं से आँखें फेर ली गयीं। व्यक्ति स्वातंत्र्य का झण्डा ऊँचा कर स्वातंत्र्य के उपयोग और दिशा से पल्ला झाड़ लिया गया। पूँजीवादी समाज के नाश की कल्पना को साम्यवादी बहक कहकर मोटे सेठों से नाता जोड़ा गया।" मुक्तिबोध इस बात पर चुप रहे कि लघु मानववादियों—अज्ञेय, लक्ष्मीकान्त वर्मा, विजय देवनारायण साही, धर्मवीर भारती आदि ने किन मोटे सेठों से नाता जोड़ा। इसलिए मुक्तिबोध का विचार अमूर्त्तन के कोहरे में खो गया। अज्ञेय न सेठों-सत्ताओं से जुड़े, न अमरीकावाद से। वे जीवन में भाषा हो या पत्रकारिता वे उसे अंग्रेजी की प्रभुसत्ता से मुक्त करने में खपते रहे।

अज्ञेय के स्वाधीनता-बोध में, व्यक्तित्व और कृतित्व में मूल भाव क्या है? वह कौन-सी जीवनव्यापी शोध-दृष्टि है जो उनके विद्रोह में सर्जनशीलता के मूलाधारों को दृढ़ करती है। पूरी छानबीन में हम पाते हैं कि वह स्वाधीनता की खोज ही है। लेकिन यह स्वाधीनता बौद्धिक आलस्य को नहीं पालती और न कर्म से बचती है। यह निरन्तर जुझारू तेवर अपनाती है। इस स्वाधीनता का सार-सर्वस्व है–स्वाधीनता की दमित आकांक्षा। अज्ञेय के आरम्भिक रचना-कर्म में स्वाधीनता का यह स्थायी भाव थोड़ा अराजक रूप लिये रहा है, लेकिन फिर नैतिक संवेदन से जुड़कर निरन्तर वरण की स्वतन्त्रता में बदलता गया। अज्ञेय के शब्दों में, "सम्पूर्ण सत्ता का आदेश ही स्वतन्त्रता है : उसके निर्देशन में जीवन ही स्वाधीन जीवन है। यहाँ आकर चेतना, कांशेन्स और स्वाधीनता एक हो जाते हैं–चेतन विवेक से निर्दिष्ट होकर जीना ही स्वाधीन जीना है। यह स्वाधीनता निर्भयता की अवस्था है।" इसी निर्भयता से अज्ञेय "अरे यायावर रहेगा याद" बने और "एक बूँद सहसा उछली" का राग-रंग जिया। इसी भाव से "कहाँ है द्वारका" की तलाश की और "जन-जनक-जानकी" जैसे यात्राओं में रमे रहे। अपनी परम्परा या परम्पराओं के स्रोतों का अनुसन्धान करते रहे।

"स्रोत और सेतु" में संकलित लेखों में पहला निबन्ध है–"मेरी स्वाधीनता : सबकी स्वाधीनता।" इंग्लैण्ड के एक उद्यान में अकेला पेड़ दिखायी दिया। यह पेड़ ही बोधि वृक्ष बनकर कवि-चेतना में उभरा। "...एक पेड़–केवल एक पेड़–लेकिन उसे वह आकार पा लेने दिया गया था, जो प्रकृति ने उसके लिए आयोजित किया था–एक वृक्ष जो अपने आत्यांतिक वृक्षत्व की चरम सम्भावनाओं को प्राप्त कर चुका था। वहाँ से स्वाधीनता की एक परिभाषा मुझे मिली जो तब से सर्वथा मेरे साथ रही है।" जीवनानुभव परिभाषा बनते ही कह उठा–"स्वाधीन होना अपनी चरम सम्भावनाओं की सम्पूर्ण उपलब्धि के शिखर तक विकसित होना है।" भारत की परम्पराओं में प्रकृति-पूजा के साथ क्या यह स्वाधीन-भाव नहीं जुड़ा है? आज के यंत्रजीवी-संकुचित जीवन में मानव प्रकृति से विच्छिन्न होकर एक तरह की पराधीनता के गड्ढे में गिर गया है। प्रकृति की स्वाधीनता हरण करने के चक्कर में वह अपनी स्वाधीनता खो बैठा है। हमारा सांस्कृतिक-विवेक कीचड़-कीच में धँस गया है, जिसे फिर किसी अरविन्द, विवेकानन्द, तिलक और गाँधी की तलाश है। भारतीय-परम्परा रूपी महावृक्ष की छाया में बैठकर अज्ञेय पूछते हैं कि "क्या कोई अकेला स्वाधीन हो सकता है?" अकेले की स्वाधीनता तो यंत्रणा है, जिसमें बुद्ध की करुणा का विस्तार नहीं है। आत्म-दान और आत्म-उन्मोचन का अनन्त मनुष्य भाव नहीं है। इसका कारण है कि करुणा में व्यक्ति की स्वाधीनता

का समूह भाव-समाया हुआ है। ''स्वाधीनता की सच्ची कसौटी मैं नहीं, ममेतर है। वैज्ञानिक की स्वाधीनता सत्य के शोध की स्वाधीनता है, किन्तु कलाकार की स्वाधीनता में अनिवार्यतः मूल्य की स्वाधीनता शामिल होनी चाहिए, जिसका अर्थ फिर यह हो जाता है कि साहित्यकार ऐसे समाज में स्वाधीन नहीं हो सकता, जो समाज स्वाधीन नहीं है।'' स्वाधीन समाज स्वाधीन-भाषा में मुक्त होता है। पराधीनता की भाषा में समाज गूंगा-बहरा हो जाता है और उसकी सर्जनात्मकता में मौलिकता की शक्ति का विध्वंस दिखायी देने लगता है। भाषा ही मानव को स्वाधीन बनाती है। भाषा स्वाधीन नहीं, तो मानव स्वाधीन कैसे हो सकता है।

अज्ञेय के विचार में ''मानव पहला स्वाधीन प्राणी है, क्योंकि उसके पास भाषा है, उसके पास प्रतीक रचने की शक्ति है, अवधारणा करने की शक्ति है।'' इसी तर्क को विस्तार देकर अज्ञेय यह निष्कर्ष पाते हैं कि परम्परा, समाज, संस्कृति का पहला मूल्य स्वाधीनता है। ''पहला मूल्य स्वाधीनता है और उसके बाद यह कल्पना है कि मूल्य के लिए प्राण दिये जा सकते हैं; प्राण से बड़ा भी कोई मूल्य होता है? यह मानव की सृष्टि है। यही संस्कृति और सभ्यता का मूल स्रोत है।'' अज्ञेय के लिए सभ्यता के संकट का अर्थ है, मूल्य-चेतना को संदिग्ध बना देना। भारत की घायल सभ्यता को गहरे घाव पश्चिम के आधुनिकतावादी-अनास्थावादी संत्रासवादी सोच ने दिये हैं। हमारे रचनाकार को अपने समय-समाज-परम्परा की सही पहचान नहीं है। हमारी आस्थाएँ, चिन्ताएँ, विकलताएँ एक दीवार से खोपड़ी टकरा रही हैं और भीतर एक मरुस्थल फैलता जा रहा है। क्यों संस्कृति में आचरण एक पाखंड साहित्य-संस्कृति का संकट बनकर संस्कृति की पावनता को नष्ट करता जा रहा है। पश्चिमी उपभोक्तावादी संस्कृति के व्यूह में फँसकर क्यों मूल्यों की सर्जनशीलता खोती जा रही है। लम्बी गुलामी की मानसिकता के कारण स्वाधीनता का बुनियादी सांस्कृतिक मूल्य ही समाज में विस्मृत हो रहा है। जो अनुवाद-जीवी समाज सामने आ रहा है, उसमें भाषा-संस्कृति की सर्जनात्मकता के स्रोत सूख रहे हैं। हम भूल रहे हैं कि भाषा हमारी शक्ति है, उसको हम पहचानें, वही रचनाशीलता का उत्स है, व्यक्ति के लिए भी और समाज के लिए भी। सार-संक्षेप यह कि अज्ञेय के लिए स्वाधीनता सभी मूल्यों का मूलाधार है। कहना होगा कि अज्ञेय स्वाधीनता का एक नया भाष्य या डिस्कोर्स एक व्यापक सन्दर्भ से जोड़कर प्रस्तुत करते हैं। अज्ञेय का स्वाधीनता दर्शन पश्चिम के विकासवादी ढाँचे को स्वीकार नहीं करता है। विकासवादी चौखटे का अतिक्रमण करते हुए अज्ञेय ने कहा है कि ''भारत ही एक ऐसा देश है और भारतीय संस्कृति ही ऐसी संस्कृति है, जिसमें आरम्भ से ही संस्कृति की परिभाषा को लेकर उठ खड़े होने वाले राजनीतिक बनाम

आध्यात्मिक के विवाद पर निराकरण हो गया है। भारत ही एक ऐसा देश और भारतीय संस्कृति ही ऐसी संस्कृति रही, जिसमें संस्कृति के केन्द्र में ही धर्मदंड की स्थापना हुई।" इस धर्मदंड में कर्तव्य ही धर्म बन गया। नतीजा यह हुआ कि "भारतीय-दृष्टि से संस्कृति क्षेत्र में धार्मिक बनाम लौकिक" जैसा कोई विरोध सम्बन्ध बनता ही नहीं, उसका सार्थक होना तो दूर की बात। दूसरी ओर पश्चिम के चिन्तन में आरम्भ से ही रिलीजियस बनाम सेक्युलर अथवा सेक्रेड बनाम प्रोफेन का बुनियादी द्वन्द्व रहा। हम कह लें कि यह बात ईसा में नहीं थी; न ईसा के पहले के रहस्यवादी संतों के चिन्तन में, जिसे ईसा ने आगे बढ़ाया पर बात ईसा की नहीं; ईसाइयत की है, धर्म प्रवर्त्तक की नहीं, धर्म संस्थान की है।" (स्रोत और सेतु) भारतीय संस्कृति का बहुदेववाद भारत के भीतर सर्वसत्तावाद को महत्त्व नहीं देता, विकेन्द्रीयता की धुरी पर घूमता है। हमारा धर्म संस्थागत धर्म नहीं है। इसलिए उसमें अनेक द्वार हैं–झरोखे हैं और अनेक तरह की हवाएँ आती हैं। आज के भारतीय बुद्धिजीवी के सामने सबसे बड़ी चुनौती है–धर्म के राजनीतिकीकरण की। क्योंकि धर्म एक दीर्घकालीन राजनीति है। उसका अन्त नहीं है और जहाँ अन्त है वहाँ विभेदों के सर्प फुफकार रहे हैं। "प्रगति" और "विकास" के झूठे नारों के बीच हालत यह हुई है कि "व्यापकतर मानवीय सन्दर्भ में हमें मानना होगा कि आज हमारे पास न कोई विश्व-दर्शन है, न कोई आत्म-दर्शन।"

आलोचक प्रवर रमेशचन्द्र शाह ने अज्ञेय के स्वातंत्र्य-दर्शन पर अपनी पुस्तक "अज्ञेय : वागर्थ का वैभव" में कहा है कि क्या उस स्रोत की फिर से पहचान करना ही एक साहित्यकार और बुद्धिजीवी के रूप में हमारा पहला कर्त्तव्य नहीं होना चाहिए? यह खेद की बात है कि हिन्दी के वर्तमान साहित्यिक परिदृश्य में अज्ञेय के ही स्वातंत्र्य दर्शन का निरे राजनीतिक मताग्रहियों की ओर से तो लगातार अन्ध विरोध होता ही रहा। गतानुगतिक और रीढ़विहीन विश्वविद्यालयों के हलकों में भी उनकी उपेक्षा और अपव्याख्या का ही दृश्य उपस्थित होता रहा है। क्या महज़ इसलिए कि अज्ञेय ने बार-बार इस विचार को जिया और बार-बार सामने रखा कि अन्याय का मुकाबला करने का बल साहित्य की राजनीतिक प्रतिबद्धता से नहीं, बल्कि किसी भी प्रतिबद्धता के अस्वीकार से आता रहा है? क्या इसलिए कि उन्होंने व्यक्ति और समाज को राजनीति से ऊपर उठकर परम्परा संस्कृति के विस्तृत आयाम में देखा और देखने के संकल्प पर डटे रहे। अज्ञेय कई अर्थों में कालिदास-भवभूति की परम्परा को कबीर-सूर तक सर्जनात्मक बनाते हुए लाये। इसी परम्परा को जयशंकर प्रसाद, निराला, रामचन्द्र शुक्ल और महादेवी की संस्कृति विषयक अवधारणा में धड़कता हुआ पाया तथा उसके सभ्यता के आवरणों को चीरकर

प्रकृत रूप में पाया। परम्परा को स्मृति का पर्याय मानकर उसे "इतिहास" से अधिक महत्त्व दिया।

अज्ञेय ने निरन्तर चिन्तन-मनन से यह बीज-विचार पा लिया था कि साहित्य के सन्दर्भ में परम्परा की पहचान के लिए धर्म, दर्शन, सामाजिक अध्ययन विज्ञान आदि साहित्येतर प्रकारों के सहारे के बिना बात नहीं बनती। बनती है तो अधूरी बनती है। इसलिए यह देखना जरूरी है कि साहित्येतर ज्ञान-प्रकारों में परम्परा किस रूप में बिम्बित हुई है। लेकिन इस पद्धति को अपनाते ही साहित्य की हैसियत का पानी उतर जाता है। वह मात्र सत्य का सम्प्रेषक रह जाता है, संस्कृति के सत्य का अन्वेषक नहीं। प्रत्येक संस्कृति का सच एक अपनी अलग पहचान रखता है। इसलिए उसमें पनपने वाले साहित्य की अपनी स्वायत्त प्रक्रिया होती है। प्रश्न उठता है कि संस्कृति में निहित सत्य की अवधारणा में साहित्य की क्या भूमिका रही है। इस सन्दर्भ साहित्य की परम्परा पर दो तरह से सोचा जा सकता है। पहला तो यह कि किसी संस्कृति-विशेष का साहित्य अपना क्या प्रयोजन मानता है और दूसरा यह कि उस साहित्य में यह प्रयोजन सर्जनात्मकता के रूप को कैसे उजागर करता है। साहित्य में "शिवेतरक्षतये" का महत्त्व रसानुभूति के आनन्द से कम नैतिक संवेदना से अधिक सम्बन्ध रखता है। यह कहने में अनौचित्य कहाँ है कि रस आत्म-प्रतीति है, संविद् आत्मविश्रान्ति है। काव्यानुभूति कुछ-कुछ ब्रह्मानुभूति की तरह है। रसानुभूति में विषयी और विषय को अभेद पाकर ही डॉ. गोविन्द चन्द्र पाण्डेय ने "भारतीय-संस्कृति के मूल स्वर" में आत्मानुभूति की महत्त्व प्रतिष्ठा को स्थान दिया है। आत्मानुभूति में मूल्यानुभूति की मौजूदगी रहती है। इसलिए रस केवल सौन्दर्यशास्त्रीय अवधारणा नहीं है, उसमें उच्चकोटि की नैतिक चेतना विद्यमान रहती है। पं. विद्यानिवास मिश्र ने कालिदास के रचना-कर्म की व्याख्या में रस का आधार सख्य भाव में माना है। इस सख्य भाव का आधार है रस में समदुःख भाव की विराट् अनुभूति, सकल होने की अनुभूति अर्थात् सृष्टिव्यापी साहचर्य या अखण्ड होने की प्रवणता। इस अखण्डानुभूति की दृष्टि ने ही साहित्य परम्परा में विराट् सर्जनानुभूति की दृष्टि को विकसित किया है। "आत्म" से जुड़े हैं मम और ममेतर के जीवन-सम्बन्ध। महात्मा गाँधी और अज्ञेय दोनों आध्यात्मिक को नैतिक मानने का आग्रह करते हैं तो उसके पीछे पूरी भारतीय परम्परा का ऋत-बोध बोलता है। रामायण और महाभारत दोनों की मूल्यानुभूति में नैतिक-साधना के सम्प्रेषण के माध्यम से रसदशा का अनुभव बोलता है। हमारा लौकिक साहित्य भी नैतिक मूल्य चेतना से विरत नहीं है, बल्कि नैतिक संवेदना का ताप ही उसके कलुष जलाकर पवित्र करता है। कालिदास में जीवन के भोग

को तप की अग्नि ही पवित्र करती है और इसी पवित्रता को अरविन्द भारतीय संस्कृति का आधार मानते हैं। तप और कर्म की पवित्रता में नैतिक संवेदना की अग्नि क्या है? डॉ. गोविन्द चन्द्र पाण्डे के शब्दों में, ''भारतीय सामाजिक जीवन की वास्तविक थाती है।'' इसी थाती पर परम्परा को कवि-आलोचक विजयदेवनारायण ने हिन्दुस्तान की जिन्दगी की रिद्म या भारतीय जीवन की कालिदासीय लय का नाम दिया है। यह कालिदासीय लय गाँधी में व्याप्त है। प्रसाद-निराला-महादेवी में व्याप्त है और इसका तेजोदीप्त रूप अज्ञेय के सृजन में ''चेतना का रागदीप्त'' आलोक बनकर दमक रहा है। यही भारतीय जीवन की कालिदासीय लय भारतीय स्वाधीनता आन्दोलन में व्याप्त रही है। विजयदेवनारायण साही के शब्दों में कहें तो कालिदासीय लय का यह पवित्र नैतिक बोध या नैतिकता में शक्ति का विलयन हमारी साहित्य-परम्परा का केन्द्रीय आधार रहा है। नन्दकिशोर आचार्य के शब्दों में कहें तो पूरा का पूरा आधुनिक काल का साहित्य तमाम परिवर्तनों-आघातों के बावजूद इसी साहित्य-परम्परा का सर्जनात्मक आख्यान रहा है। ''कामायनी'' हो या ''राम की शक्तिपूजा'' सभी में नैतिक संवेदना का शक्ति-बोध सक्रिय है। प्रेमचन्द के नैतिक आग्रह ''नमक का दारोगा'' बनते हैं या ''रंगभूमि''। ये रचनाएँ केवल युग का यथार्थ ही संप्रेषित नहीं करतीं, संस्कृति की तीसरी आँख भी खोलती हैं, जिसमें नैतिकता की धूप का प्रकाश भरा हुआ है। जैनेन्द्र और अज्ञेय का स्वतन्त्रता मूल्य समाज से स्वतन्त्र नहीं है, समाज में स्वतन्त्र है और नैतिक संवेदना से सरोकार रखता है। अज्ञेय का शेखर—एक विद्रोही चरित्र है, सभी बन्धनों को तोड़ता-रौंदता चरित्र, लेकिन अपने स्वाधीनता बोध के प्रति पूरी तरह समर्पित। उसकी स्वाधीनता की धारणा में व्यंजित है—जो मैं हूँ वह मैं हो सकूँ। अपने वास्तविक आत्म की तलाश कर सकूँ। स्वतन्त्रता की तलाश में निकला शेखर निज मोह संकट के ''स्व'' से निकलकर एक बृहत्तर समाज के प्रति समर्पित हो जाता है। यह स्वतन्त्रता व्यक्ति-केन्द्रित नहीं है, मूल्य सजग चेतना का पर्याय है।

''अपने-अपने अजनबी'' में स्वाधीनता की तलाश ही केन्द्रीय सरोकार है। अज्ञेय की दृष्टि को सेल्मा व्यंजित करती है तो सभी प्रकार के अहंकारों से छुटकारा पा जाने को ही वास्तविक स्वतन्त्रता मानती है। अज्ञेय की सर्वाधिक महत्त्वपूर्ण लम्बी कविता ''असाध्य वीणा'' में प्रियंवद का आत्म-समर्पण कलाकार के स्वाधीनता बोध का सृष्टि व्यापी विस्तार है। अहं का विसर्जन करते हुए विराट् के प्रति सम्पूर्ण समर्पण या ममेतर के प्रति समर्पित हो जाने पर वीणा असाध्य नहीं रहती। उसमें से संगीत फूट पड़ता है और यही प्रियंवद (अज्ञेय) की सर्जनात्मकता का सच है। वीणा के लिए अपने अहं को उलीच कर पूरी तरह खाली करना क्योंकि भरने के लिए खाली

करना जरूरी शर्त है। अज्ञेय को ज्ञात है कि सर्जनात्मकता का सच सत्ता के खिलाफ व्यक्ति और समाज की स्वाधीनता का पक्ष है। उसकी कड़ी अन्याय के चित्रण से जुड़ी है और साहित्यकार का दायित्व भी यही है। नैतिक संवेदना की यही थाती हमारी साहित्यिक परम्परा है। हम अज्ञेय के कथन और चिन्तन से जुड़ते ही इसलिए हैं कि उसमें मानव-केन्द्रित आधुनिकता है और यह आधुनिकता बौद्ध-जैन-वैष्णव चिन्तन के केन्द्रों से निष्पत्ति पाती है। इसमें ''प्रकृति'' से एकत्व है, अद्वैत होने का भाव है। अज्ञेय की सृजन तितीर्षा में मम की जगह एक ममेतर है जो ईश्वर और धर्म को केन्द्र से हटाकर परिधि पर ला देता है। आधुनिक सभ्यता के प्रसार से मनोरोग बढ़े हैं और मनोराग विकृत हुए हैं। मूल मनोरोगों को व्यक्त करने वाली प्रणालियाँ बदल गयी हैं और रचना-कर्म कठिन हो गया है, कठिन से जटिल और जटिल से दुर्बोध। आधुनिक मानव को मार्कूज के शब्दों में, लोकतांत्रिक व्यवस्था में हमें पूर्ण स्वतन्त्रता क्या मिली, उसने धर्म को ठेलकर गहराई का आयाम गवाँ दिया है। आधुनिक आदमी छिछला-सतही-शंकालु और सिकुड़ता हुआ खोखला आदमी है, यन्त्र की मार से अपने संवेदन को खोता हुआ मनुष्य। उसमें करुणा का भवभूति-भाव ही चौपट हो गया है। अज्ञेय का कवि जरा-व्याध का मिथक लेकर कहता है :

यों मुझे मिले वह
खुला गिरा मोर पंख का किरीट,
वैजयंती माल त्रस्त
छूटी पड़ी बाँसुरी,
मलिनाते पैरों के सूक्ष्म घाव से निकल रेंग रहा
सृपी शुभ्र, आयु-शेष :
आह, मुझे इस भेस मिले
नारायण :
मेरे ही बाण से बिद्ध! (*का जाने केहि भेस*)

इस कविता के ''पाठ'' से पाठक का संवाद आधुनिक सभ्यता के संकट को कई कोणों से उभारता है और उस अर्थ-सन्दर्भ को खोलता है जो आधुनिकता के विन्यस्त संकटों से उपजा है। इस ''पाठ'' का ''अन्तर्पाठ'' आधुनिक जीवन की सम्पूर्ण त्रासदी को उजागर कर देता है, जिसमें यन्त्रणा-यातना-अनास्था ने पूरा ''स्पेस'' घेर लिया है। यह ''पाठ'' अज्ञेय के स्वाधीनता-बोध का एक नया अध्याय है, जिसका भाष्य आधुनिकतावाद उत्तर-आधुनिकतावाद की सैद्धान्तिकी से किया जाना चाहिए। 'शाश्वती' में अज्ञेय की एक टीप है—''सामाजिकता को स्वाधीनता

का विपर्यय न मानकर उसका विस्तार ही मानना होगा। मानव की सामाजिकता ही वह पीठिका होगी, जिस पर उसकी स्वाधीनता की इबारत खड़ी होती है। मानव स्वाधीन है तो अपने आप मात्र में स्वाधीन नहीं है। वह अपने से इतर में, दूसरे में, स्वाधीन है। जितना, जिस मात्रा में, वह समाज को स्वाधीन बनाने में योग देता है; उतना उस मात्रा में, वह स्वाधीन है। (पृ. 38) लेकिन क्या कहें उन जड़मति चतुर सुजानों को जो अज्ञेय की स्वाधीनता को उनकी निजी मौकापरस्ती से जोड़ देते हैं और उसे पूँजीवादी स्वातंत्र्यवाद-व्यक्तिवाद के साथ नत्थी कर देते हैं। वे भूल जाते हैं कि अज्ञेय की स्वाधीनता की कसौटी है कि वह समाज को स्वाधीन बनाने में कितना योगदान करती है। दरअसल, हमारी लम्बी औपनिवेशिक दासता ने हमारे बौद्धिकों को भीतर से इतना पकड़ा-जकड़ा हुआ है कि वे ''स्वाधीन-चिन्तन'' कर ही नहीं सकते हैं। अपनी अक्षमता को छिपाने का उनके सामने एक ही रास्ता है कि वे स्वाधीनता को सामाजिकता का विरोधी घोषित करते हुए उस पर लगातार आक्रमण करते रहें। दक्षिणपंथी हों या वामपंथी दोनों ही समूह स्वाधीनता-बोध की अवधारणा से मुँह छिपाते हैं। निर्मल वर्मा ने इसी सत्य को टटोलते हुए कहा है कि ''अज्ञेय का स्वाधीनता बोध अमूर्त्त नहीं था : वह सीधा सादा सृजन और कर्म की उन समस्याओं से जुड़ा था, जिनसे आज का हर संवेदनशील लेखक जूझता है। पिछले वर्षों में यदि किसी एक लेखक ने हिन्दी भाषा को विचारों का सबसे सशक्त और समर्थ माध्यम बनाने की चेष्टा की तो उसमें अज्ञेय अग्रणी थे। आकाशवाणी की भाषा हो अथवा हिन्दी पत्रकारिता में राजनीतिक शब्दावली का प्रयोग, अज्ञेय की कोशिश हमेशा यह रहती थी कि शब्दों का सही और सटीक इस्तेमाल हो सके। वह एक तरफ हिन्दी भाषा को पंडिताऊ बोझिलपन से छुटकारा दिलवाना चाहते थे, तो दूसरी तरफ उसे अंग्रेजी की आक्रामक प्रभुसत्ता से मुक्त करवाना चाहते थे। यह काम आसान नहीं था। इसके लिए उन सब मोर्चों पर संघर्ष करना जरूरी था, जहाँ सत्ताधारी शक्तियाँ भाषा को भ्रष्ट करने की प्रक्रिया में सत्य को सम्प्रेषित करने के साधनों को दूषित करती है।'' (भारत और यूरोप : प्रतिश्रुति के क्षेत्र, ''लेखक की स्वतन्त्रता और स्वधर्म'' पृ. 111) अज्ञेय ने राजनीतिज्ञों के द्वारा भाषा के दुराचार के विरुद्ध जो संघर्ष किया है, वह अविस्मरणीय है। आज के व्यावसायिक युग में, जहाँ सम्प्रेषण के साधन दिनोंदिन झूठे और पराधीन बनते जा रहे हैं, लेखक के सामने यह चुनौती बराबर बनी रहती है कि वह अपनी भाषा को अवमूल्यित किये बिना दूसरों तक अपनी सच्चाई पूरी पवित्रता और प्रामाणिकता के साथ सम्प्रेषित कर पाये। ऐसा करने वाला अज्ञेय जैसा रचनाकार ही त्रासजनित विवेक को पावनताजनित विवेक में बदल सकता है।

अज्ञेय उन कपटी बौद्धिकों राजनीतिज्ञों का जीवन भर विरोध करते रहे, जो संस्कृति की खाली थाली बजाते रहे हैं, सांस्कृतिक चेतना को कुंद, संकीर्ण और सतही बनाते रहे और जिन्होंने अपने अज्ञान और स्वार्थ से संस्कृति को छिछली राजनीति में डुबाकर भ्रष्ट कर दिया है। इन संकीर्णतावादियों, जातिवादियों ने धर्म और संस्कृति की परिभाषा केवल राजनीति के आधार पर की। इस आधार ने मानव-विरोधी जातिवाद-वर्णवाद को दृढ़ किया। ध्यान देने की बात है कि अज्ञेय ने गाँधी और नरेन्द्रदेव की तरह अपनी स्वाधीनता की अवधारणा को राजनीति तक सीमित नहीं माना। इस दृष्टि से गाँधी का "हिन्द स्वराज" और नरेन्द्र देव का "बौद्ध-दर्शन" अज्ञेय की प्रेरणा बना है। यह प्रेरणा इसलिए भी बना कि राजनीतिक स्वतंत्रता तो अन्य तमाम तरह की स्वतन्त्रताओं की ओर बढ़ने का पहला कदम है।

अज्ञेय की स्वाधीनता की अवधारणा में व्यक्ति की स्वाधीनता सर्वोपरि है। स्वाधीन व्यक्ति ही स्वाधीन समाज का निर्माण कर सकता है, पराधीन व्यक्ति नहीं। स्वाधीन व्यक्ति ही स्वाधीन-चिन्तन से स्वाधीनता और सामाजिकता को नया सर्जनात्मक अर्थ-सन्दर्भ दे सकता है। इसलिए अज्ञेय की स्वाधीनता में अकेला-एकान्त नहीं है—बृहत्तर समाज या ममेतर समाज समाया हुआ है। इस तरह स्वाधीनता एक प्रक्रिया भी है और मूल्य भी—एक नैतिक मूल्य। अज्ञेय मानते हैं, "स्वतन्त्रता का आत्म-चेतन दावा ही स्वतन्त्रता का वास्तविक दावा है। ..."मैं" के अधिकार का दावा तो एक जैविक प्रेरणा है; "ममेतर" का दावा ही मनुष्यता की पहचान है।" (केन्द्र और परिधि, पृ. 162)—"अन्य" की स्वतन्त्रता की पहचान "आत्मचेतन व्यक्ति" ही कर सकता है और यह "आत्मचेतन प्रत्यभिज्ञा ही मानव को आत्यान्तिक रूप से पशु-जगत् से अलग करती है; उसे मानवत्व देती है और स्वतन्त्र बनाती है।" अज्ञेय ने मानवेन्द्र राय के "रेडीकल ह्यूमेनिज्म" में भीतर तक डूबकर पाया था कि स्वतन्त्रता मनुष्यता का "अनन्त" है। यह "अनन्त" मानव को क्षुद्रताओं-दुर्बलताओं से काटकर "विश्वनीड़" की दृष्टि देता है। इस विश्वनीड़ की कल्पना में रवीन्द्र, निराला के साथ अज्ञेय की मौजूदगी अपना खास अर्थ रखती है।

वरण की स्वाधीनता की बात अज्ञेय कई कोणों से करते हैं। इस वरण की स्वाधीनता का एक दरवाजा अस्तित्ववाद में खुलता है। इस खुले दरवाजे के कारण ही अज्ञेय को सार्त्र, नीत्से, कामू, हेडेगर आदि से जोड़कर देखने का प्रयत्न भी किया गया है। अस्तित्ववाद में वरण की स्वतन्त्रता स्व-केन्द्रित है, व्यक्ति केन्द्रित है। उसमें "अन्य" या "ममेतर" के लिए कोई स्थान नहीं है। अज्ञेय में "अन्य" के बगैर स्वाधीनता का अर्थ ही अधूरा है—वह पूरा ही "अदर" की "फ्रीडम" के

साथ जुड़कर होता है। अदर की फ्रीडम में न अस्तित्ववाद समाता है, न सर्वसत्तावाद, न फासीवाद, न पूँजीवाद-साम्राज्यवाद। स्वाधीन-समाज में "अन्य" किसी भी कारण से न दमित हो, न लुटा-पिटा। इसलिए अज्ञेय ने "व्यक्ति-स्वातंत्र्य" सिद्धान्त में न तो मार्क्सवाद का विरोध किया है, न समाजवाद का। अज्ञेय ने युग पर टिप्पणी करते हुए अमेरिकावाद का विरोध किया है और पश्चिमवाद से सहमत नहीं हैं। वे जानते हैं यूरो-केन्द्रित राजनीति ने ही तीसरी दुनिया के देशों को गुलाम बनाकर उनका हर क्षेत्र में बुरी तरह दोहन किया है। "भवन्ती" में अज्ञेय घूम-फिर कर यह विचार प्रस्तुत करते हैं कि अमेरिकी मानव की तुलना में रूसी मानव कम हिंसक है। लेकिन दोनों ही ज्यादा या कम हिंसा करते हैं और उनकी हिंसक राजनीति ने ही दो विश्व-युद्धों से मूल्यांधता पैदा की है। एक ऐसी हिंसा जो थमने का नाम नहीं ले रही—चाहे चेक हो, अफगानिस्तान या कोई अन्य देश। दलित व नारी दोनों की स्वाधीनता का समर्थन अज्ञेय हिंसा से मुक्त अहिंसक-लोकतान्त्रिक समाज के सन्दर्भ में करते हैं।

इधर सभा गोष्ठियों में अज्ञेय की चर्चा आते ही स्त्री-विमर्श को लेकर कहा जाता है कि अज्ञेय जी का इस ओर क्या रवैया रहा है? इसका उत्तर साफ है कि अज्ञेय के कथा साहित्य में स्त्री-विमर्श को लेकर उनके विचार नारी स्वतन्त्रता के पक्ष में है। वे पुरुष-सत्तात्मक समाज को ढोने के पक्ष में नहीं हैं। स्त्री स्वतन्त्रता का एक विमर्श-नारी की यौन-स्वच्छन्दता का प्रश्न "नदी के द्वीप" की रेखा को लेकर उठता है। रेखा बँधे भारतीय-समाज की गाँठ को खोलती है—देह के स्तर पर। हाँ, फ्रायडवाद का रंग है और इस रंग में स्त्री के स्वतन्त्र सरोकार को पूरा करता है। स्त्री-पुरुष समानता और स्त्री-पूजा के प्रश्न भी अज्ञेय की मानसिकता में उमड़ते-घुमड़ते रहे हैं। भारतीय सन्दर्भ में स्त्री-पूजा एक मूल्य है या संस्कृति की मूल्य-दृष्टि है। लेकिन इस मूल्य-दृष्टि को केवल सिद्धान्त तक ही सीमित रहना पड़ा है। नतीजा यह हुआ है कि स्त्री-पूजा की मूल्य-दृष्टि कोरी थोथी सैद्धान्तिक पूजा की है, इसलिए मन में बसी हुई हिंसा ज़हाँ भी प्रकट होती है, वह इस पूजा भाव के प्रति विद्रोह का रूप ले लेती है। स्त्री-स्वतन्त्रता के प्रश्न को लेकर अज्ञेय की टिप्पणी है—"स्त्री को माँ, बहिन, बहू, बेटी इत्यादि ही मानना, वास्तव में उसके निजी व्यक्तित्व को नकारना है। स्त्री को हमेशा रिश्ते के किसी पुरुष माध्यम से देखना समाज को पुरुष संचालित मानने का ही एक विस्तार है। स्त्री अपने आप में कुछ नहीं है, उसका अपना व्यक्तित्व कुछ नहीं है, उसके लिए केवल कर्मों और कर्त्तव्यों का एक समूह है, एक "रोल" है जो इस दृष्टि से निर्धारित होता है और क्योंकि इस तरह पुरुष-समाज बड़ी आसानी से नारी के व्यक्तित्व की सत्ता को

ही नकार जाता है, इसलिए आज उस कथित पूजा-भाव का ही कोई अर्थ नहीं रहता। जिस समाज में नारी को व्यक्तित्व ही नहीं दिया जाता, उसमें नारी की पूजा भी नहीं होती; न हो सकती है; उसमें इस पूजा का अर्थ—"स्वार्थ-पूजा" या "पेट-पूजा" वाली पूजा से अधिक नहीं रहता। "(केन्द्र और परिधि," पृ. 239) आज भी मर्दवादी समाज में स्त्री उपेक्षित और प्रताड़ित है। नारी-देह केवल भोग है या बाजार है या प्रदर्शन। उसे सम्मानजनक स्वतन्त्रता व्यक्तित्व प्राप्त नहीं है। उपभोक्तावादी संस्कृति में नारी "बाजार" है। यह एक तरह का नव-रीतिवाद है जो रूप बदलकर नव-पूँजीवाद से सम्पन्न "पश्चिमवाद" के रूप में आया है, नारी-स्वतन्त्रता के नाम पर नये-नये करतब लेकर। समृद्ध देशों का नरक नारी में जगह पा गया है। आर्थिक स्वतन्त्रता और समानता का दर्शन नारी को शोषण-मुक्त नहीं करता, बल्कि उसे एक "माल" में बदल देता है—क्रय-विक्रय के लिए।

स्वाधीनता-बोध के विविध रूप अज्ञेय की रचनानुभूति में एक तरह की ताजी सौन्दर्यानुभूति की निष्पत्ति करते हैं। युग-परिवेश के साथ एक आत्मीय सम्बन्ध "ममेतर" को समृद्ध करता है। नन्दकिशोर आचार्य के इस कथन में कि, "स्वतन्त्रता ही अज्ञेय की सामाजिकी है और उनकी आध्यात्मिकता भी, इसीलिए अज्ञेय का रहस्यवाद भी कोई रहस्यवादी अध्यात्म नहीं, बल्कि मानवीय और इसलिए सामाजिक आध्यात्मीय जैसे गाँधीजी का अध्यात्म।" (साहित्य का अध्यात्म, पृ. 86) आचार्य जी ने अज्ञेय और मानवेन्द्र राय, अज्ञेय और गाँधी को लेकर इधर ऐसा पुनराविष्कार किया है कि प्रश्न ही प्रश्न उठ खड़े होते हैं। विकास की इस आध्यात्मिक अवधारणा में अरविन्द बोलते हैं। अतः अज्ञेय का सर्जनात्मक साहित्य उनकी आत्मदान, आत्म-समर्पण की पावन सामाजिकी से प्रतिश्रुत है।

अज्ञेय के रचना-कर्म के भीतर से गुजरने पर पाठक पाता है कि उनके जैसा प्रश्नाकुलताओं से भरा बौद्धिक कवि हिन्दी के आधुनिक साहित्य में कोई दूसरा नहीं है। उनके मानस में "भारतीयता" और "परम्परा", मिथक और सांस्कृतिक अस्मिता से जुड़े न जाने कितने प्रश्न हैं। भारतीय-संस्कृति पर अज्ञेय से पूर्व अरविन्द, विवेकानन्द, आनन्द कुमार स्वामी, तिलक और गाँधी जैसे विचारक और साहित्य क्षेत्र में भारतेन्दु, बालमुकुन्द गुप्त, मैथिलीशरण गुप्त, रवीन्द्रनाथ, सुब्रह्मण्य भारती, मौलाना हाली, प्रसाद, निराला, महादेवी वर्मा आदि न जाने कितने रचनाकार अपनी चिन्ताओं को शब्द-मूर्त्त कर चुके थे। लेकिन उनका चिन्तन जनता में उतना जज्ब नहीं हो सका, जितना होना चाहिए था। इसका एक कारण यह भी है कि हमारी वाचिक-परम्परा का प्रवाह भी मन्द पड़ा। इसका प्रमाण यह है कि अज्ञेय के गुरु स्थानीय मैथिलीशरण गुप्त वाचिक परम्परा के अन्तिम रचनाकार हैं। पूरी

स्थिति का विश्लेषण-विमर्श करने के बाद डॉ. गोविन्दचन्द्र पाण्डेय अपनी पुस्तक "भारतीय परम्परा के मूल स्वर" में इस निष्कर्ष पर पहुँचे हैं कि "स्वातंत्र्योत्तर युग में भारतीय चेतना संस्कृति की बजाय सभ्यता-निर्माण में ही एकान्ततः संलग्न हो गयी है और मूल संस्कृति की प्राणदायकता के तत्त्व को भूल-सी रही है।" लोक जागरण वाले सन्त और नवजागरण वाले स्वाधीनता-आन्दोलन के अरमान आजाद भारत में मुरझाने लगे। क्यों मुरझाने लगे? पश्चिमवाद की कुसंगतियों के कारण भारतीय चिन्तन परम्परा और संस्कृति के जल प्रवाह की अवहेलना की गयी। संस्कृति की गंगा में यूरोप के परनाले क्या गिरे, गंगा प्रदूषित हो गयी। सीता-राधा-द्रौपदी की संस्कृति पर अत्याचार-अनाचार बढ़ गये। हमारा आत्मविश्वास पश्चिमवाद के कारण इतना डगमगा गया कि आधुनिक बौद्धिक संस्कारों में घुन ही लग गया। हम आत्म-धिक्कार के शिकार हो गये। एक नया सांस्कृतिक-बौद्धिक उपनिवेशवाद देश में दुर्दिन के बादलों की तरह तन गया। अरविन्द जिस पश्चिमी आधुनिकता को लेकर भयभीत थे, वह भय सच में बदलता दिखायी दिया। अरविन्द ने "भारतीय संस्कृति के आधार" में झांक कर देखा तो उन्हें तमाम विकृतियों के कीड़े दिखायी दिये। इस भारत के नकलची युग में अज्ञेय के भीतर अपने को होम कर देने वाली नव-सर्जना जागी। स्वाधीन लोकतांत्रिक भारत का अरमान कहने लगा कि, "उत्तरोत्तर लोक का कल्याण ही है साध्य।" इसी साध्य के लिए दधीचि ने अस्थियाँ दान दे दीं :

यह प्रतिज्ञा ही हमारा दाय है लम्बे युगों की
साधन का, जिसे हमने धर्म जाना
स्वयं अपनी अस्थियाँ देकर हमीं ने असत् पर
सत् की विजय का मर्म जाना

आज भारतीय संस्कृति की वह छवि केवल स्मृति में मौजूद है, परम्परा में आलोक बनकर। उस नर की छवि "जिसकी अनझिप आँखों में नारायण की व्यथा भरी" रामायण बाँची जा रही है। अपनी पूरी प्रश्नाकुलता के साथ अज्ञेय का कवि जानना चाहता है कि काल का हजार-हजार आँखों वाला घोड़ा कैसे "पत्थर का घोड़ा" बनकर खड़ा हो गया है :

ओ भीतर के छटपटाते प्राण!
पहचान, सच-सच बता
जो कुछ हमें याद है

उसमें कितनी है परम्परा
और कितना बस अरसे से पड़ा
रास्ते का रोड़ा।

परम्परा की गति कब अपनी शक्ति खोकर केवल रोड़ा रह जाती है? तब न जब हम आचार्य हजारीप्रसाद द्विवेदी के शब्दों में कहें कि हम उसकी ''शव-साधना'' छोड़ देते हैं। परम्परा पोटली नहीं है कि उसे सिर पर रखकर चल पड़ें। परम्परा खेत है उसे तोड़ना-जोतना-कमाना पड़ता है। तभी तो परम्परा-संस्कृति को आचार्य नरेन्द्रदेव ने ''चित्त की खेती'' कहा है। ''स्मृति के परिदृश्य'' शीर्षक से दिये गये अज्ञेय के दो व्याख्यानों का सार क्या है? उनका सार है नयी वैचारिक परिस्थिति में पौराणिक और वैज्ञानिक दृष्टियों में–दो विरोधी दृष्टियों में–सामंजस्य स्थापित करना। लेकिन यह कठिन कार्य सांस्कृतिक पूर्वग्रहों से मुक्त होकर ही किया जा सकता है। यहाँ भारतीय चिन्तन रूपकाश्रयी अर्थात् पौराणिक चिन्तन है–उसमें वैज्ञानिक चिन्तन का मेल नया खमीर उठा सकता है। सहसा पाठक की स्मृति में अज्ञेय का एक व्याख्यान ''स्मृति और सत्ता'' शीर्षक से उभरता है, जिसमें जातीय-स्मृति की संरचनाओं का विचार-बोध संकेतित किया गया है। अज्ञेय और निर्मल वर्मा दोनों के केन्द्र में स्मृति है, जो यह विचार सामने लाती है कि बाहरी आक्रान्ताओं के अनेक प्रहारों से क्षत-विक्षत यह संस्कृति टूटी-फूटी अवश्य, लेकिन जीवित बची रही। अज्ञेय का कथन देखिए–''भारत में धर्म न केवल सांस्कृतिक आधार है, बल्कि जिसे आधुनिक अर्थ में संस्कृति कहा जाता है, वह धर्म के अनुष्ठान पक्ष का एक विस्तार ही रहा। जबकि ईसाई मत एक प्रवर्त्तक और एक आदि बिन्दु से जुड़ा है। भारत में धर्म का रूप बिल्कुल भिन्न है। ईसाई मत जिस तरह की ऐतिहासिकता का दावा करता है, वैसा दावा भारतीय सन्दर्भ में कोई अर्थ नहीं रखता। इसीलिए भारतीय सभ्यता में एक बहुकेन्द्रिकता रही, जिसके कारण ऐतिहासिकता से आक्रान्त होकर भी वह अपनी अस्मिता को टूटने से बचा सकी।''

अज्ञेय के इस कथन पर कवि कथाकार-चिन्तक-आलोचक रमेशचन्द्र शाह की टिप्पणी देखिये–गजब की टिप्पणी–''अज्ञेय पाते हैं कि रचना के सन्दर्भ में यथार्थ के सारे परिदृश्य स्मृति के ही परिदृश्य होते हैं। स्मृति ही वह गतिशील सर्जनात्मक तत्त्व है, जो काल, इतिहास, साहित्य और हाँ, भाषा के भी नये परिदृश्य रचता जाता है। मगर त्रासदी यह है कि आधुनिक जीवन की प्रवृत्तियाँ स्मृति के परिदृश्य को लगातार छोटा करती जाती हैं। निपट वर्तमान की संकुलता इस कदर

हावी हो जाती है कि हमें न स्मरण के लिए समय मिले, न हमारी चेतना को। उधर स्मृति के इस अनवरत दरिद्रीकरण के परिवेश में साहित्यकार का क्या बनता है।" (अज्ञेय : वागर्थ का वैभव, पृ. 112) इस प्रश्न का उत्तर अज्ञेय स्वयं देते हैं—"हमारी स्मृति के परिदृश्य उस बिन्दु से बनते हैं जिस पर हम खड़े होते हैं। किसी भी देश का साहित्य उस देश के द्रष्टाओं द्वारा स्वीकृत और प्रतिष्ठापित परिदृश्यों को प्रस्तुत करता है। उनकी स्मृतियों का सर्जनात्मक संप्रेषण करता है।" अज्ञेय ने स्मृति के आलोक को फिर नयी पहचान दी है—"ऐसा कोई घर आपने देखा है" तथा "मरुथल" की कविताएँ यह बिम्ब सामने लाती हैं कि स्मृति का आलोक कवि के शब्द को दीप्त करता है, उसमें नयी अर्थ-व्यंजना भरता है और यह सच सामने आता है कि भाषा एक ऐतिहासिक समय है और उसमें विराट् का बोध ही सर्जनात्मकता का एक महत्वपूर्ण परिदृश्य है। पर सर्जनात्मक भाषा समय से ऊपर उठती है, अपूर्वानुमेय होती है।" शब्द में संस्कृति का, परम्परा का बास होता है और जातीय स्मृतियों की धड़कन। भाषा में हमारा सामूहिक अवचेतन एक संरचना रखता है। नयी अर्थ-ध्वनियों से एक नये अर्थ-संसार को उद्‌घाटित करने वाली भाषा का मौन क्या सब कुछ को कहने की सामर्थ्य नहीं रखता? न सामर्थ्य रखता होता तो अज्ञेय यह न कहते :

"एक मौन ही है जो अब भी नयी कहानी कह सकता है
इसी एक घर में नवयुग की गंगा का जल बह सकता है

नयी कहानी कहने की सामर्थ्य रखने वाला मौन, सामूहिक स्मृति में आद्य-बिम्बों की सृष्टि करने वाला मौन शून्यवादी नागार्जुन का मौन है। मानवीय सम्बन्ध और अस्तित्व की सभी अवधारणाएँ इस मौन से परिभाषित हो सकती हैं।" वास्तविकता की कुल उपस्थिति का आधार है शून्यवाद। मौन में समाया शून्य ही "सत्य" का मूल है। मौन के बिना न ज्ञान सम्भव है, न ज्ञान का सम्प्रेषण। सामाजिकता और सांसारिकता को भी इसके ज्ञान से ही जाना जा सकता है। अज्ञेय ने "काल की मौना" का मधुसंचय करने के लिए मौन को एक गतिशील और ऊर्जावान धारणा के रूप में अपनाया है। यह अकारण नहीं है कि सभी तत्त्व-मीमांसा से जुड़े गम्भीर प्रश्नों का उत्तर बुद्ध ने मौन से दिया है।

भारतीय संस्कृति ने अपनी सर्जनात्मकता खोकर शब्द और मौन के साथ जो दगा किया है, उसकी पीड़ा से अज्ञेय अपने उत्तरवर्ती-सृजन में कराहते मिलते हैं। जलहरी में सूखता पानी कहता है—"देवता भी धीरे-धीरे सूख रहे हैं। उनका पानी मर गया है। यूप-यष्टियाँ रेती में दबती जा रही हैं। रेत की चादर-ढँकी अरथी

में बँधे महाकाल की छाती पर काल चढ़ बैठा है। मर रहे हैं नगर और नगरों में मरुथर।'' है न यह काल-मृगया का आन्तरिक सच। कैसे संस्कृतियाँ अपनी सर्जनात्मकता खोकर अर्थहीन रेत हो जाती हैं। अपनी काल-चिन्तन की पुस्तक 'संवत्सर'' में अज्ञेय ने अनुभव किया था कि पौराणिक प्रतीकों की समकालीन अर्थवत्ता छिन्न-भिन्न हो रही है। ''जरा व्याध'' कविता का अनुभव :

''कृष्ण! मैंने मारा नहीं तुम्हें।
मैंने अपने को बाँधा है तुम्हारे साथ।
और तुम भी मेरे साथ बँधे हो।
मेरे साथ व्याध के।''

यहाँ अज्ञेय की काव्यानुभूति में जीवन के कसकते अनुभव जीवन-त्रासदियों से चेतना के सीमान्तों को धक्का देते हैं।

अज्ञेय की प्रश्नाकुलता में भारतीय समाज की वे चिन्ताएँ हैं, जिनकी वजह से यह समाज अपनी मूल धुरियों से उतर रहा है और चारों ओर ''मरुथर'' पैदा हो रहे हैं। मूलतः ऐसी ही चिन्ता कभी टी.एस. एलियट को व्यापी थी। एलियट के बौद्धिक संस्कार और विचार में ''वेस्टलैंड'' था, लेकिन अज्ञेय की प्रश्नाकुलता में ''भारत-भारतीयता'' है और यह कोई संत का मुखौटा नहीं है—न कोई भगवा एजेंडा। यहाँ एक प्रश्नाकुल कवि का चिन्तातुर मन है, जिसमें ''साँप तुम सभ्य तो हुए नहीं'' वाली बहस छिड़ी हुई है। अज्ञेय के प्रिय एलियट को भी भारतीय-संस्कृति की बंजरता नजर आयी थी। उसे लगता था कि सत्य को सबसे पहले सुनने वाला देश भारत अब यूरोप का पिछलग्गू क्यों बन रहा है। क्यों अपनी संस्कृति और परम्परा की ज्योति को बुझाने का शेखचिल्लीपन उस पर सवार हो गया है? जयशंकर प्रसाद ने कहा था कि ''हमारे ज्ञान प्रतीक दुर्बल नहीं हैं'' और फिर ''अधिक तेज भागने में पदस्खलन का भय रहता है।'' लेकिन प्रसादजी की सुनता कौन? कबीर-निराला तक की किसने सुनी बात? रवीन्द्र और गाँधी को किसने धता नहीं बतायी? गाँधी जिस शैतान-सभ्यता से बचने की बात ''हिन्द स्वराज'' में कह रहे थे उसे तो नेहरूजी ने ही खारिज कर दिया था। ''हिन्द स्वराज'' के वैचारिक स्वधर्म को खारिज करके नेहरू जी पश्चिमी शैतान के साथ हो लिये। वही शैतान आज देश को चला रहा है—वही पश्चिमवाद हमारा मॉडल है। जबकि गाँधी जी उस भारत को अपना भारत मानने को तैयार नहीं थे, जो सत्य, अहिंसा और नैतिक मूल्यों की पवित्रता को त्यागकर अणुबम की ओर लपके, उसकी ताकत पर इतराए। अब तो हम न सिर्फ परमाणु शस्त्र बना रहे हैं, बल्कि शैतान महाबलियों

के क्लब में शामिल होने के लिए अमेरिका से नागरिक अणु करार के लिए प्राण दिये दे रहे हैं। हर कीमत पर हमें मनमोहिनी सम्पन्नता चाहिए। अपने देश के सपनों को फूँककर हम सम्पन्न देशों के पीछे लगे हैं। विदेशी पूँजी, विदेशी तकनीक, विदेशी संस्कृति अब हमारा मॉडल है। यह पूरा मॉडल अज्ञेय को पीड़ा देता रहा है। एलियट के साथ येट्स को भारत की चिन्ता सताती है तो अज्ञेय तो इसी देश की मिट्टी को समर्पित थे। इस देश के बिके हुए हरामखोर बुद्धिजीवियों ने अज्ञेय को "विदेशी दलाल", "विदेशी एजेंट", "विदेशी साहित्य का डाकिया", "विदेशी-रचनाकारों का नकलची" आदि न जाने क्या-क्या कहकर कोसा-अपमानित किया है। यह एक बड़ा महा आख्यान है, जिस पर विचार करना चाहिए कि आखिर अज्ञेय जैसे समर्पित देशभक्त लेखक को हमने "कांग्रेस फॉर कल्चरल फ्रीडम" का दलाल सिद्ध करने का प्रयास क्यों किया? इस वामपंथी राजनीति के पीछे उनका "हिडन एजेंडा" क्या था? क्यों था? जबकि अज्ञेय की पूरी मानसिकता के विकास पर भारतीय स्वाधीनता आन्दोलन की छाप थी—देशभक्त-क्रान्तिकारी अज्ञेय, मैथिलीशरण, माखनलाल चतुर्वेदी, नवीनजी के भक्त अज्ञेय हिन्दी-भाषा-संस्कृति-समाज को आगे बढ़ाने का संकल्प लिये अज्ञेय को "विदेशी दलाल" कहा गया क्यों?

यह सच है कि अज्ञेय ने पश्चिमी साहित्य-संस्कृति-धर्म-दर्शन को मथा खूब। टी.एस. एलियट, डी.एच. लारेंस, मार्क्स, फ्रायड, ट्रिलिप, टॉमस मान, काफ्का, मुनरो को जमकर पढ़ा-समझा। यह भी अज्ञेय ने खोजने पर पाया कि एलियट का भारतीय संस्कृति की ओर झुकाव क्यों है? एक जगह साफ कबूल किया है कि "भारतीय दर्शन का अवगाहन करते हुए एक ऐसा बिन्दु आया, जब मुझे लगा कि अब मैं इससे आगे बढ़ा तो कहीं मैं अपनी यूरोपियन अस्मिता को ही न खो बैठूँ।" (अज्ञेय : वागर्थ का वैभव, पृ. 118) रमेशचन्द्र शाह ने तो एलियट को लेकर यहाँ तक खोज की है कि वे "वेस्टलैंड" की रचना के आस-पास ही बौद्ध-धर्म में दीक्षित हो जाने तक की सोच रहे थे—सोच चुके थे। इस पूरे एलियट-प्रकरण के भीतर से गुजरने पर पाठक के मन में यह प्रश्न सहज रूप से उठता है कि क्या अज्ञेय को भी पश्चिमी ज्ञान-विज्ञान में पैठ करते हुए इस बिन्दु का सामना करना पड़ा कि वे अपनी सांस्कृतिक अस्मिता खोकर यूरोपवाद में डुबकी लगा लें और फिर भारत की तरफ मुड़ने का नाम न लें। आखिरकार अरविन्द, विवेकानन्द, रवीन्द्रनाथ और गाँधी ने भी तो पश्चिमी-संस्कृति-सभ्यता में न जाने कितनी लम्बी अन्तर्यात्राएँ की थीं, लेकिन वे वहाँ खो नहीं गये। उन अन्तर्यात्राओं के अनुभवों से उनकी आस्था भारतीय सभ्यता संस्कृति-धर्म-दर्शन-साहित्य आदि में और परिपुष्ट हुई। क्या ऐसा

अज्ञेय के साथ नहीं हुआ? निश्चित तौर पर हुआ। उनकी "भारतीयता" और पुष्ट-पैनी हुई। किसी की कली बीनने वाला नया कवि अज्ञेय बाहर से लाकर बहुत कुछ देता रहा—तभी तो "यों मैं कवि हूँ आधुनिक हूँ नया हूँ। काव्य-तत्त्व की तलाश में कहाँ नहीं गया हूँ।" अज्ञेय जापान गये तो ज़ेन-बौद्ध-दर्शन, साहित्य का मर्म लेकर लौटे और उसे "अरी ओ करुणा प्रभामय" की कविताओं में हाइकु को कला के साथ पुनर्नवा रूप देकर परोस दिया। यूरोप का सारा माल एलियट के चिन्तन के साथ अज्ञेय ने हिन्दी कविता को दिया। न जाने कितनी नयी से नयी बहसों को रोलाबार्थ की तरह अज्ञेय ने शुरू किया। पहली बार हिन्दी में "परम्परा", "आधुनिकता", "प्रगति", "प्रयोग", "संस्कृति", "अनुभूति" आदि पर अवधारणा के रूप में विचार-बहस करने की शुरुआत अज्ञेय ने की। "तारसप्तक" 1943 की "भूमिका" ने भारतीय काव्यशास्त्र के बासीपन को चुनौती देकर नया रूप दिया, नया सोच दिया। हिन्दी में आजादी के बाद जितनी भी नयी बहसें साहित्य-चिन्तन को लेकर हुईं, उनके मूल में कहीं-न-कहीं अज्ञेय रहे हैं। यह कहना गलत है कि चक्रांतशिला के खोजी अज्ञेय ने हिन्दी चिन्तन को भ्रष्ट किया है। अज्ञेय ने साहित्य से जुड़े तमाम प्रश्नों को लेकर हिन्दी तथा भारतीय साहित्यकारों के बीच एक "संवाद" शुरू किया। संवाद-सेतु बनाया। अज्ञेय के जाते ही यह "संवाद" रुक गया है और संवादहीनता के दौरे में हिन्दी रचनाकार सम्पर्कवाद की मृगतृष्णा का शिकार हो रहा है। भूलना न चाहिए कि अज्ञेय हिन्दी में आधुनिक संवेदना के पहले आधुनिक बौद्धिक रचनाकार हैं, जिन्होंने अपने नये पाठकों-व्याख्याकारों, विमर्शकों से रचना-संवाद स्थापित किया है सत्य को पाने के लिए तर्क और प्रश्न उठाये हैं तथा कलाकृति को समग्रता में समझने की राह सुझायी है। फलतः अज्ञेय का रचना-संघर्ष आज भी पाठक की प्रेरणा है और उनका यह सोचना कि "स्वाधीन" हुए बिना स्वाधीन चिन्तन नहीं किया जा सकता।" हमें गाँठ में बाँध लेने लायक लगता है। हमारी पीढ़ी के लिए स्मृति के आलोक में आज अज्ञेय के स्वाधीन रचनाकार का बिम्ब बहुत कीमती और प्रेरणादायक है।

अज्ञेय : भारतीय आधुनिकता का सन्दर्भ

नवम्बर, 2010 की बात है। एक दिन मेरे मित्र कविवर सौमित्र मोहन घर आये। बातचीत के दौरान उन्होंने मुझसे कहा कि 'आधुनिकता' पश्चिमी अवधारणा है, यह तो आप मानते हुए भी कि आधुनिकता पश्चिमी अवधारणा है—अपने लेखों में भारतीय आधुनिकता की बात करते थकते नहीं हैं। आप भारतीयता और उसके साथ आधुनिकता को मिलाकर एक अजीब तरह की स्थिति पैदा कर रहे हैं। सोचिए न, अज्ञेय की भारतीय आधुनिकता? कैसा लगता है यह अवधारणात्मक गठबंधन। यह गठबंधन आपको क्या सचमुच बेमेल नहीं लगता है? कविवर ने सहसा मुझे बीच संवाद में हतप्रभ कर दिया। उठते-उठते जाते समय यह भी कहा कि आप ऐसी गड़बड़ियाँ प्रायः करते हैं। मैं मानता हूँ, उनका बाण मुझे लग गया। अचानक याद आया कि 'भारतीय आधुनिकता' पद का प्रयोग तो अज्ञेय, रघुवीर सहाय और रमेशचन्द्र शाह धड़ल्ले से करते रहे हैं। अज्ञेय जी पर जब 'पूर्वग्रह' का अंक निकला था तो रघुवीर सहाय और रमेशचन्द्र शाह दोनों ने 'भारतीय आधुनिकता' शीर्षक से निबन्ध लिखे हैं। मेरी स्मृति ने मेरा साथ दिया— माँ सरस्वती की कृपा। वरना आज तो उत्तर आधुनिकतावाद के समय में स्मृति-भ्रंश की आँधी चल रही है। हमारी 'स्मृति' पर हर ओर से आक्रमण हो रहा है ताकि हमें कुछ भी याद न रहे। अज्ञेय जी ने 'स्मृति के परिदृश्य' शीर्षक से साहित्य अकादमी, दिल्ली के दो व्याख्यानों में 'स्मृति' पर होने वाले हमले को लेकर गहरी चिन्ता व्यक्त की है।

यह प्रश्न कई बार कई कोणों से उठाया जाता रहा है कि भारतीय आधुनिकता जैसी कोई चीज है क्या? है तो क्या है वह? कुछ लोग कहते हैं हम भारतीय पुराने मूल्यों से जकड़कर जीते हैं। दूसरी तरह के अन्य लोग कहते हैं कि हम भारतीयों ने निरन्तर प्रश्नाकुल होकर हर तरह के चिन्तन पर प्रश्न उठाये हैं और अस्वीकार

का साहस ही हमारी शक्ति रही है। इसलिए हम सच्ची विवेक-बुद्धि से आधुनिकता में जीने वाले लोग हैं। व्यवस्था में निरन्तर बदलाव के लिए प्राण जोखिम में डालकर हमने आवाज उठायी है। इधर आधुनिकता का भारतीय रूप नवीन राजनीतिक तथा नैतिक मूल्य-चेतना से उपजा है, जिसका सन्दर्भ हमारे इतिहास-भूगोल-कला-साहित्य की समझ से है। पराधीनता के विरुद्ध मुक्ति-संग्राम की चेतना हमारी इस अर्थ में निष्पन्न आधुनिकता है। सर्जनात्मक दृष्टि से सम्पन्न जीवन-दृष्टि के लिए रूढ़ियों, बद्धताओं, जड़ताओं, पतनशील मनोवृत्तियों, जकड़ी प्रवृत्तियों का हमने खुलकर निषेध किया है। जड़ताओं पर आक्रमण आधुनिकता का लक्षण हमारी बदलाव के लिए निरन्तर प्रस्तुत भारतीयता में रहा है। वैदिक संस्कृति के विरुद्ध गौतमबुद्ध की विचार-क्रान्ति का बीज-भाव आधुनिकता नहीं है क्या? निषेध आधुनिकता की ऐसी वृत्ति रही है कि नकारात्मक मूल्य, अलोकतन्त्रीय व्यवस्था, अरचनात्मक चिन्तन, यथास्थिति का विरोध हमारी आधुनिकता की मौलिकता कही जा सकती है। मानव-मात्र के कल्याण के लिए निरन्तर खोज, त्याग, तप, चिन्तन, विराग आधुनिकता से जुड़ी समाज के उत्कर्ष की चिन्ता है। इस चिन्ता के कारण ही मानव के मूल अधिकारों के लिए संघर्ष आधुनिक दृष्टि है और बदलाव को स्वीकार करने वाली मानसिकता। प्रकृति को दुहना, प्रकृति को दासी बनाना, प्रकृति के स्वामी बनने की आकांक्षा पश्चिम के वैज्ञानिक विकास का एक दुःखता-कसकता इतिहास हम भारतीयों के लिए रहा है। प्रकृति-विरोधी दुहनेवाला 'विकास' और 'प्रगति' की अवधारणा शोषक और अनैतिक है। इसी अनैतिक आकांक्षा में 'गुलामी' का मूल भाव निहित है।

भारत में पश्चिमी आधुनिकता का विरोध विचारक अरविन्द के चिन्तन में प्रथम बार मिलता है। अरबिन्द ने समझ की पूरी जिम्मेदारी से घोषित किया कि पश्चिमी चिन्तन से उपजी आधुनिकता की अवधारणा सबसे संहारक है। उसके पीछे भारत चला तो भारत अपना सबकुछ मूल्यवान खो बैठेगा। भारत की संस्कृति-सभ्यता-साहित्य-दर्शन के मूल्यवान को बचाना है तो हमें पश्चिम की आधुनिकता से बचना होगा। भारत में आधुनिकता की पहली समझ का रंग उभरा विवेकानन्द में। लेकिन भारतीय आधुनिकता की अपनी समझ परम्पराओं से उपजी समझ—सम्पूर्ण स्वाधीनता की समझ के साथ आयी। इस स्वाधीन-चिन्तन का विवेक व्यापक विस्तार डॉ. राममनोहर लोहिया, नरेन्द्र देव, जयप्रकाश नारायण ने किया। जवाहरलाल नेहरू के चिन्तन पर पश्चिमी आधुनिकता का जादू तगड़ा था। फलतः वह भारतीय चिन्तन स्रोतों के साथ न्याय करने में भटक गये और देश को भटका दिया। वह गाँधी की भाषा नहीं बोले, माउंटबेटन की भाषा बोले। इसलिए भारत

के विविध सर्जनात्मक आयाम ही धूल में ध्वस्त हो गये। भारत में तोड़ने वाली, अलगाव पैदा करने वाली, व्यक्तिवादी धातक आधुनिकता ने बौद्धिकता के नाम पर, विज्ञान और वैज्ञानिक चिन्तन के नाम पर पैर जमा लिये। हुआ यह कि हमने पराधीनता के कलंक को कलंक न मानकर उसे गौरव माना और पश्चिमी आधुनिकता के अन्धानुकरण में लग गये। नतीजा यह हुआ कि हम आत्मधिक्कार के शिकार हो गये। धर्म, दर्शन, कला-साहित्य सभी क्षेत्रों में हमारा विश्वास डगमगा गया। इतिहास-भूगोल-संस्कृति-पिछड़ेपन के कारण उपेक्षित होते गये और उपेक्षा का मन्त्र पश्चिमवाद ने पढ़ा। साम्राज्यवादी लूटतन्त्र पर आधारित शक्तियों के पास अपना स्वत्त्व भूले भारत को तोड़ने वाले फार्मूले थे। भारतेन्दु बाबू 'स्वत्त्व निज भारत गहे' तथा मैथिलीशरण गुप्त 'भारत-भारती' में गौरव-गीत गाकर ही प्रसन्न होते रहे। साहित्य, कला, दर्शन के क्षेत्र में भारतीय स्वाधीनता की कल्पना ही धूमाकुलित हो गयी। अन्ततः विजय भारतीय संस्कारों-मूल्यों, चिन्तन परम्पराओं की नहीं हुई, उस पश्चिमी आधुनिकता की हुई जिससे अरविन्द-गाँधी-लोहिया बचने का सन्देश देते थे। आज तो कभी-कभार गाँधी-लोहिया-जयप्रकाश नारायण का नाम-जप रह गया है, बाकी उनका बचा ही क्या है? व्यतीत इतिहास की 'स्मृति' बची है, बस!

सच्चिदानन्द हीरानन्द वात्स्यायन 'अज्ञेय' के संस्कारों में भारत का स्वाधीनता आन्दोलन, भारत का सांस्कृतिक नवजागरण रचा-बसा हुआ था। वह तिलक की क्रान्तिकारी विचारधारा के प्रभाव में आये। फिर क्रान्तिकारी आन्दोलनों से चन्द्रशेखर आजाद, भगत सिंह, माखनलाल चतुर्वेदी के चिन्तन से जुड़े और जेल-जीवन की यातनाएँ भोगीं। अज्ञेय में भारत से ब्रिटिश साम्राज्यवाद को खदेड़ देने का संकल्प स्थायी-भाव बनता गया। वह क्रान्तिकारी देशभक्त और सम्पूर्ण स्वाधीनता के लिए संघर्ष करने वाले साहित्य-संस्कृति नायक बने। उनके उपन्यास 'शेखर : एक जीवनी' ने सच्चे मन से स्वाधीनता के नये आयाम प्रस्तुत किये। कविता में 'भग्नदूत', 'इत्यलम्', 'हरी घास पर क्षणभर' से यही मनोभूमिका अन्तर्ध्वनित होती है। मानव को तोड़ने वाली, मानव को मानव से अलग करनेवाली मानसिक दासता का अज्ञेय ने विरोध किया और मानव-अस्मिता, मानव की गरिमा, मानव के स्वाधीन-चिन्तन की महिमा को मूल्य माना। अज्ञेय के लिए आधुनिकता-मानव को दमन-शोषण-अन्याय-अनैतिक कर्म से बचाने वाली आधुनिक दृष्टि है। अज्ञेय में निरन्तर अपने को संस्कारित करने वाली, माँजनेवाली दृष्टि ही आधुनिकता है। मूल बात यह है कि आधुनिकता पर प्रथम बार आधुनिक हिन्दी साहित्य में बहस उठाने वाले, आधुनिकता की अवधारणा को बहस के केन्द्र में लाने वाले अज्ञेय भारतीय सभ्यता का संकट पहचानते हैं और पश्चिमी आधुनिकता की सभी

परिभाषाओं को अस्वीकार करते हुए अपनी मौलिक परिभाषा प्रस्तुत करते हैं। अज्ञेय के लिए आधुनिकता मानव-दासता के प्रति चलने वाली सतत प्रक्रिया है। यह आधुनिकता नयी पीढ़ियों को साथ लेकर चलने का नाम है। इस दृष्टि में हर समाज की अपनी मूल्य-दृष्टि, संस्कार-दृष्टि की आधुनिकता होती है! इसलिए आधुनिक और 'आधुनिकता' का ठेका पश्चिमवाद-विज्ञानवाद, भूमंडलीकरणवाद, उत्तर-औद्योगिक पश्चिमी समाज, मीडिया क्रान्ति को नहीं दिया जा सकता, क्योंकि हर देश और समाज-संस्कृति की आधुनिकता उसके इतिहास-भूगोल से निर्धारित होती है। एक स्वाधीन-समाज में स्वाधीन मनुष्य का निर्माण और उसकी स्वाधीनता की रक्षा ही आधुनिकता कही जा सकती है। इस आधुनिकता में परम्परा की खोज को अज्ञेय जी अनिवार्य मानते हैं। इस रहस्य के सच से जिनका साक्षात्कार नहीं हुआ है, वे तो अज्ञेय को भारत की परम्परा में 'आउटसाइडर' मानते रहे हैं। अज्ञेय अपनी भारतीयता और भारतीय परम्पराओं में ऐसे 'इनसाइडर' हैं कि मैथिलीशरण गुप्त, जयशंकर प्रसाद और सूर्यकान्त त्रिपाठी 'निराला' की याद दिलाते हैं। दास बुद्धि से उपजी मूल्यमूढ़ आधुनिकता की पहचानें तो अज्ञेय के सृजन और चिन्तन में पहचानें ही नहीं हैं।

हमने भारतीय लोकतन्त्र में समाजवाद का जाप करने वाली तानाशाही को आपातकाल 1975 में देखा है। इस आपातकाल का अज्ञेय ने विरोध किया। वह इस समय लोकनायक जयप्रकाश नारायण के साथ खुलकर थे। उनका 'उड़चल हारिल अनथक पंखों की चोटों से' पराधीनता के आकाश को ढहा रहा था। हिन्दी के बहुत से चतुर-सुजान आलोचक उस समय भी अज्ञेय पर पीछे लौटने का आरोप लगाने में चूक नहीं रहे थे। जबकि एक लम्बी लड़ाई लड़ने के साथ अज्ञेय ने सत्ता में पुनर्वास नहीं किया। आपातकाल में वह 'नवभारत टाइम्स' के सम्पादक बनाये गये, लेकिन अखबार ने सत्ता की दलाली नहीं की। कठिन समय में अखबार का स्वाभिमान बेचा नहीं। पश्चिमी मार्क्सवादी आधुनिकता के पैमानों से जो अज्ञेय के चिन्तन को नाप रहे थे, उन्हें उस समय भी अज्ञेय रीतिवादी-कलावादी-व्यक्तिवादी अमेरिकी दलाल लग रहे थे। वामपंथियों की एक अच्छी-खासी टीम अज्ञेय को धिक्कारने में अपने को प्रसन्न-प्रगतिशील पा रही थी। जबकि इस समय और इससे आगे उन्हें पश्चिमी प्रौद्योगिकी एवं पर्यावरण के विनाश की चिन्ता सता रही थी।

अज्ञेय का सबसे बड़ा योगदान यह है कि वह हमें भारतीय विद्या (शास्त्र) और लोक दोनों से सजग बौद्धिक विवेक के साथ स्वाधीनता का अर्थ समझाते हैं। वे मानते हैं कि भारतीय परम्परा में 'इंटेलेक्चुअल' शब्द पश्चिम के प्रभाव से आया है और साहित्य में 'बुद्धिजीवी' कोई अच्छा नाम नहीं है। साधारणतया सभी

पढ़े-लिखे 'बुद्धिजीवी' मान लिये जाते हैं। अन्यथा 'इंटेलेक्चुअल' उसी को मानना चाहिए जो सत्ता-प्रतिष्ठानों की दलाली से अलग रहकर जीवन के बुनियादी प्रश्नों पर स्वतन्त्र ढंग से सोचता हो। जो शुद्ध विवेक वयस्कता पर आश्रित हो। भारत की स्वाधीनता की लड़ाई में जिन बुद्धिजीवियों ने भूमिका निभायी, वह इस कारण कि वे सक्रिय बुद्धिजीवी स्वार्थबुद्धि से ऊपर उठकर जोखिम उठाने को तैयार थे। स्वाधीनता प्राप्ति के बाद यह भूमिका ही नगण्य होती गयी। बुद्धिजीवी लोकतन्त्र का स्वतन्त्र और जाखिम उठाने वाला शक्ति-पुरुष नहीं रहा। वह दल विशेष का भोंपू बन गया। फलतः बुद्धिजीवी की क्रान्ति ही 'भ्रान्ति' का पर्याय बनती गयी। आज का खतरनाक सामाजिक मूल्य है—'सब चलता है'। इससे नैतिक-मूल्यों का संकट पैदा हुआ है। अज्ञेय जी ने माना है कि 'यह निःसन्देह एक बड़ा सांस्कृतिक संकट है, क्योंकि जो संस्कृति नैतिक-मूल्यों पर आधारित नहीं होती, वह संस्कृति भी नहीं रहती।' पश्चिमी आधुनिकता के प्रगति और विकास के नारे ने 'संस्कृति' की इस पूरी अवधारणा को ही उलझा कर भटका दिया है। हमने भौतिक-संस्कृति को ही आधुनिकता का आधार मान लिया। अगर हम इसी आधार को मानते रहे तो पश्चिम के पिछलग्गू बनकर ही रह जाएँगे। अंग्रेजी में चिन्तन-अनुचिन्तन का नतीजा होगा मौलिक चिन्तन की सम्भावना से दूरी।

आपातकाल में अज्ञेय जी ने एक लेख लिखा—'चुप की दहाड़'। इस लेख में कहा कि मौन को अभिव्यक्ति का एक साधन काव्य और विशेषकर रचनात्मक साहित्य में मानता हूँ। सविनय अवज्ञा आन्दोलन के युग में मौन समर्थ साधन था। किन्तु आपातकाल में जो एक सन्नाटा-सा साहित्यिक और पत्रकारी प्रकाशन में छाया और फिर सेन्सर हटते ही अनेक प्रकार की चर्चाएँ होने लगीं। यह सूचियाँ बनने लगीं कि आपातकाल में किसने क्या किया? आपातकाल में प्रजातन्त्र का लोप। लोकतन्त्रात्मक स्वाधीनता का एक महत्त्वपूर्ण अंग है कि हम सक्रिय राजनीतिक-कर्मी न होने को भी स्वतन्त्र हैं। जनसाधारण के साधारणत्व की महिमा इसी में है। लेकिन राजनीतिक दंड तो 'स्वाधीनता' का गला दबाता है। जनसाधारण ने अपातकाल के बाद चुनाव हुए तो 'साधारण मतदाता ने अपने मतदान से अत्याचारी को हटाया और आजादी की पुनः प्रतिष्ठा की।' आपातकाल के मौन का या चुप का एक अर्थ था और उसके बाद के चुप का भी एक अर्थ था। "मौन सम्मति लक्षणम्" को मानें तो भारत की बौद्धिक परम्परा पश्चिम की बौद्धिक परम्परा से भिन्न रही और यह भेद उपेक्षणीय नहीं है। चुप रहने वाले साधारणजन ने अपना वोट आजादी के पक्ष में दिया। अज्ञेय जी ने लिखा है, "ऐसे मौके होते हैं जब चुप भी एक दहाड़ होती है और अधिनायक अगर उसे सुन सकता है तो

उसी से उसकी नींद हराम हो जाती है और चुप की यह दहाड़ लोकतन्त्र में ही नहीं, साधारणजन और मानव-मात्र में हमारी श्रद्धा का आधार है।" (केन्द्र और परिधि, पृ. 27)

आजादी से भी मोहभंग होता है। अंग्रेजी शासन से आजाद होकर भी हम आजाद समाज की स्थापना नहीं कर सके। इस मोहभंग से आक्रोश पैदा हुआ। हमने जाना कि वह आजादी नहीं मिली जो हमें चाहिए थी। आजादी के नाम पर धोखा हुआ है। इस धोखे से उदासीनता पनपी और साहित्य में अर्थहीनता का दर्शन। आजादी की पहली पीढ़ी असन्तोष की पीढ़ी। पूरा युवा समाज क्रोध से उबल उठा। यह ध्यान देने की बात है। आजादी का मूल्य रूप में अर्थ है—निरन्तर जागरुकता। अज्ञेय जी ने इस आजादी के बाद के छल पर एक विवेक-सम्पन्न भारतीय की तरह लिखा, "मुझे शिक्षा मिली, शिक्षा का आधार है, भाषा; पर भाषा मुझे नहीं मिली। लोग भाषा सीखकर एक भाषा में वाक्सिद्ध होते हैं। मैं कम से कम दो भाषाओं में गूँगा हूँ। जिस समय मैं अपनी सहज बोली में सोचना सीख रहा था, जिस समय मुझे गर्व होता कि मैं अपने को पहचानता हूँ, अपना निर्माता बल्कि अपना रचयिता हूँ, उस समय मैं गर्व कर रहा था कि मैं परायी लादी ओढ़ और ढो सकता हूँ कि, मैं अपना अनुवादक हूँ। यों शिक्षा मुझे मिली लेकिन बे-पेंदी की।" (वही पृ. 33) "मुझे सभी कुछ मिला, पर सब बे-पेंदी का। शिक्षा मिली पर उसकी नींव भाषा नहीं मिली; आजादी मिली, लेकिन उसकी नींव आत्मगौरव नहीं मिला, राष्ट्रीयता मिली, लेकिन उसकी नींव अपनी ऐतिहासिक पहचान नहीं मिली। इस तरह हमारी 'भारतीयता' के साथ दंगा किया गया। सत्ता-सरकार ने अपने सामाजिक-दायित्वों को पूरा नहीं किया, इसलिए 'भारतीयता' का संवेदन रचनात्मकता और स्वतन्त्रता के साथ 'निष्पत्ति' पाने में असमर्थ रहा। साहित्य-संवेदन का विस्तार और परिष्कार परम्परा की सर्जनात्मकता से होता है! 'अपने-अपने अजनबी' के एक पात्र के सामने मृत्यु थी—पर वह निर्भय थी, क्योंकि वह एक काल में नहीं जीती थी, समूचे काल में, काल-प्रवाह में जीती थी। इसलिए उसके पास स्मृति है, इतिहास है और जीवन से अर्थ पाने की आकांक्षा है। कहते हैं कि अज्ञेय ने इस उपन्यास को तीन-चार दिन में लिखा—लिपिक बुलाकर। यहाँ सृजन-प्रेरणा का प्रवाह अपनी निरन्तरता में 'अनन्त' का स्पर्श करता है।

अज्ञेय ने 'सर्जना के क्षण' की 'भूमिका' में ध्यान दिलाया है कि भारत की वाचन-श्रवण-परम्परा को पश्चिमवाद ने इधर निगल लिया। 'कविता की छपाई ने यह बदल दिया। प्रत्यक्ष श्रोता का स्थान अप्रत्यक्ष पाठक और लेखक ने ले लिया : सुनने वाले समाज के बदले पढ़नेवाली पब्लिक आ गयी। प्रत्यक्ष संवाद के बदले

परोक्ष प्रभाव महत्त्वपूर्ण हो गया। मेरा बाल्यकाल इसी संक्रमण का काल था। मेरे गुरु स्थानीय स्व. मैथिलीशरण गुप्त वाचिक परम्परा के अन्तिम महाकवि थे : उनका शिष्य जब मैं लिखने लगा तो नयी रचना स्थिति के तर्क का पूरी तरह स्वीकार करके; और यह जानबूझ करके कि नयी रचना-स्थिति को, नयी सम्प्रेषण-स्थिति के नियामक प्रभाव को पूरी तरह स्वीकार करके ही 'आधुनिक' कवि हुआ जा सकता है, फिर वह आधुनिकता चाहे जितनी कठिनाइयाँ अपने स्वीकार के साथ लाये।

जो कवि अपने को आधुनिक कहते या मनवाना चाहते हैं, उनके लिए पारम्परिक एक अवहेलना सूचक विशेषण होता है, मेरे लिए वैसा कदापि नहीं है। आधुनिकता इसी अर्थ में संस्कारवान होने की प्रक्रिया है कि वह परम्परा के भीतर से ही फूटती-पनपती और पुष्ट होती है। एकाएक परम्परा को अस्वीकृत करके आधुनिक होने का प्रयास अज्ञेय ने कभी किया। किया होता तो उनका सम्बन्ध जयशंकर प्रसाद से न होता। प्रसाद जी से अज्ञेय का बहुत गहरा रिश्ता है। इस रिश्ते को अनेक भारतीय सन्दर्भों में जानने-समझने की जरूरत है। आलोचक कवि विजयदेवनारायण साही जी ने 'लघुमानव के बहाने हिन्दी कविता पर एक बहस' में प्रसाद-अज्ञेय रिश्ते को समझाते हुए कहा कि अज्ञेय को प्रायः 'आउटसाइडर' समझा जाता है, जबकि सच यह है कि दुनिया के किसी कवि के साथ 'अगर' अज्ञेय नजदीक हैं तो जयशंकर प्रसाद से। वे दोनों एक ही सिमिट्री के दो व्यक्तित्व हैं।

साहित्य में हमारी चिन्ता हमारी अपनी परम्परा को लेकर होनी चाहिए। लेकिन पश्चिमवाद के चक्कर में पड़कर उसकी चिन्ता हमने नहीं की। हम तो पश्चिम के विज्ञानवाद, तर्क-भौतिकवाद, बौद्धिकतावाद की चर्चा में गर्क रहे, यह भूलकर कि सम्पूर्ण स्वाधीनता राजनीतिक स्वाधीनता से बड़ी चीज है। इसलिए 'भारतीय आधुनिकता' के नाम पर हमारे ही बुद्धिजीवी चौंकते हैं और बेचैन होकर प्रश्न पूछते हैं कि भारतीय आधुनिकता जैसी कोई अवधारणा अपने यहाँ है क्या? उनकी निगाह में 'भारतीयता' और 'आधुनिकता' दो परस्पर विरोधी-बेमेल अवधारणाएँ हैं। हमारी 'भारतीयता' में विवेकानन्द-गाँधी-नेहरू-लोहिया-जयप्रकाश नारायण और अम्बेडकर भी 'आधुनिकता' में कितना समाते हैं। क्योंकि ये सभी तो या तो अपनी परम्पराओं का पुनः भाष्य करते हैं या परम्पराओं के प्रति विद्रोह कभी-कभार भयंकर अस्वीकार का भाव। प्रश्न उठता है कि यह अस्वीकार का साहस ही तो 'भारतीय आधुनिकता' नहीं है? यह अस्वीकार का साहस हमारी पूरी चिन्तन परम्परा में है। यह साहस गाँधी-लोहिया में है, निराला-अज्ञेय में है। आलोचक प्रवर रामस्वरूप चतुर्वेदी ने अपनी पुस्तक 'अज्ञेय और आधुनिक रचना की समस्या' कवि

आलोचक रमेशचन्द्र शाह ने 'अज्ञेय : वागर्थ का वैभव' तथा कवि-चिन्तक नन्दकिशोर आचार्य ने 'अज्ञेय की काव्यतितीर्ष' पुस्तक में यह प्रश्न उठाया है कि अज्ञेय की आधुनिकता का अर्थ क्या है? अज्ञेय की आधुनिकता सम्बन्धी दृष्टि में निर्वैयक्तिकता और स्वाधीन व्यक्तित्व का चिन्तन केन्द्र में रहा है, अपने विराट् के प्रति भक्त-हृदय से आत्मदान, आत्म-उन्मोचन और आत्म-समर्पण। यह आत्मदान तो भारतीय संस्कृति का मूलाधार है, जिसमें मानव की सर्जनशीलता का रहस्य छिपा है। आधुनिकतावादी-आन्दोलन का मानववादी-दृष्टिकोण व्यक्तिवाद में सिकुड़ गया था और यथार्थ विश्व-युद्ध की पीड़ा से कराह-यातना में बदला दिखायी देता था। इसलिए निर्मल वर्मा ने 'मानववाद की छलनाएँ' जैसा सुविचारित सप्रमाण लेख लिखकर बताया कि पश्चिम के आधुनिक मानववाद के भीतर दमन-चक्र का क्रूर इतिहास लिखा गया। इस इतिहास का एक दरवाजा हिरोशिमा-नाकासाकी की ओर खुलता है, जिसका संकेत अज्ञेय ने 'हिरोशिमा' शीर्षक अपनी कविता में दिया है। पश्चिमी मानववाद की आड़ में किया जाने वाला अपार मानव-संहार एक अलग तरह की दास्तान कहता है। इस दास्तान में रेडिकल 'ह्यूमेनिज्म' के लिए जगह कहाँ है?

अज्ञेय का परम्परा-चिन्तन भी टी.एस. एलियट के परम्परा चिन्तन से पर्याप्त भिन्न है। एलियट से प्रभावित अज्ञेय अवश्य हैं, किन्तु उनकी अनुकृति नहीं हैं। अज्ञेय के लिए परम्परा 'कोई ऐसी पोटली बाँध के अलग रखी हुई चीज नहीं है, जिसे वह उठाकर सिर पर लाद लें और चल निकलें। उन्होंने कहा कि परम्परा का कवि के लिए कोई अर्थ नहीं है, जब तक वह उसे ठोंक बजाकर, तोड़-मरोड़कर, देखकर आत्मसात नहीं कर लेता; जब तक वह एक इतना गहरा संस्कार नहीं बन जाती कि उसका चेष्टापूर्वक ध्यान रखकर उसका निर्वाह करना अनावश्यक न हो जाये। अगर कवि की आत्माभिव्यक्ति एक संस्कार-विशेष के वेष्टन में ही सहज सामने आती है, तभी वह संस्कार देने वाली परम्परा कवि की परम्परा है, नहीं तो वह इतिहास है, शास्त्र है, ज्ञान-भण्डार है, जिससे अपरिचित भी रहा जा सकता है।" (दूसरा सप्तक-भूमिका) अज्ञेय ने 'नदी के द्वीप' शीर्षक कविता में परम्परा को 'माँ है वह' कहा है,। ऐसी माँ जो हमें संस्कार देती है, माँजती है। कहना होगा कि अज्ञेय के सृजन-चिन्तन में 'संस्कार' एक स्थायी भाव की तरह बार-बार सामने आता है। 'आत्मनेपद' में अज्ञेय ने घोषित तौर पर कहा कि 'संस्कारवान होने की क्रिया को ही मैं आधुनिकता मानता हूँ।' अज्ञेय ने 'आधुनिकता : संवेदन और सम्प्रेषण' में यह स्वीकार किया कि 'सच बात यह है कि आधुनिकता क्या है, मैं नहीं जानता। मुझे इस बात की कभी चिन्ता नहीं हुई कि मैं आधुनिक हो

ही जाऊँ या कि यह पड़ताल करूँ कि मैं आधुनिक हूँ या नहीं। लेकिन देश-विदेश में परम्परा और आधुनिकता को लेकर जोरदार बहसें हुई हैं।' अज्ञेय ने उन्हें भीतर-बाहर से समझने की कोशिश में कभी ढील नहीं आने दी। यह भी माना कि काल के साथ आधुनिकता का सम्बन्ध गहरा है। या यों कहें कि आधुनिकता काल के साथ एक नये प्रकार का सम्बन्ध है। इस दृष्टि से आधुनिकता मूलतः एक नये ढंग का काल बोध है। नये काल-बोध पर आधारित संवेदन को आधुनिकता के केन्द्र में रखना अनिवार्य है, क्योंकि संवेदन का परम्परा या परम्पराओं से गहरा सम्बन्ध होता है। आधुनिकता एक दृष्टि है और संवेदन का संस्कार। अतः आधुनिकीकरण, शहरीकरण, यांत्रिकीकरण—पश्चिमीकरण को आधुनिकता का पर्याय मानने की भूल नहीं करनी चाहिए। साहित्य और कला नये संवेदन के साथ नये सम्प्रेषण को, वस्तु के बदले हुए यथार्थ को, सम्प्रेषण की बदली परिस्थितियों को सामने लाते हैं। इस तरह आधुनिकता की समस्या बदले सन्दर्भ की समस्या बन जाती है। रचना या कलाकृति 'नये समय' को स्थापित करती है, उस समय से उत्पन्न चुनौतियों को पहचाने बिना हम साहित्य-कलाओं के नये परिवर्तनों को नहीं पहचान सकते हैं। उस बदलाव के कारणों को ठीक से न पहचान पाने पर हमारी आलोचना उथली-सपाट तथा बहुत हद तक अर्थहीन हो जाती है।

यह हम सभी का अनुभव है कि विज्ञान की प्रगति ने काल की नयी अवधारणा दी है। नया काल-बोध दिया है। नयी जिज्ञासाओं के कारण प्रश्नाकुलता आधुनिक-बोध का एक लक्षण ही बन गया है। विज्ञान ने बताया है कि दिक्काल का एक सातत्य है, इसलिए एक के बिना दूसरे की पहचान नहीं हो सकती। फिर यह भी विज्ञान ने बताया कि काल अप्रमेय और अनिर्णीत है—इस प्रकार काल के साथ दिक् भी अनिश्चित हो गया। इसी अनिश्चय के द्वीप पर हम जीते हैं—यही हमारी आधुनिकता है। कभी समाज स्थिर था—आज समाज स्थिर नहीं है—चीजों के साथ हमारे रिश्ते बदले हैं—अस्मिता-बोध बदला है। यन्त्र-विकास और मीडिया-क्रान्ति ने एक नया ग्लोबल वर्ल्ड हमें दिया है। आधुनिकता का बदला हुआ काल-बोध और महत्त्वपूर्ण समस्याएँ आख्यान-साहित्य या कथा-साहित्य में सामने आया है। मानस का विखण्डन, अमूर्त्तन, खण्डित बिम्ब, अति यथार्थ, हाइपर रियलिटी—यथार्थ के नाम पर छल, मिथक, फन्तासी, ताल-लय की तनावपूर्ण टकराहट बहुत कुछ सामने आया है। कला के रूपाकार का प्रश्न भी आधुनिकता से जुड़ा हुआ, सुलगता प्रश्न है। आज भी हमारे औपनिवेशिक मानस को पश्चिमवाद दूषित-प्रदूषित करता है। अज्ञेय जी ठीक कहते हैं कि "आधुनिकता है तो संवेदन का एक नया आयाम है—काल के साथ एक नया सम्बन्ध है, निरा ऐतिहासिक

सम्बन्ध नहीं, एक आनुभविक और आस्तित्विक सम्बन्ध।"[१] हम कह सकते हैं कि हिन्दी के पास आधुनिकता का संस्कार है। इसी संस्कार से वह सदैव देश के संस्कारों-परिवर्तनों को दिशा-दृष्टि देती रही है। गद्य हो या पद्य 'इशारे जिन्दगी' के समझते हुए हिन्दी समाज संस्कारों की रंगीन पट्टियों को चुनौती देता रहा है। अज्ञेय ने–

संवेदना ने ही विलग कर दी
हमारी अनुभूति हमसे
यह जो लीक हमको मिली थी
अंधी गली थी।

इस ललकार को सुनने वाली संवेदना में आस्था का स्वर कम नहीं हुआ है–

बढ़े चाहे बोझ जितना,
शास्त्र का
इतिहास का
रूढ़ि के विन्यास का या सूक्त का
कम नहीं ललकार होती जिन्दगी की
मोड़ आगे और भी है
कौन उसकी ओट, देखो झाँकता है

कवि का मन संस्कार और संवेदना दोनों के पारस्परिक मेल का आकांक्षी है। संवेदनाविहीन संस्कार यथास्थितिवाद में बदल जाता है, यही कवि-कर्म का अवसान है। संस्कारित करने वाली परम्परा का अर्थ है–सातत्य और परिवर्तन। अज्ञेय संस्कार और संवेदना, भारतीयता और आधुनिकता के द्वन्द्वात्मक रिश्तों को कभी विस्मृत नहीं करते। तभी तो वह संस्कार और संवेदना के बीच सेतु हैं, आस्था हैं, भक्ति हैं, गति हैं, यातना हैं, साधना हैं। आज के जीवन का विवेक क्रियाशील बौद्धिकता का सहयोगी है, जिसमें धर्म और प्रकृति दोनों का सामंजस्य है। भारत ने एलीटिस्ट 'एलियट' का पीछा नहीं किया और डी.एच. लॉरेन्स के प्रेम-दर्शन का पाठ करने के बाद भी नयी राह निकाली। यह नयी राह 'नदी के द्वीप' उपन्यास की कथ्यात्मक-संवेदना में दिखाई देती है, जहाँ रेखा भुवन को नया जीवन-सन्देश गौरा के साथ जीने का देती है। अज्ञेय ने 'त्रिशंकु' के निबन्ध 'संस्कृति और परिस्थिति' में डी.एच. लॉरेन्स को हर हिचकी के साथ याद किया है। क्यों? इसलिए कि लॉरेन्स यूरोप के सांस्कृतिक संकट की गम्भीरता से व्याख्या कर रहे थे। उनका यह कहना कि नया

इंग्लैण्ड पुराने इंग्लैण्ड को मिटा रहा है और जो नैरन्तर्य है, वह आर्गेनिक नहीं, यान्त्रिक है।' अज्ञेय को पोढ़ा अनुभव है कि आर्गेनिक नैरन्तर्य ही संस्कार और संवेदना की रगड़ से संस्कारवान होने की प्रक्रिया है। उन्होंने यह विचार प्रस्तुत किया है कि "स्वस्थ संस्कृति में हम नागरिकता को स्वतन्त्र छोड़कर आशा कर सकते हैं कि उसकी परिस्थिति से ही उसकी संस्कृति उत्पन्न और नियमित होगी। किन्तु आज हम यदि जीवन के गौरव की रक्षा करना चाहते हैं तो हमें परखने और मुकाबला करने की शक्ति को संगठित करना होगा, हमें एक आलोचक राष्ट्र का निर्माण करना होगा।" अज्ञेय के इस कथन पर आलोचक रमेश चन्द्र शाह ने 'भारतीय आधुनिकता' शीर्षक अपने निबन्ध में कहा है कि आलोचक राष्ट्र के निर्माण की यह संकल्पना अज्ञेय की भारतीय आधुनिकता का पहला पड़ाव है।' क्योंकि संस्कृति अतीत-वर्तमान-भविष्य तीनों की त्रिवेणी धारा है और बिना गहरी और विस्तृत अनुभूति के संस्कृति नहीं है। यह अलग बात है कि आज संस्कृति सर्वाधिक विवादास्पद अवधारणा है और एक बड़ा बौद्धिकों का समूह संस्कृति की अवधारणा को लेकर बिदकता है। लेकिन अज्ञेय भारतीय संस्कृति पर स्थिर मन से सोचते हैं और टी.एस. इलियट के लेख का 'रूढ़ि और मौलिकता' नाम से भावानुवाद करते हैं तथा एलियट के दृष्टिकोण से अपने दृष्टिकोण को अलग कर लेते हैं। अज्ञेय इस अनुवाद में कभी 'रस' पर निगाह केन्द्रित करते हैं, कभी 'आत्मदान' पर। और निर्वैयक्तिकता सिद्धान्त को भारतीय साधारणीकरण के इस सिद्धान्त में शरण देकर आत्म-सुख पाते हैं। भारतीय काव्यशास्त्र की पुनर्रचना में सृजन-प्रक्रिया का निर्वैयक्तिकतावादी सिद्धान्त एक नया आलोक पा जाता है। आज अज्ञेय के आलोचना सिद्धान्तों को विचार के केन्द्र में लाने पर हम पाते हैं कि वह पश्चिम से प्रभावित तो हैं, किन्तु नकलची नहीं। भारतीय काव्य-सिद्धान्तों की नवीन व्याख्या में उनका मन जीवनभर रमता रहा है। इसलिए इस क्षेत्र में अज्ञेय को लेकर भारी अनुसंधान की आवश्यकता है। अज्ञेय की भारतीय आधुनिकता उनके कवि-कर्म के साथ आलोचना-कर्म में बड़ा खजाना है।

अज्ञेय जी का सृजन और चिन्तन भी आधुनिकता के इस गहन अर्थ में भारतीयता का पर्याय है कि वह भारतीयता पर कदम-कदम पर तर्क करती है, प्रश्नचिह्न लगाती है और नचिकेता-भाव से जूझती है। अपने प्रसिद्ध निबन्ध 'भारतीयता' में अज्ञेय ने गहन विचार-विश्लेषण के बाद माना है कि "भारत की आत्मा सनातन है, भारतीयता केवल भौगोलिक परिवृत्ति की छाप नहीं, एक विशिष्ट आध्यात्मिक गुण है जो भारतीय को सारे संसार से पृथक् करता है। भारतीयता मानवीयता का निचोड़ है, उसकी हृदय-मणि है, उसका शिरसावतंस है, उसके नाक

का बेसर है।'' (आत्मपरक पृ. 84) और अज्ञेय स्वयं को भारतीयता के नाक का बेसर मानने में गौरव का अनुभव करते हैं। वह प्रश्न पूछते हैं कि 'भारतीयता आखिर है क्या? भारत की आत्मा का वैशिष्ट्य किये में? तो वे अचकचा जाएँगे। फिर खिसियानी-सी हँसी हँस देंगे।' हमें लज्जित होने की नहीं, सांस्कृतिक-ऐतिहासिक परम्पराओं को परखने की जरूरत है। सांस्कृतिक परम्पराओं में हमारा जातिगत सामूहिक मन मौजूद है जो हजारों वर्षों में निर्मित हुआ है। हमें परम्परा को कसौटी पर कसकर कमाना होगा, क्योंकि ऐतिहासिक परम्परा कोई पोटली बाँधकर रखा हुआ पाथेय नहीं है, जिसे उठाकर हम चल निकलें। वह रस है, जिसे हम बूँद-बूँद अपने में संचय करते हैं या नहीं करते, कोरे रह जाते हैं।'' (वही पृ. 85) भारतीय मानस प्राकृतजन-मानस है, जिसमें काल-प्रवाह के अनन्त भाव की भावना है। ''आज बहुधा भारतीय के नाम पर निरी जड़ता का समर्थन करते हैं, कुछ दूसरे जड़ता के विरोध के नाम पर संस्कृति से ही इनकार करना चाहते हैं।'' इस स्थिति में हमें चाहिए कि हम बेलाग, सचेत, स्वाधीन जिज्ञासा से आगे देखें।

अज्ञेय यह ध्यान दिलाना नहीं भूलते हैं कि पश्चिम से हम प्रभावित ही नहीं हुए, हमने पश्चिम को प्रभावित भी किया है। आधुनिक होने का अर्थ पश्चिम की नकल नहीं है। उनका आग्रह है कि बदलती नयी स्थिति-परिस्थिति में हम बदलें—जड़ता छोड़कर संस्कारी बनें। क्योंकि विश्व के किसी धर्म ने मानव को उतनी स्वाधीनता प्रदान नहीं की है जितनी कि भारतीय धर्म ने। भारतीय धर्म हमें मुक्त करता है। धर्म और भारतीय स्वाधीनता एक-दूसरे के पर्याय हैं, जिसे 'सेकुलरवाद के अन्धे' प्रतिमान से समझना ही गलत है। हमारा 'धर्म' कहीं भी पश्चिम के 'रिलीजन' का पर्याय नहीं है, जैसा कि भ्रष्ट अनुवाद से समझाया गया है। भ्रष्ट अनुवाद के कारण ही भारतीय धर्म की भारतीय आधुनिकता को नयी पीढ़ी समझने में असमर्थ रही है। हम धर्म-चिन्तन में पश्चिमवाद के पाप-बोध के चक्कर में नहीं पड़े। हमने तो प्रकृति लय के सहभाव के साथ आचरण की पवित्र नैतिकता को जीवन-मूल्य स्वीकार किया है। नैतिकता ही अज्ञेय के लिए आधुनिकता की मूल समस्या रही है। अद्भुत बात यह है कि जयशंकर प्रसाद की तरह अज्ञेय भी सृजन और चिन्तन में, दर्शन से कन्नी नहीं काटते। बल्कि काव्यत्व में चाहे 'असाध्य वीणा' जैसी लम्बी-कलात्मक कविता ही क्यों न हो, दर्शन को जज्ब किये रहते हैं। विजयदेवनारायण साही ने अज्ञेय के अंतरंग को टटोलकर कहा है कि 'अज्ञेय ने दर्शन को अनुभूति में घुलाने की राह निकाली।' अज्ञेय के लिए सनातन—काल-ऋत, तप, निष्ठा, राग और आवर्ती काल ही वह चेतना है, जिसे पश्चिम का आधुनिकतावादी मसीही दर्शन समझने में असमर्थ है। पश्चिमी

आधुनिकता के पीछे पागल लोग आधुनिकता को नवीनता मानते हैं और अज्ञानवश अज्ञेय को आधुनिकतावाद का हिन्दी में पैगम्बर मानकर खुश हो जाते हैं। जबकि अज्ञेय आधुनिकतावाद के चक्रव्यूह से बाहर काल का डमरूनाद सुनने वाले संस्कारी आधुनिकता के सर्जक और चिन्तक हैं। कुछ प्रगतिवादियों ने मुक्तिबोध का गुण कीर्त्तन करने का और अज्ञेय को गरियाने का धन्धा चला रखा है उन्हें अज्ञेय के न तो हारिल संकल्प का ज्ञान है, न अज्ञेय की भारतीयता का। हिन्दी आलोचना में एक रूढ़ि अज्ञेय को रहस्यवादी-नवरहस्यवादी सिद्ध करने की भी रही है। अज्ञेय के बौद्धिक-विद्रोह ने परम्परा द्रोही-भारत द्रोही होने का मुखौटा नहीं लगाया और कहा कि मेरा रहस्यवाद ईश्वरवाद नहीं है—

मैं भी एक प्रवाह में हूँ
लेकिन मेरा रहस्यवाद ईश्वर की ओर उन्मुख नहीं है
मैं इस असीम शक्ति से सम्बन्ध जोड़ना चाहता हूँ
अभिभूत होना चाहता हूँ
जो मेरे भीतर है।

यह कविता अज्ञेय की काव्य-यात्रा में (1937) के आसपास रची गयी थी और इस चिन्तन की असीम शक्ति ने 'असाध्य वीणा' में कहा कि जो महामौन सब में गाता है—वह विराट् ही प्रकृति-लय का राग-दीप्त विश्व है। अज्ञेय की बौद्धिक प्रश्नाकुलता में 'उस ज्योति से अभिसिक्त' होने की नकार नहीं है—उसके प्रति एक अटूट आस्था है। 'चक्रान्त-शिला' और 'सागर-मुद्रा' की कविताओं का काव्यानुभव साक्षी है। अज्ञेय एक साधक की तरह शब्द-ब्रह्म की ओर बढ़े हैं। 'शब्द' के समाज, काल और सम्प्रेषण पर कवि अज्ञेय ने पूरा जीवन समर्पित कर दिया है। 'शब्द और सत्य' कविता में कहा भी है 'भर विस्फोटक इन्हें उड़ा दूँ/दोनों जो हैं—बन्धु, सखा, चिर-सहचर मेरे।' शब्द ही स्मृति है—परम्परा है—पुरखा है—ब्रह्म है :

तू काश
सदा वेष्टित यथार्थ
चिर-तनित
भारहीन, गुरु
अव्यय

शब्द में समाया 'आत्म' ही आत्मसम्भवा अभिव्यक्ति है, जिसमें रससिद्ध कवि अपने को गाता है, पाता है। अपने को पहले खाली करता है, फिर भरता है। मुक्ति

बोध की कविता बातूनी कविता है, जबकि अज्ञेय की कविता मौन में अर्थ-व्यंजना।

एक चिकना मौन
जिसमें मुखर तपती वासनाएँ
दाह खोती
लीन होती हैं।

यह 'मौन' अनेकार्थक पाठ लिये है, जिसे 'क्लोज रीडिंग' से समझने की जरूरत है। ध्यान रहे अज्ञेय काव्य की अर्थ-मीमांसा में उस मौन की बहुत बड़ी भूमिका है। इसमें दिक् और काल का अनन्त आत्म-विस्तार है और आतंक मुक्ति का प्रियंवद-आश्वासन। 'नर जिसकी अनझिप आँखों में नारायण की कथा भरी है' कविता में कहने वाले अज्ञेय भारतीय तीर्थयात्राओं—भाव यात्राओं में अपनी संस्कृति के स्रोत ही खोजते रहे। 'जन जनक जानकी' की भावयात्रा के बाद 'भागवत भूमि यात्रा' के लिए निकलना तथा उसके बाद गंगा-जमुना-नर्मदा के स्रोतों तक पहुँचने की आकांक्षा रखना अपनी संस्कृति की स्मृति को जगाना ही था। इन भाव-यात्राओं के कारण विष्णुकान्त शास्त्री जैसे भागवत लोग अज्ञेय के सृजन-चिन्तन में 'भक्ति' भाव को पाने लगे थे और स्वयं अज्ञेय जी का भीतरी अहसास था कि विराट् का संस्पर्श उन्हें भक्ति की ओर ले जा रहा है। उन्होंने पाया कि भक्ति में जड़ताओं को तोड़ने की मूल्य दृष्टि है। पश्चिमी संस्कृति के आक्रमण से बहुत कुछ नष्ट हो गया है, लेकिन भक्ति की सर्जनात्मकता तो जैसे-तैसे बची है। भक्ति में आधुनिक कितना है, यह बिलकुल संदिग्ध है। लेकिन भारतीय आधुनिकता की मूल्य-दृष्टि में मूल्यों की अर्थवत्ता की अनवरत खोज की प्रक्रिया है। यह खोज ही भारतीय आधुनिकता की मूल्य-दृष्टि है।

अज्ञेय के रचना कर्म में स्वाधीनता की खोज

अज्ञेय जी के एक निबन्ध को कई बार पढ़ चुका हूँ और अब भी उसके पाठ में डूब-उतरा रहा हूँ। इस निबन्ध का शीर्षक है—'चुप की दहाड़' यह शीर्षक चौंकाने वाला है। प्रश्न उठता है—यह शीर्षक अज्ञेय जी ने किस नियत से दिया है। चुप की स्वीकार का अर्थ तो जाना हुआ है—चुप की दहाड़ का सन्दर्भ अनजाना है। अज्ञेय उन सर्जक चिन्तकों में रहे हैं जो कहते रहे हैं कि कांव्य में चुप का बड़ा महत्त्वपूर्ण सन्दर्भ रहता है—कविता शब्दों में नहीं, शब्द की नीरवताओं में होती है। उन्होंने यह भी माना है कि रचनात्मक साहित्य के सन्दर्भ के साथ 'चुप' का महत्त्व अन्य जीवन-क्षेत्रों में भी कम नहीं होता। बौद्ध चिन्तन का मौन, जापानी ज़ेन-दर्शन का मौन और भारतीय-दर्शन का वैष्णव-मौन वह महामौन जो सब में गाता है—सक्रिय रहता है। वाणी की पश्यन्ती वैखरी-परा-शक्तियों के बाद का 'मौन' हम भारतीयों ने काव्यानुभव और दर्शनानुभूति से जाना है। निराला जी 'मौन मधु हो जाय/भाषा सरलता की आड़ में/मन तरलता की बाढ़ में/जलबिन्दु-सा बह जाय।' यह सन्त-परम्परा का मौन 'चरम' को पाने की मानसिक तैयारी है। 'मौनं सम्मति लक्षणम्' मानने वाले भी जानते हैं कि मौन कई तरह के होते हैं—आतंक-विवशताओं के मौन, समझदारी के मौन, विद्रोह-क्रान्ति करने वाले मौन। लेकिन इन सभी मौनों-चुप्पियों की तह में 'स्वाधीनता' का निवास रहता है। 'मौन सहो और रहो कुछ न कहो' के पीछे अधिनायकवाद से मुक्ति पाने का 'आख्यान' सक्रिय रहता है। इन्दिरा युग के अन्धकारकाल में आपातकाल के चरम आतंक के दौरान अज्ञेय जैसा निर्भय विद्रोही लोकनायक जयप्रकाश नारायण के साथ था और उनकी जीवन्त पत्रिका 'एवरीमैन्स' का सम्पादन कर रहा था।

भारत में आपातकाल ने जनतन्त्रात्मक स्वतन्त्रता पर क्रूर प्रहार किया। इस राजनीतिक युद्ध में जनता ने शान्ति या चुप्पी को अपना अस्त्र बनाया। भारतीय जनता गाँधी के सविनय अवज्ञा आन्दोलन की लय का रस ले चुकी थी। गाँधी जी का राम-बाण अस्त्र-सविनय और अविनय दोनों के लिए काम में लाया जा चुका था। सैनिक-अनुशासन की नियमावली में 'चुप द्वारा अवज्ञा के लिए दंड की व्यवस्था' होती है। अज्ञेय जी ने चुप के सन्दर्भ को खोलते हुए लिखा है कि सर्जनात्मक साहित्य से सीधे राजनीतिक विरोध के सन्दर्भ में चले आने का एक विशेष कारण है। आपातकाल में जो एक सन्नाटा-सा साहित्यिक और पत्रकारी प्रकाशन में छाया दीखता रहा, उसके बाद कुछ और अन्य प्रकार के आतंक से मुक्त होते ही जैसी चर्चाएँ और कार्रवाइयाँ होने लगी हैं, उनमें कुछ ऐसा भी है जो इस चुप से सम्बन्ध रखती है। आपातकाल में किस-किस ने क्या किया इसके विवरण के साथ तरह-तरह की काली और चिट्टी सूचियाँ बनायी जा रही हैं। इसी का एक विस्तार यह भी है कि चुप रहने वालों की भी सूचियाँ बनने लगी हैं।'' (केन्द्र और परिधि, पृ. 23) सत्ता के मदान्ध नेताओं ने भुला दिया कि सक्रिय राजनीतिकर्मी और साधारण जन में भेद होता है। इस भेद को स्वीकार करना स्वस्थ लोकतन्त्र की एक बुयिादी शर्त है। हर साधारण जन को राजनीतिक कुकर्मों से हटाना-धमकाना राजनीतिक असहिष्णुता तो है ही। मानव की मूलभूत स्वतन्त्रता को छीनने की साजिश भरी तैयारी है। अज्ञेय जी कोरे साहित्यकार न थे, उनमें राजनीतिक सूझबूझ थी और वे राजनीतिक-सिद्धान्तों के भीतरी रहस्य से कम अवगत न थे 'दिल्ली षड्यन्त्र कांड' में वे जेल में रहे थे उन पर बम बनाने-ढोने के अभियोग थे। उनकी देश-भक्ति की यह एक उठान थी कि साम्राज्य विरोध में वे प्राण तक गंवाने को तैयार थे। उस अज्ञेय को 'आपातकाल' या काले कानूनों का अन्धा काल सच में 'प्रजातन्त्र का लोप' दिखाई देता था।

अज्ञेय जी ने अपने मौन में भीतर तक डूबकर जाना था कि ''लोकतन्त्रात्मक स्वाधीनता का एक अत्यन्त महत्त्वपूर्ण अंग यह है कि हम सक्रिय राजनीति कर्मी न होने को भी स्वतन्त्र हैं। बल्कि हमें पहचानना चाहिए कि जनसाधारण का साधारणत्व इसी में है कि वह जब तक वैसी आवश्यकता का अनुभव नहीं करता, तब तक राजनीतिक सक्रियता की ओर प्रेरित नहीं होता। साधारण जन मतदान से अपना प्रतिनिधि चुनता है और जब उसे विवश होकर चुनना पड़ता है तो यह उसकी स्वतन्त्रता पर आघात है और उसकी स्वाधीनता को सीमित करने वाली बात है। राजनीतिक असहिष्णुता नागरिक स्वतन्त्रता को नष्ट करती है, लेकिन जनसाधारण 'समझता' सब है--'कहता' वह मतदान के द्वारा ही है। आपातकाल के बाद साधारण मतदाता ने ही अत्याचारी को हटाया और आजादी की पुनः प्रतिष्ठा

की। जनसाधारण ने मतदान सत्ता से कांग्रेस को हटाने के लिए किया था, जनता दल को सत्ता में प्रतिष्ठित करने के लिए नहीं। "जनता दल जोड़-तोड़ से सत्ता में आया और अपने ही अन्तर्विरोधों से नष्ट हो गया। यह अलग इतिहास है। नागरिक कर्त्तव्यों के प्रति जागरुकता से ही लोकतन्त्र पद्धति रूप गति से बढ़ती है। उस गति को बार-बार कभी भगवा दरेरा तोड़ता है, कभी लाल फरेरा, कभी सफेद ठठेरा। जनसाधारण की सहज प्रवृत्ति तो यही होती है कि वह बिना बाहरी हस्तक्षेप के अपना साधारण जीवन जीना चाहता है। भवानी भाई की कविता में 'टूटी चप्पल बड़े प्रेम से लिपटाई हूँ याने' का यही अर्थ-सन्दर्भ है। आपातकाल की चुप्पी में जनसाधारण का वीर सत्व मौजूद रहा है। उस समय बौद्धिक वर्ग भी चुप रहा। लेकिन उसे पता था कि अत्याचारी से कैसे निबटना है। वह जानता था कि "आपातकाल की घोषणा के बाद जो सर्वसत्तावादी तन्त्र देश पर लादा गया था।" उसके समर्थन में हरिशंकर परसाई, हजारी प्रसाद द्विवेदी, नामवर सिंह जैसे तमाम लोग हस्ताक्षर अभियान चला रहे थे—नागार्जुन तो माफी माँगकर सत्ता के तलुबे चाट रहे थे। क्या विडम्बना थी कि नागार्जुन को ही 'आधुनिक कबीर' कहा जा रहा था। आज अज्ञेय और नागार्जुन दोनों के जन्म शताब्दी वर्ष पर याद आता है कि अज्ञेय जी को कैसे कलावादी-भाववादी-व्यक्ति-स्वातन्त्रयवादी कहकर कोसा जा रहा था और नागार्जुन की जय-जयकार से आसमान गूँज रहा था। उस समय भी नरेश मेहता का समय देवता दोनों का इतिहास दर्ज कर रहा था। नेमिचन्द्र जैन अपनी पुस्तक 'जनान्तिक' में अज्ञेय के चक्रान्त-शिलावाद को कोस रहे थे और उन्हें नागार्जुन के कर्म सौन्दर्यवाद पर भरोसा था। वह भरोसा कितना धोखा था। आज समय ने सिद्ध कर दिया है। निर्मल वर्मा का कथन मुझे यहाँ याद आता है कि अपने समय में चुप रहने वाले अज्ञेय आज सभी ओर से बोलते सुनाई दे रहे हैं। इसी चुप की दहाड़ ने आपातकाल तथा तारसप्तक के सच को सामने ला दिया है और जिसे 'बूढ़ा गिद्ध' कहा गया था, वह अज्ञेय हारिल बनकर 'अनथक पंखों की चोटों से नभ में एक मचा दे हलचल' का दृश्य बन गया है। हिन्दी-आलोचना के सभी पाठ-कुपाठ आज अपनी बीती स्वयं कह रहे हैं—'मैं मौन नहीं हूँ, मुझमें स्वर बहते हैं।' हमें भूलना न होगा कि भारत की बौद्धिक परम्परा पश्चिम की बौद्धिक परम्परा से भिन्न रही है। हमारे लिए स्मृति इतिहास है—परम्परा है—निरन्तरता है, क्रम-विधान है—भाषा है। हमारी स्मृति या परम्परा 'ट्रेडीशन' का पर्याय नहीं है। सातत्य और निरन्तरता का पर्याय है। भारत का बौद्धिक चुप रहकर भी 'स्मृति' को संजोये रखता है। वह वास्तविक मूल्यों के प्रति खिन्न दिखाई देता है, खिन्न है नहीं।

'बौद्धिक की निराशा' लेख में अज्ञेय जी का विचार-मंथन फिर फूट-फूटकर कहता मिलता है—मोह-भंग और उदासीनता के बीच की विभाजन रेखा कितनी बारीक या कि सूक्ष्म है। जिस तरह के साहित्य को हम 'मोहभंग का साहित्य' मानकर इस बात पर अपनी पीठ ठोंकते चलते हैं कि मोहभंग का अर्थ है रोमानियत से मुक्ति। यदि वही साहित्य एक उदासीनता को भी प्रतिबिम्बित करता हो तो यह चिन्ताजनक स्थिति है। अज्ञेय जी कहते हैं—उदाहरण के लिए आजादी को लेकर होनेवाला मोह-भंग ही लीजिए। मोह-भंग का एक रूप यह होता है कि सन् '47 में हमें जो मिले वह वास्तव में आजादी नहीं थी, अंग्रेजों से आजाद होकर भी हम एक आजाद समाज की स्थापना कर सके हैं। इस मोह-भंग में आक्रोश की भी गुंजाइश है, कर्मप्रेरणा भी है कि अगर वह आजादी हमें नहीं मिली जो हमें चाहिए तो हम अपनी उस चाही हुई आजादी के लिए प्रयत्न करें। लेकिन यही मोह-भंग दूसरी प्रतिक्रिया भी पैदा कर सकता है। आजादी को ही धोखा मान सकता है। सभी स्वाधीनता कर्मियों को पाखंडी मान सकता है। साथ ही सभी प्रयत्नों को व्यर्थ। आजादी के बाद के कवि-कर्म में कविता-अकविता दोनों में यह गुस्सा फूटा है। चीन और पाकिस्तान के आक्रमण जन-साधारण ने झेले हैं और सत्ता के कमीनापन पर लानत-मलामत भी कम नहीं है। धर्मवीर भारती का काव्य-नाटक 'अन्धा युग' ग. मा. मुक्तिबोध की लम्बी कविता 'अन्धेरे में' तथा धूमिल का काव्य-संग्रह 'संसद से सड़क तक' यही कथा-व्यथा कहता है। अज्ञेय ने अनेक निबन्धों-कविताओं में यह कहा कि 'कुछ भी करने से क्या होगा' वाली मनोवृत्ति से हमें मुक्त होना होगा। कारण उदासीनता प्रगति और क्रान्ति का आधार नहीं हो सकती। बुद्धि का काम सम्भावनाओं की तलाश है—नकार नहीं। अस्तित्ववादी अकर्मण्यता अर्थहीनता का दर्शन है, वह दर्शन 'गीता' दर्शन के देश में नहीं चल सकता।

भारत में आजादी के बाद की पीढ़ी असन्तोष की पीढ़ी है। इस जन्मना आजाद पीढ़ी को बहुत कुछ पका-पकाया मिला। इसलिए यह उदास-चेहरों पर झुर्री डाले पीढ़ी है। इसके दिमाग से देश-भक्ति, देश-प्रेम और स्वाधीनता का अर्थ ही निकल गया है। इसके सामने आशा के प्रतीक ही नहीं है। इस पीढ़ी से भी अज्ञेय ने कृतसंकल्प होकर 'संवाद' बनाया, उसका विश्वास पाया। प्रश्नाकुलता के साथ कवि अज्ञेय ने पूछा, 'उस बिना चेहरे के युवक की बिना व्यक्तित्व की छाया का आह्वान करके हम पूछते हैं : कौन हो तुम युवक? हम अपना प्रश्न कौन तक ही सीमित नहीं रखना चाहते और भी बहुत कुछ हम पूछना चाहते हैं। दिलचस्प स्थिति यह है कि जितना हम पूछने को उत्सुक हैं, उतना वह कहने को आतुर है। बल्कि

चाहकर भी शब्द-बद्ध न कर पाने की झुंझलाहट भी उसके असन्तोष का एक पहलू है। वह नाम, रूप विरुद-विहीन युवक आगे बढ़कर ललकार भरी भुजाओं को उठाकर अपनी कसमसाहट व्यक्त करता है–'मौन भी अभिव्यंजना है। जितना तुम्हारा सच है, उतना ही कहो।' वह युवक कहता है–अज्ञेय सुनते हैं और सुनकर कहते हैं कि वह युवक ठीक कह रहा है–

"मैं आजादी का आदि पुरुष हूँ। आजादी में जन्मा और पला। आजादी मनुष्य का जन्मसिद्ध अधिकार है। यह बात मेरी ओर से दाय के बिना ही एक स्वयंसिद्ध के रूप में मुझे मिल गयी। आजादी का मूल्य अनवरत जागरुकता है। यह चेतावनी मेरे समय तक इतनी अनावश्यक हो गयी होगी।

"इस बात से मुझे तकलीफ है। तकलीफ है, इतना मैं जानता हूँ। पर क्या कैसी, कहाँ, यह नहीं जानता। उसे लेकर मैं कुछ कह सकता हूँ, पर क्या, कैसे (और किससे!) यह नहीं जानता। मैं हूँ, लेकिन कौन, कहाँ (और शायद कब) यह नहीं जानता। यों मैं देश से, काल से और अपनापे से उखड़ा हूँ। 'हूँ' को परिभाषित करने के तीनों आयाम छिन जायें तो होना कैसे प्रमाणित होता है, यह मैं नहीं जानता।" (असन्तोष की पहली पीढ़ी–केन्द्र और परिधि, पृ. 32-33) होने के इस प्रमाण रहित बोध के साथ नयी पीढ़ी की समस्या है–जोड़ने का शास्त्र उसके पास से गायब है।

अज्ञेय जी ने अद्भुत तकनीक से विचार रखा–"क्यों नहीं है? इसलिए कि आजादी में मुझे यही मिला, अगर इसको मिलना कहा जा सकता है! मैंने आजादी के युग में शिक्षा पायी न, सो यही मेरी शिक्षा थी। शिक्षा का आधार है भाषा और भाषा की स्वतः प्रमाणता, प्रामाणिकता जितनी इस देश में हमेशा से मानी जाती रही है उतनी शायद बीसवीं सदी तक दुनिया की किसी संस्कृति या किसी दर्शन में नहीं मानी जाती रही। वास्तविकता, रिएलिटी भी वाक् के बिना कोई अस्तित्व नहीं रखती, ऐसा हमारे ही पूर्वज मानते रहे। मुझे शिक्षा मिली, शिक्षा का आधार है–भाषा; पर भाषा मुझे नहीं मिली। लोग भाषा सीखकर एक भाषा में वाक्सिद्ध होते हैं, मैं कम से कम दो भाषाओं में गूँगा हूँ, जिस समय मैं अपनी सहज बोली में बोलना सीख रहा होता, उस समय मैं पराये शब्द-समूह को रटना सीख रहा था, जिस सभय मुझे गर्व होता कि मैं अपने को पहचानता हूँ, अपना निर्माता बल्कि अपना रचयिता हूँ, उस समय मैं गर्व कर रहा था कि मैं परायी लादी ओढ़ और ढो सकता हूँ कि मैं अपना अनुवादक हूँ। यों शिक्षा मुझे मिली, लेकिन बेपेंदी की।" (वही पृ. 33) "इस तरह मुझे सभी कुछ मिला, पर सब बेपेंदी का। शिक्षा मिली, पर उसकी नींव भाषा नहीं मिली; आजादी मिली, लेकिन उसकी नींव आत्मगौरव

नहीं मिला। राष्ट्रीयता मिली, लेकिन उसकी नींव अपनी ऐतिहासिक पहचान नहीं मिली। इतना ही क्यों, मुझे व्यक्तित्व मिला, पर चेहरा नहीं मिला। मैं इतनी आसानी से इतनी चीजों के चेहरे पर अलकतरा पोत देता हूँ यानी अपनी शरीर रचना के उस अवयव पर जहाँ चेहरा होना चाहिए था, पर नहीं है। मैं कुछ मिटा नहीं रहा हूँ। कुछ ढंक नहीं रहा हूँ, जो मिटा हुआ है उसके रिक्त को, अपने नंग से छिपा रहा हूँ।''

''मुझे अस्तित्व मिला पर अस्ति नहीं, अवस्था मिली पर आस्था नहीं। यह न होने का दर्द ही मेरे होने की पहचान है, जितनी भी वह है। यह मेरा बेमुँहा मुखौटा ही मेरा मुख है।'' फलतः अकहानी मेरी कहानी है; अकविता मेरी कविता है, अकथा मेरी कथा है, असमंजस ही मेरा सामंजस्य है। इस तरह हमारा स्वर्ण-युग, डार्क-एज अन्धकार-युग में इतिहास ने बदल डाला। आज सभी भारतीय भाषाएँ उसी अन्ध-युग में जड़ें पकड़ रही हैं, वहीं से आधुनिक भारतीय संस्कृतियों और समाजों का निर्माण आरम्भ हुआ।'' अज्ञेय ने आजादी के बाद का पूरा दृश्य 'पाठ' बनाकर हमारे सामने रख दिया कि किस तरह औपनिवेशिक आधुनिकता की मानसिकता ने हमारी गुलामी को पक्का किया। पूर्व की संस्कृति पूर्व का सोच हमार 'बहुत कुछ' चौपट कर गया। 'संवाद' की भाषा ही खो गयी। शिक्षा घटिया, एकांगी और मूलविहीन मिली। जो युवक नारा लगाता है—हमें उपाधि नहीं, रोजगार चाहिए—वह यथार्थ के प्रति अन्धा नहीं है। युवा पीढ़ी से आज का विश्वासघात कल का विश्वासघात है। भाषा ही संस्कृति और मूल्य-चेतना का आधार होती है, वह भाषा नयी पीढ़ी को नहीं मिली है।

अज्ञेय जी ने 15 अगस्त, 1977 के 'नवभारत टाइम्स' में 'स्वाधीनता-दिवस अंक' में एक कविता 'उसने कहा : स्वाधीनता?' शीर्षक से दी थी। कविता के कुछ अंश इस प्रकार हैं—''उसने कहा : हाँ तो/तुमने मेरे आगे मस्तक झुकाया है/मैंने तुम्हें आश्वस्त किया है/फिर मस्तक झुकाओ/फिर आश्वासन मिलेगा/फिर फिर मस्तक झुके/फिर फिर आश्वासन बँटे/मेरे चर-अनुचर भी/आश्वासन बाँटने के अभ्यस्त होते चले/जैसे कि तुम्हारी पीढ़ियाँ/मस्तक झुकाने की :/मेरी सत्ता का आधार है—/जो कि जनसत्ता है/हमने कहना चाहा—'लेकिन'/पर उसने कहा—'चुपचाप सुनो।'/फिर उसने कहा : तो आश्वस्त/करना ही काफी नहीं है? तो स्वाधीनता भी मिलेगी, पर जहाँ/तुमने कुछ दिया नहीं, वहाँ से/तुम्हें कुछ मिलेगा तो कहाँ से?/सूद और लाभांश बँटता है/पर मूल नहीं बँटता/मूल को हम बढ़ाते हैं/तभी सूद बाँट पाते हैं/तो हमें दो/कि हम वितरित करें/हमने फिर कहना चाहा—लेकिन/पर उसने कहा—'सुनो'/चुपचाप सुनो/उसने कहा : स्वाधीनता/हाँ, हम स्वाधीनता

देंगे/सम्मान हाँ, हम सम्मान देंगे। हम बड़ी निर्भयता देंगे। और हम दे सके/इसलिए हमें सब दे दो/हम बड़ी स्वतन्त्रता देंगे/हम बड़ा सम्मान देंगे/हम बड़ी स्वतन्त्रता देंगे अपनी। छोटी स्वाधीनताएँ हमें दे दो।'' इस पूरी कविता में यह व्यंग्य निहित है कि भारतीयों को अंग्रेजों ने कैसे छल-कपट से मूर्ख बनाया। स्वाधीनता के नाम पर गुलाम बनाया। पास में ब्रिटिश साम्राज्यवाद झूठ का खेल खेल कर जीतता रहा। उसने अपनी भाषा-संस्कृति को लादकर भारतीय जनसाधारण को 'औपनिवेशिक आधुनिकता' की ओर धकेला। इस तरह अज्ञेय की यह कविता अपनी राजनीतिक दृष्टि के साथ सामाजिक-राजनीतिक प्रश्नों पर सोचेने का 'मित्र संवाद' है। अज्ञेय शायद पिछले पचास वर्षों में हिन्दी के सबसे विवादास्पद किन्तु 'स्वाधीन चिन्तन' के प्रति सजग लेखक रहे हैं। 'स्वाधीनता' को चिन्तन का एक विषय बनाकर उन्होंने गम्भीरता और दायित्व के साथ उसके लगभग सभी पक्षों पर विचार किया है। जो विद्वान उनके 'व्यक्ति-स्वातन्त्रवाद' के सिद्धान्त पर व्यक्ति को केन्द्र बनाकर हमला करते हैं, वे उन पर ठंडे मन से विचार नहीं करते हैं। अज्ञेय चाहे-अनचाहे 'स्वाधीनता' की दृष्टि के और मूल्य-बोध के प्रवक्ता बने तो इसलिए कि वे औपनिवेशिक गुलामी की मानसिकता से हमें मुक्त करना चाहते थे। उनकी मूल्य-दृष्टि, उनकी सर्जनात्मक चेतना, वैचारिकता का केन्द्रीय भाव 'स्वाधीनता' बना ही इस विचार को लेकर है कि जो देश स्वाधीन नहीं है, वह स्वाधीन मनुष्य और स्वाधीन चिन्तन का विकास कैसे कर सकता है। हम परदेशी के पीछे अपना आत्मगौरव खोकर भागे और टुकड़खोर मानव बनकर रह गये। भारतीय जन के साथ हुई इस त्रासदी पर अज्ञेय का दिल दुःखता है।

प्रश्न उठता है कि विचारधारा विशेष के आलोचक अज्ञेय की सर्जनात्मक दृष्टि को समझ क्यों नहीं पाते? इसलिए कि अज्ञेय के कृतित्व में अद्भुत विस्तार और उसमें जटिल सूक्ष्मता है। ध्यान रहे कि अज्ञेय कोरे रचनाकार नहीं थे—सामाजिक-सांस्कृतिक-नैतिक दृष्टि के चिन्तक थे और निर्भय सामाजिक। हर जोखिम झेलकर उन्होंने अपनी परम्परा-संस्कृति, समय और समाज की 'समझ' को बढ़ाने—उसका परिष्कार-संस्कार करने की अनथक चेष्टा की। अज्ञेय इतना बड़ा सर्जक और चिन्तक है कि आलोचना के चालू प्रतिमान और जो सरणियाँ हैं—वे अज्ञेय के कृतित्व की जटिल-विराट् संश्लिष्टता और समग्रता से निबटने में अपर्याप्त सिद्ध हुए हैं। अब तो सिद्ध हो गया है कि केवल मार्क्सवादी-फ्रायडवादी अस्तित्ववादी कलावादी पूर्वग्रहों से अज्ञेय के चिन्तन को—स्वाधीनता की अवधारणा से जुड़े चिन्तन को नहीं समझा जा सकता। हमें एकांगी विचारधाराओं के अन्धे आग्रहों से मुक्त होकर अज्ञेय की भारतीय आधुनिकता और संस्कृति की दृष्टि को

समझना होगा। क्योंकि अज्ञेय न तो टेनीशन, टी.एस. एलियट, डी.एच. लारेन्स, यास्पर्स और नीत्से आदि के नकलची भाष्यकार हैं, न मानवेन्द्रराय के रेडिकल ह्यूमेनिज्म के वकील। न वे विवेकानन्द के टीकाकार हैं, न गाँधी-जवाहरलाल नेहरू के प्रचारक। उनकी थोड़ी-बहुत आस्था, राममनोहर लोहिया और जयप्रकाश नारायण में रही है, लेकिन यहाँ भी 'एक हैं हाँ, हाँ' वाली ध्वनि नहीं हैं। आज का पाठक गहराई पर उतरने पर पाता है कि अज्ञेय का क्रान्तिकरी मन देश-भक्ति के भाव से परिपूर्ण है। वे पश्चिम से प्रभाव ग्रहण करते हैं, लेकिन प्रेरणाओं के स्रोत भारतीय हैं। बड़ी बात है कि अज्ञेय 'आउटसाइडर' दिखायी देने का भ्रम पैदा करते हैं, लेकिन हैं वे 'इनसाइडर'। उनकी उजली भारतीयता पर न पश्चिम का आतंक है—न कोई कलंक। इस साहसी अकेले के पास 'आत्मदान' और 'आत्म समर्पण' का विस्तृत करुणा-भाव है। मुझे याद है कि कभी मानस मुकुल दास ने अज्ञेय को 'जीवन-शिल्पी की कला' का प्रतीक कहा था। एक सतत संघर्षशील मानस अज्ञेय का मानो पर्याय रहा है। उनका पूरा जीवन-संघर्ष स्वाधीनता से जुड़े जीवन-मूल्यों की खोज है। 'शेखर : एक जीवनी' में अज्ञेय का स्वाधीन कलानुभव कलाकृति-सा सघन-ठोस होकर आता है। 'भवन्ती' में उनका यह कथन पाठक के लिए माननीय है कि अगर मैं अपने से बड़े किसी विचार, आदर्श, आइडिया के लिए जीता हूँ तो स्पष्ट है कि मेरा जीवन एक यज्ञ है : उस विचार या आदर्श के लिए अर्पित आहुति मैं हूँ।' (पृ. 73) अज्ञेय अपने व्यक्तिवाद के लिए कोसे जाते रहे हैं, जबकि वे समष्टि मानव के कल्याण के लिए 'आत्म यज्ञ' करते रहे। 'अरी ओ करुणा प्रभामय' के जापानी हाइकु अनुवादों में और अज्ञेय सृजित हाइकु कविता में ज़ेन-दर्शन की प्रज्ञा पारमिता छाया है। उनका बोध कहता है—'इधर स्मृति, उधर आकांक्षा, बीच में चेतन क्षण।' यह चेतन-क्षण ही उन्हें सजगता से याद दिलाता रहता है कि स्वतन्त्रता सभी मूल्यों में इतना बड़ा मूल्य है जो जिसकी रक्षा का दायित्व विज्ञान और कलाओं की रक्षा के दायित्व से भी बड़ा है। प्राणों से बड़ा मूल्य है—स्वतन्त्रता। इसीलिए इस मूल्य की रक्षा के लिए युद्ध लड़े जाते हैं। 'नदी के द्वीप' का वैज्ञानिक भुवन जापानियों के साथ युद्ध के लिए बर्मा की सीमा पर नियुक्त है—भुवन और रेखा की यौन-नैतिकता का अतिक्रमण स्वतन्त्रता के मूल्य की रक्षा में विश्राम पाता है। अपने गहन अनुभव के मौन में गरिमा और गौरव से भरे मानव-मन हैं—भुवन और रेखा।

अज्ञेय का यह 'स्वाधीन-चिन्तन ही उनकी सर्जना की लय-गति नाद-ध्वनि चेतना में बोलता है। बौद्धिक पाठक इस बौद्धिक कविता की सघन जीवनानुभूति से उपजी लय के साथ स्पन्दनशील मौन लेकर खिंचा आता है। अज्ञेय का 'नाच'

कविता में विचार के तनाव की लय बनता है। बेलग्राद रेडियो मई, 1966 से प्रसारित वार्ता–'वर्ड्स, सामलेन्स, एक्जिस्टेन्स : एक राइटर्स क्रीडा' में अज्ञेय का कथन था और कथन था और कथन है कि "इतना ही क्यों, पूर्व की एक परम्परा के उत्तराधिकारी के नाते मैं यहाँ तक कह सकता हूँ कि कविता भाषा में नहीं होती, वह शब्दों में भी नहीं होती, कविता शब्दों के बीच की नीरवताओं में होती है और कवि सहज बोध से जानता है कि उससे दूसरे तक पहुँचा जा सकता है, उससे संलाप की स्थिति पायी जा सकती है, क्योंकि वह जानता है कि मौन द्वारा भी सम्प्रेषण हो सकता है।" (आल बाल पृ. 12) देखिए न यहाँ आलोचक अज्ञेय कवि अज्ञेय में अभेद स्थापित करता है, उसकी आलोचना एक सर्जक की सर्जनात्मक आलोचना है और यह सर्जनात्मक आलोचना नये पाठकों की अभिरुचि का संस्कार करती है, यही इस आलोचना की संस्कारी आधुनिकता है, भारतीयता है। भारतीय काव्यशास्त्रीय परम्पराओं का आधुनिक भाष्य है।

स्वाधीनता की अवधारणा को व्याख्यायित करने के लिए अज्ञेय ने एक लेख लिखा और शीर्षक दिया–'मेरी स्वाधीनता : सबकी स्वाधीनता'। यह लेख 'स्रोत और सेतु' निबन्ध-संग्रह में आज मौजूद मिलता है। शुरुआत में ही अज्ञेय यह कहते मिलते हैं कि 'स्वाधीनता की अवधारणा उतनी ही कठिन और धुँधली होती है जितना उसका अनुभव प्रत्यक्ष और स्फूर्ति देने वाला।' मूल अर्थ यह कि स्वाधीनता एक जटिल किन्तु प्रेरणार्थक अनुभव है। अज्ञेय ने अपने आत्म को साक्षी बनाकर कहा–"मेरे लिए स्वाधीनता एक विविधता भरा रंगीन अनुभव रहा है। शायद इसी बात को पलटकर यों कहूँ तो सच्चाई के निकटतर होगा कि बहुत से परस्पर और भिन्न अनुभवों ने मिलकर मेरे भीतर धीरे-धीरे स्वाधीनता का एक समग्र-बोध जगाया है। इस प्रकार की स्वाधीनता का एक बचकाना और अचिरजीवी अनुभव मुझे तब हुआ था, जब बचपन में मैं घर से भाग गया था और निकट के जंगल में जा छिपा था। घर छोड़ा तब मन विद्रोह से भरा हुआ था। वन में घूमता हुआ कुछ समय तक तो मैं नाना प्रकार के उत्तेजक और रोमांचक अनुभवों को संग्रह करता रहा, लेकिन तीसरे पहर तक स्थिति कुछ बदलने लगी और साँझ होते न होते मैं थका हारा, हतप्रभ और भूख से व्याकुल घर लौट आया।" इस अनुभव के साथ स्मृति में क्रान्तिकारी जीवन का अनुभव उमड़-घुमड़ आया–"अनन्तर स्वाधीनता के और भी पहलुओं से परिचित होता गया और स्वाधीनता की खोज की आकुलता भी मैंने जानी। एक गुप्त षड्यन्त्रकारी संगठन के सदस्य के रूप में, एक राजनीतिक बन्दी के रूप में और फिर हाँ, एक सैनिक अधिकारी के रूप में।" (केन्द्र और परिधि, पृ. 103)

एक सैनिक अधिकारी के रूप में स्वाधीनता का अनुभव एक विशेष सन्दर्भ रखता है। ''सैनिक अधिकारी के रूप में स्वाधीनता की एक नये ढंग की पहचान हुई, क्योंकि मुझे यह काम सौंपा गया था कि भारत के पूर्वी प्रदेशों में जापानी आक्रान्ता के घुस आने की स्थिति में (और उस समय इसे केवल सम्भावना नहीं, एक आसन्न संकट माना जा रहा था) उसका विरोध करने के लिए सेना को जिस तरह से भूमिगत नागरिक सहयोग की आवश्यकता होगी, उसके संगठन की जमीन तैयार करना, यूरोप में नात्सी जर्मनी के विरुद्ध जिस तरह के प्रतिरोध संगठन काम करने लगे थे और जिनकी सहायता से ही मित्र शक्तियों की सेनाएँ फिर यूरोप को मुक्त कर सकीं, उसी ढांचे के प्रतिरोध आन्दोलन के गुप्त संगठन का काम मेरी टोली को सौंपा गया था।' फिर स्वाधीनता का तीसरा अनुभव सर्जक-मन से जुड़ा था—'स्वाधीनता की मेरी पहचान वहीं समाप्त नहीं हुई, इससे आगे कवि, कृतिकार और सम्पादक के रूप में उससे परिचय बढ़ा और इन सबके अन्त में एक घुमन्तू, निर्बन्ध, प्रकृत, संस्थान विरोधी के रूप में भी—जो रूप, ऐसा कहा जा सकता है, आज भी मेरा है। ठीक अराजकतावादी तो नहीं हूँ, लेकिन अनुशासन की यही स्थिति मुझे आदर्श के रूप में काम्य है, जिसे संस्कारवान व्यक्ति स्वेच्छा से ओढ़ता है, क्योंकि उमसें समष्टि का कल्याण पहचान पाता है।'' इन विविध, रंग-बिरंगे, परस्पर-विरोधी जीवनानुभवों के ताप-तप ने अज्ञेय को जीवन-जगत के बहुत निकट ला दिया। स्वाधीनता का अनुभव गहराई में मानव-मुक्ति के अनुभव से जुड़ता गया। उसका मैं गलता गया और 'मम' से ज्यादा 'ममेतर' में उसको विश्राम मिला। अज्ञेय ने अनुभूति की ईमानदारी और प्रामाणिकता से यह कहना उचित समझा कि स्वाधीनता का अनुभव नयी गहराई से आया। ''यद्यपि मैं यह फिर भी नहीं कह सकता कि इन सारे अनुभवों से स्वाधीनता की अवधारणा अथवा परिभाषा का काम कुछ सरलतर हो गया। जो बात मैंने सीखी और जो दावे के साथ कह सकता हूँ वह यह थी कि स्वाधीनता कोई स्थिर या स्थावर वस्तु नहीं है, ऐसी सम्पत्ति या ऐसा रत्न नहीं है, जिसे कोई एक बार प्राप्त करके कहीं संजोकर रख दे सकता है। बल्कि इसके विपरीत स्वाधीनता एक ऐसी चीज है जो निरन्तर आविष्कार, शोध और संघर्ष माँगती है, यहाँ तक कि उस शोध और संघर्ष की ही स्वाधीनता की अन्तहीन ललक को ही, स्वाधीनता का सारतत्त्व कह सकते हैं।'

स्वाधीनता की प्रेरणा का प्रादुर्भाव अज्ञेय के लिए अद्वितीय अपूर्व अनुभव रहा। ''जिन अनेक अनुभवों से मेरी स्वाधीनता की समझ बढ़ी और जिन्होंने समझ को ही नहीं, स्वाधीनता को भी एक गहराई दी, उनमें से कुछ तो ऐसे थे कि इलहाम

या दिव्यदर्शन जैसे जान पड़े। उनका आविर्भाव इतना अचानक, इतना अप्रत्याशित, इतना चौंकाने वाला और इतना स्मरणीय था।' इन्हीं अनुभवों में स्वाधीनता का एक अविस्मरणीय अनुभव अज्ञेय को इंग्लैण्ड के एक उद्यान में घूमते हुए हुआ। एकाएक सामने देखा—'खुली हरियाली में खड़ा एक अकेला पेड़। बस, केवल एक पेड़, एक महाकाय वृक्ष एक और धूप-सनी हरियाली के बीचोंबीच अपने भव्य अकेलेपन में सीधा खड़ा हुआ। इस दृश्य को देखकर असाध्य वीणा का यह प्रियवंद उससे तदाकार हो गया। 'महावृक्ष के नीचे' एक ऐसा अपूर्व साधारणीकरण/सब वैयक्तिकता झड़ गयी—निर्वैयक्तिकता के मुग्ध विस्तार में रोमांच हो आया। अपूर्व जीवनांनुभव--कारण—उससे पहले मैंने ऐसा पेड़ कभी नहीं देखा था—एक पेड़, जो बिना किसी बाधा, बिना किसी क्षति के अपने सम्पूर्ण परिपक्व विकास चोटी तक पहुँचा हो। इस वृक्ष की डालियों और फुनगियों को उसकी किशोरावस्था में गाय-बकरियों ने कुतरा नहीं था, उसकी डालियों से भोर के सैलानियों ने दंतवनें नहीं बनायी थीं, लकड़हारों ने ईंधन के लिए उसकी डालें नहीं काटी थीं, न ही सड़क या बिजली मजदूरों ने सड़क की सीध या बिजली के तारों के बचाव के लिए उसकी कपाल-क्रिया की थी। एक पेड़, केवल एक पेड़—लेकिन उसे वह आकार पा लेने दिया गया था जो प्रकृति ने उसके लिए आयोजित किया था। एक वृक्ष जो अपने आत्यन्तिक वृक्षत्व की चरम सम्भावनाओं को प्राप्त कर चुका था।' इस महावृक्ष की उन्मुक्त स्वाधीनता को देखकर वन-अरण्य, नदी-सागर के कवि अज्ञेय ने एक जीवन सिद्धान्त पाया कि स्वाधीनता का अर्थ है अपनी चरम सम्भावनाओं तक विकसित होना और विकसित होने देना। अज्ञेय जी को स्वाधीनता की परिभाषा सूझ गयी—''स्वाधीन होना अपनी चरम सम्भावनाओं की सम्पूर्ण उपलब्धि के शिखर तक विकसित होना है।'' (वही, पृ. 105)

अज्ञेय प्रश्नाकुल रचनाकार हैं। उनके मन में प्रश्न उठता है—तब क्या मैं भी अपने को स्वाधीन मान सकता हूँ? क्या कोई अकेला स्वाधीन हो सकता है? क्योंकि कोई भी व्यक्ति अपनी सम्पूर्ण सम्भावनाओं को ऐसे ही परिवेश में पा सकता है, जिसमें दूसरे भी अपनी चरम सम्भावनाओं को पूरी तरह प्राप्त करने के लिए समान रूप से स्वाधीन हों, और ठीक यहीं पर स्वाधीनता का ऐसा बोध मानो तपस्या की यन्त्रणा बन जाता है। तो अज्ञेय के सामने अपनी स्वाधीनता के साथ मानव-मात्र की स्वाधीनता का प्रश्न प्रस्तुत रहा है। यह मानव-मूल्यों का स्रष्टा है, लेकिन मूल्यों को पैरों तले रूँदते हुए देखने को विवश है। उसकी करुणा निष्करुणों की यन्त्रण्य सहती है। स्वाधीनता एक सैनिक कर्म है, विलास की वस्तु नहीं है। बुद्ध कथा के सच अज्ञेय के ध्यान में है और वह करुणा विस्तार भी, बोधिसत्व का स्वाधीन

कर्म उसका स्वतन्त्र वरण उन्हें प्रिय रहा है और दूर तक प्रभावित करने के कारण भी उनके जीवन में रहे हैं। जीवन का मूल करुणा के बीजमात्र में निहित है, क्योंकि करुणा-रहित मानव या योद्धा आततायी है। '''स्वाधीनता के योद्धा को सबसे पहले एक करुणा सम्पन्न स्वाधीन-कर्मी होना चाहिए। जो दूसरे की स्वाधीनता के लिए अपनी स्वाधीनता का बलिदान करने को सदैव प्रस्तुत है। स्वाधीनता की सच्ची कसौटी 'मैं' नहीं 'ममेतर' है। ममेतर के दर्पण में ही मुझे अपनी अस्मिता का सच्चा प्रतिबिम्ब दीख जाता है।'' मसीही धर्मग्रंथ की मूल ध्वनि में यही सच मौजूद है कि 'मैं' नहीं 'ममेतर' ही स्वाधीनता की कसौटी है। रचनाकार है तो उसे बौद्धिक स्वतन्त्रता की ओर उन्मुख होना होगा। रचनाकार की स्वाधीनता और इंजीनियर की स्वाधीनता में स्थिति के अनुसार फर्क करना होगा। वैज्ञानिक की स्वाधीनता 'सत्य के शोध की स्वाधीनता' है, लेकिन रचनाकार की स्वाधीनता में एक विशेष प्रकार का उत्तरदायित्व है, विशेष प्रकार का मूल्य-बोध है। सांस्कृतिक अस्मिता की पहचान का भाव-विभाव है। इसलिए अज्ञेय के चिन्तन का निष्कर्ष है कि 'साहित्यकार ऐसे समाज में स्वाधीन नहीं हो सकता जो समाज स्वाधीन नहीं है। न ही शासन उसकी स्वाधीनता की गारंटी दे सकता है।' हर स्थिति में रचनाकार का दायित्व है कि मानव की स्वाधीन शारीरिक-मानसिक दोनों प्रकार की स्वाधीनता की रक्षा के लिए जी-जान लगाकर संघर्ष करे।

अज्ञेय का ही यह कलेजा था कि अपने समय में तमाम झूठे अभियोगों के बावजूद वे 'नर की अनझिप आँखों में नारायण की व्यथा' खोजते रहे। भागवत-यात्राओं के आयोजन में भारत के भाव-नायकों का दर्शन करते रहे और करते रहे काल-चिन्तन। काल-मृगया और काल की अवधारणा पर हिन्दी में प्रथम बार कई कोणों से चिन्तन करने के बाद काल-मुक्त होते रहे। अज्ञेय के रचनाकार ने काल-अश्व की पीठ पर हर जोखिम झेलकर सवारी की और कहा—''इसलिए मैं कवि हूँ, आधुनिक हूँ, नया हूँ।'' आधुनिक बौद्धिक संवेदना को स्वाधीन-चिन्तन से निखार कर कहा—''और मैं यहाँ यह भी कह सकता हूँ कि यही मुझको मिल सकने वाली एक मात्र ऐसी स्वाधीनता है जो किसी दूसरे पर निर्भर नहीं करती। इस अर्थ में वह एकान्त और सम्पूर्ण मेरी है और यह मेरा एक स्वैच्छिक कर्म है कि मैं, कलाकार मैं, अपने आपको समूचे समाज के लिए उत्तरदायी बनाता हूँ। अपनी स्वाधीनता को अपने समूचे समाज की स्वाधीनता के साथ जोड़ देता हूँ। यह एक स्वेच्छापूर्वक वरा गया कर्म है एक स्वाधीन कर्म है। मैं इसलिए स्वाधीन हूँ कि मैं स्वाधीन-कर्मी हूँ, कर्त्ता हूँ।'' (स्रोत और सेतु, मेरी स्वाधीनता : सबकी स्वाधीनता) ऐसा सोचने वाले अज्ञेय उस परम्परा के प्रतीक हैं जो सन्त परम्परा

से होती हुई मैथिलीशरण गुप्त, जयशंकर प्रसाद, निराला, माखनलाल चतुर्वेदी से होकर भवानीप्रसाद मिश्र, मुक्तिबोध तक निरन्तरता के साथ आती है।

स्वाधीन-चिन्तन के लिए स्वाधीन-भाषा के विचार को लेकर अज्ञेय ने अपना पूरा जीवन खपा दिया। हिन्दी के शायद ही किसी रचनाकार ने भाषा, काव्य-भाषा दृष्टि को लेकर इतना संघर्ष किया हो। छायावाद की भाव-आस्फासन की उच्छलित रोमांटिक बोध की भाषा से अज्ञेय ने विद्रोह किया और कहा कि 'लीक जो हमको मिली थी/अन्धी गली थी।' कवि के सामने हमेशा नये वाक् के प्रतिपत्ति की समस्या रहती है। इस समस्या से अज्ञेय ने 'तार सप्तक' 1943 'दूसरा सप्तक' 1951 में डटकर मुकाबला किया। यह भी सच कह दिया कि 'भाषा को अपर्याप्त पाकर उलटे-सीधे विराम संकेतों से' काम चलाना पड़ा है। यह तो अज्ञेय के कवि-कर्म का ही संघर्ष है कि भाषा को उन्होंने विषय की हैसियत प्रदान की और उनके प्रभाव से ही रामस्वरूप चतुर्वेदी, डॉ. देवराज जैसे आलोचकों को 'काव्य-भाषा' को अपना विषय बनाना पड़ा। अज्ञेय ने शब्द, मौन और स्मृति पर गहन चिन्तन करते हुए पाया कि भाषा ही संस्कृति है—स्मृति है, समाज है, मिथक है, परम्परा है, इतिहास है। भाषा की स्मृति से हीन न सृजन हो सकता है, न आलोचना। इस तरह भाषा मानव का अस्तित्व और व्यक्तित्व दोनों है। भाषा ही 'पाठ' को गढ़ती है और अर्थ के बहुवचनात्मक सन्दर्भों-संकेतों-अभिप्रायों, युक्तियों को उजागर करती है। इस तरह कविता और आलोचना दोनों ही भाषा की लीला हैं, भावों के लीला-कमल उसी के प्रताप और प्रकाश से खिलते हैं। शब्द की सघन-संश्लिष्ट संगठित शक्ति का नाम है--कविता। भारतीय काव्यशास्त्र में कुन्तक इसी को शब्दार्थ का 'वक्र कवि व्यापार' नाम देते हैं और पंडितराज रमणीय अर्थ के प्रतिपादक शब्द को ही कविता मानते हैं। शब्द ही अर्थ (समाज) है, उसी से अर्थ स्फोट होता है। 'शब्द और सत्य' कविता में कवि शब्द और सत्य की बीच की दीवार में सेंध लगाने का अरमान व्यक्त करता है—

'प्रयोजन मेरा बस इतना है
ये दोनों जो
सदा एक-दूसरे से तन कर रहते हैं
कब, कैसे, किस आलोक-स्फुरण में
इन्हें मिला दूँ
दोनों जो हैं बन्धु, सखा, चिर सहचर मेरे।'

गद्य भाषा में होता है, कविता शब्द में होती है, काव्य सर्जना और काव्यात्मक

उक्ति का आधार शब्द होता है। मूल विचार यह कि रचना-कर्म भाषा और शब्द में मुक्ति की तलाश है।

रचना-कर्म एक सांस्कृतिक संवेदन संस्कार से जुड़ा कर्म है, जिसमें परिवर्तनों की मूल-प्रेरणा ही लय और छन्द के नये प्रयोगों को जन्म देती है। इसी दृष्टि से शब्द और भाषा, छन्द और लय का विचार अज्ञेय को समझने में मदद करता है। इस विचार में अन्तर्वस्तु की अवहेलना निहित नहीं है, जैसा कि अज्ञेय को रूपवादी-शिल्प-चमत्कारवादी कहने वाले मानते रहे हैं। हम यह कैसे भूल सकते हैं कि रूप ही वस्तु का निर्धारण करता है—रूपाकार देता है। 'उड़ चल हारिल' की तो प्रार्थना यही है कि 'शक्ति रहे तेरे हाथों में। रुक न जाये यह गति जीवन की।' इसी साधना ने संकल्पात्मक अनुभूति का रूप धारण कर यहाँ भी कहने में संकोच नहीं किया है—'मैं वह धनु हूँ जिसे साधने में प्रत्यंचा टूट गयी है। स्खलित हुआ है बाण। यद्यपि ध्वनि दिग्दिगन्त में फूट गयी है।' पुराने उपमानों के मैले हो जाने की घोषणा करने वाला यह रचनाकार हर प्रकार की जड़ता से, यथास्थितिवाद से, रीतिवाद से रचना-कर्म को मुक्त करना चाहता है। 'मैं वहाँ हूँ' कविता का कथ्य उस जन-साधारण की कथा से जुड़ा है, जिसके साथ कवि-मन है और जो कहता है—

'यह जो मिट्टी गोड़ता है
कोदई खाता है और गेहूँ खिलाता है
उसकी मैं साधना हूँ
यह जो गिट्टी फोड़ता है
मड़िया में रहता है और महलों को बनाता है
उसकी मैं आस्था हूँ।'

इसलिए अज्ञेय का जीवन-दर्शन 'नदी के द्वीप' का वह दर्शन नहीं है, जिसे जान-बूझकर उन पर आरोपित किया जाता रहा है। उनका जीवन-दर्शन अपनी कविता का भाष्य स्वयं बनकर कहता रहा है—

'मैं सभी ओर से खुला हूँ वन-सा,
वन-सा, अपने में बन्द हूँ
शब्द में मेरी समायी नहीं होगी
मैं सन्नाटे का छन्द हूँ।'

मौन-मधुर विद्रोही अज्ञेय का यही सच्चा बिम्ब है, उन्हें जानना सागर को, अरण्य को थाह लेना है।

दरअसल, अज्ञेय का बौद्धिक स्वातन्त्र्य का दावा कोरा राजनीतिक नारा नहीं है। यह नारा छोटे राजनीतिक घेरे से बहुत बड़ा है, क्यों स्वाधीनता राजनीतिक स्वातन्त्र्य से ज्यादा बड़ी चीज है। इसका कारण है कि रचनाकार राजनीतिक स्वतन्त्रता से ज्यादा मानव की समग्र स्वतन्त्रता, कला की स्वायत्तता की माँग करता है और इस संघर्ष में वह अपना बहुत कुछ दाँव पर लगा देता है। इसी में भारतीय रचनाकार की आधुनिकता का सच मौजूद है और यह संस्कारित आधुनिकता कहीं भी भारतीयता के विरोध में खड़ी नहीं है। रामस्वरूप चतुर्वेदी ने अपनी पुस्तक 'अज्ञेय और आधुनिक रचना की समस्या' में बहुत सावधानी और सन्तुलन के साथ आधुनिक साहित्य की शक्ति को स्वचेतनता और निर्वैयक्तिकता के द्वन्द्व के रूप में पहचाना था। पश्चिम के आधुनिकतावादी आन्दोलन के भीतर से अज्ञेय गुजरे अवश्य किन्तु उसकी गुलामी से मुक्त रहे। इसलिए मुक्त रहे कि उन्होंने परम्परा विषयक अपने दृष्टिकोण को टी.एस. एलियट से प्रभावित होने पर भी उसकी कार्बन कापी नहीं बनने दिया। अज्ञेय के लिए परम्परा माता है—'माँ है वह/वह हमें संस्कार देती है/माँजती चमकाती है फिर अज्ञेय ने अनुभव से पाया है कि निरन्तर संस्कारवान होने की क्रिया ही आधुनिकता है। इस तरह आधुनिकता अज्ञेय की दृष्टि में संस्कार है—संवेदना नहीं है। अज्ञेय की संवेदना में भारतीयता के उस ऋषि भाव का स्थायी वास रहा है, जो मानती है कि 'सा विद्या या विमुक्तये' अर्थात् विद्या वही है जो तमाम तरह की जड़ताओं-रुढ़ियों से मानव को मुक्त करती है। इस दृष्टि से अज्ञेय की आधुनिक संवेदना टी.एस. एलियट और डी.एच. लारेन्स से भिन्न संवेदना है। विजयदेव नारायण साही ने कहा है कि टी.एस. एलियट का दृष्टिकोण सीमित है, वह केवल यूरोप की परम्परा की ओर से बोलता है, लेकिन अज्ञेय 'रूढ़ि और मौलिकता' निबन्ध के भावानुवाद में 'देश के समष्टि मन' का विचार परोसते हैं—जन-मन, विश्व मन की सचेतनता को चिन्तन-दृष्टि का केन्द्रीय मुद्दा बनाते हैं। मुझे नहीं पता, हिन्दी आलोचना एलियट और अज्ञेय की इस भिन्न संवेदना शक्ति का फर्क कब महसूस करेगी। अज्ञेय जिस आलोचक राष्ट्र के निर्माण की बात करते हैं उनमें 'आत्मदान' और 'आत्म-समर्पण' की भारतीय आधुनिकता है। अज्ञेय की स्वाधीनता का रहस्य यही है कि वे प्राचीन भारतीय रचनाकारों की तरह अहं का विलयन करके लिखते हैं।

सार-संक्षेप यह कि अज्ञेय का रचना-कर्म मानव की समग्र स्वाधीनता का सन्देश है। इस सन्देश में भारतीय चिन्तन परम्परा की बहुत बड़ी देन मौजूद है।

अज्ञेय : आलोचना दृष्टि और आलोचक राष्ट्र

1. "मिला बहुत कुछ : सब बेपेंदी का। शिक्षा मिली, उसकी नींव भाषा नहीं मिली। आजादी मिली, उसकी नींव आत्म-गौरव नहीं मिला। राष्ट्रीयता मिली, उसकी नींव अपनी राष्ट्रीय पहचान नहीं मिली। यानी आजादी में जन्मे-पले मुझको—आजादी के आदिपुरुष का—चेहरा मिला, व्यक्तित्व नहीं मिला। और बिना व्यक्तित्व के चेहरा क्या होता है?"

(अन्तरा, पृ. 67)

2. "लेखक है? आजाद है? मारो स्साल को। पिटाई से न सधे तो बदनाम करो; संखिया धतूरा कुछ खिला दो, पागलनखाने में डाल दो। ये सब भी बेकार हो जायें तो शाल-दुशाला, पद पुरस्कारों से लादकर कुचल दो—वह तो ब्रह्मास्त्र है।"

(अन्तरा, पृ. 61)

3. "चिन्तन 'प्रसाद' ने अधिक किया। काव्य निराला का श्रेष्ठ है। शब्द का ज्ञान पन्त का सबसे सूक्ष्म है। 'प्रसाद' पढ़ाये जाएँगे। पन्त से सीखा जाएगा। 'निराला' पढ़े जाएँगे।"

(भवन्ती, पृ. 78)

4. "ऐसा होता है कि संस्कृतियाँ अपनी सर्जनशीलता खो बैठती हैं। वे अपनी आत्मा खो बैठती हैं और तब उनमें यह समझने की भी अन्तर्दृष्टि नहीं रहती कि उनके जीवन का हेतु क्या रहा, क्या है। भारतीय संस्कृति आज वैसे ही किसी बिन्दु पर पहुँच गयी है? उसने अपनी सर्जनशीलता खो दी है; उसके अस्तित्व का हेतु क्या रहा, यह पहचानने की अन्तर्दृष्टि जैसे उसके पास नहीं है। अपने जीने का कारण खोजने के लिए वह पराया मुँह जोह रही है।"

(भवन्ती, पृ. 95)

5. "यों स्मृति के बिना काल नहीं है। सातत्य नहीं है, कालक्रम नहीं है, सनातनता नहीं है, प्रवाह नहीं है, केवल क्षण का समुत्पाद है।"

(शाश्वती, पृ. 60)

6. "भारतीय लेखक से सवाल यह पूछेंगे कि वह कहाँ तक मौलिक है, पर परख के लिए कसौटी कोई रखेंगे (या जानेंगे भी) तो एकमात्र पश्चिम के साहित्यकार की। जहाँ भारतीय लेखक पश्चिम के उन लेखकों से मेल खाता है या उन पश्चिमी कसौटियों पर खरा दीखता है, वहाँ वह उन्हें ग्राह्य है, क्योंकि उतना तो वह अन्तर्राष्ट्रीय कसौटियों पर खरा पाया जा चुका है? जहाँ वह उनसे अलग है वहाँ वे उसे त्याज्य गिनेंगे, क्योंकि उसमें कुछ अच्छा होता तो वह कहीं न कहीं पश्चिम के महान लेखकों में न दीखता? और इस गुलाम मानसिकता के साथ वे खोजने चले हैं, भारतीय कृतिकार की मौलिकता; आँकने चले हैं उसका मोल।"

(शेषा, पृ. 13)

7. "आधुनिकता इसमें है कि हम इस चरम स्थिति-संकट को पहचानें। मिथक की इस गहराई का स्पर्श करें। इसमें नहीं कि हम कथा में कतर-ब्यौंत करके उसे आधुनिक संवेदन या आधुनिक संशय बुद्धि को स्वीकार्य रूप देना चाहें। मिथक एक कहानी-भर नहीं होता, एक चुनौती होता है। नये समाज कहानी को रूप नहीं देते, चुनौती की नयी पहचान करते हैं। हर मिथक के भीतर एक गुठली होती है, गुठली के भीतर एक शक्ति बीज। जैसे कर्ण के कवच कुण्डल सहजन्मा ही हो सकते हैं, वैसे ही गुठली भी मिथक की सहजन्मा होती है, उससे अलग नहीं की जा सकती।"

(शेषा, पृ. 18-19)

शायद ही किसी हिन्दी के आधुनिक रचनाकार ने इतना हटकर-काव्यालोचन पर विचार किया हो, जितना अज्ञेय ने। उनके विचार में सच्चा-कवि कविर्मनीषी होता है, उसकी रचना शायद भाषा से भी पहले है। वही आर्षवाणी है। कवि-कर्म और कवि-चिन्तन में निष्ठा से पूरा जीवन खपा देने के बाद अज्ञेय जी ने यह जीवन-सत्य पाया कि आरोहण-यात्रा में एक बीहड़-पठार के आगे का बीहड़—वह है जहाँ कलाकार को दिख जाता है कि उसके सारे उपकरण और साधन ही उसके मार्ग के रोड़े भी हैं : इनसे नये सिरे से निबटे बिना आगे बढ़ना नहीं है। चित्रकार के लिए फलक, रंग, कूची आदि सब साधन हैं, उपकरण हैं, इन्हीं के सहारे वह आगे बढ़ता है, इन पर विजय पाता है और फिर पठार पर इन्हीं से बँध जाता है। कवि के लिए कागज, कलम, काला शब्द, छन्द, ध्वनियाँ, फिर एक-दूसरे स्तर पर

लिखने का स्वाभाविक श्रम, संचित ज्ञान, अध्ययन, अनुभव, काव्यशास्त्र की परम्पराएँ और काव्य का इतिहास, पहले का समस्त काव्य भंडार और समकालीन काव्य-रचनाएँ—ये सभी साधन हैं, उपयोज्य हैं और एक स्थल पर पहुँचकर ये सभी बाधाएँ जिनसे कवि को लड़ना है, निबटना है, उबरना है और फिर एक अनजान बीहड़ में घुसना है। ऐसे कवि पड़ाव, कई पठार आते हैं और संघर्ष-तनाव बढ़ जाता है। क्यों बढ़ जाता है? इसलिए कि इसके बाद ही तो वह साधन या माध्यम जो कवि की यात्रा की आरोहण-यात्रा की असल बाधा है। प्रकट होकर सामने आता है, कवि या कलाकार स्वयं। सर्जना-कर्म आत्म-विजय है, आत्म-विसर्जन है, आत्म-दान है, आत्म-विस्तार है, आत्म-विमोचन है। सर्जक की मुक्ति वहाँ है, जहाँ वह विलय होकर सर्जना शक्ति के रूप में पुनः अवतरित होता है। इसी अर्थ में ईश्वर ही 'कवि' है और 'कवि' ही ब्रह्म या ईश्वर। यह शब्द की शक्ति ही बीहड़ में घुसने की, नयी राहें बनाने की, राहों के अन्वेषण का साहस देती है। न मिले न मिले—पर राह खोजना है—रुकना सम्भव नहीं है। सारे साधन, उपकरण, माध्यम इसके आगे अप्रासंगिक हैं। बस, बीहड़ और उसमें से असम्भाष्य मार्ग निकालने की तड़प—नान्य-पंथा विद्यते। यही वाल्मीकि, व्यास, कालिदास, भवभूति, कबीर, तुलसी, प्रसाद, निराला का रचना-कर्म है। यहीं कवि-कर्म अज्ञेय के चिन्तन कर्म की आलोचनात्मक चुनौती है—जिस चुनौती को झेलने में वह 'उड़चल हारिल' का संकल्प रखते हैं।

हिन्दी-आलोचना और आलोचना शास्त्र में अज्ञेय जी ने संस्कृत काव्यालोचन की बुनियादी सोच को ग्रहण करते हुए आचार्य रामचन्द्र शुक्ल, आचार्य हजारीप्रसाद द्विवेदी, प्रसाद और निराला की चिन्तन-परम्परा का नवाविष्कार किया है। उसका नया पाठ, नया भाष्य पाठक तक पहुँचाने का लगभग पाँच दशकों तक लगातार तप किया तो भी कहा गया कि 'वे तो टी.एस. एलियट, लारेन्स, पाउण्ड के साथ 'न्यू क्रिटिसिज्म' नव्यालोचन को अमेरिकावाद की 'पॉप संस्कृति' को हिन्दी में लाकर मढ़ रहे हैं—'अमेरिकी एजेण्ट हैं। वह साहित्य के चिन्तक कहाँ हैं—विज्ञापनदाताओं की भड़ैती करने वाले कलावादी-प्रतिक्रियावादी हैं।' अपने को प्रगतिशील-प्रगतिवादी कहने वाले और अज्ञेय को मनगढ़न्त आक्षेपों से बदनाम करने वाले इन 'नयी जन-संस्कृति' के अधिनायकवादी मसीहाओं से अज्ञेय ने गम्भीर होकर प्रश्न पूछा कि ''प्रगतिशीलता का कोई ऐतिहासिक सन्दर्भ भी है और अगर नहीं है तो प्रगतिवादी जिस प्रगति का शोर मचाते हैं, वह है क्या? तो प्रसाद क्यों प्रेमचन्द से कम प्रगतिशील माने जायें? प्रसाद के साहित्य ने भारतीय समाज में एक ऐतिहासिक अस्मिता-बोध, एक नियति-बोध (सेन्स ऑफ डेस्टिनी) जगाने का

प्रयत्न किया और ऐसे काल में किया जब देश अपनी स्वाधीनता के लिए लड़ रहा था। राष्ट्रत्व के लिए ऐसा अस्मिता-बोध और नियति-बोध केवल प्रेरक-तत्त्व ही नहीं होते, इस बोध पर राष्ट्र खड़ा होता है। आत्म-बोध और ऐतिहासिक नियति-बोध से वह आस्था मिलती है, जो स्वाधीनता संग्राम का असली बल होती है और प्रसाद ने उस संग्राम के आरम्भिक युग में इस आस्था का एक पुष्ट आधार दिया। क्या यह युग-धर्म का निर्वाह नहीं था? सामाजिक न्याय का संघर्ष अपनी जगह है, वह अभी पूरा तो क्या ठीक से आरम्भ भी नहीं हुआ है : सभी राजनीतिक दलों ने उस संघर्ष की प्रवृत्ति को सामाजिक न्याय के लिए नहीं, अपनी सत्ता के लिए दुह लेना चाहा है; वह अलग बात है। पर प्रगति को इतना इकहरा क्यों माना जाये? राजनीति में वैसे इकहरेपन के फायदे हों भी तो साहित्य या संस्कृति के क्षेत्र में वैसा इकहरापन चाहना तो संस्कृति की ही हत्या करना चाहना है।" (शेषा, पृ. 39-40)

हिन्दी-साहित्य के पाठक जानते हैं कि 'सर्जना और सन्दर्भ' में साहित्य और साहित्यालोचन से सम्बद्ध अज्ञेय ने जो काव्यशास्त्रीय चिन्तन के निबन्ध एकत्र किये थे, वे हिन्दी में एक नवीन समीक्षाशास्त्र की भूमिका का पुष्ट-प्रौढ़ आधार प्रस्तुत करने वाले रहे हैं। 'त्रिशंकु' के निबन्ध छपे 1945 में, लेकिन लिखे गये 1938 के आसपास। 'धार और किनारे' 1982 में लगभग पैंतालीस वर्ष का भाषा-संस्कृति-परम्परा-आधुनिकता आदि को लेकर सघन चिन्तन है। अज्ञेय औपनिवेशिक गुलामी से पाठक को मुक्ति दिलाने वाला साहित्यलोचन यहाँ निर्मित कर रहे हैं। इसीलिए 'सर्जना और सन्दर्भ' में निबन्धों का क्रम प्रायः रचना का क्रम भी है, जिससे रचनाकार के चिन्तन के इस विकास को पूरे परिदृश्य में देखा जा सके। चिन्तन क्रम में रूढ़ि (परम्परा) और मौलिकता (आधुनिकता) के द्वन्द्व को विभिन्न युगों-सन्दर्भों-प्रकरणों में रखकर परखा गया है। ऐसा करने का लाभ यह हुआ कि 'कला का स्वभाव और उद्देश्य', 'रूढ़ि और मौलिकता', 'परिस्थिति और साहित्यकार', 'साहित्य किसके लिए', 'संक्रान्तिकाल की कुछ साहित्यिक समस्याएँ', 'राजनीति और साहित्य', 'सौन्दर्य-बोध और शिवत्व-बोध', 'साहित्य-बोध : आधुनिकता के तत्त्व', 'रचना और प्रक्रिया', 'नयी कविता', 'शब्द-मैन, अस्तित्व' 'लेखक और परिवेश', 'लेखक की स्थिति', 'कविता श्रव्य से पठ्य तक', 'काल का डमरू नाद', 'उन्मेषशालिनी प्रतिभा', 'ललित, व्यक्तिव्यंजक, व्यक्तित्वरंजित, 'भाषा और अस्मिता', 'रचनात्मक भाषा और सम्प्रेषण की समस्याएँ', 'यथार्थ सम्प्रेषण : कथा भाषा की समस्याएँ', 'साहित्य और सामाजिक प्रतिबद्धता' जैसे तमाम काव्यशास्त्रीय निबन्ध नये सन्दर्भों में विचार को रखकर उन्हें नयी अर्थवत्ता

देते रहे हैं। वह उनमें से नये पुराने साहित्य के समक्ष मौजूद नयी चुनौतियाँ उभारते हैं। और इस सच पर बराबर ध्यान दिलाते चलते हैं कि 'सर्वथा मौलिक' विचार का कोई दावा यहाँ नहीं है, क्योंकि उसे तो कोई विरला अभिनवगुप्त, आनन्दवर्धन, कुन्तक, भामह, महिम भट्ट या राजशेखर ही लाता है। आचार्य रामचन्द्र शुक्ल और आचार्य हजारीप्रसाद द्विवेदी, प्रसाद-निराला, पुराने का ही नया भाष्य करने में माहिर हैं। अज्ञेय भारतीय साहित्यशास्त्र के साथ पाश्चात्य साहित्यलोचन से भी नया माल ठोंक बजाकर लाते हैं, चाहे वह निर्वैयक्तिकता का सिद्धान्त हो या संवेदना का पृथक्करण सिद्धान्त। जब भी लाते हैं तो उस विचार को स्वायत्त-जगत् को सौंप देते हैं, जो सबकी समान निधि हो जाता है। अज्ञेय देशी-विदेशी सभी विचारकों के ऋणी हैं और समकालीनों से भी विचार-सामग्री पाते रहे हैं। 'सप्तकों' की भूमिकाएँ साक्षी हैं कि जो भी जहाँ से भी उन्होंने पाया और पचाया है उसे अपने अनुभव की भट्टी में गलाया है ताकि धातु के खरे-खोटे की पहचान हो सके। युग के बदलते मूल्यों-सन्दर्भों की नब्ज को ठीक से गहते-पकड़ते हुए उसने कभी भी न तो 'मैं' 'मैं' किया है, न मौलिकता का दावा किया है। हमेशा 'अन्य' के घट में पैठकर अपने 'हम' का विस्तार किया है। अपनी इसी शक्ति के कारण उनके चिन्तन ने पाठ-पाठक-लेखक तीनों को नये विमर्शों की ओर उन्मुख किया है। आज पिछले पाँच दशकों की हिन्दी आलोचना गवाह है कि अज्ञेय का चिन्तन लगातार विमर्श या अर्थ-मीमांसा के केन्द्र में रहा है। रचनाकार-आलोचकों में अज्ञेय स्वातन्त्र्योत्तर सर्जनात्मक-आलोचना में सर्वाधिक विद्रोही-प्रवृत्ति के आलोचक रहे हैं। भाषा, साहित्य, संस्कृति, मिथक, सौन्दर्य-चेतना के सम्बन्ध में परम्परागत अवधारणाओं का मूर्ति-भंजन तथा परम्परा-प्रगति-प्रयोग, आधुनिकता, काव्य-सत्य, व्यक्ति और समाज, स्वाधीनता और निरन्तरता, रचनाकार और राजाश्रय, सांस्कृतिक अस्मिता, जातीय-स्मृति, भाषा और औपनिवेशिक मानस जैसी अवधारणाओं का नया भाष्य उनके चिन्तन का अनिवार्य अंग रहा है।

अज्ञेय जी के आलोचना-चिन्तन का सार-सर्वस्व 'भवन्ती', 'अंतरा', 'शेषा', 'शाश्वती' शीर्षक चार डायरियों में (जिन्हें उन्होंने शीलवश 'अन्तः प्रक्रियाएँ नाम दिया है) मूल्यवान खजाने के रूप में पाया जा सकता है। इसी चिन्तन का स्वच्छ-सुलझा-सहज विस्तार 'स्मृतिलेखा', 'स्मृतिछन्दा', 'आलवाल' तमाम व्याख्यान-मालाओं, सम्पादित पुस्तकों की भूमिकाओं, स्वतन्त्र लेखों, पत्रकारिता के दौरान लिखे निबन्धों-वक्तव्यों, अनुवाद-कर्म से जुड़े विचारपरक प्रकरण में, यात्रा-संस्मरणों, वाद-विवाद-संवादों में पाठ की बहुलार्थकता के साथ लब्ध होता है। अज्ञेय का सबसे बड़ा अपराध यह माना जाता है कि वह रागात्मक सम्बन्धों में

आये बदलावों, व्यक्ति सत्य और व्यापक सत्य, शब्द और मौन, वागर्थ प्रतिपत्ति, साधारणीकरण और सम्प्रेषण की इतनी चर्चा करते हैं कि जिज्ञासु-प्रबुद्ध पाठक की खोपड़ी घूमने लगती है। इसलिए आचार्य शुक्ल के काव्य-चिन्तन की तरह अज्ञेय के चिन्तन से पुराना घबराता है, पंडित सिर हिलाता है, प्रबुद्ध पाठक रम जाता है और द्वेषी-ईर्ष्यालु झल्लाता-चिल्लाता है। मैं मानता हूँ कि आचार्य शुक्ल के चिन्तन का ही नया पाठ अज्ञेय में उठता है और दोनों ही पश्चिम से आतंकित नहीं हैं। दोनों में फर्क यह है कि आचार्य शुक्ल के स्वच्छन्दतावादी चिन्तन में कविता हृदय की मुक्तावस्था है--भाव-योग है। अज्ञेय के गैर-रोमाण्टिक चिन्तन में काव्य बुद्धि की मुक्तावस्था है--विचार-योग है।

अज्ञेय जी जैसे प्रश्नाकुल कवि हैं, वैसे ही प्रश्नाकुल आलोचक। यह ठीक है कि अज्ञेय जी ने आलोचना पर कोई स्वतन्त्र ग्रन्थ नहीं लिखा है। उनके आलोचनात्मक विचार लेखों, गोष्ठी-वक्तव्यों, डायरियों, यात्रा-संस्मरणों, साहित्यिक-संस्मरणों, कविताओं और पत्रकारिता से जुड़े लेखों-सन्दर्भों, सम्पादकीयों में बिखरे हुए हैं, जिनकी संख्या आठ सौ के करीब है। आज इस विकीर्ण सामग्री को छानकर उसके भीतर से अर्थवान सामग्री से आलोचना-पद्धति का निर्माण एक चुनौती है। अज्ञेय में काव्य और आलोचना हवा-पानी की तरह मिले हुए हैं और एकाकार हैं, अद्वैत रूप में हैं। प्रयत्न करने पर भी उन्हें एक-दूसरे से पृथक नहीं किया जा सकता। इस, आलोचना-कर्म को टी.एस. एलियट की तरह निजी काव्य-कर्मशाला (पोयट्री वर्कशाप) का उपजात (बाई प्रोडक्ट) या काव्य-सृजन के प्रसंग में अपने चिन्तन-सत्य का विस्तार कहना चाहिए। अज्ञेय जी भी टी.एस. इलियट की ही तरह अपने को कवि मानते हैं और कवि-कर्म को प्राथमिकता देते हैं। काव्य-सृजन के प्रसंग में उन्होंने जो चिन्तन-मनन किया है उसी से आलोचना की उत्पत्ति मानते रहे हैं। कभी-कभार ऐसा भी हुआ कि जैसे ('तारसप्तक' की भूमिका की आचार्य नन्ददुलारे वाजपेयी द्वारा) 'प्रयोगवादी कविता' लेख लिखकर (अन्धी आलोचना या फिर कुछ वामपंथी रामविलास शर्मा, नामवर सिंह के द्वारा झूठे आक्षेपों से भरी अनर्गल-आलोचना) मूल्य, मूढ़ अतार्किक तर्क-विकृति के अद्भुत नमूने से भरी आलोचना की गयी है तो उन्हें विवश होकर अपना तर्क या पक्ष रखना पड़ा है। इसी पूरी स्थिति पर निगाह डालते हुए 'आधुनिक-बोध की पीड़ा--अज्ञेय' लेख में निर्मल वर्मा ने लिखा है--"इसका एक छोर यदि अज्ञेय की आत्म-सुरक्षा से जुड़ा है तो दूसरा छोर हिन्दी साहित्य के उस भयावह वातावरण से बँधा है, जिसमें अज्ञेय ने अपने सर्वश्रेष्ठ वर्ष गुजारे हैं। शायद ही किसी लेखक ने अपने ऊपर इतने मूढ़, इतने वैमनस्यपूर्ण, कर्कश प्रहार झेले हों, जितना अज्ञेय ने। एक समय था जब

उन्हें 'फ्रायड' और लारेन्स का 'नकलची' अनुयायी बताया गया—मनोवैज्ञानिक ग्रन्थियों का शिकार (खासकर उन मार्क्सवादी आलोचकों ने, जिन्होंने न फ्रायड को पढ़ा था, न लारेन्स और शायद मार्क्स भी नहीं) फिर 'शीत-युद्ध' के दिनों में वह अमेरिकी एजेण्ट घोषित किये गये, बाद के वर्षों में उन्हें 'गिराने' के लिए समीक्षकों ने बेचारे मुक्तिबोध को अस्त्र बनाया, वही मुक्तिबोध जो अपने जीवनकाल में इतने उपेक्षित रहे। (सर्जना पथ के सहयात्री, पृ. 49)

सृजन-कर्म और आलोचना-कर्म दोनों का ही सामाजिक दायित्व है कि वह देश और काल में निरन्तर बदलते हुए मनुष्य को परिभाषित करने का प्रयास करे। विद्वेष से भरी मानसिकता को लेकर रचना-कर्म को विकृत और गुमराह करना नहीं है। आलोचक का काम कृति की संवेदना से, सौन्दर्य चेतना से पाठक को साक्षात्कार कराना है—कृति पर अपने विचार या विचार प्रतिमान आरोपित करना नहीं है। साहित्य की समीक्षा इस अर्थ में परस्पर संवाद एक सहयोगी प्रयास है कि वह सृजन को जानने-समझने और आत्मसात करने में उत्पन्न बाधाओं को दूर करने में ईमानदारी से सहयोग करे। इसी अर्थ में आलोचना साहित्य का सौन्दर्यशास्त्र है, दर्शनशास्त्र है, समाजशास्त्र है कि वह संश्लिष्ट जटिलता का विश्लेषण-विमर्श करे और रचना की बहुलार्थकता को उजागर करे। उसकी जटिलताओं की गाँठें खोलकर उसे पाठक के लिए सम्प्रेषणीय बनाये। जीवनभर अपने रचना-कर्म में अज्ञेय जी पाठक और सम्प्रेषण पर विचार करते रहे। शायद ही किसी रचनाकार आलोचक ने रचना-पाठक-पाठ की गहनताओं को यन्त्र-युग के दबावों को समझते हुए 'सम्प्रेषणीयता' पर इतना बल दिया हो। 'पाठ' की पाठक केन्द्रित-आलोचना को हिन्दी आलोचना में स्थापित और प्रतिष्ठापित करने का पहला श्रेय अज्ञेय जी को ही जाता है। उन्हें पता था कि हिन्दी में एकेडमिक आलोचना, वर्गवादी आलोचना और कृत्रिम रूपवादी आलोचना का आदर नहीं है। उसी आलोचना का आदर है जो समय, समकालीनता, परम्परा, संस्कृति, सभ्यता, नैतिकता और शिव-सौन्दर्य को आधार बनाकर आगे बढ़ती है।

हिन्दी के पाठक ने दलबन्दी से ग्रस्त, साम्प्रदायिक गुलाम मानसिकता तथा आइडियालॉजी के कोल्हू में पिरी आलोचना को कभी स्वीकार नहीं किया है। उसका भीतरी ज्ञान कहता रहा है कि जब किसी साहित्य में अर्थ-सन्दर्भ, प्रकरण-गुण-ध्वनि से विच्छिन्न, वक्रोक्तियों से बगावत करने वाली आलोचना पनपने लगती है तो रचना की सन्तुलित समीक्षा पद्धति दिशा-भ्रष्ट हो जाती है। समीक्षा पद्धति के नाम पर एक तरह की एकांगी विचारधारा को जोरावरी मढ़ने वाला हरामखोर, अधिनायकवादी दिमाग का साहित्यिक माफिया पनपने लगता है। इस साहित्यिक माफिया में विश्वविद्यालय के पार्टीबद्ध साहित्यकार-आलोचक, दूसरी ओर जड़

अक्खड़-फक्कड़ मसखरे बौद्धिकों की नकाब डालकर और तीसरी तरह के सतही-छिछले ज्ञान के गर्वीले पत्रकार नाभि-नाल होकर जुड़ जाते हैं। इनका साहित्य और संस्कृति, परम्परा और आधुनिकता, प्रयोग और प्रगति, मूल्य-चेतना और कलात्मक सौन्दर्य से कोई लेना-देना नहीं होता। अज्ञेय जी ने पाया है कि पिछले वर्षों में इसी साहित्यिक माफिया ने जनवाद के नाम पर पूरे साहित्य और आलोचना कर्म को 'हथिया' लिया है और तमाम 'स्वार्थों के टेरियार' पाले हैं। इनके हाथों में अकूत ताकत जमा हुई है और मूल्यहीन सत्तावादिता का पोषण हुआ है। इसी साहित्य-माफिया ने आलोचना को 'कैद' कर रखा है और जो इनके खिलाफ बोलता है उसको प्रतिगामी, पूँजीपतियों का दलाल, अमेरिकी एजेण्ट कहकर गलियाते हैं। अज्ञेय इस अनैतिक हस्तक्षेप को साहित्य-कला के क्षेत्र में रोकना चाहते थे। इस दृष्टि से अज्ञेय का 'अकेलापन' किसी तरह का पलायन नहीं है—एक फ्रीडम फाइटर का, विद्रोही देशभक्त का 'प्रोटेस्ट' है—हर जोखिम को झेलने वाला अस्वीकार है। उनका कथन है, "मैं अकेलापन चुनता नहीं, स्वीकार करता हूँ।" इस अर्थ में वह 'स्वाधीनता' का 'स्वाधीन-चिन्तन' का वरण करने वाले रचनाकार हैं, वह न व्यक्तिवादी हैं, न आत्म-केन्द्रित, न अन्य विद्वेषी—जिस अर्थ में खिसियाये प्रगतिवादी उन्हें हिन्दी आलोचना में समझाते हैं। अज्ञेय में 'अन्य' को आत्मीय बनाकर 'दूर-दूर-दूर मैं वहाँ हूँ' कहकर अन्य की आस्था बनने की अद्‌भुत शक्ति है। संवाद और सम्प्रेषण में वह माहिर हैं और रचना-कर्म में सामाजिक-दायित्व के प्रति सजग। 'मेरी स्वाधीनता सबकी स्वाधीनता' उनका पूरा विचार-दर्शन है।

अज्ञेय ने भारतीय काव्य-चिन्तन की परम्पराओं के मूल स्रोतों से एक गहन अन्वेषी साधक की तरह जुड़कर पाया है कि कारयित्री प्रतिभा और भावयित्री प्रतिभाएँ परस्पर पूरक हैं। अतः सर्जक और आलोचक एक ही व्यक्ति के होने में कोई अन्तर्विरोध नहीं है। आलोचना सर्जक की दृष्टि से लिखी जाती है तो उसकी सर्जनात्मकता पाठक को भी प्रभावित करती है। जहाँ सर्जक आलोचना में 'इंटेनशनल फैलसी' पैदा करता है, वहाँ वह पाठक के लिए अहितकारी हो जाती है। इसलिए 'रचना' पर भरोसा करना चाहिए, रचनाकार के कथनों पर नहीं। अच्छी बात यह है कि अज्ञेय ने 'भवन्ती', 'अन्तरा', 'शाश्वती', 'शेषा' लिखकर अन्तः प्रक्रियाएँ' ही व्यक्त की हैं। कोई आलोचना के न तो सिद्धान्त बनाये हैं, न नियम, न कोई आलोचना में वाद या सम्प्रदाय खड़ा किया, न सेकुलरिज्म की झूठी गंगाजलियाँ उठायीं। वह बार-बार निर्वैक्तिकता, साधारणीकरण, सम्प्रेषण की बात करते हैं और कथनों में क्लासिकल संयम का परिचय देते हैं। कोई भूल हो जाये तो उसको सुधारने में हिचकते नहीं। उदाहरण के लिए 'स्मृतिलेखा' का लेख लिया

ज़ा सकता है–'वसन्त का अग्रदूत (सूर्यकान्त त्रिपाठी 'निराला')। अज्ञेय को इस लेख में वह 'स्मृति' कौंध गयी, जब 1937 के 'विशाल भारत' में पंडित बनारसीदास चतुर्वेदी निराला के विरुद्ध अभियान चला रहे थे। इस अभियान में अज्ञेय जी भी 'अपरिपक्व बुद्धि' से शामिल हुए। अज्ञेय जी ने 'विश्व-भारती क्वार्टर्ली के अगस्त 1937 (अंग्रेजी लेख) में जिसका शीर्षक था 'मॉडर्न (पोस्ट-वार हिन्दी पोयट्री) तथा दूसरा लेख–'माडर्न (पोस्ट-वार) हिन्दी पोयट्री दि 'मिस्टिक्स', नवम्बर 1939 (विश्व भारती क्वार्टर्ली-वाल्यूम III पार्ट II) में युद्धोत्तर आधुनिक हिन्दी कविता पर विचार करते हुए पन्तजी को आसमान पर चढ़ा दिया और निरालाजी पर उपेक्षापूर्ण ढंग से कहा, "एण्ड एज ए लिटरेरी फोर्स, निराला ईज़ आलरेडी डेड, आब्सेशन विट टाइम एण्ड हेर्टिड ऑफ लॉजिकल आर्डर फ्राम विच मि॰ पाउंड सफर्स।" (विश्व भारती क्वार्टर्ली नवम्बर, 1939)। अज्ञेय के इस कथन का चौतरफा विरोध हुआ। अपने इस अपरिपक्व कथन पर क्षमा माँगते हुए लिखा–"इसके बाद की जिस भेंट का उल्लेख करना चाहता हूँ, उससे पहले निराला जी के काव्य के विषय में मेरा मन पूरी तरह बदल चुका था। वह परिवर्तन कुछ नाटकीय ढंग से ही हुआ। शायद कुछ पाठकों के लिए यह आश्चर्य की बात होगी कि वह उनकी 'जुही की कली' अथवा 'राम की शक्तिपूजा' पढ़कर नहीं हुआ, उनको 'तुलसीदास' पढ़कर हुआ। अब भी उस अनुभव को याद करता हूँ तो मानो एक गहराई में खो जाता हूँ। आज भी 'राम की शक्तिपूजा' अथवा निराला के अनेक गीत बार-बार पढ़ता हूँ, लेकिन 'तुलसीदास' जब-जब पढ़ने बैठता हूँ तो उतना ही नहीं कि एक नया संसार मेरे सामने खुलता है, उससे भी विलक्षण यह कि वह संसार मानो एक ऐतिहासिक अनुक्रम में घटित होता दीखता है। मैं मानो संसार का एक स्थिर चित्र नहीं बल्कि एक जीवन्त चलचित्र देख रहा होता हूँ। ऐसी रचनाएँ तो कई होती हैं, जिनमें एक रसिक हृदय बोलता है। विरली ही रचना ऐसी होती है, जिसमें सांस्कृतिक चेतना सर्जनात्मक सूर्य में अवतरित होती है। 'तुलसीदास' मेरी समझ में ऐसी ही रचना है।" (स्मृतिलेखा, पृ. 62) इसके बाद अज्ञेय ने निराला की कृतियों को बार-बार पढ़ा और हर 'पाठ' के बाद निराला जी के प्रति गहन सम्मान का भाव जागा। उन्होंने परिपक्व होने पर यह भी पाया कि 'जीनियस और पागलपन' के बीच का पर्दा काफी झीना होता है कि निराला का पागलपन जीनियस का पागलपन है।

अज्ञेय के चिन्तन पर स्वाधीनता आन्दोलन की मुक्ति चेतना का प्रभाव 'भारत कोकिला' श्रीमती सरोजिनी नायडू के 'औपनिवेशिक स्वराज' से बदलकर 'पूर्ण स्वराज्य' की नयी राग-दीति की गति से भी पड़ा। उन्होंने 'भारत कोकिला' से

रस-ज्ञान तथा काव्य-विवेक का, भारतीय काव्य-दृष्टि का तथा भारतीय काव्य-शास्त्र सम्मत धारणाओं का प्रवाह भी अपने भीतर प्रवाहित होने दिया। यह प्रवाह लगभग पाँच सहस्र वर्षों की अवधि का कला-चिन्तन लेकर आया, जिसमें प्रश्नानुकुलता थी और कविता-कला के विषय पर गहन विस्तृत विमर्श। अज्ञेय ने पाया कि यह चिन्तन-प्रवाह चिन्तन के समस्त परिदृश्य को बदलकर फिर नया हो जाता है। इनके बीच संवाद-विवाद, शास्त्रार्थ-असहमति, तथा पारस्परिक अन्तःसंवाद भी कम नहीं है। इसलिए भरत, भामह, दण्डी, वामन, आनन्दवर्धन, कुन्तक, राजशेखर, अभिनवगुप्त, भोज, पण्डितराज जगन्नाथ के काव्य-विषयक विचार-मंथन में वर्तमान के लिए कम विचार-बीज मौजूद नहीं है। इन चिन्तकों ने बँधी-बँधाई पद्धतियों का हमेशा विद्रोही मुद्रा में निषेध किया है। इस काव्य-शास्त्र का सर्वोपरि लक्ष्य समकालीन तथा पूर्ववर्ती काव्य की व्याख्या तथा उसके आधार पर अपने प्रतिमानों के लक्षण को निरन्तर परिष्कृत करते हुए सैद्धान्तिक आधार प्रदान करना रहा है। प्रतिमानों का निर्माण रामायण, महाभारत, कालिदास, भास-भवभूति-भारवि आदि समर्थ कवियों के लक्ष्य-ग्रन्थों के आधार पर किया गया। कविता के अथ से काव्य-स्रोतों, रचना-प्रक्रियाओं, दर्शन के वैचारिक बीहड़ों, भेदोपभेद, टीका-टिप्पणी के साथ काव्य-विषयक अनेक धारणाओं को सुलझाने का एकाग्र भाव से यत्न किया गया। कालिदास-भवभूति ने कवि के लिए केवल यशःप्रार्थी होकर रह जाना काव्य नहीं समझा। उससे आगे 'समाज' को 'सामाजिक' को पुकार लगायी। कवयित्री विज्जिका ने तो रचना को वचनीय बनाने वाले आचार्यों' से भयभीत होकर सहृदय काव्य-पारखियों को प्रणाम करते हुए कहा, 'जो कवि के अशब्द गोचर अभिप्राय को समझकर रोमांचित देह से सूचित भर करता हुआ चुप रह जाये।' कालिदास ने सन्त मन के सहृदयों से काव्य-परीक्षा कराने के विचार को ही सही ठहराया—लम्पट पंडितों से नहीं। यही चाहा कि वे लोग ही उसके काव्य पर विचार करें। यही कारण है कि संस्कृत काव्यशास्त्र के उच्चतम विचार-प्रतिमान सर्जनात्मकता के भीतर से जन्मे हैं, उन्हें बाहर से आरोपित नहीं किया गया। जब कभी आचार्यों ने उन्हें थोपना या आरोपित करना चाहा तो काव्य और काव्यशास्त्र दोनों का अवमूल्यन हुआ है। फलतः कवि प्रतिभा की स्वतन्त्रता को ही यहाँ सर्वाधिक आदर मिला। आचार्यों ने कवि-शिक्षक बनकर काव्य को परतन्त्र बनाने का जाल रचा तो नाश ही हुआ। कवि की शब्दार्थ साधनों में बाधा पड़ी और ध्वनि-सिद्धान्त जैसा व्यंग्य प्रधान सिद्धान्त ध्वनि भेदों के चक्र में फँसकर भटक गया। इसलिए अज्ञेय ने अपने कवि कर्म-चिन्तन में कालिदास-भवभूति को ध्यान में रखकर 'वागर्थ प्रतिपत्तये' वाक् में अर्थ की प्रपत्ति की प्रार्थना की। जो अभिधेय है, जो अर्थ वाक्

में ही है उसकी प्रतिपत्ति की प्रार्थना कवि नहीं करता। अभिधेयार्थ युक्त शब्द तो वह कच्ची मिट्टी है, वह कच्चा माल है जिससे वह रचना करता है, ऐसी रचना जिससे वह अपना नया अर्थ उसमें भर सके, उसमें जीवन डाल सके। यही वह अर्थ प्रतिपत्ति है जिनके लिए कवि वागर्थाविवसंपृक्त पार्वती परमेश्वर की वन्दना करता है और इस प्रार्थना को निरा वैचित्र्य या नयेपन की खोज कहकर उड़ाना चाहना कवि-कर्म को बिल्कुल न समझते हुए उसकी अवहेलना करना है।'' (दूसरा सप्तक--भूमिका)

अज्ञेय ने काव्य-भाषा के मूल प्रश्न पर शब्द और अर्थ के सम्बन्ध पर ध्यान केन्द्रित करने की बात कहकर यह प्रश्न उठाया कि शब्द में अर्थ कहाँ से आता है, क्यों और कैसे बदलता है, अधिक या कम व्याप्ति पाता है। जब शब्द का अर्थ-चमत्कार मर जाता है तो वह अभिधेय हो जाता है। इस तरह कविता की भाषा निरन्तर गद्य की भाषा होती जाती है। इस प्रकार कवि के सामने हमेशा चमत्कार की सृष्टि की समस्या बनी रहती है। वह शब्दों को निरन्तर नया संस्कार देता चलता है और वे संस्कार क्रमशः सार्वजनिक मानस में पैठकर फिर ऐसे हो जाते हैं कि उस रूप में--कवि के काम के नहीं रहते। 'वासन अधिक घिसने से मुलम्मा छूट जाता है।' 'जब चामत्कारिक अर्थ मर जाता है और अभिधेय हो जाता है, तब उस शब्द की रागोत्तेजक शक्ति भी क्षीण हो जाती है। उस अर्थ से रागात्मक सम्बन्ध स्थापित नहीं होता। कवि तब उस अर्थ की प्रतिपत्ति करता है, जिससे पुनः राग का संचार हो, पुनः रागात्मक सम्बन्ध स्थापित हो। साधारणीकरण का अर्थ यही है।

अज्ञेय ने फिर प्रश्न उठाया कि ''क्या है जो कविता को आवृत्ति का नहीं, सृष्टि का गौरव दे सकता है? कवि नये तथ्यों को, उनके साथ नये रागात्मक सम्बन्ध जोड़कर, नये सत्यों का रूप दे, उन नये सत्यों को प्रेष्य बनाकर उनका साधारणीकरण करे--यही नयी रचना है। इसे नयी कविता का कवि नहीं भूलता।' आधुनिक ज्ञान-विज्ञान की समूची प्रगति और प्रवृत्ति विशेषीकरण की है, इस बात को पूरी तरह समझकर ही यह अनुभव किया जा सकता है कि साधारणीकरण का काम कितना कठिन हो गया है। समूचे ज्ञान-विज्ञान को उलांघकर उससे ऊपर उठकर कवि को विभाजित सत्य को समूचा देखना और दिखाना है।

अज्ञेय ने न कोई दल बनाया, न कोई 'वाद' चलाया, न किसी एक विचारधारा की गुलामी स्वीकार की। 'शब्द में मेरी समायी नहीं होगी' कहकर सन्नाटे के छन्द रूप में अपना आत्म-परिचय दिया। यह भी ध्यान दिलाना इस कवि-आलोचक ने आवश्यक समझा कि 'प्रयोग' की निन्दा के लिए 'परम्परा' की दुहाई देने का कोई

अर्थ नहीं है। 'परम्परा' कवि के लिए पोटली बाँधकर अलग रखी चीज नहीं है, जिसे वह उठाकर सिर पर लाद ले और चल निकले। परम्परा का कवि के लिए तभी अर्थ है, जब वह आत्मसात होकर 'गहरा संस्कार' बन जाती है। कवि को संस्कार देने वाली परम्परा ही कवि की परम्परा है, नहीं तो शास्त्र है, इतिहास है। इसलिए प्रयोग उस सत्य को जानने का साधन है, जिसे कवि प्रेषित करना चाहता है।'' अज्ञेय ने अपने कवि अनुभव को आधार बनाकर कहा—''प्रयोगों के द्वारा ही कोई भी रचनात्मक कार्य आगे बढ़ सका है, इसलिए कला में निरन्तर अन्वेषण-प्रयोग करने में ही कवि-कर्म की सिद्धि निहित है। इसी निरन्तरता से प्राप्त कवि-कर्म की सिद्धि के लिए संस्कृत काव्यशास्त्र में कवि-पाक का सिद्धान्त सामने आया है।''

नये कवि-कर्म में गहन-निष्ठा का भाव ही अज्ञेय जी से कहलवाता रहा है कि ''हमारे मूल राग-विराग नहीं बदले, किन्तु राग (प्रेम या घृणा) वही रहने पर भी रागात्मक सम्बन्धों की प्रणालियाँ बदल गयी हैं और कवि का क्षेत्र रागात्मक-सम्बन्धों का क्षेत्र होने के कारण इस परिवर्तन का कवि-कर्म पर बहुत गहरा असर पड़ा है। लेकिन जैसे-जैसे बाह्य वास्तविकता बदलती है, वैसे-वैसे हमारे उससे रागात्मक सम्बन्ध जोड़ने की प्रणालियाँ भी बदलती हैं और अगर नहीं बदलतीं तो उस बाह्य वास्तविकता से हमारा सम्बन्ध टूट जाता है। कहना होगा कि जो आलोचक इस परिवर्तन को नहीं समझ पा रहे हैं, वे उस वास्तविकता से टूट गये हैं जो आज की वास्तविकता है।'' आज नये ज्ञान-विज्ञान के विशेषीकरण के युग में कवि के सामने समस्या है कि वह नये को प्रेषित कैसे करे? साधारणीकरण और सम्प्रेषण को लेकर अज्ञेय ने 'सप्तकों' में जो नवीन स्थापनाएँ की हैं, उनसे हिन्दी काव्यालोचन को एक दृढ़ आधार मिला है। कवि-कर्म से जुड़ी अनेक अवधारणाओं को केन्द्र में लाकर अज्ञेय ने नयी बहसों का आरम्भ किया। श्रव्य से पठ्य तक कविता में जो बदलाव आये, उनसे पाठक के काल-बोध के चिन्तन का विकास हुआ—''छपाई ने एक नया काल-बोध उपस्थित करके कविता का स्वभाव बदल दिया।'' वास्तविकता यह है कि साहित्य में काल-बोध की समस्या पर अज्ञेय से पूर्व इतनी गहराई और एकाग्रता से किसी भी रचनाकार-आलोचक ने विचार-चिन्तन नहीं किया। 'काल का डमरू नाद' निबन्ध के बाद इसी दृष्टि का विकास 'संवत्सर' के लेखों में हुआ। 'यथार्थ—सम्प्रेषण : कथा भाषा की समस्याएँ' निबन्ध में भी वह वाचिक परम्परा के साथ पाठक के काल-बोध पर विचारमग्न रहे। मीडिया-सूचना क्रान्ति के प्रति अज्ञेय कम सावधान नहीं रहे। उन्होंने कहा है कि '' 'सहृदय समाज' का स्थान 'गास ऑडिएंस' ले लेती है तो उसका कोई चेहरा नहीं है, जब ग्रहीता बिना चेहरे के उपभोक्ता बन जाता है

और साहित्य उपभोग्य वस्तु अथवा 'जिन्स' बन जाता है, तब साहित्य-स्रष्टा भी स्रष्टा न रहकर 'उत्पादक' हो जाता है जो कि उतना है व्यक्तित्वरहित हो सकता है।'' मीडिया क्रान्ति ने साहित्य के सामने जो खतरे उत्पन्न किए हैं, अज्ञेय उनकी ओर अपने परवर्ती लेखन में बार-बार संकेत देते रहे हैं। पश्चिम के आधुनिकतावादी जहाँ परिस्थितियों को, विज्ञान और तर्क को, सबकुछ मानकर उसके सामने समर्पण कर देते हैं, वहाँ अज्ञेय ऐसा नहीं करते। वह इतिहास को चुनौती मानकर 'परम्परा' को नये प्रश्नों से आविष्कृत करते हैं और प्रयोगशीलता की प्रेरणा से नये रचना तर्क प्रस्तुत करते हैं। ध्यान रहे कि परम्परा आधुनिकता दोनों के साथ अज्ञेय का रिश्ता आलोचनात्मकता से ज्यादा सर्जनात्मक है।

हिन्दी के तीन मध्ययुगीन कवियों पर अज्ञेय ने आलोचनात्मक चिन्तन किया है—तुलसीदास, कबीर और केशवदास। इन तीनों में वह कबीरदास के साथ होने वाले अन्याय को बर्दाश्त नहीं कर पाते। उन्होंने लिखा है, ''अपने समय में कबीर कवि के रूप में नहीं माने जाते थे, उसके बाद काफी अरसे तक किसी ने यह नहीं सोचा होगा कि कबीर को भी कवि के रूप में देखा जा सकता है। आज हम कबीर को कवि ही नहीं, क्रान्तिकारी कवि भी मानने लगे हैं।'' (स्मृतिच्छन्दा, पृ. 15)। हमें कबीर को कवि मानने में तीन-चार सौ वर्ष लग गये। आज हमने यह प्रतिमान भी पा लिया है कि कबीर-तुलसी की कृतियाँ हमें भीतर से बदलती हैं। यह सब होते हुए भी इस प्रश्न का उत्तर तो नये आलोचक को खोजना होगा कि कबीर को कवि मानने में इतना समय क्यों लगा।

आधुनिक हिन्दी-साहित्य में अज्ञेय ने अपने गुरु-स्थानीय दद्दा मैथिलीशरण गुप्त पर बार-बार विचार किया है, अज्ञेय का यह कहना, ''जब से हिन्दी बोलना और फिर लिखना सीखा, उन्हीं की कविता पर पलकर किशोर हुआ।'' (स्मृतिलेखा पृ. 22) हिन्दी आलोचना की विडम्बना देखिए कि दद्दा को हिन्दुत्ववादी कहकर, तुकाराम कहकर अवमूल्यन का शिकार बनाया गया है। अज्ञेय ने दद्दा के कृतित्व पर आलोचनात्मक टिप्पणी की—''दद्दा जब कहते थे, 'मैं आगे आने वालों का जय-जयकार', तब यह एक आलंकारिक युक्ति नहीं होती थी, क्योंकि सचमुच उनमें नये के प्रति अद्‌भुत कुतूहल भी था, एक स्वागत का भाव भी। लेकिन साथ ही नये को कसौटी पर कसते रहना भी वह अनिवार्य समझते थे, क्योंकि अतीत और भविष्य के सम्बन्ध की एक अचूक पहचान उनमें थी, ''मैं अतीत ही नहीं, भविष्यत भी हूँ आज तुम्हारा।''

''लेकिन पचास वर्ष से अधिक तक हिन्दी काव्य जगत पर छाये रहकर भी वह कैसे परम्परा से बिना नाता तोड़े, नये चिन्तन को भी आत्मसात करते हुए युवतर पीढ़ी के लिए एक चुनौती बना रह सके, यह हर नये लेखक के लिए समझने की

बात है। परम्परा को तोड़े बिना कैसे आधुनिक हुआ जा सकता है, इसका उदाहरण 'हिन्दू' से लेकर 'यशोधरा' तक की उनकी काव्य-यात्रा प्रत्यक्ष दिखाती है, बल्कि यह भी दिखाती है कि परम्परा को तोड़े बिना कैसे उसे अगत करते हुए उससे मुक्त हुआ जा सकता है।'' (स्मृतिलेखा, पृ. 33) स्वाधीनता, स्वाधीन-चिन्तन और मुक्त होने की पुकार अज्ञेय के सृजन और आलोचन-कर्म की मूल प्रतिज्ञा है।

यही मूल प्रतिज्ञा 'स्मरण का स्मृतिकार' रायकृष्णदास में नये रूपों में फूट-फूट पड़ती है। अज्ञेय मानते हैं कि ''व्यक्तित्व और स्मृति का अभिन्न सम्बन्ध होता है। व्यक्तित्व के खण्डित होने के साथ स्मृतिभ्रंश होता है और स्मृतिभ्रंश होने से व्यक्तित्व पंगु हो जाता है। रायकृष्णदास भारत के राष्ट्रीयताकामी पूरे समाज की सजीव स्मृति थे।'' (वही पृ. 35) वे ऐसे अहिंसक राष्ट्रीय आन्दोलन के स्मृति यन्त्र थे, जिनमें बदला लेने का तो सवाल ही नहीं था, बल्कि जिनके स्वाधीनता-प्रेम को एक ऐसा गौरव अनुप्राणित किये था। उनके लिए स्वाधीनता केवल राजनीतिक सीमा में बँधी वस्तु न थी, बल्कि जिसके सांस्कृतिक आयाम बहुत व्यापक थे। जेल के लम्बे एकान्तवास से छूटकर क्रान्तिकारी अज्ञेय जब रायकृष्णदास से बनारस में मिले तो दंग रहे। बहुपठित-बहुश्रुत के प्रतिमान थे—रायकृष्णदास। 'भारत कला-भवन' के प्राण-पुरुष और प्रेरणा नायक। जानकारियों के अपार भंडार सरकारजी। अज्ञेय जी ने उनका मूल्यांकन इस प्रकार किया है, ''मर्मज्ञ केवल जानकारी का संग्रह नहीं करता, लगातार उसका पुनर्गठन और पुनःसंयोजन करता चलता है, जिससे कि संवेदन के आगे नयी दिशाएँ खुलती चलें और ऐसा शायद ही कोई चित्रकार या संगीतकार या साहित्यकार कवि, कहानी-लेखक, उपन्यासकार, आलोचक होगा जो 'सरकार जी' से मिला हो और जिसने अपने ही क्षेत्र के अपने ज्ञान में कुछ-न-कुछ वृद्धि सरकार जी की प्रेरणा से न की हो, जिसने उस ज्ञान को अपने लिए ही अधिक उपयोगी न बनाया हो, जिसकी दृष्टि कुछ अधिक पैनी या विशद न हुई हो, जिसका संवेदन अधिक ग्रहणशील न हुआ हो। मेरे ही गुरु स्थानीय स्व. मैथिलीशरण गुप्त थे, जिनकी रचनाओं से काव्य का पहला संस्कार मुझे मिला, लेकिन इसके बावजूद मुझे सरकर जी से जितना प्राप्त हुआ और जितनी तरह का प्राप्त हुआ उसकी कोई माप मेरे पास नहीं है, क्योंकि सरकार जी अगर 'कला-साधक' थे तो चित्रकला, संगीत कला या काव्य-कला तक ही सीमित नहीं थे; उनकी साधना जीवन की कला की साधना थी।'' (वही पृ. 38) सरकार जी जैसा व्यक्ति सच्चे अर्थों में गहराई तक समाज का निर्माता होता है, क्योंकि वह समाज को नये उदार-संस्कार देता है। वह जीर्ण का ही उद्धार नहीं करता, जीर्ण में से उसकी अर्थवत्ता को निकालकर सामने लाता है। प्रसाद, निराला, मैथिलीशरण

गुप्त, दिनकर सभी अपनी रचनाओं की खरी आलोचना उनसे सुनने को उत्सुक रहते थे। गुप्त जी भी 'भारत भारती' उनके विस्तृत संशोधनों के बाद छपी। उन्होंने निराला के 'तुलसीदास' की भूमिका लिखी। उनकी 'सहृदयता ने उनके आलोचक को कला पारखी बनाया था। उन्हें पाकर ही अज्ञेय जी ने यह काव्य मर्म जाना कि कविता तनाव की ऊर्जा माँगती है। शायद अज्ञेय ने सांस्कृतिक अस्मिता तथा जातीय स्मृति का अर्थ भी इसी प्रेरणा पुरुष से पाया। टी.एस. एलियट, एजरा पाउंड, लारेन्स, हेडेगर, सात्र, नीत्से आदि को अज्ञेय ने पढ़ा-समझा अवश्य है, लेकिन संस्कारी भारतीय आधुनिकता को प्रसाद जी, गुप्त जी, निराला जी और राय साहब से ही पाया है। यही संस्कारी आधुनिकता 'स्मृति और देश', 'स्मृति और काल', 'भाषा, कला और औपनिवेशक मानस', 'साहित्य-संस्कृति और समाज परिवर्तन की प्रक्रिया', 'समकालीन कविता और छन्द', 'वैज्ञानिकता, मिथकीय सत्ता और कवि' तथा 'साहित्य और भविष्य : कुछ प्रस्तावनाएँ' जैसे चिन्तनपरक निबन्धों में बोलती-बजती हैं। इन्हीं निबन्धों के आधार पर अज्ञेय की 'भारतीयता' की उस मनोभूमिका को परिभाषित किया जा सकता है, जो भारतीय मानस को औपनिवेशिक गुलामी के साथ परिचय की गुलामी से मुक्त करना चाहती है।

दरअसल, अज्ञेय जी की आलोचना-दृष्टि के निर्माण में आचार्य रामचन्द्र शुक्ल, आचार्य हजारीप्रसाद द्विवेदी की आलोचना-परम्परा के साथ प्रेमचन्द, पन्त, रेणु, दिनकर, नवीन जी के साथ माखनलाल चतुर्वेदी का गहरा प्रभाव है। 'एक भारतीय आत्मा : एक चुनौती' माखनलाल चतुर्वेदी से तो वह भीतर तक भींगे हैं। उनकी कविता से कारावास में परिचय हुआ और 'एक पुष्प की अभिलाषा तथा 'कैदी और कोकिल' को 'काल कोठरी' की लम्बी रातों में गाया' क्योंकि उन दिनों हम बन्दी (विद्रोह गीत) क्या अपने को चुपचाप मधुर विद्रोह बीज बोने वाले मानते थे। उनकी कविता की एक सहजता, ओज और प्रवाहमयता, मुझे निरन्तर आकृष्ट करती रही और अब भी करती है। (वही पृ. 92) अज्ञेय जी का बीज चिन्तन भाषा पर केन्द्रित रहा है, क्योंकि वे भाषा को अस्मिता से जोड़ते रहे हैं। भाषा ही उनके विचार में स्मृति है, परम्परा है, इतिहास है, मिथक है, ज्ञान है, पुराण है, अस्तित्व है, व्यक्तित्व है। भाषा पूरा देश और संस्कृति है। माखनलाल जी के कर्म-चिन्तन को याद करते हुए अज्ञेय ने 'संस्कृति' और 'भाषा' के विचार को पूरी शक्ति से उठाया है। उन्होंने लिखा है—"जो बात मैं कहना चाहता हूँ उसका सन्दर्भ 'भारतीयता' का ही है। जिन संस्कारों की मैं चर्चा कर रहा हूँ, वे भारतीयता की समस्या के भाषागत पहलू हैं और मेरी समझ में यह समस्या अभी हल नहीं हुई है और अभी दो-एक पीढ़ियों तक हल होने वाली नहीं है। न राष्ट्रभाषा के नाम पर 'सरल हिन्दी' को अरबी-फारसी का बघार

देना चाहने वाले 'हिन्दुस्तानीवादी उसे हल कर पाये थे। न सरल हिन्दी को संस्कृत की चाशनी में पाक करने वाले कोई समाधान दे पाये, न नयी काट के 'कास्मोपालिटन हिन्दी' के सपोर्टर उसे चुस्त अंग्रेजी, अमेरिकी जाकेट पहनाकर (या सच कहें तो पुरानी देसी चौबन्द में अंग्रेजी-अमेरिकी थिगलियाँ टॉक कराकर दे पाएँगे। सबकी सदाशयता को सर्वथा और सर्वदा असन्दिग्ध मान लिया जाये तो भी (वही) एक तरह नारा है कि भारतीय संस्कृति, क्योंकि 'मिश्र संस्कृति' है, इसलिए जिस भाषा में वह अभिव्यक्ति पाएगी, वह भी मिश्र भाषा ही होगी। हिन्दुस्तानी के सारे आन्दोलन के मूल में यह प्रतिज्ञा थी; इसके साथ दूसरी प्रतिज्ञा थी कि इस खिचड़ी संस्कृति में मिश्रण-अरबी-फारसी-संस्कृत शब्दों का (मुस्लिम-हिन्दू संस्कारों) चलेगा। एक दूसरा नारा था कि संस्कृति एक मिश्रण या संकर को नहीं कहते, एक समन्वित समग्र रूप को ही कह सकते हैं। भारतीय संस्कृति अनेक धाराओं का संगम है, केवल उसमें इस्लाम का ही योग नहीं है, अनेक धाराएँ उसमें लय हैं—तो उसे 'मिश्र धारा' कैसे कह सकते हैं?'' इस समस्या से जूझते हुए अज्ञेय जी ने कहा, ''यहीं स्वीकार कर लूँ कि मैं दूसरे सम्प्रदाय का हूँ। किसी भी प्रभाव को केवल बाहर का होने के नाते मैं अग्राह्य का प्रतिरोध नहीं मानता। पर साथ ही मैं यह भी मानता हूँ कि अनेक प्रभावों के प्रति अपने को बन्द करना और साथ ही केवल दो सत्ताओं को मिश्रित करने का (या होने देने का) प्रयत्न करना, संस्कृति को गलत समझना भी है और गलत मोड़ देना चाहना भी। मिश्रण की अवस्था संस्कृति से पहले की अवस्था है : वह प्रभावों के आदान-प्रदान और परस्पर संघात की अवस्था है। इस संघात के परिणाम में जो स्थिर, आत्मनिर्भर, संकटत्व के बोध की असहजता से मुक्त, गतिमान और सर्जनात्मक सत्ता सम्पन्न रूप प्रकट होता है, वही संस्कृति है, वही संस्कारवान रूप है।'' (वही, पृ. 94) मूल विचार है कि संकरता अपने में संस्कृति नहीं है। माखनलाल चतुर्वेदी तथा अज्ञेय दोनों अक्खड़ व्यक्तित्व के चिन्तक हैं और झूठे सेक्युलरिज्म के चक्कर में नहीं हैं। दोनों ही 'श्रीमद्‌भागवत गीता' के साथ 'श्रीमद्‌भागवत' की ओर बढ़ते हैं। अज्ञेय अपने परवर्तीय चिन्तन में अस्तित्ववाद से छूटकर वैष्णव प्रेमधारा की ओर निरन्तर बढ़ते हैं, भागवत भावयात्राएँ करते हैं ताकि भारतीय संस्कृति के मूल स्रोतों का अवगाहन किया जा सके।

भारत-भवन, भोपाल में 'पूर्वग्रह' की 'समालोचना और समाज' (1978) विषय पर गोष्ठी हुई तो अज्ञेय जी ने वहाँ रचनाकार के साथ आलोचक का पद पाने में हर्ष व्यक्त किया। यह भी कहा कि हिन्दी का एक भाग 'जो मुझे कवि' नहीं मानता—ऐसे भी हैं जो अज्ञेय के कवि और आलोचक दोनों को अप्रासंगिक मानते हैं। अज्ञेय जी ने 'आलोचना है, आलोचक हैं, आलोचक चाहिए' का विचार व्यक्त

करते हुए कहा, "मैं तो उन लोगों में से हूँ जो मानते आये हैं कि समाज वही है जिससे हम आँख मिलाकर बात कर सकते हैं। उसके बावजूद कि मैं एक घोषित व्यक्तिवादी समाजद्रोही इत्यादि इत्यादि सब हूँ। मैं दूसरों से आँख मिलाकर बात कर सकता हूँ। इसलिए मैं नहीं पाता कि मेरा कोई समाज नहीं है। लेकिन ऐसे भी लोग हैं, जिनको समाज की चिन्ता है, ऐसे भी लोग हैं जो अपने को समाजवादी और जनवादी भी कहते हैं, लेकिन जो दूसरों से आँख मिलाकर बात करने को तैयार नहीं हैं।" (पूर्वग्रह अंक 78-79 जनवरी-अप्रैल 78)

अज्ञेय जी ने जोरदार तरीके से कहा कि साहित्य का आलोचक वही है, जो समाज और संस्कृति की बात करता है। समाज वही है, जिसमें संवाद है। जिसमें संवाद नहीं है, वह समाज नहीं है। यह भी कहा कि 'पिछले चालीस वर्षों में सिवाय समालोचक और समाज चर्चा के किया क्या है? समाज और समालोचना की निरन्तर चर्चा में कभी भी अमूर्त्त अवधारणाओं-परिकल्पनाओं को नहीं जोड़ा है। उन्होंने कहा है कि संस्कृति ही संवाद को सम्भव बनाती है। आज हम वैज्ञानिक इतिहासवाद का सहारा लिये बिना भी अपनी बात कह सकते हैं। "संस्कृति की बात मैं काफी अरसे से करता आया हूँ, उस जमाने में भी मैं संस्कृति की बात करता था और कर सकता था, जबकि संस्कृति का नाम लेना अपने को घूरे पर फेंक देने लायक मानने के बराबर था या फिर उन लोगों के साथ जुड़ने की सम्भावना उससे पैदा हो जाती थी, जिनसे हम सभी घृणा करते थे और जिनसे घृणा करनी चाहिए। क्योंकि वे संस्कृति को मानव जाति की हत्या का ही एक तरह का साधन बनाना चाहते थे।" आज तो संस्कृति के सवाल समकालीनता के साथ जुड़े हुए हैं। संस्कृति एक तो परम्परा है, लेकिन वह समकालीनता भी है। 'परम्परा' भी वैसे ही एक शब्द, जिसे सुनते ही कुछ लोग चिढ़ जाते हैं—लेकिन परम्परा के बिना संस्कृति नहीं है, परम्परा के बिना समाज भी नहीं है। लोग समाज की बात करते हैं, पर 'परम्परा' की बात से बचना चाहते हैं। जबकि अज्ञेय तो 'पुराण' की भी चिन्ता करते हैं, 'मिथक' की भी। हमारे भारतीय समाज की सभी भावनाएँ मिथकों से जुड़ी हुई हैं—पुराण और परम्परा से जुड़ी हुई हैं। इतिहास जिन भी चीजों की बात करता है, वे सब मिथकों से जुड़ी इकाइयाँ हैं, मिथक से कटकर उन इकाइयों पर विचार नहीं हो सकता। प्रश्न उठता है कि हमारी समालोचना ने इन मुद्दों पर विचार क्यों नहीं किया? अब थोड़ी-बहुत मिथक चर्चा उठी है, नैतिक-मूल्यों की चर्चा उठी है, व्यक्ति स्वातन्त्र्यवाद, लघुमानववाद, साहित्य के समाजशास्त्र की चर्चा उठी है। आज़ तो सभी बोध भी संस्कृति और परम्परा के अंग हैं।

अज्ञेय जी ने रूपवाद-कलावाद-व्यक्तिवाद को आलोचना में कभी स्वीकार हीं किया। उन्होंने हमेशा कहा है कि संस्कृति, परम्परा, इतिहास, संवाद, समकालीनता

सबकी चर्चा होती है, पर भाषा पर बात क्यों नहीं होती? "मेरा ख्याल है कि भाषा के बिना इनमें से किसी पर भी बात नहीं हो सकती। क्योंकि भाषा के बिना न इतिहास है, न संस्कृति है, न परम्परा है, न संवाद है, न साहित्य है, न समालोचना है।" (वही अंक) आचार्य शुक्ल ने भाषा पर समालोचना में बात की है, इधर पश्चिम ने भी भाषा पर कई तरह से विचार किया है। उत्तर संरचनावादी-आलोचना का तो पूरा खेल ही भाषा में खेला जाता है। इन चिन्तकों की राजनीतिक विचारधारा जो भी हो, भाषा पर सबका ध्यान केन्द्रित रहा है। 'भाषा, कला और औपनिवेशिक मानस' लेख में अज्ञेय ने पश्चिम के द्वारा भारत को 'तीसरी दुनिया' कहे जाने पर आपत्ति की है, "मुझे इस नाम 'तीसरी दुनिया' पर ही आपत्ति है। मैं अपने को तीसरी दुनिया का नहीं मानता, बल्कि मैं सोचता हूँ तीसरी दुनिया की बात खतरनाक बात भी हो सकती है। (स्मृतिच्छन्दा, पृ. 46) पश्चिम ने विद्यालय यन्त्र खड़े करके सारी दुनिया को संकट में डाल दिया है। रही बात सांस्कृतिक उन्नति की, सांस्कृतिक विकास की, "क्या यह कहने का कोई आधार है कि यूरोप या अमेरिका या रूस सांस्कृतिक दृष्टि से भारत या चीन, दक्षिण-पूर्वी एशिया से ज्यादा उन्नत हैं। 'तीसरी दुनिया' नाम से जाहिर है कि सवाल सांस्कृतिक उन्नति का नहीं है? आर्थिक रूप से हमें पिछड़ा मानकर एक तरह से उपनिवेशवाद में धकेल कर ले जाने का है। यह उपनिवेशवाद का ही पहलू है कि 'जिन देशों पर अधिकार करना या बनाये रखना है, वहाँ ऐसी उपनिविष्ट मानसिकता पैदा कर दी जाये।" (वही, पृ. 48) ताकि उनमें लूटपाट जारी रहे, कुकर्म दिखाई न दें। पश्चिम ने पूर्व को भाषा-संस्कृति साहित्य—सभी क्षेत्रों में पिछड़ा मानकर अपना कुकर्मी व्यापारवाद-बाजारवाद भूमंडलीकरण—अमेरिकीकरण का कपटी जाल फैलाया है। उसने तमाम नकली साँचे पूर्व को दिये हैं, ताकि हम उनके पिछलग्गू बने रहें। समकालीन आलोचना तो पश्चिमवाद को ऐसा करने का मार्ग बनती है। अज्ञेय का विचार है कि हर कीमत पर हमें इस स्थिति से मुक्त होना है। उनका कथन है कि "जो चिता मैंने आपके सामने प्रकट की है, उसे मैं गम्भीर और महत्त्वपूर्ण मानता हूँ। साधनों की कमी के कारण हमारे देश का औसत आदमी अब भी साहित्य की वाचिक परम्परा को छोड़कर दूसरी कलाओं की उपलब्धि से बहुत कुछ वंचित है। औपनिवेशित इतिहास ने उसे दरिद्रतर ही बनाया। आजाद होकर भी देश अपनी प्रतिभा की सृष्टियों को उस तक पहुँचा नहीं सका है, बल्कि उस विशाल समाज और एक छोटे से सुविधा-सम्पन्न तथाकथित अभिजात वर्ग के बीच की खाई को बढ़ने ही देता गया है। आजाद देश में भी औपनिवेशिक मानसिकता अभी बनी हुई है। उसने जान लिया है कि भाषा को भी उसका साधन बनाया जा सकता

है।" (वही, पृष्ठ 56) इस तरह जाहिर है कि अज्ञेय की बुनियादी चिन्ता भारतीय मानस को उपनिवेशवाद के इस शिकंजे से मुक्त करने की है। सांस्कृतिक क्षेत्र में स्वाधीनता प्राप्त करने पर ही विस्तीर्ण मरुस्थल से हम बच सकते हैं। अतः हमें अपनी सांस्कृतिक जड़ों की ओर लौटना होगा और अनुवादजीवी संस्कृति से बचकर मौलिक चिन्तन—भाषा-संस्कृति के उर्वर क्षेत्र में प्रवेश करना होगा, तभी हम एक समर्थ स्वतन्त्र आलोचक राष्ट्र का निर्माण कर सकेंगे।

अज्ञेय के लगभग पाँच दशकों से भी अधिक समय के व्रिदोही सृजन-चिन्तन में आलोचक अन्तर्व्याप्त रहा है। शुद्ध आलोचक न होते हुए भी उन्होंने हिन्दी-आलोचना के इतिहास में एक ऐसा अज्ञेय-युग ला दिया है, जिसने हिन्दी में मौलिक समीक्षा-शास्त्र या साहित्यालोचन की नींव रख दी है। उन्होंने छायावादी कवि-चिन्तकों से अधिक नयी कविता और समकालीन सृजन के 'विमर्श' और मूल्यांकन-विश्लेषण के लिए पोढ़ा आधार निर्मित किया है। 'भवन्ती' का यह कथन पाठक के ध्यान में है कि "आलोचना गौण या उपजीवी कर्म भले ही हो, कवि को उसकी आवश्यकता रहती है। आलोचना की अनुपस्थिति में वह मुरझाता है, उसकी प्रतिभा मलिन होती है।" (पृ. 44) अपनी प्रतिभा को राग-दीप्त सच से चमकाने के लिए उन्होंने अनथक भाव से आलोचना कर्म के दायित्व का निर्वाह किया है। काव्य और कला के क्षेत्र में नयी से नयी स्थापनाएँ की हैं। शुक्लोत्तर हिन्दी आलोचना में नयी-नयी बहसों की आरम्भ करने का श्रेय अज्ञेय जी को ही दिया जा सकता है। उनके सहयोगी ग. मा. मुक्ति बोध भी 'सभ्यता समीक्षा' के क्षेत्र में पूरे मन से लगे रहे, लेकिन साहित्य-सम्बन्धी नयी अवधारणाओं, सैद्धान्तिक स्थापनाओं में अज्ञेय जी ही आगे रहे। मुक्तिबोध ने नयी कविता के सौन्दर्यशास्त्र रचने का जो प्रयास किया था, उसे चिन्तन के शिखर तक अज्ञेय जी ही ले गये। उन्होंने सृजन-कर्म से कमाये प्रतिमानों से पुराने-नये साहित्य का पुनर्मूल्यांकन किया। वह रीतिवादी, पश्चिमी स्वच्छन्दतवादी आलोचक के पूरे टाट को पलट देने वाले नये अभिनवगुप्त ही हिन्दी-आलोचना में कहे जा सकते हैं। पश्चिमी चिन्तन, वाद-विचारधाराओं के आतंक से मुक्त होकर उन्होंने हिन्दी को एक नया काव्यशास्त्र दिया है। वह भारतीय चिन्तन-परम्परा की ध्वनियों-प्रतिध्वनियों की ओर लौटे और उसका नया भाष्य सम्भव बनाकर हमें दिया। इस प्रश्नाकुल कवि और आलोचक के सामने नयी दृष्टि के प्रश्न प्रमुख रहे हैं।

आलोचक अज्ञेय की उपस्थिति

अज्ञेय के आलोचना-कर्म की गहराई और व्यापकता पर एकाग्र मन से विचार करने की आवश्यकता है। प्रायः उनके इस पक्ष की हिन्दी-आलोचना में घोर उपेक्षा की गयी है। उनके चिन्तन को पश्चिम की घटिया नकल कहकर खारिज किया जाता रहा है। मार्क्सवादी आलोचना तो अज्ञेय को अमेरिकी पूँजीवादी दलाल, काँग्रेस फार कल्चरल फ्रीडम का एजेन्ट, रूपवादी-कलावादी, भाववादी-व्यक्तिवादी तथा लघुमानव सिद्धान्त का प्रतिष्ठापक कहकर कोसती रही है। ऐसे आलोचक यह बात निरन्तर भूलते रहे हैं कि अज्ञेय ने आलोचना चिन्तन में रूपवाद-व्यक्तिवाद का समर्थन कभी नहीं किया, हर कीमत पर 'सौन्दर्य बोध और शिवत्व बोध' का समर्थन किया है तथा स्वच्छन्दतावादी, रसवादी चिन्तन के विरोध की निरन्तर अगुआई की है।

इस अगुआई का ही नतीजा है कि उन्होंने भारतीय-भूमि पर खड़े होकर अपने को पश्चिम के आतंक से मुक्त रखा है—और चिन्तन में पश्चिमी औपनिवेशिक आधुनिकता की कठोर आलोचना की है। मानव को निरन्तर माँजने वाली, संस्कार देने वाली, मानवीयता और मुक्ति प्रदान कहने वाली देसी आधुनिकता का या भारतीयता का पक्ष ग्रहण किया है। आलोचना-चिन्तन के भीतर से गुजरने पर कहा है कि 'आलोचना कई प्रकार की होती है, क्योंकि वह कई उद्देश्यों से की जा सकती है। सब आलोचना मूल्यवान नहीं होती : उसका उद्देश्य प्रभाव उत्पन्न करना या व्याख्या करना भी हो सकता है। लेकिन अन्ततोगत्वा आलोचक को कहीं-न-कहीं मूल्य का विचार करना ही पड़ता है—'कृति का मूल्यांकन वह न भी करें तो भी स्वयं उसकी रसास्वादन की प्रक्रिया में उसके स्वीकृत मूल्यों या प्रतिमानों का महत्त्व होता है। समालोचक क्या पाता है, यह इस बात पर निर्भर करता है कि वह क्या लेकर चलता है।' यह सब कहने के बाद अज्ञेय ने ध्यान देकर कहा कि 'और

मूल्यांकन-प्रत्यक्ष या परोक्ष बिना मूल्य या प्रतिमानों के नहीं हो सकता, मापदंड के बिना माप कैसे हो सकती है? यहाँ पर हम आलोचना की मूल समस्या के सामने आ खड़े होते हैं।' यह प्रश्न उठता है कि 'मूल्य किसे कहते हैं?' यह प्रश्न निःसंदेह बहुत व्यापक है और यह भी कहा जा सकता है कि युग-युगान्तर के दार्शनिकों और साधनों की मूल जिज्ञासा यही रही है, वह अन्तिम कसौटी क्या है जिस पर कसकर हम किसी भी बुरी धातु की पहचान करा सकते हैं। किन्तु अपनी जिज्ञासा को सीमित रखना असम्भव नहीं है और न ऐसी सीमित पड़ताल अनुपयोगी ही होगी।''

अज्ञेय में आत्म-बोध, ज्ञान-बोध और विचार-बोध की जागृत क्लासिकल संवेदना है और इसी क्लासिकल संवेदना के मूल्यबोध ने उनके आलोचक का निर्माण एवं परिष्कार किया है। अज्ञेय कहते रहे हैं—''विनम्रतावश और विनम्रता विद्या विनय प्रदान करती है—इसे लोक चिन्तन से जोड़ती है कि आलोचक में अहं की स्फीति अच्छी नहीं होती है। अज्ञेय ने विनम्र भाव से माना है कि समीक्षक को जैसा सुपठित, शास्त्र-निष्णात होना चाहिए। वैसे हम नहीं हैं, उसका हमें पूरा ज्ञान है। आचार्यत्व की न हममें पात्रता है, न आकांक्षा। किन्तु मूल्यों का प्रश्न केवल आचार्यों के लिए महत्त्व रखता है, ऐसा नहीं है। साहित्य के प्रत्येक अध्येता के लिए यह एक गुरुतर प्रश्न है और लेखक के लिए तो उसकी मौलिकता असंदिग्ध है। क्योंकि कृतिकार अपनी कृति का सबसे पहला और सबसे निर्मम परीक्षक है।''

अज्ञेय जी की आलोचना दृष्टि में परम्परा या तारतम्यता का बड़ा भारी आदर है। उन्होंने कहा है कि ''किन्तु विकास का सही अर्थ समझना चाहिए। बुद्धि का नये अनुभवों के आधार पर क्रमशः नया स्फुरण और प्रस्फुटन होता है और नया अनुभव पुराने अनुभव को मिटा नहीं देता, उसमें जुड़कर उसे नयी परिपक्वता देता है। अनुभव के गणित में जोड़ ही जोड़ है, बाकी नहीं है। साहित्य के क्षेत्र में हम परम्परा की चर्चा इसी अर्थ में करते हैं—तरतम्यता उसमें अनिवार्य है। तो मूल्य या प्रतिमान, शब्दार्थ की दृष्टि से शाश्वत भले ही न हो, स्थायी अवश्य होते हैं और उसमें जो परिष्कार या नया संस्कार (परिवर्तन उसे न कहना समीचीन होगा) होता है, उसमें सदियाँ लग सकती हैं।''

कलाकृति के परख की कसौटी नये सौन्दर्य-बोध में निहित रहती हैं। कलाकृति में काव्यत्व क्या है और नया क्या है? कविता में नयी कविता क्या है और 'नयी' के साथ 'कविता' को, नयी कविता को प्रतिष्ठित करना अज्ञेय का संकल्प रहा है। अज्ञेय के इस संकल्प का विरोध छायावादी प्रगतिवादी आलोचकों ने मिलकर किया। लेकिन अज्ञेय उनके सामने न रुके, न झुके—निर्भय भाव आगे

बढ़े और जड़ीभूत सौन्दर्याभिरुचियों के प्रतिमानों पर प्रहार किया। उन्होंने छायावादी-प्रगतिवादी प्रतिमानों से कभी समझौता नहीं किया। बल्कि उनकी बराबर पोल खोली। इसलिए हिन्दी-आलोचना में मार्क्सवादी और रसवादी दोनों अज्ञेय से शत्रुता मानते रहे हैं। समाजवादी या लोहियावादी लक्ष्मीकान्त वर्मा ने अज्ञेय के विद्रोही तेवर को पहचानते हुए कहा है, 'नयी कविता बनाम अच्छी कविता के प्रवर्तक आज अपनी प्रतिष्ठा की उपलब्धि को परम्परा से सम्बन्ध करके अपने सम्पूर्ण प्रयोगशील व्यक्तित्व को प्रतिष्ठा देना चाहते हैं।

(नये प्रतिमान : पुराने निकष, पृ. 296)।

अज्ञेय के सामने नये प्रयोगों-नये संस्कारों के प्रश्न हैं—वे स्वयं भी प्रश्नाकुल कवि हैं। मैथिलीशरण गुप्त के शिष्य हैं और विद्रोही-संस्कार अज्ञेय जी ने गुप्त जी की तरह से अपनी शर्तों पर पाये हैं। गुप्त भी दिखायी सरल-सीधे-सपाटबयानी के तुकाराम कवि देते हैं, लेकिन हैं—जबरदस्त विद्रोही और रीतिवाद विरोधी अभियान में शामिल आलोचक। अपने इस गुरु स्थानीय का प्रभाव अज्ञेय पर प्रत्यक्ष-अप्रत्यक्ष दोनों रूपों में पड़ा है।

रस सिद्धान्त, रस विकास, रसवाद से अज्ञेय कभी आश्वस्त नहीं रहे। अज्ञेय के साथ नयी कविता के सभी रचनाकारों ने रस-चिन्तन के प्रतिमान को अस्वीकार किया। हरिऔध का 'रस कलश', आचार्य रामचन्द्र शुक्ल के 'रस-मीमांसा' का चिन्तन और डॉ. नगेन्द्र का 'रस-सिद्धान्त' कभी भी अज्ञेय को रास नहीं आये। अज्ञेय के नयी कविता-सिद्धान्त में रस-सिद्धान्त को एकदम जगह नहीं है। रसानुभूति की अनिवर्चनीयता, अखण्डता, तन्मयता, ब्रह्मानंद सहोदरता, संवित विश्रांति में अज्ञेय का दूर-दूर तक विश्वास नहीं है। अज्ञेय ने अनुभव से पाया कि आज के बुद्धिप्रधान युग के मानव की अनुभूतियाँ रागात्मक नहीं रह गयी हैं—नये रागात्मक सम्बन्धों के उदय ने उनका पूरा संसार बदल दिया है। अब कोई भी 'साकेत', 'कामायनी', 'रंगभूमि' और 'अंधायुग' के अंगीरस को खोजने के चक्कर में नहीं पड़ता। जो पड़ता है वह पिछड़ा हुआ है, क्योंकि नयी कविता का भावबोध हमें रिझाता नहीं है—खिजाता है, तनावग्रस्त करता है और तमाम संशयों से भर देता है। डॉ. नगेन्द्र ने रस-प्रतिमान को लेकर अज्ञेय की छोटी कविता 'सोन मछली' का भाष्य किया है और समीक्षा के क्षेत्र में उपहास का विषय बने। 'सोन मछली' को लेकर डॉ. नगेन्द्र ने कहा, "अज्ञेय की यह कविता नयी कविता है और सुन्दर भी। इसके आकर्षण का रहस्य क्या है? सुन्दर बिम्ब? हाँ, इन पंक्तियों द्वारा प्रकृति की कल्पना में उद्‌बुद्ध बिम्ब निश्चय ही अत्यन्त आकर्षक और सजीव है।" (रस-सिद्धान्त, पृ. 356-57) लेकिन नयी कविता की आधुनिकता ने रस-चिन्तन

का विरोध किया। अज्ञेय जी ने कहा है–“(क) रस का आधार है समाहिति, अद्वन्द्व। किन्तु नयी कविता द्वन्द्व और असामंजस्य की कविता है। (ख) नयी कविता वर्तमान पर केन्द्रित है, जबकि रस की दृष्टि अतीतोन्मुख रहती है–नयी कविता का विषय है, क्षण की अनुभूति। जबकि रस का आधार है–(जन्मान्तर्गत?) वासना और स्थायी भाव। (अज्ञेय का अभिभाषण) इसी माहौल में डॉ. जगदीश गुप्त ने रसानुभूति बनाम सह-अनुभूति का प्रश्न उठाकर रस-चिन्तन का पूरा गणित ही ध्वस्त कर दिया। नयी कविता-सिद्धान्त का विजय देवनारायण साही ने रस-सम्बन्धी तमाम बहसों से थककर यह अनुरोध किया कि रस-सिद्धान्त पर बहस अब बन्द हो जानी चाहिए, क्योंकि कोई फायदा नहीं निकलेगा। अज्ञेय और साही जी के रस-विरोधी चिन्तन का हिन्दी आलोचना में नुकसान यह हुआ कि लोग आचार्य रामचन्द्र शुक्ल के ‘रस मीमांसा’ के लेखों में व्याप्त रस-चिन्तन को बिन समझे ही अन्धे होकर खण्डित करने लगे। और मौका पाकर मार्क्सवादी-आलोचना ने समीक्षा भूमि को मनमाने ढंग से घेर लिया। हिन्दी आलोचना पर मार्क्सवाद सामन्तवाद के काबिज होने की यह एक अद्भुत कहानी है। फिर हुई मार्क्सवादी आलोचना की कम्युनिस्ट परिणति–जिसका इतिहास क्रूर और चौंकाने वाला है।

हिन्दी आलोचना के इसी दौर में विजय देवनारायण साही ने अज्ञेय, जयशंकर प्रसाद और शमशेर की काव्यानुभूतियों की बनावट के विश्लेषण का बीड़ा उठाया। अज्ञेय से सिर से पैर तक प्रभावित विजय देवनारायण साही में अकूत बौद्धिकता थी। उन्होंने ‘शमशेर की काव्यानुभूति की बनावट’ शीर्षक लेख में कहा कि ‘नयी कविता की बहसों में यह मान्यता अन्तर्भुक्त रही है कि न सिर्फ कविता का अपना कलेवर बदला है, या नये प्रतीकों या बिम्बों पर शब्दावली की तलाश हुई है, बल्कि गहरे स्तर पर काव्यानुभूति की बनावट में ही परिवर्तन आ गया है।’ साहीजी के इस कथन से नयी कविता के आलोचना संग्राम में तेजी आयी। डॉ. देवराज, डॉ. नामवर सिंह, प्रकाशचन्द्र गुप्त, रामविलास शर्मा, शमशेर, गिरिजा कुमार माथुर, नेमिचन्द्र जैन, भारत भूषण अग्रवाल तमाम प्रबुद्ध समीक्षकों का दल कविता के प्रतिमानों पर विचार करने लगा और लक्ष्मीकान्त वर्मा की पुस्तक ‘नयी कविता के प्रतिमान’ को किनारे कर दिया गया। हिन्दी आलोचना में बड़ा भारी भीष्म संग्राम हुआ। अनुभूतियों के परिवर्तित सन्दर्भों पर खोज शुरू हुई तो फिर अज्ञेय चर्चा के केन्द्र में आये। क्योंकि पहली बार अज्ञेय ने ‘दूसरा सप्तक 1951’ की भूमिका में रागात्मक-सम्बन्धों के बदलाव के विचार को पूरा बल देकर उठाया था। अज्ञेय का कथन इस प्रकार है, “यह कहा जा सकता है कि हमारे मूल राग-विराग नहीं बदले–प्रेम अब भी प्रेम है और घृणा अब भी घृणा, यह साधारणतया स्वीकार किया

जा सकता है। पर यह भी ध्यान में रखना होगा कि राग वही रहने पर भी रागात्मक सम्बन्धों की प्रणालियाँ बल गई हैं और कवि का क्षेत्र रागात्मक सम्बन्धों का क्षेत्र होने के कारण इस परिवर्तन का कवि-कर्म पर बहुत गहरा असर पड़ा है?'' अज्ञेय के इस कथन में यह विचार भी खुलकर सामने आ गया कि बदलाव के पीछे युग का यथार्थ बोध है।

अज्ञेय ने अपने विचार को भीतर से खोलते हुए कहा, ''निरे तथ्य और सत्य में या कह लीजिए वस्तु-सत्य और व्यक्ति-सत्य में यह भेद है कि सत्य वह तथ्य है जिसके साथ हमारा रागात्मक सम्बन्ध है, बिना इस सम्बन्ध के वह एक बाह्य वास्तविकता है जो तद्वत काव्य में स्थान नहीं पा सकती। लेकिन जैसे-जैसे वह वास्तविकता बदलती है वैसे-वैसे उससे रागात्मक सम्बन्ध जोड़ने की प्रणालियाँ भी बदलती हैं और अगर नहीं बदलतीं तो उस बाह्य वास्तविकता से हमारा सम्बन्ध टूट जाता है। कहना होगा कि जो आलोचक इस परिवर्तन को नहीं समझ पा रहे हैं, वे उस वास्तविकता से टूट गये हैं जो आज की वास्तविकता है। उससे रागात्मक सम्बन्ध जोड़ने में असमर्थ वे उसे केवल बाह्य वास्तविकता मानते हैं, जबकि हम उससे वैसा स्थापित करके उसे आन्तरिक सत्य बना लेते हैं।''

प्राचीन शास्त्रीय अवधारणाओं की व्याख्या-पुनर्व्याख्या में अज्ञेय जैसा सचेत रचनाकार आलोचक कम मिलेगा। साधारणीकरण नवीन और प्राचीन समस्याओं पर उनका ध्यान गया है कि प्राचीनकाल में ज्ञान सीमित था—कवि वैज्ञानिक के अलग-अलग बिल्ले अनावश्यक थे—साधारणीकरण की समस्या दूसरे प्रकार की थी—तब भाषा का केवल एक मुहावरा था। लेकिन स्थिति बदल गयी है, विशेषज्ञों के युग में भाषा एक रहने पर भी उसके मुहावरे बदल गये हैं। भाषा आज भी प्रेषण का माध्यम है, यह कोई नहीं कहता कि अब उसने सार्वजनिकता की प्रवृत्ति छोड़ दी है या छोड़ दे। लेकिन अब वह प्रवृत्ति है, तथ्य नहीं। ऐसी कोई भाषा नहीं जो सब समझते हों, सब बोलते हों। गणितज्ञ की अंग्रेज़ी दूसरी है और रचनाकार की दूसरी, ऐसी स्थिति में कवि के सामने रागात्मक सत्य को प्रेषित करने की समस्या है। इस प्रकार वह साधारणीकरण के लिए ही एक संकुचित क्षेत्र का साधारण मुहावरा छोड़ने को बाध्य होगा, अर्थात एक दूसरे अन्तर्विरोध की शरण लेगा। यदि यह निरूपण ठीक है तो प्रश्न इतना ही है कि दोनों अन्तर्विरोधों में से कौन-सा ग्राह्य है। हम इतना कहेंगे कि जो दूसरा क्षेत्र चुनता है, उसे कम से कम एक अधिक उदार अधिक व्यापक दृष्टि से देखने या देखना चाहने का श्रेय तो मिलना चाहिए।

साधारणीकरण का प्रश्न भाषा का प्रश्न है—शब्द अर्थ का प्रश्न। और इस

प्रश्न से अज्ञेय जीवनभर जूझते रहे। हर साँस में कहते रहे हैं—जरा भाषा के मूल प्रश्न पर शब्द और उसके अर्थ सम्बन्ध पर ध्यान दीजिएगा। शब्द में अर्थ कहाँ से आता है, क्यों और कैसे बदलता है, कैसे अधिक या कम गति पाता है? अज्ञेय ने उदाहरण देकर समझाया है—"हम कहते हैं गुलाबी फूल जैसा रंग, यह उपमा उसमें निहित है। आरम्भ में गुलाबी शब्द से उसे रंग तक पहुँचने के लिए गुलाब के फूल की मध्यस्थता अनिवार्य रही होगी। उपमा के माध्यम से ही अर्थ लाभ होता रहा होगा। उस समय यह प्रयोग चामत्कारिक रहा होगा। पर अब ऐसा नहीं है। अब हम शब्द से सीधे रंग तक पहुँच जाते हैं, फूल की मध्यस्थता अनावश्यक है। अब उस अर्थ का चमत्कार मर गया है, अब वह अभिधेय हो गया है।"

अज्ञेय ने अपने रचनानुभव से संवाद करते हुए आलोचना में एक बेहद महत्त्वपूर्ण स्थापना की और साधारणीकरण के पुराने सिद्धान्त को नया अर्थ सन्दर्भ दे दिया। उन्होंने कहा, यह क्रिया भाषा में निरन्तर होती रहती है और भाषा के विकास की एक अनिवार्य क्रिया है। चमत्कार मरता रहता है और चामत्कारिक अर्थ अभिधेय बनता रहता है। यों कहें कि कविता की भाषा निरन्तर गण की भाषा होती जाती है। इस पकार कवि के सामने हमेशा चमत्कार सृष्टि की समस्या बनी रहती है—वह शब्दों को निरन्तर नया संस्कार देता चलता है और वे संस्कार क्रमशः सार्वजनिक मानव में पैठ कर, फिर ऐसे हो जाते हैं कि उस रूप में कवि के काम के नहीं रहते-बासन अधिक घिसने से मुलम्मा छूट जाता है।

कवि-कर्म न निरा वैचित्र्य है न नयेपन की खोज। वह निरन्तर नये अर्थ की नये अर्थ सन्दर्भ में रागात्मक प्रतिपत्ति है। इस स्थिति पर अज्ञेय का कथन है—"जब चामत्कारिक अर्थ मर जाता है और अभिधेय बन जाता है, तब उस शब्द की रागोत्तेजक शक्ति भी क्षीण हो जाती है। उस अर्थ से रागात्मक सम्बन्ध स्थापित नहीं होता। कविता तब उस अर्थ की प्रतिपत्ति करती है, जिसमें पुनः राग का संचार हो, पुनः रागात्मक सम्बन्ध स्थापित हो। साधारणीकरण का अर्थ यही है।" साधारणीकरण का यह अर्थ न भट्टनायक को अभिप्रेत था, न अभिनव गुप्त को, 'साधारणीकरण और व्यक्ति वैचित्र्यवाद' निबन्ध लिखने वाले आचार्य रामचन्द्र शुक्ल को।" एक नयी रचना स्थिति का तर्क अज्ञेय ने कहा—"नहीं तो, अगर भाव भी वही जाने हुए पुराने हैं, रस भी, और संचारी व्यभिचारी सब की तालिकाएँ बन चुकी हैं तो कवि को नया करने को क्या रह गया है? क्या है जो कविता को आवृत्ति का नहीं, सृष्टि का गौरव दे सकता है? कवि नये तथ्य को उनके साथ रागात्मक सम्बन्ध जोड़कर नये सत्यों का रूप दे, उन नये सत्यों को प्रेष्य बनाकर साधारणीकरण करें, यही नयी रचना है। इसे नयी कविता का कवि नहीं भूलता।

इसलिए यह कहना कि अज्ञेय साधारणीकरण का सिद्धान्त स्वीकार नहीं करते, एक छायावादी आलोचक का गलत प्रचार है। साधारणीकरण को लेकर कोई भ्रम न रहे, इसलिए कहा है कि साधारणीकरण का आग्रह भी उसका कम नहीं है बल्कि यह देखकर कि आज साधारणीकरण, अधिक कठिन है, वह अपने कर्तव्य के प्रति अधिक सजग है उसकी पूर्ति के लिए अधिक बड़ा जोखिम उठाने को तैयार है। उलझी संवेदनाओं के कारण साधारणीकरण का काम कवि-कर्म में चुनौती बन गया है। ज्ञान-विज्ञान की विशेषीकरण की प्रवृत्ति ने कवि-कर्म में इस काम को और अधिक कठिनतर बना दिया है।

अज्ञेय ने 1943 में 'तार-सप्तक' में जब हिन्दी के मौलिक समीक्षा शास्त्र की ओर ठोस और निर्भय कदम उठाया तो हिन्दी आलोचनाशास्त्र में एक भूचाल आ गया। लेकिन कुछ समय तक वाद-विवाद और पाठ-कुपाठ के बाद यह अनुभव किया गया कि सभी नयी अवधारणाओं के बीज 'तार-सप्तक' की भूमिका में ही मौजूद हैं। जबकि अज्ञेय जैसी मूर्धन्य प्रतिभा का अवदान अभी तक सही आकलन की प्रतीक्षा कर रहा है। इस बात को ठीक से समझा नहीं गया कि आधुनिकता, आधुनिक संवेदना, आधुनिक भाव-बोध और आधुनिक रचना-स्थिति के तर्क की शुरुआत 'तार-सप्तक' से ही हुई—'शेखर : एक जीवनी' से हुई। कविता को लेकर जिस बेचैन प्रश्नाकुलता, प्रयोगशीलता, नयी सर्जनात्मकता की शुरुआत तब हुई थी, आज वही नये सृजन में फल-फूल रही है। जिन कवियों ने राहों का अन्वेषी! कहने पर अज्ञेय का विरोध किया था, वे बदली हवा में अज्ञेय की चरणधूलि सिर पर धारण कर रहे हैं। इन सभी को 'प्रयोग' की सूझ से अनेक राहें दिखायी दे रही हैं। धीरे-धीरे अज्ञेय नये रूप में विद्रोह के मिथक पुरुष बन गये हैं। आज अज्ञेय भाग्यवान हैं कि उनकी नयी दृष्टि, नयी परिवेश चेतना, नयी मूल्य दृष्टि साहित्य में रचना प्रतिमान बन गयी हैं और नयी पीढ़ी अज्ञेय की नयी पढ़त के लिए निकल पड़ी है। साहित्य में अज्ञेय को भुलाकर न शमशेर को समझा जा सकता है, न मुक्तिबोध को, न केदारनाथ अग्रवाल को, न केदारनाथ सिंह को, न श्रीराम वर्मा और नंदकिशोर आचार्य को। अज्ञेय को इस बात की पहचान थी कि आगे आने वाला यन्त्रयुग नये सृजन संकट उपस्थित करेगा और जैसे-जैसे कलाकृति केन्द्रित-विमर्श केन्द्रीय स्थान प्राप्त करेगा, वैसे-वैसे प्रतिमानों की चर्चा पर जोर कम होता जाएगा। अज्ञेय ने लगभग पाँच दशकों तक हिन्दी का सृजन और आलोचना कर्म समृद्ध किया। उनकी आलोचना ने अनेक नयी अवधारणाओं को चिन्तन के केन्द्र में स्थापित किया और 'प्रतीक' 1947 तथा 'नया प्रतीक' 1973 जैसी साहित्यिक पत्रिकाओं ने नये प्रतिमान साहित्य में प्रस्तुत किये।

अज्ञेय जी मार्क्सवाद के विरोधी रहे, लेकिन मानव की मुक्ति और वृहत्तर सामाजिकता, मानव-गरिमा, वरण की स्वतन्त्रता, लघुता पर साहित्यिक दृष्टिपात, रचनाकार के सामाजिक दायित्व का उन्होंने सदैव सम्मान किया। आज जब मार्क्सवाद की सत्ताएँ-व्यवस्थाएँ ढहकर धूल में ध्वस्त हो रही हैं और नव पूँजीवाद के उत्तर औद्योगिक समाज और उपभोक्तावादी संस्कृति ने नव इतिहासवादियों-नव मार्क्सवादियों के सामने नये प्रश्न उठा दिये हैं, तब अज्ञेय का चिन्तन बेहद अर्थवान और अज्ञेय की आपत्तियाँ सच सिद्ध हो रही हैं। विचारधाराओं के अन्त के साथ शीत-युद्ध की समाप्ति और मार्क्स का प्रेत घूम रहा है। अब स्थिति यह बनी है कि अज्ञेय की ज्यादातर स्थापनाओं को प्रतिक्रियावादी या प्रतिगामी या अमरीकी पूँजीवादी, नव्य समीक्षावादी, लघुमानव-सिद्धान्तवादी, भाववादी आदि कहकर खारिज नहीं किया जा सकता। अज्ञेय पर पुनर्विचार और नया भाष्य जरूरी हो गया है।

आखिरकार कोई तो खास बात है कि पिछले साठ वर्षों से भी ज्यादा समय में 'तार-सप्तक' 1943 सबसे ज्यादा विवादास्पद और विचारोत्तेजक कविता पुस्तक का प्रतिमान साबित हुई है। यह कहना गलत न होगा कि पिछली तमाम ब्रहसों, विवादों-संवादों के केन्द्र में तार-सप्तक रहा है और अज्ञेय की स्थापनाएँ निरन्तर महत्त्व पाती रही हैं। 'दूसरा सप्तक' 1951 ने 'तार-सप्तक' को और अधिक अर्थवान सन्दर्भवान बना दिया। वे युवा रचनाकार और जो आलोचक 'तार-सप्तक', 'दूसरा सप्तक' के प्रति अपरिपक्व बुद्धि के कारण नकार का भाव रखते थे—अब प्रौढ़ हो जाने पर अज्ञेय के 'सप्तकों' को सराहते नहीं थकते। हममें से बहुतों को याद है कि 'तार-सप्तक' पर छायावाद के नामी-गिरामी आलोचक नन्ददुलारे वाजपेयी ने 'प्रयोगवादी कविताएँ' शीर्षक से कितना ध्वन्सात्मक लेख लिखा था। जिसे अज्ञेय ने 'दूसरा सप्तक' में 'तर्क विकृति' का अनुपम उदाहरण माना है। लगभग दो-ढाई साल बाद कवियों के कवि शमशेर ने 'तार-सप्तक' पर एक गम्भीर समीक्षा लिखी थी और अज्ञेय को आदर से याद किया। तत्पश्चात लम्बे समय तक 'प्रयोग' को लेकर करारी बहसें चली हैं।

प्रश्न उठता है कैसे छपा तार-सप्तक? इसका उत्तर अज्ञेय ने 'तार-सप्तक' के 'विवृति और पुनरावृति' में दिया। 'तार-सप्तक' श्री जवाहर प्रेस, 161/1 हरिसन रोड कलकत्ता द्वारा मुद्रित और संग्रहीत कवियों की ओर से प्रतीक प्रकाशन केन्द्र पोस्ट बाक्स 62, दिल्ली से 1943 में ढाई रुपये कीमत पर छपा। साथ ही इसमें लिखा है, 'संग्रहीत कवियों द्वारा सुरक्षित'। 'तार-सप्तक' पर अर्धेन्द्रदत्त द्वारा बनाया गया—रेखाओं से निर्मित चित्र। योजना के विषय में अज्ञेय ने कहा—'तार-सप्तक' में सात युवक कवियों (अथवा कवि युवकों) की रचनाएँ हैं। वे रचनाएँ कैसे एक

जगह संगृहित हुईं, इसका एक इतिहास है। कविता या संग्रह के विषय में कुछ कहने से पहले उस इतिहास के विषय में जान लेना उपयोगी होगा।

दो वर्ष हुए, जब दिल्ली में अखिल भारतीय लेखक सम्मेलन की आयोजना की गयी थी। 'उस समय कुछ उत्साही बन्धुओं ने विचार किया कि छोटे-छोटे फुटकल संग्रह छापने के बजाय एक संयुक्त संग्रह छापा जाय, क्योंकि छोटे-छोटे संग्रहों की पहले तो छपाई एक समस्या होती है, फिर छपकर भी वे सागर में एक बूँद-से खो जाते हैं। इन पंक्तियों का लेखक—योजना विश्वासी के नाम से पहले ही बदनाम था, अतः यह नयी योजना तत्काल उसके पास पहुँची और उसने अपने नाम (बदनाम होंगे तो क्या नाम होगा) के अनुसार उसे स्वीकार कर लिया।'' आरम्भ में योजना का क्या रूप था और किन कवियों की बात उस समय सोची गयी थी, यह अब प्रसंग की बात नहीं रही। किन्तु यह सिद्धान्त समय से मान लिया गया था कि योजना का मूल आधार सहयोग होगा अर्थात उसमें भाग लेने वाला प्रत्येक कवि पुस्तक का साक्षी होगा। ''चन्दा करके इतना धन उगाहा जायेगा कि कागज का मूल्य चुकाया जा सके, छपाई के लिए माँगा जाएगा जो बिक्री की प्रतीक्षा करते या चुकाई में छपी हुई प्रतियाँ ले लें।'' अज्ञेय ने तो यह इतिहास बताया, लेकिन हिन्दी आलोचना में इस बात को लेकर बड़ा विवाद हुआ कि 'तार-सप्तक' की मूल योजना किसकी थी—कौन था इसका प्रवर्तक? अज्ञेय ने कैसे योजना पर कब्जा किया आदि-आदि।

अज्ञेय ने यह भी स्पष्ट किया कि ''दूसरा मूल-सिद्धान्त यह था कि संग्रहीत सभी कवि ऐसे होंगे जो कविता को प्रयोग का विषय मानते हैं, जो यह दावा नहीं करते कि काव्य का सत्य उन्होंने पा लिया। केवल अन्वेषी ही अपने को मानते हैं। इस आधार पर संग्रह को व्यावहारिक रूप देने का दायित्व मेरे सिर पर डाला गया।''

यह तो हुआ प्रकाशन का इतिहास। अब कुछ उसके भीतर के विषय में भी कहूँ। 'तार-सप्तक' में सात कवि संग्रहीत हैं। सातों एक-दूसरे के परिचित हैं—इसके बिना इस ढंग का सहयोग कैसे होता? किन्तु इससे यह परिणाम न निकाला जाय कि वे कविता के किसी एक स्कूल के कवि हैं, या कि साहित्य जगत के किसी एक गुट अथवा दल के सदस्य या समर्थक हैं। बल्कि उनके तो एकत्र होने का कारण यही है कि वे किसी एक स्कूल के नहीं हैं, सभी राही हैं—राही नहीं, राहों के अन्वेषी।' अज्ञेय के इस वक्तव्य को लेकर हिन्दी आलोचना में ऐसा संग्राम हुआ कि आज उस संग्राम का हिन्दी आलोचना में एक अलग इतिहास है।

अज्ञेय के द्वारा यह भी कहा गया है कि 'उनमें मतैक्य नहीं है, सभी महत्त्वपूर्ण विषयों पर उनकी राय अलग-अलग है, जीवन के विषय में, समाज और धर्म और राजनीति के विषय में, काव्य वस्तु और शैली के, छन्द और तुक के कवि के दायित्वों के प्रत्येक विषय में उनका आपस में मतभेद है। यहाँ तक कि हमारे जगत् के ऐसे सर्वमान्य और स्वयंसिद्ध मौलिक सत्यों को भी वे समान रूप से स्वीकार नहीं करते जैसे लोकतन्त्र की आवश्यकता, उद्योगों का समाजीकरण, यान्त्रिक युद्ध की उपयोगिता, वनस्पति घी की बुराई अथवा कानन बाला और सहगल के गानों की उत्कृष्टता आदि।' वे सब परस्पर एक-दूसरे पर, एक-दूसरे की रुचियों, कृतियों और आशाओं-विश्वासों पर एक-दूसरे की जीवन परिपाटी पर और यहाँ तक कि एक-दूसरे के कुत्तों और मित्रों पर भी हँसते हैं। 'यही कथन—सच सिद्ध हुआ।' 'तार-सप्तक' के कवियों में मूल विरोध उभरा और 'तार-सप्तक' की सबसे अच्छी समीक्षाएँ भी 'तार-सप्तक' के कवियों ने ही की हैं—'तार-सप्तक' की इन समीक्षकों में, चाहे वह नेमिचन्द्र जैन की हो या शमशेर द्वारा की गयी समीक्षा हो, उसमें हिन्दी आलोचना का एक नया चेहरा, एक नया विचार-बिम्ब निर्मित होता हुआ दिखायी देता है।

'तार-सप्तक' में अज्ञेय के कवि-वक्तव्य पर प्रायः कम ध्यान दिया गया है जबकि अज्ञेय की सृजनात्मक और आलोचनात्मक मानसिकता को समझने के लिए इस 'वक्तव्य' पर ध्यान केन्द्रित करना आवश्यक है। उनका बचपन लखनऊ, कश्मीर, बिहार और मद्रास में बीता, शिक्षा मद्रास और लाहौर में हुई, किन्तु वे साहित्य के साथ-साथ बमबाजी और विषैले रसायनों का अध्ययन भी करते रहे, बाद में इन विषयों का कुछ अभ्यास भी किया। फिर कुछ महीने पुलिस के साथ चोर छिपौवल करके नवम्बर, 1930 में 'मुहम्मद बक्श' नाम से पकड़े जाकर एक महीना लाहौर किले में और साढ़े तीन साल दिल्ली और पंजाब की जेलों में बिताया; फिर दो मास किले में और दो वर्ष नजरबन्दी में। उसके बाद 'सैनिक', 'विशाल भारत' में रहे। मेरठ में साहित्य परिषद की स्थापना की। शान्ति निकेतन जाते समय दिल्ली रुक गये। आल इंडिया रेडियो में अढाई वर्ष रहे। फिर खाकी पहनकर सेना में भर्ती हुए, कैप्टन रहे असमिया मच्छर मारते। इसी बीच कविता, कहानी, निबन्ध और अंग्रेजी कविता का संग्रह चित्रकला मूर्तिकला, फोटोग्राफी, मनोविश्लेषण और डॉक्टरी की खब्त और नदी-नालों-वनों की यायावरी। अकेले रहने और चिन्तन करने का अभ्यास बढ़ा। इन सभी ने मिलकर रचनाकार, आलोचक अज्ञेय की मानसिकता का निर्माण किया।

अज्ञेय के आलोचक ने गम्भीर विवादास्पद भूमिकाएँ लिखीं, लेकिन हमेशा

माना कि कविता ही कवि का परम वक्तव्य है। उसके बाहर जो गद्य में कह जाता है वह कविता की पराजय है। मानव-जीवन के विकास के साथ जटिलता बढ़ी है--इसलिए 'आत्म-स्पष्टीकरण' वांछनीय हो गये हैं। यह भी माना कि कवि का कथ्य उसकी आत्मा का सत्य है--वह सत्य व्यक्तिबद्ध न होकर व्यापक सत्य है और जितना व्यापक है उतना ही काव्योत्कर्षकारी। जीवन की बढ़ती जटिलता ने जीवन की व्यापकता को सीमित कर दिया है। आज कवि और पाठक दोनों बदल गये हैं और दोनों पर समकालीनता का दबाव बढ़ा है--यह आज के कवि की सबसे बड़ी समस्या है।

अज्ञेय जी में प्रयोगशीलता के प्रति अपार निष्ठा रही है। उन्होंने कहा है, "प्रयोग सभी कालों के कवियों ने किये हैं, यद्यपि किसी एक काल में किसी विशेष दिशा में प्रयोग करने की प्रवृत्ति होना स्वाभाविक ही है। किन्तु कवि क्रमशः यह अनुभव करता है कि जिन क्षेत्रों में प्रयोग हुए हैं उनसे आगे बढ़कर अब उन क्षेत्रों का अन्वेषण करना चाहिए, जिन्हें अभी नहीं छुआ गया या जिनको अभेद्य मान लिया गया है। भाषा को अपर्याप्त पाकर विराम संकेतों से, अंकों और सीधी-तिरछी लकीरों से, छोटे-बड़े टाइप से, सीधे या उल्टे अक्षरों से, लोगों और स्थानों के नामों से, अधूरे वाक्यों से--सभी प्रकार के इतर साधनों से कवि उद्योग करने लगा कि अपनी उलझी हुई संवेदना की सृष्टि को पाठकों तक अक्षुण्ण पहुँचा सके।" प्रश्न उठता है कि क्या इस कार्य में उसे सफलता मिल सकी? अज्ञेय का उत्तर है--"पूरी सफलता उसे नहीं मिली, जहाँ वह पाठक के विचार संयोजन सूत्रों को नहीं छू सका, वह उसे पागल प्रलापी समझा गया या अर्थ का अनर्थ पा लिया गया। बहुत से लोग इस बात को भूल गये कि कवि आधुनिक जीवन की एक बहुत बड़ी समस्या का सामना कर रहा है। भाषा की क्रमशः संकुचित होती हुई सार्थकता का केंचुल फाड़कर उसमें नया, अधिक व्यापक, अधिक सारगर्भित अर्थ भरना चाहता है--और अहंकर के कारण नहीं, इसलिए कि उसके भीतर इसकी गहरी माँग स्थापित है--इसलिए वह व्यक्ति सत्य को व्यापक सत्य बनाने का उत्तरदायित्व अब भी निबाहना चाहता है, पर देखता है कि साधारणीकरण की पुरानी प्रणालियाँ, जीवन के ज्वालामुखी से बहकर आते हुए लावा से भरकर और जमकर रूद्ध हो गयी हैं--प्राण संचार का मार्ग उनमें नहीं है।'

प्रयोग और प्रयोगवाद को लेकर पुरानी पीढ़ी के ज्यादातर आलोचक अज्ञेय पर बिगड़े तो उन्हें कहना पड़ा--"जो लोग प्रयोग की निन्दा करने के लिए परम्परा की दुहाई देते हैं, वे यह भूल जाते हैं कि परम्परा, कम से कम कवि के लिए, कोई ऐसी पोटली बाँधकर अलग रखी हुई चीज़ नहीं है, जिसे वह उठाकर सिर

पर लाद ले और चल निकले (कुछ आलोचकों के लिए भले ही वैसा हो)। परम्परा का कवि के लिए कोई अर्थ नहीं है, जब तक वह उसे ठोंक बजाकर, तोड़-मरोड़ कर, देखकर आत्मसात नहीं कर लेता, जब तक वह एक इतना गहरा संस्कार नहीं बन जाती कि उसका चेष्टापूर्वक ध्यान कर उसका निर्वहन करना अनावश्यक न हो जाय। अगर कवि की आत्माभिव्यक्ति एक संस्कार विशेष में ही सहज सामने आती है, तभी वह संस्कार देने वाली परम्परा कवि की परम्परा है, नहीं तो वह इतिहास है, शास्त्र है, ज्ञान भंडार है, जिससे अपरिचित भी रहा जा सकता है।'' कवि के साथ बौद्धिकता का अर्थ यह नहीं है कि वह परम्परा द्रोही हो, वह परम्परा का विकास विपरीत दिशा में जाकर भी कर सकता है।

क्या विडम्बना रही है कि साहित्य शिक्षण से जुड़े लोग प्रयोग के नाम पर बिदकते रहे हैं। कहना पड़ा अज्ञेय को कि प्रयोग अपने आप में इष्ट नहीं है और दोहरा साधन है, क्योंकि एक तो वह उस सत्य को जानने का साधन है, जिसे कवि प्रेषित करता है, दूसरे उस प्रेषण की क्रिया को और उसके साधनों को जानने का साधन है। अर्थात प्रयोग द्वारा कवि अपने सत्य को अच्छी तरह व्यक्त कर सकता है। वस्तु और शिल्प दोनों के क्षेत्र में प्रयोग फलप्रद होता है। इसलिए रचना-कर्म में 'प्रयोग' की बड़ी महिमा है। 'प्रयोग का हमारा कोई वाद नहीं है, इसको और स्पष्ट करने के लिए एक बात हम और कहें। प्रयोग निरन्तर होते आये हैं और प्रयोगों के द्वारा ही कविता या कोई भी कला, कोई भी सकारात्मक कार्य आगे बढ़ सका है। जो कहता है—मैंने जीवनभर कोई प्रयोग नहीं किया है। वास्तव में, यही कहता है कि मैंने जीवनभर कोई रचनात्मक कार्य करना नहीं चाहा है। ऐसे व्यक्ति की कविता कविता नहीं है। उसमें कला, शिल्प और रचनात्मकता नहीं है। प्रयोग का महत्त्व तभी है, जब वह गोताखोर की तरह मोती लाता है। इस दृष्टि से 'प्रयोग' का 'वाद' बेमानी है। इस तरह अज्ञेय ने निरन्तर विचार मग्न होकर कहा कि प्रयोग का कोई वाद नहीं है। 'तीसरा सप्तक' भी यही ध्वनित करता आया है कि प्रयोग से जुड़ी नयी कविता शिल्प या रूपवाद नहीं है, उसमें जीवन संवेदना की गहराई और गरमाहट है। कुतर्की प्रयोगवाद पर अड़े रहे। लेकिन प्रयोगवाद के आगे का काल नयी कविता का काल कहलाया, इस नयी कविता में प्रयोगवादी-प्रगतिवादी दोनों प्रेम संवाद के साथ समा गये।

अज्ञेय ने भारतीय शब्द परम्परा के चिन्तन का 'तीसरा सप्तक' की भूमिका में विस्तार किया और राहों के अन्वेषण की बात पर पुनः जोर दिया। प्रत्येक शब्द का प्रत्येक समर्थ उपभोक्ता उसे नया संस्कार देता है। इसी के द्वारा पुराना शब्द नया होता है—यही उसका कल्प है। इसी प्रकार शब्द वैयक्तिक प्रयोग भी होता

है और प्रेषण का माध्यम भी बना रहता है। दुरुह भी होता है और बोधगम्य भी, पुराना परिचित भी रहता है और स्फूर्तिप्रद अप्रत्याशित भी। नये कवि ने शब्द की लीक नहीं पीटी उसे नया अर्थ-सन्दर्भ दिया। इस दृष्टि से नयी कविता नया भावबोध है—नयी भावदशा और नयी मनोभूमिका का भावस्फोट। नयी मनःस्थिति का प्रकाश। अज्ञेय ने 'नयी कविता' शीर्षक निबन्ध में अपनी कविता 'बह गयी बहकी हवाएँ चैत की' का उदाहरण देकर कहा कि इस कविता पर अज्ञेय का नाम लिखा है तो यह प्रतिक्रियावादी कविता है—अगर इस पर शमशेर, नागार्जुन का नाम लिखा हो तो प्रगतिवादी कविता। हिन्दी आलोचना दुर्भाग्यवश नामों की दलबन्दी में फँसकर कृतियों की समीक्षा से भटक गयी है।

आलोचक अज्ञेय ने हमेशा नकलचियों से सावधान किया है, क्योंकि वे माल की असलियत के बारे में धोखा देते हैं। आलोचक का काम है कि वह असली की साख न बिगड़ने दे और नकली के प्रति सावधान करे। हमारे यहाँ नकली कवियों से ज्यादा नकली आलोचक हैं—उनका धातु भी खोटा है और कसौटियाँ भी खोटी हैं? इसी कसौटी पर वे आज भारतेन्दु और मैथिलीशरण गुप्त को 'हिन्दू' कवि कहकर नीचा दिखाना चाहते हैं। अज्ञेय जी ने द्विवेदी युग, छायावादी युग में नकलचियों की बात उठाकर कहा—प्रगतिवाद ने कम नकलची पैदा नहीं किये। हमें किसी भी वर्ग में उनका समर्थन या पक्ष-पोषण नहीं करना है। पर यह माँग भी करनी है कि उनके पक्षपात के कारण मूल्यवान की उपेक्षा न हो। कौन नहीं जानता कि प्रगतिवाद की खोटी कसौटी के कारण माखनलाल चतुर्वेदी, बालकृष्ण शर्मा नवीन, सुभद्राकुमारी चौहान, हरिवंश राय बच्चन, रामधारी सिंह दिनकर, नरेन्द्र शर्मा आदि तमाम मूल्यवान कवि निरादर का शिकार हुए। जिनके मूल्यांकन की ओर 'लघुमानव के बहाने हिन्दी कविता पर एक बहस' निबन्ध में विजय देवनारायण साही ने ध्यान दिलाया है कि असली को नकली से न नापा जाय। प्राचीन समय से रचना-कर्म में 'साधना' का, तप का महत्त्व रहा है—अज्ञेय ने इस साधना-परम्परा पर ध्यान केन्द्रित करते हुए कहा है कि साधना अभ्यास और मार्जन का ही दूसरा नाम था। बड़ा कवि वाक्सिद्ध होता था और भी बड़ा कवि रस-सिद्ध। आज वाक्-शिल्पी कहलाना अधिक गौरव की बात समझी जा सकती है। आज तो शिल्पी एक गाली है और एक नया वर्ग नयी काव्य प्रवृत्ति को आलोचना के रूपवाद (फार्मलिज्म) का आन्दोलन कहकर उड़ा देना चाहता है। जबकि नयी प्रवृत्ति का यह आन्दोलन वस्तु और रूप की अभिन्नता का आन्दोलन है, जिसमें कविता बुद्धि की मुक्तावस्था की ओर उन्मुख है।

'प्रयोगवाद' 'नयी कविता' पर यह आरोप निराधार है कि वह रूपवाद की

कविता है। यह कहना झूठ और भ्रामक है कि केवल प्रगतिवादी काव्य में सामाजिक चेतना है और कहीं नहीं। (तीसरा सप्तक भूमिका) यह मानने में कोई कठिनाई न होनी चाहिए कि प्रगतिवाद सबसे अधिक समाज आग्रही रहा है, पर केवल इसी से यह नहीं प्रमाणित हो जाता कि उस वाद के कवियों में गहरी सामाजिक चेतना है या कि जैसी है वही उसका स्वरूप है उसकी पड़ताल प्रत्येक कवि में अलग करनी होगी। 'तीसरा सप्तक' के सभी कवियों की सामाजिक राजनीति-साहित्यिक मान्यताएँ अलग-अलग हैं। कुछ कवि सप्तकों में आमन्त्रित होकर भी रह गये। उन्होंने स्वयं इनमें आना चाहा। इसलिए कि दूसरे कवियों का साथ उन्हें पसन्द नहीं था। अज्ञेय ने जब अथक भाव से 'चौथा सप्तक' भी निकाला तब बड़ी चिकचिक हुई। अज्ञेय ने एक साक्षात्कार में कहा कि 'चौथा सप्तक' निकालकर कोई अपराध नहीं किया है। 'तीसरा सप्तक' सम्पादक के काव्य-विवेक और काव्य-दृष्टि का प्रतिफलन था तो 'चौथा सप्तक' घोषित तौर पर, एक सम्पादक को काव्य-दृष्टि, साहित्यिक-रुचि और साहित्य-विवेक का प्रतिफलन है। यह सच है कि 'चौथा सप्तक' को लेकर अज्ञेय पर विवाद बढ़ा और यह 'सप्तक' किनारे कर दिया गया। इसे लेकर मताग्रही आलोचना ने अज्ञेय पर घेरा डाला और अनाप-शनाप थूका। अज्ञेय ने कहा कि 'चौथा सप्तक' या समकालीन कविता के बीज छायावाद-प्रगतिवाद-प्रयोगवाद तीनों में ही थे। आज की कविता उन्हीं बीजों का नया विचार वृक्ष है। परिस्थितियाँ आज ऐसी हैं कि आज की कविता बोलती बहुत है। उसमें वक्तव्यबाजी बढ़ी है। आज की कविता पर 'मैं' छा गया है। वह 'अन्य' को कम सुनती है। अज्ञेय ने यह भी कहा कि आज की कविता में मुखौटा या पर्सोना का खेल बढ़ गया है—वैसे सृजन में मुखौटा केवल धोखा देने के लिए ही नहीं, बल्कि सच्चाई को प्रस्तुत करने के लिए भी लगाये जाते हैं। (चौथा सप्तक—भूमिका) साधारण जीवन में मुखौटा बुरी चीज है लेकिन नाटक अथवा काव्य में यथार्थ को प्रस्तुत करने का ढंग है, हुनर है। अज्ञेय का आलोचक समकालीन कविता को लेकर कितना चौकन्ना था, यह बात उनके इस कथन से सामने आती है, ''आज की कविता का बहुत बड़ा और शायद सबसे बड़ा दोष यह है कि उस पर एक 'मैं' छा गया है—वह भी एक उपेक्षित और अविसर्जित मैं। आज की कविता बहुत बोलती है, जब कि कविता का काम बोलना है ही नहीं।' इधर कवियों में राजनीतिक पक्षधरता बढ़ी है—जबकि राजनीतिक पक्षधरता को कसौटी नहीं बनाया जा सकता।

अज्ञेय का ध्यान आपातकाल पर न गया हो—ऐसी बात नहीं है—राजनीतिक पक्षधरता का स्थान राजनीतिक असहिष्णुता लेने लगी तो उन्होंने अनुभव किया कि आपातकाल ने एक लगभग देशव्यापी आतंक की सृष्टि की है, उसकी परिधि के

भीतर विभिन्न प्रकार की असहिष्णुताएँ आतंक के छोटे-छोटे मंडल बनाती रही हैं। आपातकाल की समाप्ति से आतंक का तो अन्त हो गया, लेकिन मतवादी असहिष्णुताओं के ये वृत्त अभी कायम हैं। इधर के कवियों ने स्वायत्तता और स्वाधीनता बोध का अनुभव कई तरह से किया है। इसी दौर में अज्ञेय ने पश्चिमाभिमुख आधुनिकता या औपनिवेशिक-आधुनिकता की सत्ता पर बहस का जोरदार अभियान चलाया। हालाँकि यह अभियान चल तो 'तारसप्तक' से ही पड़ा था, लेकिन बाद के सप्तकों में गाँधी, फ्रायड, मार्क्स, लोहिया, जयप्रकाश नारायण आदि प्रत्यक्ष-अप्रत्यक्ष रूप से झाँकने लगे। सभी ने अपनी सहमति और मतभेद का दौर अपनी शर्तों पर जिया। पता नहीं क्यों अज्ञेय ने भारतीय स्वाधीनता के आन्दोलन पर चुप्पी नहीं तोड़ी। जबकि एक समय में नेहरू अभिनन्दन ग्रन्थ नेहरू जी को भेंट किया और भारतीय आधुनिकता को भारतीयता को अपने ढंग से परिभाषित भी किया। समय का संशय भी अज्ञेय को मथता है और चिन्तन के तनाव में, राजनीति के अवमूल्यन से कष्टमय दिखायी देते हैं, उस पर व्यंग्य कविताएँ लिखते हैं, "शाबाश! मेरे देश के रोशनज़मीर नेताओं/तुम्हारी मर्यादा वह हाथी का पैर है/जिसमें सीता समा गयी थी।" यहाँ ध्यान देने की बात है कि अज्ञेय की आलोचना चाहे वह 'सप्तकों' से आयी हो, 'त्रिशंकु' जैसे निबन्ध संग्रहों से आयी हो या 'अन्तरा', 'शाश्वती', 'शेषा' जैसी अन्तःप्रक्रियाओं से आयी हो या उनके द्वारा निकाले जाने वाली पत्र-पत्रिकाओं, अनगिनत निबन्धों, यात्रावृत्तों, व्याख्यानों से आयी है—वह आलोचना बुनियादी तौर पर सभी संवादों 'वाद-विवादों' का उद्गम स्रोत है। हिन्दी आलोचना की इन बहसों में अज्ञेय के साथ रघुवीर सहाय, ग.मा. मुक्तिबोध, नेमिचन्द्र जैन, गिरिजा कुमार माथुर, शमशेर, रामविलास शर्मा, प्रभाकर माचवे जैसे धाकड़ व्यक्तित्व हिस्सेदार रहे हों, लेकिन हिन्दी आलोचना में नयी बहस की परम्परा के प्रवर्तन का श्रेय अज्ञेय को ही जाता है। उन्होंने 'काल-चिन्तन' की नयी शुरुआत के साथ 'स्मृति' पर आने वाले संकट के प्रति हमारी पीढ़ी को जागृत किया है।

जिसे हिन्दी में आज हम आधुनिक संवेदना से सम्पन्न बौद्धिक मुक्तावस्था की सर्जनात्मक आलोचना कहते हैं, उसकी शुरुआत अज्ञेय से ही हुई। पन्त, प्रसाद, निराला, महादेवी के सामने पुराने रीतिवाद से जूझने की समस्या रही और उससे जूझकर इन रचनाकार आलोचकों ने आचार्य रामचन्द्र शुक्ल और प्रेमचन्द की दिशा में चलकर हिन्दी में नवजागरणवादी काव्यशास्त्र के आधार को पोढ़ा-पुष्ट किया। उस आधार की मदद से अवधारणात्मक चिन्तक का एक नया युग हिन्दी आलोचना में अज्ञेय ही लाये।

अज्ञेय ने भाषा-अस्मिता और अस्तित्व का प्रश्न उठाकर बार-बार ध्यान

दिलाया कि भाषा ही स्मृति है—इतिहास है, मिथक है, परम्परा है, गल्प-कोष है। इसलिए यदि कविता में कोई सत्य होता है तो वह भाषा में ही मौजूद रहता है। 'मैं सच लिखता हूँ, लिख लिखकर सब झूठा करता जाता हूँ,' कहने वाले कवि अज्ञेय का गहरा आशय है। यह समझ है कि साहित्य सत्य नहीं है गल्प है। गल्प में धार होती है, इसलिए सर्वसत्तावादी व्यवस्थाएँ साहित्य से भयभीत रहती हैं। कविता का सच है सत्ता पर निरन्तर सन्देह। राष्ट्रवाद, समाजवाद, साम्राज्यवाद, उपनिवेशवाद के नाम पर बीसवीं शताब्दी में भी भयानक दमन-चक्र चला। उसकी पोल किसने खोली—साहित्य ने। साहित्य ने केन्द्रीयता को तोड़ा और बहुलतावाद की ओर बढ़ कर रहा है। एक ऐसा समय जब शब्द और सत्ता पर निरन्तर हमला हो रहा था—अज्ञेय ने उसकी पवित्र गरिमा के लिए संघर्ष किया और पाठक में पैदा किया—पावनताजनित विवेक। शब्द को बचाना न रूपवादी होना है, न न्यूक्रिटीसिज्म का पिछलग्गू। इसलिए हिन्दी आलोचना में अज्ञेय को कलावादी, फ्रायडवादी कहना पूरा गलत पाठ पढ़ना है।

अज्ञेय और समकालीन आलोचना को अहसास है कि 'तार-सप्तक' के 1943 प्रकाशन के बाद हिन्दी आलोचना में बहुत कुछ ऐसा आधुनिक, नया, परिवेशजन्य, संस्कृति-संवेदना से परिपूर्ण और प्रयोगशील इतिहास भूगोल का नक्शा बन गया है। अज्ञेय की आलोचना दृष्टि ने रचना का महत्त्व, रचना-प्रक्रिया, रचना-प्रेरणा और प्रभाव रचना-भाषा, बिम्ब, प्रतीक, मिथक, छन्द लय, सामाजिकता और वाचिक परम्परा के अनेक विषय आलोचना में स्थापित किये। यह कहना आवश्यक है कि शुक्लोत्तर हिन्दी आलोचना और आलोचना शास्त्र के विकास में अज्ञेय की 'भूमिकाएँ' 'रूपाम्बरा' की भूमिका, 'पुष्करिणी' की भूमिका, सप्तकों की भूमिकाएँ, 'सर्जना के क्षण' की भूमिका, नये बोध को रेखांकित करती हैं। आज भी शुक्लोत्तर आलोचना में इन 'भूमिकाओं' का महत्त्व कम नहीं हुआ है। अज्ञेय की 'भूमिकाएँ' आलोचना के महत्त्व को बढ़ाती हैं। अज्ञेय की 'भूमिकाएँ', आलोचना का विजय मंच बनी हैं और पुराना शम्भु धनुष इनसे ही टूटा है।

'सर्जना और सन्दर्भ', 'आत्मपरक', 'केन्द्र और परिधि' तथा 'स्मृतिच्छन्दा के सैकड़ों निबन्धों ने एक नये-चिन्तन क्षेत्र का विकास किया है साथ ही हिन्दी आलोचना को पश्चिम का उपनिवेश नहीं बनने दिया। उन्होंने आधुनिकतावाद, अस्तित्ववाद, नव्य समीक्षा पर बहस करते हुए-सम्प्रेषण के महत्त्व की पहचान करायी है। पश्चिम और पूर्व की चिन्तन परम्पराओं की तुलना और महत्त्व से कृति केन्द्रित आलोचना की केन्द्रीयता स्वीकार की है और कृति के 'इंटरप्रटेशन' में मूल्य निर्णय के नये आयाम जोड़े हैं।

हिन्दी आलोचना में अज्ञेय ने यह प्रश्न बहुत भरे-हृदय से उठाया कि हमने निराला को मुक्त छन्द प्रवर्त्तन का श्रेय तो दे दिया, लेकिन उनके प्रयोगों से सीखा नहीं। हमने यह विचार नहीं किया कि मुक्त छन्द में मुक्ति क्या है? क्यों है? और कहाँ तक है? सन्देह होता है कि इसकी समुचित समझ बहुत कम कवियों में विकसित हुई। छन्द के प्रभाव की प्रथा तो उठती ही गयी। बहुत बुरा हुआ। लेकिन छन्द का बोध अभ्यास से अलग चीज है। मात्राएँ और वर्ण गिनना और तुकों के जोड़ कंठस्थ रखना अभ्यास का वह अंग था, जिससे छूट पाने में विशेष अहित नहीं हुआ, किन्तु श्रुति की एक दीक्षा थी जो पुरानी स्थितियों में छन्द के अभ्यास के साथ-साथ मिल जाती थी। यह पक्ष उपेक्षा के कारण अब लगभग खो गया है। श्रुति संवेदन के प्रति यह उपेक्षा और भी दारुण इसीलिए हो गयी कि काव्यालोचन के राजनीतिकीकरण के कारण ऐसे सब विचारों को रूपवाद कहकर उपहास का विषय बनाया गया है। इसी तरह बोलचाल की भाषा के निकट आने के आग्रह को भी गलत समझा गया और उसका अर्थ यही लगाया गया है कि गद्य और पद्य की लय में कोई अन्तर नहीं होना चाहिए, आज तो बहुत से कवि यशःप्रार्थी ऐसे भी हैं, जो यह भी नहीं बता सकेंगे कि 'लय' कहते किसे हैं।

अज्ञेय कथाकार, यात्रा संस्मरणकार, नाटककार, पत्रकार, सम्पादक अनेक भूमिकाओं में उतरे। लेकिन कहा हमेशा यही "मैं कवि ही रहूँगा—उपन्यासकार नहीं बनूँगा।" उनकी धारणाएँ 'त्रिशंकु' से लेकर 'स्मृति के गलियारे' तक की पचास साल की विचार-यात्रा में फैली हैं। कवि को वे 'हविष्यवादी अग्निपुरुष' कहते हैं और रचना को यन्त्रणा भरी तनाव की प्रक्रिया। अज्ञेय में जो अर्थ-गर्भ मौन का, अनुभूति की अद्वितीयता का, ईमानदारी का जो मंथन चलता है—वह 'फूट-फटकर कह उठता है, 'चिन्तन प्रसाद ने अधिक किया है, काव्य निराला का श्रेष्ठ है।' कभी-कभार उनका चिन्तक 'गागर में सागर' भरकर कहता है—"प्रसाद पढ़ाये जाएँगे। निराला पढ़े जाएँगे—पन्त से सीख जाएगा।' रचना और आलोचना को सांस्कृतिक प्रक्रिया मानने के कारण अज्ञेय का सर्वाधिक झुकाव, लगाव प्रसाद के प्रति है। विजयदेव नारायण साही ने 'लघुमानव के बहाने हिन्दी कविता पर एक बहस' शीर्षक प्रसिद्ध निबन्ध में लम्बी बहस के बाद यह निष्कर्ष निकाला है कि 'यदि परम्परा हमेशा परिवर्तन और वैपरीत्य की दिशाओं में फूटती हुई चलती है तो अज्ञेय, आगे के इतिहासकार को प्रसाद की ही परम्परा में दिखायी पड़ेंगे।'

दरअसल, अज्ञेय की आलोचना-दृष्टि अपने समय की रचनाशीलता और रचनात्मक-संवेदना से गहरी सम्पृक्ति के कारण अपने युग के तीखे प्रश्नों से टकराती है, चाहे वे प्रश्न आधुनिकतावाद ने उठाये हों या मार्क्सवाद-फ्रायडवाद ने उठाये

हों या नव्य समीक्षा ने, अस्तित्ववाद ने उठाये हों या औपनिवेशिक आधुनिकता के दबावों ने उठाये हों, अज्ञेय उनसे बौद्धिक संवाद करते हैं। पश्चिमवाद को भीतर-बाहर से पढ़ने-समझने पर भी अज्ञेय उस चिन्तन से आचार्य रामचन्द्र शुक्ल की तरह आतंक-मुक्त रहते हैं। उनकी आलोचना का पूरा आन्तरिक पाठ भारतीय साहित्य की गहन गम्भीर परम्परा से मुकम्मल होता है। इसलिए अज्ञेय की आलोचना आचार्य रामचन्द्र शुक्ल परम्परा का विकास है—पुनर्नवता का विमर्श है, और हिन्दी में एक मौलिक समीक्षा शास्त्र की आधारशिला को दृढ़ करने वाली संकल्पबद्ध तैयारी है। इसके भीतर भारतीय आलोचना का पूरा चरित्र शास्त्रों और विधाओं को मथते हुए सर्जनात्मक आलोचना का है। इसलिए जो लोग अज्ञेय को पश्चिम का नकलची, व्यक्ति-स्वातन्त्र्यवाद का पूँजीवादी प्रचारक, रूपवादी-कलावादी कहकर बदनाम करते रहे हैं, उन्हें पुनर्विचार की जरूरत है। उन्हें इतिहास और स्वातन्त्र्य बोध, निरन्तरता और स्वतन्त्रता, स्वाधीन कृतत्व का ऊर्जा स्रोत, मेरी स्वाधीनता सबकी स्वाधीनता, सभ्यता का संकट, समग्र परिवेश की राजनीति, देशीयता और मौलिकता, कथा भाषा : समस्या के कुछ पहलू, भाषा, कला और औपनिवेशक मानस तथा साहित्य, संस्कृति और समाज परिवर्तन की प्रक्रिया जैसे चिन्तन प्रधान निबन्धों पर अवश्य ध्यान देना होगा।

अज्ञेय आलोचना-कर्म को भारतीय अस्मिता की खोज से जोड़ने के लिए निरन्तर संघर्ष करते रहे हैं। ग.मा. मुक्तिबोध जिस 'सभ्यता समीक्षा' के प्रतिमान को सामने लाते हैं, उसमें अज्ञेय की सर्जनात्मक आलोचना का गौरव अक्षुण्ण है। स्वाधीन मनुष्य, स्वाधीन चिन्तन, स्वाधीन भाषा के साथ अज्ञेय स्वाधीनता या मुक्ति की आलोचना में पुकार लगाते हैं, उन्हें यूरोपियन मानस की गुलामी पसन्द नहीं है। संस्कृतियाँ प्रभाव ग्रहण करती हैं, इसलिए पश्चिमी 'प्रभाव' को स्वीकार तो करते हैं, क्योंकि आदान-प्रदान से दृष्टि में व्यापकता आती है। लेकिन नकलची बनकर, पिछलग्गू बनकर, आत्मधिक्कार का शिकार होकर, अपने पूरे मूल्यवान चिन्तन को फेंककर पश्चिम से सबकुछ ग्रहण करने में वे भलाई नहीं समझते हैं। उत्तर-आधुनिकतावाद, उत्तर-संरचनावाद तथा पाठ और पाठकवादी आलोचना, विखण्डनवादी आलोचना को भी हमें जस का तस नहीं लेना है, उसे अपनी संस्कृति, परम्परा की शर्तों पर ही ग्रहण करना होगा। हमें याद रखना होगा कि सांस्कृतिक-चिन्तन की हमारे पास पश्चिम से ज्यादा समृद्ध परम्परा है, जरूरत उस परम्परा के पुनराविष्कार की है।

अज्ञेय : सन्नाटे का छन्द

भारतीय साहित्य में अज्ञेय का रचनात्मक व्यक्तित्व कुछ-कुछ रवीन्द्रनाथ टैगोर से मिलता-जुलता है। दोनों ने ही साहित्य की सभी विधाओं में नये प्रयोगों से कीर्त्तिमान स्थापित किये हैं। अज्ञेय के रचना-कर्म के आरम्भ काल में रवीन्द्रनाथ टैगोर का काफी दूर तक प्रेरणा-प्रभाव परिलक्षित होता है। उन्होंने पहली कविता रवीन्द्रनाथ टैगोर के प्रभाव से ही लिखी थी, 'यौवन मद' की ललकार लिये कविता थी वह। इस सच को अज्ञेय ने अपने लेखन में कई स्थानों पर स्वीकार किया है। इन दोनों रचनाकारों में जो आभिजात्य का संस्कार है—वह ब्राह्मण का है—वणिक का नहीं। निरन्तर अहं का विलयन, आत्मदान और अपने को पूरा उलीच देने का भाव। दोनों अपनी सांस्कृतिक परम्परा को वर्तमान की संवेदना बताकर जीते हैं। दोनों के लिए सारे समाज का पुंजित अनुभव रचना में लाने पर जो सृष्टि करता है—वह संस्कृति है। अगर वह सृष्टि नहीं है तो संस्कृति नहीं है। रचना में समाज-व्यापी सत्य है तो वह संस्कृति है। हिन्दी की आधुनिक कविता में अज्ञेय अगर किसी के सबसे नजदीक हैं तो जयशंकर प्रसाद के हैं। जबकि उनके गुरु स्थानीय हैं—मैथिलीशरण गुप्त। सृजन के क्षेत्र में अपने ढंग के क्रान्तिकारी रीतिवाद विरोधी मैथिलीशरण गुप्त भी हैं और अज्ञेय भी। यही आन्तरिक सूत्र दोनों में एक गहरी समानता की अनुभूति का अहसास कराता है। परायी संस्कृति की कसौटी पर अपनी संस्कृति को हेय सिद्ध करना, उसके दोष निकालना, दोनों को ही कभी ईष्ट नहीं रहा। हिन्दी के बहुत से मूढ़मति आलोचकों ने इस तरह के देश प्रेम को 'प्रतिक्रियावादी' मानकर मैथिलीशरण गुप्त और अज्ञेय दोनों के साथ बड़ा अन्याय किया है।

अज्ञेय 'आत्मदान' की विवशता से प्रेरित होकर सागर मन के कवि रहे हैं।

बिन्दु ने सिन्धु का और सिन्धु ने बिन्दु का उनके रचना कर्म में वरण किया। वाल्मीकि-व्यास-कालिदास-भवभूति का यह गुण परम्परा से अज्ञेय ने कमाया है। अज्ञेय का क्रान्तिकारी जीवन और उत्तर अज्ञेय का मौन-भाव से शान्त जीवन एक ही सिक्के के दो पहलू हैं और दोनों में कोई विरोध नहीं है—बल्कि पूरकता है। यही वह जीवन है जो जीवन की धज्जियाँ उड़ाकर जीता है और 'सन्नाटे का छन्द' बन जाता है। ऐसे भी पाठक-आलोचक अज्ञेय के रहे हैं जो 'भग्नदूत', 'चिन्ता', 'इत्यलम्', 'बावरा अहेरी', 'हरी घास पर क्षण भर' तथा 'इन्द्रधनु रौंदे हुए' काव्य संग्रहों की कविताएँ पढ़कर भड़क गये हैं। 'आँगन के पार द्वार' तथा 'अरी ओ करुणा प्रभामय' तक पहुँचे ही नहीं और अज्ञेय को व्यक्तिवादी, भाववादी, रहस्यवादी, अध्यात्मवादी कहकर गाली देने लगे। उन्होंने अज्ञेय को 'व्यक्ति, स्वातन्त्र्यवादी' 'लघुमानववादी' आदि कहकर पढ़ना ही छोड़ देने की सलाह दी और पूरी ताकत से अज्ञेय को यथार्थ विरोधी मानकर उनके विरोध का वातावरण तैयार किया। उन्हें लगा अज्ञेय में 'समाज' और 'सामाजिकता' का सृजन में अभाव है और अज्ञेय की कविता को पढ़ना अंग्रेजी की व्यक्तिवादी कविता पढ़ना है। इस तरह के आलोचकों ने अज्ञेय की 'स्वाधीनता' और 'स्वाधीन दृष्टि' देशभक्ति और विदेशी साम्राज्यवादी नीतियों के विरुद्ध खुला विद्रोह, एक क्रान्तिकारी योद्धा, एक अपराजेय संकल्प का रचना भाव इन सबको पहचाना तक नहीं। हम ध्यानस्थ होकर अज्ञेय के रचना-कर्म की प्रयोग-साधना को देखते हैं तो पाते हैं कि उनके व्यक्तित्व और कृतित्व में कोई दरार नहीं है। उनका व्यक्तित्व खण्डित या विभाजित व्यक्तित्व नहीं है—एक अखण्डित व्यक्तित्व है और ऐसा समग्र व्यक्तित्व समाज का निर्माता होता है, न संस्कारक होता है, नयी पीढ़ी को नयी राह दिखाने वाला होता है। 'राही नहीं राहों के अन्वेषी' का एक व्यंजक अर्थ अज्ञेय के सन्दर्भ में यही निकलता है। एक अनथक, अपराजित, नये प्रयोगों का विश्वासी, हारिल-मन का संकल्पबद्ध विद्रोही। सृजन आग से अँधेरे में धधकता स्रष्टा कवि।

जाने किस दिव्य प्रेरणा के पावन-भाव से बचपन का नाम 'सच्चिदानन्द' रखा गया। यही नाम अपने में मुख-सुख से 'सच्चा' या 'सुच्चा' हो गया। इस 'सच्चा' नाम को उन्होंने कभी भी कलंकित नहीं होने दिया, चाहे कितनी ही यातना सहनी पड़ी हो। जीवन भर यातना वेदना करुणा का वरण 'सच्चिदानन्द' ने किया। उनका जन्म ही केवल सत्याग्रह युग में (स्वाधीनता आन्दोलन की मुक्ति चेतना की लय) में नहीं हुआ था, बल्कि युग का सत्य चुपचाप उनमें समा गया था। देश को दासता की बेड़ियों से मुक्त कराने के लिए 'सच्चिदानन्द' ने प्राणों को हथेली पर रखकर साम्राज्यवाद-विरोधी संघर्ष किया। भारत माता की स्वाधीनता और सम्मान

के लिए सशस्त्र क्रान्ति का रास्ता चुना/जेल में अनेक यातनाएँ झेलीं और 'मधुर विद्रोह बीज' के सपनों को बोने का प्रण न छोड़ा। बम ढोये, गुप्त वेश में दर-दर भटके—कभी इलेक्ट्रिशियन का रूप धारण कर, कभी पेंटर का, कभी साइंटिस्ट का, कभी डॉ. अब्दुल लतीफ का, कभी मुहम्मद बख्श का, न जाने कितने रूपों, कितने नामों से स्वाधीनता के यज्ञ में होम दिया। यज्ञ अनल-सा धधक कर इस आन्दोलन में हिस्सेदारी की और भारत में फासिस्ट विरोधी आन्दोलन का आयोजन किया। फिर द्वितीय विश्वयुद्ध में (ब्रिटेन) सेना में नौकरी की और 'स्वाधीनता' के बहुलार्थक रूप से साक्षात्कार किया। युद्ध समाप्त होते ही सेना से मुक्ति पा ली और रचनाकार पत्रकार के जीवन को जिया। घाट-घाट का पानी पीकर यह यायावर न जाने कितनी नावों में कितनी बार सवार हुआ। देश-विदेश का भ्रमण कर न जाने कितने अनुभव पायें। 'अरे यायावर रहेगा याद' तथा 'एक बूँद सहसा उछली' के अनुभव इन भ्रमण यात्राओं के दस्तावेज हैं।

सच्चिदानन्द वात्स्यायन का जन्म 7 मार्च 1911 को कुशीनगर उत्तर प्रदेश के खुदाई शिविर में हुआ। पिता हीरानन्द शास्त्री जी अपने समय के प्रसिद्ध पुरातत्त्वविज्ञ थे और प्राचीन लिपियों के विशेषज्ञ। भारत में पुरातत्त्व की नींव डालने वालों में उनका प्रमुख स्थान है। साथ ही तपे अनुशासन प्रिय पंडित। वह कर्तारपुर (जालंधर) के भणोत सारस्वत ब्राह्मण थे। सच्चिदानन्द के मानसिक निर्माण में माँ का अंशदान कम, पिता का अधिक रहा। माँ की अपेक्षा वह बड़ी बहिन और बुआ के स्नेह स्पर्श में अधिक रहे। बड़ी बहन शीलवती का नाम-स्वभाव भाई सच्चिदानन्द ने पाया। सच्चिदानन्द हीरानन्द वात्स्यायन 'अज्ञेय' का बचपन पिता की नौकरी के कारण कई स्थानों पर बीता। कुशीनगर में जन्म बचपन लखनऊ में। श्रीनगर जम्मू में रहने के बाद परिवार 1919 में नालन्दा पहुँचा। यहीं घर पर शिक्षा का प्रारम्भ संस्कृत मौखिक परम्परा से हुआ। मौलवी शेखसादी से फारसी, और अमेरिकी पादरी से अंग्रेजी की शिक्षा घर पर ही हुई। उनमें लय और गति के प्रति जन्मजात आकर्षण रहा, और इस आकर्षण से ही वे कवि बने। बचपन में एक खिलौना मिला—'फिरकी' या फिरकनी या भंवरी या पंजाब में जिसे 'भमीरी' या 'भुमीरी' कहते हैं। खराद की लकड़ी की फिरकनी में बच्चा मनोयोग से रमता रहा। अज्ञेय जी ने बचपन की इस फिरकनी से अपनी पहली कविता का रिश्ता जोड़ते हुए 'मेरी पहली कविता' शीर्षक अपने लेख में लिखा है—"यहाँ तक पढ़ते-पढ़ते पाठक सोचने लगेगा कि इस पारिभाषिक ऊहापोह और संस्मरण का मेरी पहली कविता से क्या सम्बन्ध है? बड़ा घनिष्ठ सम्बन्ध है इसीलिए बात को मैं यहाँ से आरम्भ करना चाहूँगा कि कविता के सम्बन्ध में मेरी क्या धारणा बनी और कैसी बनी—शब्द

का सार्थक साभिप्राय रसात्मक प्रयोग किया जा सकता है। यह सम्भावना कैसे मेरे मन में उदित हुई और इसी बात का भँवरी से या उसके पंजाबी नाम 'भुमीरी' से गहरा सम्बन्ध है। 'मैं तब शायद चार साल का था—क्योंकि लखनऊ की बात है। कोई सम्बन्धी बाहर से आकर हमारे यहाँ ठहरे थे। हम बहन-भाइयों के लिए खिलौने लाये थे। मुझे एक फिरकनी मिली। उसका नाम मैं नहीं जानता था, उन्होंने बताया—'भुमीरी'। मैं उसे बरामदे में ले गया और चुटकी से जैसे उन्होंने बताया था, उसे घुमाने लगा। दो-एक बार तो वह दो एक चक्कर काटकर ही लुढ़क गयी। पर इतने में उसका गुर मैंने पहचान लिया। और फिर तो वह झूमती हुई देर तक घूमने लगी। कौन बच्चा ऐसी विजय पर प्रसन्न न होगा? मैं भी उसके चारों ओर नाचने लगा। लेकिन नाचना भी काफी नहीं मालूम हुआ, तब मैंने ताली देकर चिल्लाना शुरू किया। 'नाचत है भूमिरी' छन्द की गति के कारण भूमीरी को 'भूमिरी' बन जाना पड़ा। यह भी जाना कि 'भूमिरी' तो नाचती है—लेकिन भूमि भी तो नाचती है। वाक्य में दो अर्थों का चमत्कार—भूमि नाचती है—भँवरी नाचती है सारा ब्रह्माण्ड नाचता है और उसी ताल-लय में बँधा 'सच्चा' भी नाच रहा है। मैंने एक साधारण वाक्य से एक असाधारण अर्थ निकाल लिया—मैं आविष्कारक हूँ, स्रष्टा हूँ। मैंने शब्द की शक्ति को पहचान लिया—स्वायत्त कर लिया है—और शब्द ही तो आद्या है—आदि में शब्द था और शब्द ही ब्रह्म है।" अज्ञेय का यह बाल्यकालीन अनुभव जीवन-भर उनकी कविता के साथ दुर्निवार रूप से जुड़ा रहा। अज्ञेय शब्द और सत्य के प्रश्नाकुल कवि हैं। उनका अपना अनुभव है कि अबोध शिशु लोरियाँ सुनकर लय और अनुप्रास के तत्त्व पहचानने लगता है और इनके बोध में अभिभूत करने वाला तत्त्व नहीं होता जो शब्द की अर्थ-बोधन क्षमता को पहचानने से होता है—वह एक दूसरी ही कोटि का बौद्धिक आनन्द है।

अज्ञेय ने 'कवि नायक अज्ञेय' के साक्षात्कार में इला डालमिया और नीलिमा माथुर से 'यादें' के अन्तर्गत कहा है—"लखनऊ में ही बचपन बीता था—मेरा और वह काफी बड़ी बाढ़ थी। इतनी बड़ा कि शहर की सड़कों पर नावों में बैठकर आना-जाना हुआ। हजरतगंज में भी नाव पर बैठकर घूमे। ऐसी यादें हैं कुछ या कि फिर तेज गति की यादें हैं—दौड़ते हुए घोड़े की याद है—मुझको। तेज गति का हमेशा आकर्षण रहा है—तेज और लययुक्त गति का अच्छा तैरने वाला हो, घोड़ा दौड़ रहा हो, हिरण कूद रहे हों। इस तरह की। बाकी बचपन में पढ़ाई की उतनी स्मृतियाँ नहीं हैं, जितनी पशु-पक्षियों की हैं। पिताजी को भी जानवरों को पालने का शौक था। गाय और घोड़ा तो खैर सामान्य बातें हैं। लेकिन मोर भी पाले गये, घर में एक बार हिरण भी पाला गया, खरगोश पाले गये, चकोर पाला

गया। ये सब पक्षी पिंजरों में नहीं रखे जाते थे—खुले रखे जाते थे इसलिए घर में ही घूमते रहते थे। हिरण भी इसी तरह खुला फिरता था। यद्यपि शहर में रहते थे, फिर भी शहर के लोगों के अलावा जीव-जन्तुओं के संसार से भी शुरू से ही परिचित रहे। यह 'पशु-पक्षियों का संसार पूरे प्रकृति-सौन्दर्य के साथ अज्ञेय की कविता में स्थाई निवास करता है। मनुष्य और मनुष्येतर दोनों संसार यहाँ विद्यमान हैं—अपनी पूरी गरिमा के साथ।

"पिता के कड़े अनुशासन में संस्कृत-फारसी-अंग्रेजी घर पर ही पढ़ना शुरू किया। 'कुल परम्परानुकूल मेरी पढ़ाई रटन्त से आरम्भ हुई, गायत्री मन्त्र और अष्टाध्यायी के साथ-साथ मुझे अपने वयोवृद्ध गुरु की स्नेहभरी गालियाँ भी अभी तक याद हैं। लेकिन प्रबुद्धचेता पिता ने 'स्वौज समौट द्रष्टाभ्याम्यसूङ्सोसामूङिओस्सुप' की रटाई के साथ-साथ अंग्रेजी की मौलिक शिक्षा भी आरम्भ करवा दी थी और अक्षर-ज्ञान से पहले ही मैं दो-ढाई सौ अंगरेजी शब्द सीखकर वह भाषा वैसे बोलने लगा था जिसे 'फर्र फर्र' अंगरेजी कहते हैं। अंगरेजी में ही कुछ हल्की कविताएँ और तुकबन्दियाँ रट ली थीं—हमारा दुर्भाग्य था कि हिन्दी में बाल-साहित्य तब लगभग नहीं था—अब भी कुछ बहुत अच्छा हो, ऐसा नहीं है। तो अंगरेजी से प्रेरणा पाकर अंगरेजी के सहारे ही लोगों को चिढ़ानेवाली तुकबन्दियाँ भी की थीं और एकाध बार बड़ों की अवमानना के कारण दण्ड भी पाया था। स्पष्ट है कि इन्हें कविता नहीं कहा जा सकता—लेकिन 'वागर्थसम्पृक्ति के ज्ञान के बाद अगला कदम तो छन्द परिचय ही है।' छठे वर्ष से लेकर ग्यारहवें वर्ष तक बहुत कुछ जाना-सीखा। ग्यारहवें वर्ष में टेनीसन की कविता से परिचय हुआ तो दूसरी ओर असहयोग आन्दोलन के पहले दौर से और तत्कालीन 'प्रिन्स आव वेल्स' को भारत यात्रा के बहिष्कार आन्दोलन से। इसी समय स्वामी दयानन्द की गंगा को लक्ष्य करके लिखी हुई उद्‌बोधनात्मक कविता भी पढ़ी :

गंगा उठो कि नींद में सदियाँ गुजर गयीं,
देखो तो सोते-सोते ही बरसें किधर गयीं।

इन सब की सम्मिलित प्रेरणा से मैंने भी गंगा की एक स्तुति लिखी थी जो अनन्तर गंगा मैया को ही भेंट चढ़ गयी। यह गंगा पर कविता अंगरेजी में लिखी थी और इसकी भाषा-छन्द-शैली पर टेनीसन की गहरी छाप थी।" टेनीसन ने अज्ञेय को दूर तक मोहित किया हुआ है और टेनीसन की गूँज उनकी कविता में सुनी जा सकती है।

इन्हीं दिनों पिता के साथ उटकमंड चले गये। वहाँ स्वभाव से एकान्तप्रिय

सच्चिदानन्द को परिस्थितियों ने और अकेला कर दिया। पहले भी परिस्थितियाँ अकेला रखती आयी थीं–"पर उटकमंड से तीन मील दूर फर्नहिल नामक स्थान के एक बंगले में रहकर तो मानो एकान्त में डूब ही गया। यद्यपि वहाँ प्रकृति का एकान्तभरा स्पन्दन था, और परिवार से दूर का अकेलापन।" इस एकान्त का उन्होंने बहुत सार्थक उपयोग किया–"इसी एकान्त काल में मैंने चित्र-संग्रह शुरू किया–मुख्यतया अवनीन्द्रनाथ ठाकुर और उनके नवबंग सम्प्रदाय की शिष्य परम्परा के चित्र और उनके एलबम बनाये। यहीं एक दिन सहसा पाया कि मैंने एक हस्तलिखित पत्रिका निकाल दी है–'आनन्द बन्धु'। और इस पत्रिका के पहले पृष्ठ पर कविता से लेकर अन्त में सम्पादकीय के बाद चित्र परिचय तक सब कुछ था–जैसा कि उससे पहले के वर्षों की 'सरस्वती' में हुआ करता था–स्वर्गीय महावीर प्रसाद द्विवेदी के सम्पादकत्व में।" यह बात यहाँ समझने की है कि भविष्य में अज्ञेय की पत्रकारिता का आदर्श महावीर प्रसाद द्विवेदी की 'सरस्वती' ही रही है। गद्य-भाषा के संस्कार की वैसी ही चौकसी सच्चिदानन्द वात्स्यायन ने साहित्यिक और साहित्येतर पत्रकारिता में अपनायी है। 'आनन्द-बन्धु' शीर्षक हस्तलिखित पत्रिका के पहले अंक में कविता के नाम पर मैथिलीशरण गुप्त की कविता 'नीलाम्बर परिधान हरित तट पर सुन्दर है' को छापा। पत्रिका के दूसरे अंक में बड़े भाइयों भी सामग्री प्राप्त कर छापी और इस दूसरे अंक में कविता अज्ञेय की ही गयी। उन्हीं दिनों श्री शिवप्रसाद गुप्त की 'पृथ्वी प्रदक्षिणा' से प्रभावित होकर उसमें दी गयी कथा–नियागरा प्रपात को दी गयी कन्या बलि पर कविता लिखी। इस हस्तलिखित पत्रिका से 'सच्चा' के पिता इतने प्रसन्न हुए कि उन्होंने पाँच रुपये पुरस्कार के रूप में दिये। इस पाँच रुपये के पुरस्कार से अज्ञेय ने तीन वर्ष तक पत्रिका को पूरी लगन से निकाला। यह वही संस्कार है जिसने एक लाख का ज्ञानपीठ पुरस्कार पाने पर अपनी ओर से एक लाख और मिलाकर 'वत्सल निधि' न्यास की स्थापना कर डाली और उससे व्याख्यान-मालाओं, लेखक शिविरों का आयोजन किया।

सच्चिदानन्द वात्स्यायन घर पर ही भाषा-साहित्य, इतिहास और इतिहास की पढ़ाई करते रहे। 1925 में उन्होंने पंजाब यूनिवर्सिटी से प्राइवेट मैट्रिक परीक्षा दी और दो वर्ष बाद मद्रास से इंटर मीडिएट की परीक्षा पास की। उसके बाद लाहौर के फारमन्स कॉलेज से बी.एस.सी. की परीक्षा देकर अंग्रेजी एम.ए. में दाखिला लिया। एक वर्ष ही एम.ए. अंग्रेजी को दे पाये कि क्रान्तिकारियों से सम्पर्क गहराया। उस समय पंजाब में गरम दल के नेता के रूप में लाला लाजपत राय का नाम लोगों की जीभ पर था। उसी समय भगत सिंह के नाम की चर्चा भी जोरों से उठी।

सहपाठी साथियों के साथ मिलकर गुप्त कार्य करने के लिए एक दल बना लिया और पर्चे बाँटकर यह प्रचार करने लगे कि क्रान्ति होनी चाहिए। इन्हीं कार्यवाहियों के कारण ऐसे लोगों से भी परिचय हो गया जो भगत सिंह वाले दल के सदस्य थे और 'हिन्दुस्तान सोशलिस्ट रिपब्लिकन आर्मी' या एसोसिएशन के नाम से जाने जाते थे। उन दिनों भगत सिंह को जेल से छुड़ाने की योजना बन रही थी। काम बहुत चुनौती भरा था। इसी सिलसिले में अज्ञेय का परिचय चन्द्रशेखर आजाद से हुआ और यशपाल के भी सम्पर्क में आये। इनका भगवतीचरण वोहरा से भी परिचय हुआ। भगत सिंह को जेल से ट्रक में बाहर ले जाने का कार्य आजाद ने अज्ञेय को सौंपा। लेकिन अचानक घटना यह घटी कि लाहौर में एक बम विस्फोट हुआ, जिसमें भगवतीचरण वोहरा की मृत्यु हो गयी। फिर वह कार्यक्रम खटाई में पड़ गया। इस स्थिति में अज्ञेय ने यशपाल को ले जाकर पहाड़ी स्थान में छिपाकर एक माह रखा। उसी के लिए अज्ञेय को नया नाम साइंटिस्ट दिया। इसी नाम से अमृतसर में गिरफ्तारी हुई और छद्मवेश धारण कर अज्ञेय तीन चार स्थानों पर रहे। कभी मुसलमान कारीगर मुहम्मद बख्श बन कर, कभी इलेक्ट्रिशियन का रूप धारण कर, कभी पेंटर बनकर। इसी बीच गिरफ्तारी हो गयी। अमृतसर में आर्म्स ऐक्ट का मुकदमा चला, हथियारों की बरामदी के आधार पर। दिल्ली में एक षड्यन्त्र केस का मुकदमा चला। इस बड़े मुकदमे में पन्द्रह सोलह व्यक्ति अभियुक्त थे। यह मुकदमा लगभग तीन वर्ष चला। दिल्ली षड्यन्त्र केस के मुकदमा के दिनों में ही वात्स्यायन को जैनेन्द्र कुमार ने देखा और जाना। बाद में जैनेन्द्र ने अनेक प्रकार से वात्स्यायन की सहायता-सेवा की और प्रेमचन्द की पत्रिका 'जागरण' में कहानी छपवाकर 'अज्ञेय' नाम दिया। इस नाम की एक अपूर्व कहानी है।

"प्रेमचन्द से मेरा परिचय पत्राचार से आरम्भ हुआ था—या यों भी कह सकता हूँ कि निजी पत्र व्यवहार से पहले प्रतिनिधि के समाचार से आरम्भ हुआ था। दिल्ली षड्यन्त्र केस में अभियुक्त के रूप में दिल्ली जेल में रहते हुए कुछ कहानियाँ मैंने लिखी थीं। जेल में अभियुक्तों को कुछ कागज-पत्र रखने की सुविधा तो रहती थी, लेकिन कोई ठिकाना नहीं था कि कब कौन से कागज जब्त कर लिये जायें, इसलिए कहानियों की प्रतिलिपि बना लेता था और जब भी चोरी-छिपे कुछ कागजात भेजने का मौका बनता तो ये प्रतिलिपियाँ भी बाहर भेज देता, जिससे वह सुरक्षित रह सकें। इन्हीं बाहर भेजी गयी कहानियों में से दो कहानियाँ श्री जैनेन्द्र कुमार ने प्रेमचन्द जी को भेजी थीं—तब प्रेमचन्द ने पाक्षिक 'जागरण' का आरम्भ ही किया था। प्रेमचन्द जी को दोनों कहानियाँ बहुत पसन्द आयीं—लेकिन एक कहानी 'बहुत गरम' थी और उसे प्रकाशित करना जोखिम का काम होता; दूसरी कहानी की वस्तु

उग्र राजनीतिक नहीं थी और उसे छापने का प्रेमचन्द जी ने निश्चय किया था। कहानी की प्रशंसा के साथ इस निश्चय की सूचना जैनेन्द्र जी को देते हुए उन्होंने लिखा था, "लेकिन यह तो तुमने बताया ही नहीं कि लेखक कौन है?" इसके उत्तर में जैनेन्द्र जी ने उन्हें लिखा, "लेखक कौन है, यह तो मैं नहीं बता सकता–वह अज्ञेय है।" आशय यही थी कि लेखक तो षड्यन्त्र केस का बन्दी है और कहानियाँ भी अवैध तरीके से बाहर भेजी गयी हैं, ऐसी स्थिति में नाम भी कैसे बताया जा सकता है और यह भी कैसे स्वीकार किया जा सकता है कि गैर कानूनी तरीके से भेजी गयी सामग्री उन्होंने ग्रहण की। इस पर प्रेमचन्द जी ने लिखा "कहानी तो मैं छाप रहा हूँ। तब मैं 'अज्ञेय' नाम से ही छाप दूँ?" मुझे तो इस पत्र-व्यवहार का पता काफी समय बाद लगा–कहानी छप गयी। उसकी कतरन मेरे पास पहुँची तो लेखक का नाम देखकर मुझे वितृष्णा हुई; नाम बहुत भारी लगा और मैंने अपने विरोध की सूचना जैनेन्द्र जी को भिजवा दी। तभी उन्होंने बताया कि नाम कैसे अपने आप चुन गया–उन्होंने नहीं चुना। और प्रेमचन्द जी ने ही चुना है, यह भी कैसे कहा जाय!" (स्मृतिलेखा, पृ. 45)।

वात्स्यायन जी 1930 के नवम्बर में गिरफ्तार हुए। छह वर्ष तक जेल और नजरबन्दी भोगकर 1936 ई. में छूटे। कुछ दिनों तक आगरे में श्री कृष्णदत्त पालीवाल के पत्र 'सैनिक' के सम्पादक मंडल में रहे। किसान आन्दोलन में सक्रियता दिखाई और 1937 में बनारसीदास चतुर्वेदी के पत्र 'विशाल भारत' के सम्पादकीय विभाग में रहे। सन् 1939 में 'विशाल भारत' छोड़ दिया। लगन के साथ 1943 में 'तार-सप्तक' का सम्पादन किया और साहित्य में सात राहों के अन्वेषियों को लेकर तहलका मचा दिया। 'तार-सतक' से ही हिन्दी-साहित्य में तमाम नयी बहसों अवधारणाओं पर प्रथम बार विचार शुरू हुआ। हिन्दी साहित्य में 'तार-सप्तक' एक नये मोड़ का प्रतीक बना है। कुछ दिनों तक अज्ञेय आल इंडिया रेडियो मे रहे और 1943 में ही सैन्य सेवा में चले गये तथा 1946 में सैन्य-सेवा से मुक्त हुए। सैन्य-सेवा से मुक्त होकर वह पूरी तरह साहित्य सेवा को समर्पित हो गये। कभी मेरठ, कभी इलाहाबाद कभी दिल्ली को अपना केन्द्र बनाया और 'प्रतीक' का सम्पादन किया। नये लेखकों-कवियों को 'प्रतीक' ने एक नया मंच प्रदान किया और साहित्यिक पत्रकारिता के एक नये युग का आरम्भ। अज्ञेय की साहित्यिक पत्रकारिता और अन्य रचनाकारों की साहित्यिक पत्रकारिता में फर्क यह है कि अज्ञेय साहित्य और पत्रकारिता दोनों में 'स्वाधीनता' को सर्वोच्च मूल्य मानते हैं। वह लेखकों के स्वाधीन-चिन्तन और स्वाधीन विकास की चिन्ता से प्रेरित होकर पत्रकारिता के क्षेत्र में उतरते हैं। निर्मल वर्मा ने 'प्रतीक' की स्वाधीन-दृष्टि को

लेकर लिखा है—"अज्ञेय का स्वाधीनता बोध अप्रतिम और अक्षुण्ण रहा।" स्वाधीनता को लेकर ही निर्मल वर्मा ने कहा—"आपातकाल में सजा के सामने घुटने टेकने में हिन्दी के प्रतिबद्ध लेखक सबसे आगे थे। जबकि उसके कुछ ही समय पहले तक अज्ञेय जयप्रकाश नारायण की पत्रिका 'एवरीमैन्स' का सम्पादन कर रहे थे।" अज्ञेय की पत्रकारिता के तीन गुण हैं—पहला स्वाधीन चिन्तन, दूसरा निर्भयता, तीसरा आत्मविश्वास। इन तीनों को ध्यान में रखकर कहा—"स्वाधीनता हमारे लिए लेखक का सहज धर्म नहीं, एक अभिजात वर्ग का लक्षण बन जाता है। अज्ञेय का स्वभावगत स्वाधीन विवेक हमारी गुलाम मानसिकता में कहीं फिट नहीं हो पाता था। ऐसी स्वतंत्र मेधा हमें हर क्षण अपनी गुलाम आत्मा की याद दिलाती है जो हमें असह्य लगती है।' (अज्ञेय की स्मृति) 'प्रतीक' की बुनियादी निष्ठा स्वाधीनता स्वतन्त्र, मेधा के प्रति रही। वह भारतीय लेखक को जातीय विस्मृति के अंधेर से बाहर निकालना चाहते थे। अज्ञेय ने 1946 में सेना से मुक्त होकर इलाहाबाद से 'प्रतीक' निकाला। उसके बाद दिल्ली आ गये तो उनके साथ रघुवीर सहाय जुड़ गये। कुछ अंक इसके बाद दिल्ली से 1952 तक निकले और फिर बन्द हो गया।

'प्रतीक' को देखने से पता चलता है कि पहले-दूसरे अंकों में स. ही. वात्स्यायन के साथ नेमिचन्द्र जैन हैं। तीसरे अंक से नेमिचन्द्र जैन का नाम हट जाता है और सम्पादक मंडल में श्रीपत राय, सियारामशरण गुप्त के साथ नगेन्द्र का नाम जुड़ जाता है। जब 'प्रतीक' दिल्ली से निकला है तो सम्पादक मंडल में स. ही. वात्स्यायन और रघुवीर सहाय का नाम रह जाता है और सलाहकार के रूप में श्रीपत राय और सियारामशरण गुप्त रह जाते हैं। 'प्रतीक' का समारम्भ 1949 के ग्रीष्म में हुआ था और दूसरा सभारम्भ 1951 में और तीसरा समारम्भ 'नया प्रतीक—दिसम्बर 1973' में हुआ। अज्ञेय ने 1947 के प्रवेशांक में घोषणा की है कि "प्रतीक की पहली संयोजना में हमने कहा था कि वह आधुनिक हिन्दी के समूचे साहित्यिक कृतित्व का प्रतिनिधित्व करने का आयोजन करेगा और इस दायित्व को इतना मान देगा कि साहित्येतर विविध विषयों की लुभावनी सामग्री ढूँढ़ने नहीं जाएगा। हाँ, साहित्य के निर्माण रूप-संस्कार और विकास के साथ जिन मानवीय उद्योगों का सम्बन्ध है, उनकी ओर अवश्य ध्यान दिया जाएगा।" अज्ञेय मानते थे कि श्रेष्ठ साहित्य समाज को बदलता नहीं, उसे मुक्त करता है।

अज्ञेय ने एक नाम रखा—'कुट्टिचातन'। यह नाम साहित्यकार के रूप में प्रसिद्ध हुआ। इसके अलावा छद्म नामों से भी अज्ञेय लिखते रहे और कुछ हास्य रचनाएँ भी लिखीं। कुछ समय बाद व्यक्ति व्यंजक, ललित निबन्ध भी 'कुट्टिचातन' नाम से लिखे, जिनका संग्रह 'सबरंग' 'सबरंग और कुछ राग' (1970) नाम से

आया। ज्यादातर लेख 'प्रतीक' में छपते रहे। बहुत दिनों तक लोगों को पता ही नहीं चला कि कौन है–'कुट्टिचातन'। केवल कुछ प्रबुद्ध पाठकों ने शैली से अनुमान लगाया कि अज्ञेय के सिवा और कौन हो सकता है। अज्ञेय ने दक्षिण से नाम लिया था कुट्टिचातन। दक्षिण की एक लोककथा का एक ऐसा चरित्र है कि उसको 'भूत' कहा जा सकता है–वह कंधे पर सवार हो जाता है–नाच नचाता है–चैन नहीं घरता। 'कुट्टिजात' का मतलब होता है–छोटी जात का। धीरे-धीरे पाठक अज्ञेय के 'कुट्टिचातन' नाम से परिचित हो गये। अज्ञेय ने कुछ और पत्रों का सम्पादन किया और उनमें भी छद्म नाम का इस्तेमाल किया।

जेल में रहते हुए अज्ञेय ने जो मुख्य रचना की–वह है 'शेखर : एक जीवनी' का मसविदा 1931-32 में तैयार किया। एक साक्षात्कार में अज्ञेय ने कहा है–"जब मेरी गिरफ्तारी हुई थी, उसके बाद पहले जिस तरह के आरोप मुझ पर लगे थे, उससे यह सम्भावना बनती थी कि काफी बड़ी सजा या फाँसी की सजा हो सकती थी। और जिस तरह के झूठे गवाह तैयार किये गये थे, जैसी शिनाख्त करवायी गयी थी उससे भी सम्भावना बनती थी। मैं तब उन्नीस (19) वर्ष का था। उन्नीस वर्ष के जवान के लिए यह सवाल जरूर बनता है कि अगर 20वाँ वर्ष पूरा होने तक उसको फाँसी हो जाती है तो मेरे जीवन का अस्तित्व क्या है। भले ही क्रान्तिकारी रहा हो या जो भी रहा हो। उस दौरान मैंने इसी प्रश्न को लेकर बहुत कुछ सोचा और एक तरह से 'शेखर : एक जीवनी' जो है वह इसी सवाल का जवाब है। हवालात से जेल पहुँचते ही जब लिखने की सामग्री मिली और जब मुकदमा शुरू होने लगा तो मैंने सबसे पहले यही काम किया कि तीन-चार दिन-रात जैसे-तैसे पेंसिल या पुरानी घिसी हुई कापी में एक मसविदा लिख डाला जो कि अनन्तर 'शेखर : एक जीवनी' का पूर्ण रूप बना। बल्कि उस समय जो लिखा तो खिचड़ी भाषा में लिखा। जो बात जैसी मन में आयी अंग्रेजी में, हिन्दी में या मिली-जुली भाषा में वैसा ही लिखता गया। क्योंकि तब उद्देश्य यह था कि जल्दी से जल्दी इस चीज को, इस पिघले हुए लोहे को जमने से पहले मैं एक आकार में ढाल दूँ। वह चीज ऐसी नहीं थी कि वह उपन्यास कहला सके। वह ज्यादा एक निजी प्रश्न का उत्तर था।"

"फिर दो वर्ष बाद दूसरा मसविदा तैयार हुआ और फिर तीसरा हुआ। फिर जेल से आने के बाद उसका एक रूप बना, जो कि पहले भाग का प्रकाशित रूप है और उसके दो-एक वर्ष बाद दूसरे भाग का रूप बना जो कि प्रकाशित हुआ और तीसरा भाग अभी प्रकाशित नहीं हुआ और उसका यही पुराना तीसरा-चौथा मसविदा भी पड़ा हुआ है–कह नहीं सकता उसका कब वह रूप जो कि उन दोनों

के साथ जुड़कर छपने लायक बन सका।" (कवि नायक : अज्ञेय, पृ. 82) यह छपने लायक रूप अज्ञेय कभी बना नहीं सके। एक साक्षात्कार में यह पूछने पर कि 'शेखर : एक जीवनी' के तीसरे भाग के लिए आप अपने पाठकों को कब तक तरसाते रहेंगे?

अज्ञेय का उत्तर है—"उनको क्या तरसाऊँगा, उनसे अधिक तो मैं तरसता हूँ, लेकिन तरसने से कुछ आता-जाता नहीं। तीसरा भाग एक बार लिखा गया था, तभी छप गया होता तो छप गया होता। अब वह संशोधन माँगता जान पड़ता और मैं भरसक कोई चीज ऐसी अवस्था में छपने नहीं भेजता हूँ जबकि वह मुझे अधूरी जान पड़ रही हो।" (आत्मपरक, पृ. 326, अज्ञेय) अज्ञेय के इस कथन के साथ उनके अंतरंग पंडित विद्यानिवास का कथन है—"गाँधी कितने हताश थे, कितने अकेले पड़ गये थे। स्वाधीन होते ही वे सबसे अलग हो गये थे।" उसी मुद्रा में गाँधी ने कहा था कि लोग मुझे पागल समझते हैं और मैं पागल हो गया हूँ। इस पंक्ति को अज्ञेय ने रेडियो पर सुना और सुनते ही उनके मन में विकट परिवर्तन हुआ। वह कौन चीज है कि जो निःशस्त्र लड़ाई लड़ रहा है और आज अकेला पड़ गया है—और उन्होंने उस सशस्त्र रास्ते का मन से परित्याग कर दिया। जिस रास्ते से उन्होंने भारत की आजादी का स्वप्न देखा था, उस रास्ते को त्याग दिया। फिर उनकी रचनाओं में भी परिवर्तन आया। ऐसा परिवर्तन कि 'शेखर : एक जीवनी' पूरी नहीं हुई। दो भाग उन्होंने लिखे पर तीसरे भाग, जिसकी पूरी तैयारी की थी, नोट्स लिखे थे। लेकिन लिखा नहीं। यह प्रश्न उनके मन में बार-बार उठता था कि यह रास्ता बड़ी गरिमा का है, बड़ी दीप्ति का है—पर यह रास्ता है क्या? यह रास्ता ठीक नहीं है, इसलिए उन्होंने पूरा नहीं किया। कई बार पूरा करना चाहते थे और कहते थे—'पूरा करने से पहले मैं इसके दो भागों का संशोधन करूँगा।' पर हमने कहा 'जो आप उस समय लिख चुके हैं, वह दस्तावेज बन गया है, वह केवल आप की जीवनी नहीं है एक पूरे युग की जीवनी है, अपनी नियति को इस प्रकार वरण करने वालों की जीवनी है। उसको वह जैसा है—वैसा ही रहने दें। उसको संशोधित न करें। क्योंकि शेखर बदल जाए तो बदल जाए, पर उसके दो भाग कैसे बदलेंगे। नहीं हो पाया—फिर उनसे।" (अज्ञेय : वन का छन्द, पृ. 70) कुछ विद्वानों का अनुमान है कि अज्ञेय ने 'शेखर : एक जीवनी' के तीसरे भाग की पूर्ति में 'नदी के द्वीप' जैसा प्रेम-संवेदना का उपन्यास लिखा। अज्ञेय क्रान्ति-भाव से प्रेम-भाव में रूपान्तरित हो गये थे और उसी भाव से 'बारह सिंघा' शीर्षक प्रयोगात्मक उपन्यास लिखा-लिखवाया। नर के नारायण की व्यथा उन्हें मथने लगी थीं और वह गाँधी-बुद्ध की ओर बढ़ गये थे—हिंसा पर आधारित मार्क्सवाद का

खण्डन भी अज्ञेय ने इसी कारण किया। और समय आने पर मानवेन्द्रनाथ राय के रेडिकल ह्यूमेनिज्म को धता बतायी। दरअसल वे जापान क्या गये वहाँ वे--ज़ेन साधना पद्धति को स्वीकार करते चले गये।

अज्ञेय जी ने जेल यात्रा को याद करते हुए यह भी जिक्र किया है कि 'शेखर' के लेखन से पहले उन्होंने एक क्रान्तिकारी उपन्यास लिखा था—जिसकी पांडुलिपि पुलिस दल ने अपने ऑफिस में जमा करवा ली थी और उसे कभी वापस नहीं किया।

'नदी के द्वीप' 1951 जैसे प्रसिद्ध उपन्यास में प्रेम-कथा की व्याख्या में सुबोधता का सौन्दर्य पैदा करने वाले रचनाकार ने 'भूमिका' नहीं लिखी है। यह कहकर पाठक को चुप कराना चाहा कि "उपन्यास को जो कहना है, वह उपन्यासकार को नहीं कहना चाहिए। अतः उपन्यास पर विश्वास करो—उपन्यासकार पर नहीं। 'नदी के द्वीप' व्यक्ति-चरित्र का उपन्यास है। इससे इतर कुछ वह क्यों नहीं, इसका मैं क्या उत्तर दूँ? फिर 'नदी के द्वीप' व्यक्ति चरित्र का ही उपन्यास है। घटना उसमें प्रत्यक्ष और परोक्ष रूप से काफी है, पर घटना प्रधान उपन्यास वह नहीं है। 'शेखर' की तरह वह परिस्थितियों में विकसित होते हुए एक व्यक्ति का चित्र और चित्र के निर्मित्त से उन परिस्थितियों की आलोचना भी नहीं है। वह व्यक्ति चरित्र के उद्‌घाटन का उपन्यास है। 'शेखर' से 'नदी के द्वीप' का प्रमुख अन्तर इस बात में है कि 'शेखर' में व्यक्तित्व का क्रमशः विकास होता है, 'नदी के द्वीप' में व्यक्ति आरम्भ से ही सुगठित चरित्र लेकर आते हैं। शेखर भुवन में समा जाता है, शशि रेखा में। 'नदी के द्वीप' एक प्रेम भरी कहानी है। इस उपन्यास के बाद अज्ञेय ने अस्तित्ववादो मुहावरे का लघुकाय उपन्यास लिखा 'अपने अपने अनजबी' 1961। और फिर दो अपूर्ण उपन्यास—'वीनूभगत और 'छाया मेखल' जिन्हें 2000 ई. में प्रभात प्रकाशन, दिल्ली ने इला डालमिया के सहयोग से प्रकाशित किया।

जेल में अज्ञेय ने कहानियाँ लिखकर मन को शान्त किया। बाकी वहाँ से जो कहानियाँ लिखीं, कुछ क्रान्तिकारी जीवन की और कुछ क्रान्तिवाद के समर्थन की कहानियाँ थीं। इन कहानियों पर जैनेन्द्र और प्रेमचन्द रीझ रहे थे और उनमें से प्रेमचन्द ने कुछ को 'जागरण' में छापा भी। क्रान्तिवाद की कहानियों से हटकर धीरे-धीरे वे सामाजिक जीवन की या व्यक्ति-चरित्र की कहानियों का सृजन करते रहे। कुछ कहानियाँ खास अर्थ में मनोवैज्ञानिक ढंग की भी लिखीं और जेल से बाहर आकर वे 1954 तक कहानी के क्षेत्र में सक्रिय रहे। 'विपथगा' (1937), परम्परा (1944), कोठरी की बात (1945), शरणार्थी (1948), जयदोल (1951),

अमरवल्लरी (1954) तथा 'ये तेरे प्रतिरूप' (1961) जैसे कहानी-संग्रह लिखकर हिन्दी कहानी को नवीन कथ्य और रूप प्रदान किया। 'नयी कहानी' के पुष्ट बीज अज्ञेय की कहानियों में मिलते हैं। लेकिन 1954-59 के बाद अज्ञेय ने कहानी लिखना छोड़ दिया। उन्होंने भीतर से अनुभव किया कि कहानी एक क्षण की, एक मनोदशा की, एक स्थिति की वीणा है—जिसमें समग्र जीवन समाता नहीं है। जीवन की समग्रता तो उपन्यास और कविता में ही समाती है।

अज्ञेय ने अपने को भीतर-भीतर से टटोलकर अनुभव किया कि वह मूलतः कवि हैं। कुछ कविताएँ जेल में भी लिखीं—'प्रिजन डेज एण्ड अदर पोयम्स'। इनमें से कुछ तो प्रकाशित भी हुईं। अंग्रेजी कविताओं के संग्रह का प्रकाशन बनारस से 1946 में हुआ। इस संग्रह की 'भूमिका' जेल जीवन के अनुभवी पंडित जवाहरलाल नेहरू ने लिखीं। जेल जीवन की इन वात्स्यायनी कविताओं में प्रेम की मादक उछाल है और जीवन के रंगों का आकर्षण। जेल में रहकर ही 'भग्नदूत' की कविताएँ लिखी थीं। 'भग्नदूत' की पांडुलिपि लेकर जैनेन्द्र जी और प्रेमचन्द जी दोनों जयशंकर प्रसाद के निवास पर उनसे 'भूमिका' लिखवाने के लिए गये थे। लेकिन प्रसाद जी ने जैनेन्द्र के बार-बार आग्रह करने पर भी अपनी असमर्थता व्यक्त की (देखिए जैनेन्द्र कुमार, 'ये और वे'—जयशंकर प्रसाद पर संस्मरण)। इस घटना से चोट तो अज्ञेय को लगी, पर वे उसे भीतर ही भीतर पी गये। प्रसाद जी के प्रति अज्ञेय के मानस में जो गहरा आकर्षण है—उसके मूल में यह राग-विराग भी है। विजयदेव नारायण साही ने दोनों को समझने के बाद पाया है कि 'दुनिया के किसी कवि से अज्ञेय की निकटता दीखती है तो वह जयशंकर प्रसाद से। वे दोनों एक ही सिमिट्री की दो विपरीत दिशाएँ हैं, जिसके 'बेस' में तीसरे दशक की खण्डित चेतना वाली मनोभूमि है।' (छठवाँ दशक—लघुमानव के बहाने हिन्दी कविता पर एक बहस) साही जी ने यह ध्यान भी दिलाना आवश्यक समझा है कि प्रसाद जी का सत्य एक दार्शनिक सत्य है जो 'मान्य' अथवा 'आस्था सम्मत' मूल्यों की तरह हमारे मानस में सूक्ष्म रूप से वर्तमान रहता है। अज्ञेय का सत्य 'साक्षात्कार' का एक क्षण है, एक द्वीप है जिसे हम अपने भीतर के जड़ और चेतन के संकल्पित संयोग से अनुभूति करते हैं। इस प्रकार 'कामायनी' में जो अनुभूति दर्शन में परिवर्तित हो जाती है, उसे अज्ञेय फिर दर्शन से अनुभूति में परिवर्तित करते हैं। कविता सम्बन्धी हमारी धारणाओं में इससे गहन परिवर्तन हो जाता है—विशेषतः अनुभूति की सार्वजनिकता को लेकर।' यहाँ कवि और पाठक को जोड़ने वाली कड़ी 'आस्था' नहीं 'यथार्थ' है।

अज्ञेय का सैनिक जीवन अपने साथ नयी तरह के राजनीतिक जीवन का

रंग भी लिये रहा है। ऐसी स्थिति में उन लोगों से भी परिचय बढ़ा, जिनसे कोरे साहित्यकार होते तो न होता, मसलन अवनीन्द्रनाथ राय से। उनका मत था कि भारत की रक्षा का प्रयत्न करना चाहिए--क्योंकि इस युद्ध का पक्ष सहयोग चाहता है--इसका दूसरा पक्ष मानव जाति के लिए अहितकारी है। उनसे अज्ञेय का सखा-भाव पनपा। साथ ही अपने समय के सभी साहित्यकारों से उनका परिचय हुआ और सौहार्द्र भी रहा। श्री मैथिलीशरण गुप्त को तो वह अपना 'गुरु स्थानीय' मानते ही हैं। उनसे जेल में ये तब से पत्र-व्यवहार हुआ और फिर जेल से छूटने के बाद तो अज्ञेय उनके परिवार के सदस्य ही बन गये। दद्दा का वैष्णव गाँधी-विचार-दर्शन से बना स्वभाव अज्ञेय के विचारों से सहमत न था और 'शेखर' पढ़कर तो उनके संस्कारों को ठेस भी लगी थी। लेकिन शेखर को दद्दा ने पढ़ना शुरू किया तो रात भर पढ़ते रहे। अज्ञेय का बहुत निकट का परिचय पन्त जी से रहा और पहाड़ों से लगाव के कारण प्रायः कुमाऊँ अंचल में जाने पर पन्त जी से मिलते। उनके साथ घूमना भी होता। निराला से परिचय था--वैसे निराला जी "मेरे एक लेख से बहुत नाराज हो गये थे। था भी लेख ऐसा, नादानी की बात थी और कुछ बदतमीजी भी थी मेरी तरफ से। (कवि नायक-अज्ञेय) यह लेख विश्व भारतीय क्वार्टर्ली के अगस्त 1937 में (वाल्यूम III पार्ट II) माडर्न (पोस्ट वार) हिन्दी पोयट्री' शीर्षक से छपा था। इस लेख में मैथिलीशरण और पन्त की प्रशंसा तथा निराला के कवि कर्म की निन्दा की गयी थी। इस बालकपन के घटिया कृत्य को लेकर बाद में अज्ञेय जी को बड़ा मलाल रहा। विशेषकर लेख के इस कथन पर 'एण्ड एज ए लिटरेरी फोर्स, एट एनी रेट, निराला इज आलरेडी डेड' (विश्वभारती, क्वाटर्ली, अगस्त 1937, पृ. 151) आधुनिक कवियों पर लिखी इस लेख माला में अज्ञेय जी ने निराला के रचना-कर्म को लेकर जो नादानी की थी उसको लेकर उनमें कुछ समय बाद अपराध बोध पनपा। उन्होंने 'स्मृतिलेखा' में 'वसन्त का अग्रदूत' निराला जी को लिखा--"यों रिपोर्टें' सही थीं। विश्व भारती पत्रिका में मेरा एक लम्बा लेख छपा था। आज यह मानने में मुझे कोई संकोच नहीं है कि उसमें निराला के साथ घोर अन्याय किया गया था। यह बात 1937 की है, जब 'विशाल भारत' में पंडित बनारसीदास चतुर्वेदी निराला के विरुद्ध अभियान चला रहे थे। यों चतुर्वेदी जी का आक्रोश निराला जी के कुछ लेखों पर ही था, उनकी कविताओं पर उतना नहीं (कविता से तो वे बिलकुल अछूते थे), लेकिन उपहास और विडम्बना का जो स्वर चतुर्वेदी जी की टिप्पणियों में मुखर था, उसका प्रभाव निराला जी के समग्र कृतित्व के मूल्यांकन पर पड़ता ही था और मेरी अपरिपक्व बुद्धि पर भी था ही।" (पृ. 62) "लेखमाला के बाद 'निराला जी के काव्य के विषय

में मेरा मन पूरी तरह बदल चुका था। वह परिवर्तन कुछ नाटकीय ढंग से ही हुआ। शायद कुछ पाठकों के लिए यह भी आश्चर्य की बात होगी कि वह उनकी 'जूही की कली' अथवा 'राम की शक्ति पूजा' पढ़कर नहीं हुआ, उनका 'तुलसीदास' पढ़कर हुआ। अब भी उस अनुभव को याद करता हूँ तो मानो एक गहराई में खो जाता हूँ।" (वही, पृ. 62)

अज्ञेय जी का रायकृष्णदास से बहुत आत्मीय सम्बन्ध पिता के कारण रहा है। उनके माध्यम से तमाम साहित्यकारों से परिचय हुआ। 'सरकार जी' या रायकृष्णदास कला, संस्कृति, इतिहास, साहित्य के अद्भुत पारखी थे और विमल हृदय परामर्शदाता। राहुल जी से परिचय हुआ--वह भी उसी क्षेत्र के थे। उनके साथ जोड़ने वाली एक बड़ी चीज थी--घुमक्कड़ी। उनकी और अज्ञेय की समान दिलचस्पी। आचार्य हजारीप्रसाद द्विवेदी, रामधारी सिंह दिनकर, माखनलाल चतुर्वेदी, बालकृष्ण शर्मा 'नवीन', भारत कोकिला सरोजिनी नायडू, उपन्यास सम्राट प्रेमचन्द के साथ फणीश्वरनाथ रेणु से अच्छी अंतरंगता रही। माखनलाल चतुर्वेदी और मैथिलीशरण गुप्त, रायकृष्णदास और नवीन जी से अज्ञेय ने बहुत कुछ सीखा और इन सबकी सृजन-संवेदना से अपनी सांस्कृतिक संवेदना का संस्कार परिष्कार किया। बहुत से रचनाकार 'प्रतीक' के माध्यम से निकट आये और बहुत से सम्पादन के कारण। अज्ञेय जी ने सम्पादन कार्य का प्रतिमान ही हिन्दी साहित्य में स्थापित किया है। उनके सम्पादित ग्रंथों में 'तार सप्तक' 1943, दूसरा सप्तक 1951, तीसरा सप्तक 1959, चौथा सप्तक 1979, पुष्पकरिणी 1953, रूपाम्बरा 1960, आधुनिक हिन्दी साहित्य 1942, नये एकांकी 1952, हिन्दी की प्रतिनिधि कहानियाँ 1952, सर्जन और सम्प्रेषण 1984, नेहरू अभिनन्दन ग्रंथ संयुक्त रूप से 1949, साहित्य का परिवेश 1985, साहित्य और समाज परिवर्तन की प्रक्रिया 1985, सामाजिक यथार्थ और कथा-भाषा 1986, समकालीन कविता में छन्द 1987, भारतीय कला-दृष्टि 1985, जन जनक जानकी 1986 तथा भारतीय ज्ञानपीठ से 'नये साहित्य सृष्टा' ग्रंथमाला, होमवती स्मारक ग्रंथ, दि इंडियन पोएटिक ट्रेडीशन का पंडित विद्यानिवास मिश्र एवं जियोनार्ड नाथन के साथ सम्पादन। वे 'भागवत भूमि यात्रा' का भी सम्पादन करना चाहते थे कि बीच में ही हमें छोड़कर चले गये। अब इस 'भागवत भूमि यात्रा' का सम्पादन कृष्णदत्त पालीवाल ने सन् 1910 में (प्रभात प्रकाशन, दिल्ली से) करके पाठकों के लिए इसे सुलभ करा दिया है। कितना आश्चर्य होता है कि दिल्ली में हिमालय टायलेट फैक्टरी में बम बनाने का कार्य करने वाला सच्चिदानन्द एक दिन राम और कृष्ण की भाव-भूमि में अपने को विसर्जित करता है। वह रहस्यवाद के चक्कर में तो नहीं पड़े--लेकिन भक्ति दर्शन की ओर उन्मुख

होते गये। इस उन्मुखता में पंडित विद्यानिवास मिश्र और स्वामी अखंडानन्द जी महाराज का भी हाथ रहा है। उनकी वृन्दावन शिविर यात्रा, भागवत भूमि यात्रा और 'कौन गली गये स्याम' की खोज यही व्यंजित करती है कि भक्ति-दर्शन में अन्ततः उन्होंने मुक्त होने का भाव पाया।

हमें ध्यान है कि सन् 1940 में घर बसाने की नियत से अज्ञेय ने सन्तोष मलिक से प्रेम विवाह किया था। लेकिन यह विवाह चल न सका और कुछ समय बाद ही 1942 में विवाह-विच्छेद हो गया। क्रान्किारी मन वाले इस रचनाकार ने रामविलास शर्मा, नेमिचन्द्र जैन, प्रभाकर माचवे, प्रफुल्लचन्द्र ओझा मुक्त, श्रीपतराय, बलराज साहनी, भारत भूषण अग्रवाल, बुद्धदेव वसु आदि से 'सैनिक', 'विशाल भारत' तथा 'प्रतीक' के माध्यम से सम्पर्क बढ़ाया। साम्राज्यवाद, फासिस्टवाद विरोध का अरमान इतना तगड़ा हुआ कि कृश्नचन्दर, शाहिद और शिवदान चौहान के साथ मिलकर अखिल भारतीय फासिस्ट विरोधी सम्मेलन का आयोजन किया। इसी सम्मेलन में प्रगतिशील गुट से अलग होकर अन्तर्राष्ट्रीय फासीवाद के विरुद्ध (1943-46) सक्रिय संघर्ष तेज करने के लिए सेना में नौकरी की। कोहिमा फ्रंट पर नियुक्त हुए और 1946 में इस नौकरी से मुक्ति पायी। साहित्य के प्रति समर्पण-भाव से 'प्रतीक' का प्रकाशन और दिल्ली ऑल इंडिया रेडियो में कोश कार्य। इसी बीच मानवेन्द्र राय से हृदय-संवाद स्थापित किया और 'थॉट' पत्रिका में साहित्य के अंश भाग का दायित्व सम्हाला। अंग्रेजी पत्रिका 'वाक्' का प्रकाशन तथा यूनेस्को की ओर से यूरोप भ्रमण। सन् 1956 में विदुषी कपिला मलिक से विवाह किया।

अज्ञेय जापान-भ्रमण को 1957-58 में निकले। जापानी साहित्य और कलाओं के सम्पर्क में आये। उन्होंने जापान के ज़ेन-बुद्धिज्म का मनोयोगपूर्वक प्रभाव ग्रहण किया। 'अरी ओ करुणा प्रभामय' की कविताओं में जापानी प्रभाव तथा जापानी कवियों के 'हाइकु' का अनुवाद किया। कुछ समय बाद चित्रों के साथ 'सुनहले शैवाल' से पाठकों को नया सौन्दर्य-बोध दिया। शब्द-शोधन और मितकथन की 'हाइकु' शैली ने अज्ञेय को सृजन-चिन्तन में नया परिदृश्य दिया। ज़ेन-साधना की एकाग्रता—समाधि भाव की विनय को आधार बनाकर 'असाध्य वीणा' जैसी अपूर्व अद्भुत लम्बी कविता का सृजन किया। समय पाकर 'नया प्रतीक' का 'जापानी अंक' विशेषांक के रूप में निकाला। इस तरह जापानी साहित्य कला का अज्ञेय के रचना-कर्म में एक विशेष स्थान रहा है। सन् 1960 में पुनः यूरोप-भ्रमण को निकले तो 'पिएर-द-क्विर' के मठ में एकान्त वास किया। इस एकान्त वास से 'मौन' का एक नया पाठ ही उनकी मानसिकता में निर्मित हुआ। सन् 1961-64 में कैलिफोर्निया विश्वविद्यालय में भारतीय साहित्य एवं संस्कृति के अतिथि प्रोफेसर

रहे। इसी समय 'आँगन के पार द्वार' काव्य-संग्रह पर साहित्य अकादमी, दिल्ली का पुरस्कार मिला।

अज्ञेय ने लेखक के निजी उत्तरदायित्व के साथ सामाजिक उत्तरदायित्व पर अपना ध्यान सदैव केन्द्रित किया। सर्वेश्वरदयाल सक्सेना ने 'ज्ञानोदय' मार्च 1960 में उनसे बातचीत की तो अज्ञेय ने साफ कहा कि "कलाकार की एकान्त साधना को अत्यधिक महत्त्व देता हुआ भी मैं समझता रहा हूँ कि समय-समय पर उसे महत्त्वपूर्ण समस्याओं पर अपना अभिमत प्रकट करना चाहिए; किन्तु अपने साहित्यिक व्यक्तित्व के ऐसा उपयोग होने देने में उसे दलबन्दी से बचना चाहिए।" दलबन्दी स्वतन्त्र विवेक का हनन करती है। अपने पत्रकार रूप को अज्ञेय ने दलबन्दी में समेटकर कलंकित नहीं होने दिया। यह पूछे जाने पर कि सृजन के साथ पत्रकारिता का क्या मेल है? उनका जवाब है–"दोनों का रूप अलग है, पर मेरा दोनों में लिखने का मन होता है।" सर्जन आत्मदान माँगता है और पत्रकारिता सामाजिक दायित्वों का निर्वाह। इस निर्वाह में अज्ञेय ने श्रेष्ठ गद्य लिखा। कभी ललित निबन्ध, कभी यात्रा निबन्ध, कभी विचारपरक निबन्ध, कभी आलोचनात्मक निबन्ध और कभी-कभार विचारों से लबालब भरी मुक्त टिप्पणियाँ। गद्य लिखना अज्ञेय ने हस्तलिखित पत्रिका 'आनन्द बंधु' के साथ ही शुरू किया और 'सैनिक', 'विशाल भारत', 'वाक्' और 'थॉट' में भाषा को माँजकर सँवारा। यात्रा-परक निबन्धों में सूक्ष्म ब्यौरों के साथ प्रकृति की लय-गति को रूपाकार दिया। विचारपरक निबन्धों में विचार को सम्प्रेषणीय बनाने के लिए उदाहरणों में प्रतीकों-मिथकों–बिंबों को ग्रहण किया। मिथकों को जातीय-अस्मिता, सांस्कृतिक-दृष्टि के सन्दर्भ में नया पाठ बनाकर प्रस्तुत किया। अज्ञेय में बौद्धिक संयम ऐसा है कि वे सस्ती भावुकता और खोखली सरलता के चक्कर में गम्भीर विचार की गरिमा का स्खलन कहीं भी कभी नहीं होने देते। यही उनके संस्कारी गद्य की अद्भुत महिमा है।

दरअसल, अज्ञेय और 'दिनमान' का एक गौरवशाली इतिहास है। 21 फरवरी 1965 में 'दिनमान' अपने पाठकों के पास इस मूल मन्त्र के साथ पहुँचा–'राष्ट्र की भाषा में राष्ट्र का आह्वान'। सम्पादक ने अपना मन खोलकर कहा–" 'दिनमान' सही दिशा में कल्याणकारी हो यही कामना है।" साथ ही यह भी कहा कि " 'दिनमान' अर्थात् सूर्य, दिन, सप्ताह, मास, वर्ष सभी की माप प्रस्तुत करता है, इसलिए वह युग-मान भी है।" बड़ी बात यह कि दिनमान के अंक उत्तरोत्तर नवीन चिन्तन से सम्पन्न होते थे और 'पत्रकार संसद' बहुत ही विचारोत्तेजक स्तम्भ। प्रत्येक अंक में 'चिट्ठी-पत्री', 'पत्रकार संसार' के अतिरिक्त 'राष्ट्रीय समाचार' 'राज्यों के समाचार' 'राजनीतिक दल' 'विश्व के समाचार' 'उद्योग और व्यापार'

'खाद्य और कृषि' के स्तम्भों के साथ 'विज्ञान', 'आधुनिक जीवन रंगमंच' 'कला' 'धर्म दर्शन' 'साहित्य' और 'खेल खिलाड़ी'। वैविध्य से भरा जीवन का विस्तृत मानचित्र था—'दिनमान'। 27 फरवरी 1965 को डॉ. लोहिया ने एक चिट्ठी में कहा—"सुना, मालिकों ने 'अमेरिकी' टाइम्स के नमूने पर 'दिनमान' निकालने की सोची है।" वात्स्यायन जी ने इस 'पाठ' का भाष्य करते हुए प्रत्युत्तर दिया—'दिनमान' के लिए 'अमरीकी टाइम' नमूना नहीं है। हाँ, समाचार संग्रह के लिए जितना बड़ा संगठन 'दिनमान' कर सकेगा, करेगा। विदेशी मामलों पर लिखनेवाले हिन्दुस्तानियों के रुख के अलावा एक कमी यह भी रहती है कि उनके सोचने पर अंग्रेजी की छाप बहुत गहरी रहती है, वे भारतीय भाषाओं में नहीं सोचते, अनुवाद में सोचते हैं—चाहे वे अंग्रेजी विरोधी ही क्यों न हों। 'दिनमान' ऐसी भाषा में ऐसे चिन्तन का प्रयत्न करेगा कि उसमें न तो 6 हिन्दुस्तान के चिन्तन की नासमझ पूजा दिखेगी न हिन्दुस्तान की किसी भी भाषा का कम समझ मलीदा।' वे गुटपरस्त लोग जिन्होंने हिन्दी साहित्य में अज्ञेय को बदनाम करने के लिए यह खबर फैलायी थी कि वह तो 'कांग्रेस फारकल्चरल फ्रीडम' के भारत में अमेरिकी दलाल हैं—उन्हीं लागों ने 'दिनमान' निकलने पर 'अमरीकी टाइम' का नमूना कहना शुरू किया था। लेकिन अज्ञेय तो देशभक्ति की पत्रकारिता के धीरोदात्त नायक थे—सब राजनीतिक चालें समझते थे। जब मैथिली को हिन्दी से अलग भाषा का दर्जा दिया जाने का निर्णय हुआ तो 'साहित्य' स्तम्भ में 'मोर्चे में एक और भाषा' को लेकर अज्ञेय बोल पड़े। इसलिए बोल पड़े कि वह इस निर्णय को अनिष्टकर मानते थे। उस समय मैथिली को भाषा का दर्जा दिए जाने के लिए जो समिति बनायी गयी थी। उसमें सुनीति कुमार चटर्जी के साथ आचार्य हजारीप्रसाद द्विवेदी भी थे। सम्पादक को धक्का लगा कि कैसे आचार्य द्विवेदी जी के रहते यह सिफारिश मंजूर कर ली गयी। अज्ञेय जी ने आचार्य द्विवेदी के इस कुकृत्य पर क्षोभ व्यक्त करते हुए लिखा—"इस निर्णय का प्रभाव हिन्दी-भाषा और साहित्य पर तो गहरा पड़ेगा ही, आज के दूषित वातावरण में भाषा-वैमनस्य को और बढ़ावा देगा। मैथिली को स्वतन्त्र भाषा के रूप में मान्यता देना हिन्दी के सार्वजनिक-चरित्र और सम्भावनाओं के हित में तो नहीं ही है—ऐसा तुष्टीकरण क्षेत्रीय अलगाववादी प्रवृत्तियों को प्रोत्साहित करना है और राष्ट्रीय सोच को संकुचित करना भी है।"

'मेरी स्वाधीनता सबकी स्वाधीनता' का सोच ही अज्ञेय जी को लोहिया-नरेन्द्र देव की ओर ले गया था और वे परम्परा और आधुनिकता के द्वन्द्व और संघर्ष के दौर से गुजरे थे। 'दिनमान' ने अज्ञेय की इसी साहित्य की व्यापक समझ के कारण पत्रकारिता को नयी भाषा में नया सोच दिया। इस नये सोच के काण ही 'दिनमान'

हिन्दी पत्रकारिता में प्रतिमान बन गया। साथ ही न जाने कितने लोग 'दिनमान' से शिक्षित होकर पत्रकार बने। अज्ञेय अपने समकालीनों में सर्वाधिक सजग बौद्धिक-संवेदना के लेखक हैं। इसलिए अज्ञेय की साहित्येतर पत्रकारिता को भी ठीक से समझने के लिए अज्ञेय की व्यापक साहित्य-दृष्टि को समझना आवश्यक है।

अज्ञेय को हमेशा ध्यान में रहा कि "जब हिन्दी उपेक्षित और अपमानित थी, तब उसको इसलिए शक्ति मिलती थी कि वह विद्रोह की भाषा थी और अनवरत संघर्ष उसे माँजता था। अब उसे हमें माँजना है, नहीं तो वह मैली हो जाएगी।" (अज्ञेय–हिन्दी पाठक के नाम) 'प्रतीक' में अपना तमाम धन लगाने के बाद भी घाटा हुआ–उससे अज्ञेय टूटे नहीं। बल्कि इस चोट को सहन करने के लिए 'नया प्रतीक' निकाला। 'नया प्रतीक' का प्रवेशांक दिसम्बर 1973 में निकला।

'नया प्रतीक' तो 'प्रतीक' का ही पुनर्जन्म था। अज्ञेय ने लिखा– 'प्रतीक' का पहला समारम्भ 1947 के ग्रीष्म में हुआ था, तब से इस नये और तीसरे समारम्भ तक एक चौथाई शती का अन्तराल पड़ गया है। जो व्यक्ति आज यह सम्पादकीय लिख रहा है–उसी ने तब भी सम्पादकीय टिप्पणी लिखी थी। इसी से ऐसा लग सकता है कि इतने लम्बे व्यवधान के बावजूद सारे आयोजन में एक निरन्तरता है।" लेकिन इस निरन्तरता की चर्चा करते हुए भी उन्हें ध्यान है, "चौथाई सदी का अन्तराल काफी बड़ा अन्तराल होता है। और इस व्यवधान से इसके कारण बदल गये परिवेश, परिस्थिति, रुचि और साहित्य-प्रवृत्तियों की अनदेखी नहीं हो सकती।" यह भी ध्यान में आया कि " 'प्रतीक' के पहले द्विमासिक रूप के बाद जन्म लेने वाले वयस्क पाठकों की भी एक नयी पीढ़ी हो गयी है, जिस पर नये साहित्य को निर्भर करना है–जिसकी रुचियों और जरूरतों को भी उसे प्रतिबिंबित करना है।" प्रवेशांक से नये पाठकों की रुचियों को ध्यान में रखकर आलोचक प्रवर रामस्वरूप चतुर्वेदी का लेख 'बोलचाल और सम्प्रेषण' छापा है–फिर कुँवरनारायण, सर्वेश्वर, शमशेर के साथ अज्ञेय की कविताएँ। नये आलोचक नवल किशोर की पुस्तक 'मानववाद' और साहित्य की समीक्षा के साथ फ्रेंच से अनूदित पियरे ते इयार द शार्दे के लेख 'प्रेम : मूल मानवीय ऊर्जा' भी है। यहाँ सम्पादक मंडल में पं. विद्यानिवास मिश्र, फणीश्वरनाथ 'रेणु' कुँवरनारायण और रमेशचन्द्र शाह 'सलाहकार' के रूप में तथा इला डालमिया और नन्द किशोर आचार्य सहायक के रूप में मौजूद हैं। 'प्रतीक' के समय 'नयी कविता' की हवा का जोर था–'नया प्रतीक' में युवा रचनाकारों के स्वागत ने युवा रचनाकारों में भाषा को भ्रष्ट करते हुए एक पोर्नोग्राफी का उभार भी आया और भाषा के स्रोत विकृत भी हुए। समस्या, भाषा के पुनर्नवीकरण की थी और समस्या थी रघुवीर सहाय के बाद सपाटबयानी

के रचनात्मक प्रयोग की। इस दृष्टि से 1973 से 1978 तक के 'नया प्रतीक' के अंकों का अन्तःपाठ एक नये शोध का विषय है। भाषा और सम्प्रेषण, काल चेतना और पाठ पर अज्ञेय जितना जोर शायद ही किसी लेखक और पत्रकार ने दिया हो। अज्ञेय लोहिया के प्रशंसकों में से हैं और साहित्य तथा सम्प्रेषण को एक-दूसरे से अभिन्न मानते रहे हैं। सन् 1973-74 में लोक नायक जयप्रकाश नारायण के अनुरोध पर वात्स्यायन जी ने 'ऐवरीमैन्स' वीकली के सम्पादन का दायित्व को स्वीकार किया। इससे पहले वे आस्ट्रेलिया, पूर्वी यूरोप के देशों सोवियत यूनियन, मध्य यूरोप के देशों की यात्रा के साथ बर्कले में कुछ समय तक अध्यापन का सुख भी भोग चुके थे। लेकिन भारत में आने पर 'आपातकाल' का अंधेरा पाने पर वे बहुत क्षुब्ध रहे। सन् 1977-80 में 'नवभारत टाइम्स' का सम्पादन किया और 1979 में 'कितनी नावों में कितनी बार' काव्य-संग्रह पर भारतीय ज्ञान पीठ का लखटकिया पुरस्कार भी प्राप्त किया। और भारतीय ज्ञानपीठ की पुरस्कार राशि के बराबर राशि अपनी ओर से जोड़कर 'वत्सल निधि' की 1980 में स्थापना की और 'चौथा सप्तक' का सम्पादन भी किया, जिसके प्रमुख कवि हैं—नन्दकिशोर आचार्य और श्रीराम वर्मा। क्या विडम्बना रही है कि भारतीय परिवेश के जागरुक रचनाकार और 'भारतीयता' की विवेक वयस्कता के प्रतीक अज्ञेय को हमने विदेशी साहित्य का नकलची रचनाकार कहकर उन्हें अपमानित किया। यह सच है कि वे अद्‌भुत यायावर थे—पर इस यायावरी में भी भारत और भारतीय घर उनके साथ बराबर रहता था। अज्ञेय के सखा-मित्र-सहचर बन्धु पंडित विद्यानिवास मिश्र ने ठीक कहा है कि "उनका घर भारत था। भारत से बाहर जहाँ कहीं रहे उन्होंने अपने घर को भारत बनाकर ही रखा। जीवन के अन्तिम वर्ष में यह घर उनके भीतर कुछ विशेष रूप से समा गया था। उन्होंने भारतीय घर पर विचार-चर्चा काशी में आयोजित की और दूसरी चर्चा की रूपरेखा बनायी उसके सात दिन बाद (4 अप्रैल 1987 को) चले गये। जिस दिन गए—उसी दिन उन्हें उसी तरुगृह में काव्य-पाठ द्वारा विधिवत गृह प्रवेश करना था, जिसे नीम की डालों के बीच उन्होंने अपनी देख-रेख में महीनों में तैयार कराया था और वह तरुगृह काव्य नीड़ रह गया, हँसा अकेला चला गया।" कितनी अद्‌भुत बात है कि उनका काव्य-संग्रह 'ऐसा कोई घर आपने देखा है' भी घर की हुड़क लिये हुए है। इस काव्य-संग्रह की एक कविता में वह कहते हैं—'घर मेरा कोई नहीं है। घर मुझे चाहिए। घर के भीतर प्रकाश हो। इसकी चिन्ता मुझे नहीं है। प्रकाश के घेरे में मेरा घर हो। इसी की मुझे तलाश है।" प्रकाश भरे, धूप भरे, प्रकृति लय लास्य भरे घर की तलाश का अर्थ है—घर में रहते हुए प्रकृति के साथ जीने का मौन-निमन्त्रण। इसलिए वे

धूप,चिड़िया, घास, तिनका, शंखपुष्पी, किरण, हवा, लहर, आकाश, सागर—सबसे जीवन माँगते रहे और सबने दिया। गरमाई, मिठास, हरियाली, उजाला/गंधवाही मुक्त खुलापन/लोच, उल्लास, लहरिल प्रवाह/और बोध भव्य निर्व्याज निस्सीम का।'' प्रकृति से ऐसा राग भरा तादात्म्य नयी कविता में बहुत कम नसीब होता है।

उन्हें प्रकृति पर्यावरण विनाश की चिन्ता तो खाये जा रही थी। नन्दा देवी के वन-विनाश पर लिखी कविताएँ इसी सच की गवाही देती हैं—''नंदा, बीस, तीस पचास वर्षों में/तुम्हारी वनराजियों की लुगदी बनाकर हम उस पर/अखबार/छाप चुके होंगे/तुम्हारे सन्नाटे को चीथ रहे होंगे/ हमारे धुँधुलाते शक्तिमान ट्रक/तुम्हारे झरने-सोते सूख चुके होंगे/और तुम्हारी नदियाँ ला सकेंगी केवल/आँतों को उमेठने वाली बीमारियाँ/तुम्हारा आकाश हो चुका होगा/हमारे प्रतिसवन विमानों के/धूपधुवों का गुंजर।'' अज्ञेय साइंटिस्ट थे और छोटी बड़ी चीज की पहचान की शक्ति में शरीक थे। नवीन 'विकास' और 'प्रगति' पर इतराती सभ्यता—औद्योगिक सभ्यता के खतरों की उन्हें सूक्ष्म-गहन जानकारी थी। उपभोक्तावादी संस्कृति, बाजारवाद, ग्लोबलाइजेशन के कारण उत्पन्न विनाश के बादलों को वह पहचानते थे—भीतर से उस तृष्णा का अर्थ समझते थे। उनका 'मैं' चिन्ताओं की भीतर मार के कारण 'हम' बनता गया। वे मानव अस्मिता-आकांक्षा के बचाव के लिए ही नर-नारायण की ओर बढ़े। अज्ञेय ने कहा कि ''नर में ही बार-बार नारायण/मरते हैं मरते हैं उसमें/कथाबोध, उसका ही काम अधूरा है।'' अज्ञेय न जाने कितनी बार विदेश के शहरों में रहे और हर बार भारत के लिए उमड़ता हृदय लेकर लौटे। उनके भीतर जीवन को समूचा जीने की देखने की तड़प रही। अज्ञेय के ऋषिमन से यह छन्द फूट पड़ा—''मैं सभी ओर से खुला हूँ/वन सा वन सा/अपने में बन्द हूँ/शब्द में मेरी समायी नहीं होगी/मैं सन्नाटे का छन्द हूँ।'' यह सन्नाटे का छन्द अपने समकालीनों में साठ वर्षों तक विचार-संवाद का केन्द्र रहा—और सभी को आलोकित करता रहा।

अज्ञेय के कवि-कर्म पर विचार करना हो तो दो तरह के अज्ञेय मिलते हैं—एक पूर्व अज्ञेय—दूसरा उत्तर अज्ञेय। पूर्व अज्ञेय की कविताओं पर छायावादी संस्कारों की धमक है—इस धमक से वह धीरे-धीरे छूटते हैं और गैर-रोमांटिक कवि की सम्भावनाओं का संकेत देते हैं। 'भग्नदूत' 1933, चिन्ता 1942, इत्यलम् 1946, हरी घास पर क्षण भर 1949, बावरा अहेरी 1954, इन्द्रधनुष रौंदे हुए—1957, काव्य-संग्रहों में अज्ञेय में काव्य प्रयोग और नई राहों के अन्वेषण की आन्तरिक लगन है। उत्तर अज्ञेय में विचारों की बौद्धिकता, ज़ेन-साधना पद्धति का शब्द संयम और बहिर्मुखी सामाजिकता का उत्कर्ष मिलता है। अज्ञेय अन्तर्मुखता से छूटकर

बहिर्मुखता में, व्यंग्य-वक्रोक्ति में, राजनीति-समाज, औद्योगिक सभ्यता, उपभोक्तावादी संस्कृति से उत्पन्न अपसंस्कृति, पर्यावरण विनाश की चिन्ता और भाषा सम्प्रेषण, भारतीयता की ओर एकाग्र मन से अग्रसर दिखाई देते हैं। उत्तर अज्ञेय–'अरी ओ करुणा प्रभामय' 1959, आँगन के पार द्वार 1961, कितनी नावों में कितनी बार 1967, सागर मुद्रा 1970, क्योंकि मैं उन्हें जानता हूँ 1970, पहले मैं सन्नाटा बुनता हूँ 1974, महावृक्ष के नीचे 1977, नदी की बांक पर छाया–1981, ऐसा कोई घर आपने देखा है–1986, और मरुस्थल 1988 जैसे काव्य-संग्रहों से हिन्दी कविता को पुनः सम्भव बनाते हैं–उसके बासीपन को झाड़कर नये प्रयोगों से, बौद्धिक रुझानों से, जापानी जर्मन काव्य प्रभावों से हिन्दी कविता में एक युग प्रवर्त्तन करते हैं। अपनी नवीन प्रयोगधर्मिता, भाषा और सम्प्रेषण की चिन्ता, विश्वभर के लिए दृष्टि का खुलापन, व्यक्ति स्वातन्त्र्यवाद, वरण की स्वतन्त्रता के लिए हिन्दी के प्रतिबद्ध आलोचकों का हर मोड़ पर अंधा विरोध सहते हैं। पाठक पाता है कि अनेक प्रहारों, लांछनों, अपमानों, कुटिल विरोधों को झेलकर अज्ञेय हिन्दी की असाध्य वीणा के तारों को बजाकर ही चैन लेते हैं। अज्ञेय की कविता को 'हिन्दी में लिखी अंगरेजी कविता' कहने वाले मुँह लटकाये रह जाते हैं। अज्ञेय की काव्य-यात्रा का यह विजय पर्व एक अद्भुत काव्य इतिहास निर्मित करता है।

अज्ञेय न तो टी.एस. एलियट हैं, न डी.एच. लारेन्स, न एजरापाउंड। पश्चिम के तमाम प्रभावों को ग्रहण करने पर भी उनकी अपनी भारतीयता है, दृष्टि की मौलिकता है और प्रयोगों की सिद्धि है। उनमें ऐसा कुछ नहीं है जो भारत की काव्य परम्परा द्वारा अनुमोदित नहीं हो सकता। उन्होंने छोटी-छोटी कविताएँ लिखी हैं, अनुभूति की तीव्रता और घनता से भरी छोटी कविताएँ। भावना-प्रधान कविता छोटी ही होती है, नहीं तो अपने ही भावों का पैराफ्रेज होने लगता है। वह उदाहरण के साथ कहते हैं–"जो घनीभूत पीड़ा थी मस्तक में स्मृति-सी छायी। वह एक आँसू बनकर आये, यहाँ तो ठीक है; किन्तु जब वह बरसात की झड़ी-सी बरसने लगती है, तब वह शायद वही पीड़ा नहीं रहती और घनीभूत तो भला रह ही कैसे सकती है। लम्बी कविताएँ भी होती हैं, हो सकती हैं, अच्छी भी हुई हैं, पर उनको कलात्मक एकता और गठन देने वाली चीज फिर दूसरी हो जाती है–भाव की संहति और तीव्रता नहीं।" इस तरह के वैचारिक कथनों से अज्ञेय ने हिन्दी को एक नया काव्यालोचन दिया है।

उन्होंने अनुभव से पाया है कि गाँवों का देश भारत अब पुरानी बात है। नया भारत शहरों की ओर लपक रहा है। गाँवों की संस्कृति जिन नैतिक मान्यताओं में बँधी थी, शहरों की संस्कृति में उसको स्थान ही नहीं है। शहरों ने नये नैतिक

मान स्थापित किए हों—ऐसा भी नहीं है। आज का कवि पाता है कि व्यंजना के पुराने साधन पर्याप्त नहीं हैं—कवि नयी सूझ, नये चमत्कार, नये उपमान, नया भाव-बोध कविता में लाता है। ये धीरे-धीरे परिचित होकर हमारी भाषा को सम्पन्नतर बनाते हैं, लेकिन स्वयं मर जाते हैं—उनका चमत्कार अति परिचय की जंग से मैला हो जाता है। भाषाओं के बढ़ने का यही नियम है, हमारी बोली के एक-एक शब्द के पीछे ऐसे कितने मृत और ध्वस्त चमत्कारों का इतिहास है—इसे वे समझते हैं, जिनका भाषा की ओर ध्यान है—और आज भाषा के इस संक्रान्ति काल में उधर ध्यान दिये बिना कौन रह सकता है? तो व्यंजना के नये माध्यम की खोज में कवि मौन ही में कह पाता है—मौन भी अभिव्यंजना है। इस बात को सन्तों-ज्ञानियों-कवियों ने समझा भी है।

अज्ञेय ऐसे आधुनिक कवि हैं जो मानते हैं कि काव्य-रचना व्यक्तित्व के अहं का सम्पूर्ण विलयन है। प्राचीन कवियों की महत्ता का रहस्य यही है कि वे अहं को विलीन करके लिखते थे—उनके लिए कविता स्वास्थ्य लाभ का साधन नहीं, बल्कि स्वस्थ व्यक्ति की आनन्द साधना थी। काव्य-सत्य व्यापक होकर ही काव्योत्कर्षकारी हो सकता है—व्यक्ति-सत्य बनकर नहीं। आज के कवि की समस्याएँ अनेक हैं—काव्य विषय की, सामाजिक दायित्व की, संवेदना के पुनः संस्कार की। क्योंकि कवि-कर्म की मौलिक समस्या है—साधारणीकरण और सम्प्रेषण की समस्या। और कवि को प्रयोगशीलता की ओर प्रेरित करने वाली सबसे बड़ी चीज यही है—शक्ति यही है। कवि अनुभव करता है कि भाषा का पुराना व्यापकत्व उसमें नहीं है। शब्दों के साधारण अर्थ से बड़ा अर्थ हम उसमें भरना चाहते हैं, पर उस बड़े अर्थ को पाठक के मन में उतार देने के साधन अपर्याप्त हैं।'

विज्ञान के विद्यार्थी अज्ञेय साहित्यिक दृष्टि और वैज्ञानिक दृष्टि दोनों ही दृष्टियों का मिलाकर प्रयोग की महिमा का बखान जीवन भर करते रहे हैं और प्रमाण देकर कहते रहे हैं कि "प्रयोग सभी कालों के कवियों ने किये हैं। कवि ने निरन्तर अनुभव किया है कि जिन क्षेत्रों में प्रयोग हुए हैं—उनसे आगे बढ़कर उन क्षेत्रों का अन्वेषण करना चाहिए—जिन्हें अभी तक छुआ नहीं गया है। भाषा को अपर्याप्त पाकर विराम-संकेतों से, अकों और सीधी-तिरछी लकीरों से, छोटे-बड़े टाइप से, सीधे या उलटे अक्षरों से, लोगों और स्थानों के नामों से, अधूरे वाक्यों से सभी प्रकार के इतर साधनों से कवि उद्योग करने लगा कि अपनी उलझी हुई संवेदना की सृष्टि को पाठकों तक अक्षुण्ण पहुँचा सके।' आधुनिक जीवन की जटिलताओं ने कवि-कर्म को कठिन कर दिया है। लेकिन कवि इस समस्या के सामने हारा नहीं। वह भाषा की क्रमशः संकुचित होती हुई सार्थकता की केंचुल

फाड़कर उसमें नया, अधिक व्यापक, अधिक सारगर्भित अर्थ भरना चाहता है और अहंकार के कारण नहीं है, इसलिए कि उसके भीतर इसकी गहरी माँग स्पन्दित है। इसलिए वह 'व्यक्ति-सत्य' को 'व्यापक-सत्य' बनाने का सनातन उत्तरदायित्व अब भी निबाहना चाहता है, पर देखता है कि साधारणीकरण की पुरानी प्रणालियाँ जीवन के ज्वालामुखी से बहकर आते हुए लावे से भी भरकर और जमकर रुद्र हो गयी हैं, प्राण संचार का मार्ग उनमें नहीं है।" (आत्मपरक-प्रयोग और प्रेषणीयता)। व्यक्ति अनुभूत सत्य को कैसे समष्टि तक उसकी सम्पूर्णता में पहुँचाया जाय—यही पहली समस्या है जो प्रयोगशीलता को ललकारती है। लेकिन प्रयोग वैशिष्ट्य के लिए साधारणत्व के लिए वह करता है। इसलिए कविता पर ध्यान केन्द्रित करें। कवि की वक्तव्यबाजी पर नहीं। क्योंकि आज का कवि बहुत बोलता है, इतना ज्यादा बोलता है कि उसने कविता की बोलती बन्द कर दी है।

कविता में प्रतीकों का प्रयोग अज्ञेय की दृष्टि में प्रतीकवाद नहीं है, न बिम्बों का प्रयोग बिम्बवाद। हमारी तो प्रतीकवाद को लेकर पुरानी परम्परा है—जबकि विदेश में प्रतीकवाद-बिम्बवाद का आन्दोलन कल उठा है। यह भी सच बात है कि कोई भी साहित्य जब नये प्रतीकों की सृष्टि बन्द कर देता है, तब जड़ हो जाता है, या तब जड़ होता है जब केवल पुराने प्रतीकों पर निर्भर करता है। हमारा ग्राम-साहित्य साक्षी है कि वह सदा से प्रतीकों, अन्योक्तियों की सृष्टि करता रहा है। वेदों से लेकर कालिदास तक और कालिदास से लेकर जयशंकर प्रसाद तक हम पाते हैं कि लगातार पुराना प्रतीक-विधान घेरता रहा है और नया सृजित होता रहा है। सामन्ती-साहित्य में प्रतीक सबसे कम है—लोक-साहित्य, लोक-गाथाओं में सर्वाधिक। हमें देखना यही होता है कि प्रतीक निजी न बने। 'निजी को सामान्य बनाना ही तो कवि कर्म है' और साधारण का साधारण वर्णन कविता नहीं है—विशेष वर्णन ही कविता है। "कविता ज्यों-ज्यों वर्णनात्मकता से भावनात्मकता की ओर बढ़ती है—त्यों-त्यों उसमें शब्दों के कलन की सतर्कता बढ़ती जाती है। फिर भावनात्मक कविता में ज्यों-ज्यों कवि निवेदन से सूचन की ओर बढ़ता है—जो विकास की सही और सहज दिशा है क्योंकि वह समाजजीवी मानव प्राणी की प्रवृत्ति के समानान्तर चलती है—त्यों-त्यों उसका शब्द संयम का आग्रह भी बढ़ता जाता है। इसकी चरमावस्था प्रतीकवादियों के इस सिद्धान्त में थी कि आदर्श कविता में एक ही शब्द होना चाहिए।" कहना न होगा कि शब्द संयम की इस कला का अज्ञेय और शमशेर ने कविता में प्रतिमान ही स्थापित किया है। शब्द संयम के कारण ही शमशेर के सर्वाधिक फेवरिट पोयट अज्ञेय रहे हैं।

अज्ञेय के लिए प्रेम जीवन का एक निःसग अनुभव है और अनुभवों की

एक अन्तहीन माला। खट्टे-मीठे-कड़वे-चटपटे सब अनुभव अद्वितीय होते हैं। जीवन के विस्मय में डूबना-उतराना ही जीवनानन्द है और यह जीवनानन्द ही अज्ञेय की कविता है—उसकी पूरी की पूरी कविता की कविताई प्रेम के विविध रूप-रंगों की अभिव्यंजना है। यहाँ जीवन के प्रति समर्पण ही पर्याप्त नहीं है। उस जीवनानन्द को भी समर्पित करना चाहिए तभी वह सार्थक है। अज्ञेय ने स्वयं माना है कि "यह निःसंग विस्मय पिछले दो-तीन वर्षों की मेरी रचनाओं में कई रूपों में प्रकट हुआ है। प्रतीकों के महत्त्व को और अभिव्यक्ति की घनता और तीव्रना के लिए उनके उपयोग की पद्धतियों को ज्यों-ज्यों समझता गया हूँ, त्यों-त्यों उसे अपनी कविता में लाता गया हूँ। कवि-कर्म में प्रतीकों का प्रयोग विलास नहीं है, प्रतीक सत्यान्वेषण का साधन है। जीवन स्वप्नों और आकारों का एक रंगीन और विस्मय-भरा पुंज है। आधुनिक जीवन अपनी उलझी संवदेना से ऐसा बन गया है कि हम जीवन को सीधे न देखकर काँच में से देखते हैं—तो हम उन रूपों में अटक जाते हैं जिसके द्वारा जीवन अभिव्यक्ति पाता है। काँच की टंकी में पाली हुई सोन-मछली पर एक छोटी कविता में यही कहा गया है 'हम निहारते रूप : काँच के पीछे हाँफ रही है मछली/रूप-तृषा भी/(और काँच के पीछे) है जिजीविषा।" यहाँ प्रतीक रूप मछली का प्रयोग कोई नया नहीं है—लेकिन इसके प्रतीकार्थ को लेकर हिन्दी आलोचना में एक समर ही लड़ा गया है। दिलचस्प बात यह है कि इस समर में नगेन्द्र और नामवर दोनों ही खेत रहे। यह भी स्पष्ट हुआ कि इन दोनों आलोचकों में नये आधुनिक जीवन की संवेदनात्मक जटिलताओं की बारीकी को ग्रहण कर पाने की क्षमता नहीं है। एक छायावादी प्रतिमान लेकर कूदता है—दूसरा प्रगतिवाद प्रतिमान लेकर। लेकिन दोनों की कूद-फाँद व्यर्थ इस अर्थ में रही कि दोनों ही अपना अर्थ आरोपित करते हैं—कविता के भीतर मौजूद अर्थ से तादात्म्य स्थापित नहीं कर पाते। 'प्रतीक' द्वारा सत्य को जानना, उसके ज्ञान को पाना, सत्य के अथाह सागर की गहराई नापना कोई मामूली बात भी नहीं है।

अज्ञेय ने 'थिर हो गयी पत्ती' कविता पर स्वयं अपना 'विमर्श' प्रस्तुत किया है। कविता है—'उड़ गयी चिड़िया/कापी फिर/थिर/हो गयी पत्ती।' कवि के चमत्कृत मन में कुछ शब्द जागे। कविता के 'कुछ शब्द' एक पंक्ति में भी लिखे जा सकते थे, तथापि मेरे मन में तीन-चार पंक्तियों में विभक्त ही उदित हुए मानो कविता एक पद हो। घटना और उसकी अनुभूति दोनों इतने में ही सम्पूर्ण है। प्रश्न उठा कि जो भाव मन में उदित हुआ, वह भी इन शब्दों में सम्पूर्ण हो गया? दूसरे शब्दों में, इस प्रश्न को यों पूछूँ कि मन में कविता के-से क्रम में जो शब्द उदित हुए थे, क्या वे सम्पूर्ण कविता थे? या केवल कविता का एक अंश? अज्ञेय प्रश्नाकुल

कवि हैं। इस कविता के क्रम को बार-बार बदला, पर सन्तोष न हुआ। सन् 57 में अज्ञेय जापान गये, वहाँ जापानी चित्रकला और साहित्य को डटकर पढ़ा, जाना। इतना ही नहीं, जापान की विशेष साधना पद्धति (ज़ेन-ध्यान) के सिद्धान्तों से भी परिचय हुआ और धीरे-धीरे यह दीखने लगा कि किस प्रकार इस विशेष दर्शन ने जापानी कविता को ही नहीं, बल्कि कुछ वर्ष पहले तक के समूचे जापानी जीवन को कितना प्रभावित कर रखा था।

"मेरी कापी में वह अधूरी कविता अब भी मेरे साथ थी। मैं जब तब जापानी लघु मुक्तक 'हाइकू' के संग्रह उठाकर पढ़ता और कुछ-एक मुक्तक पढ़ने के बाद आप्यापित भाव से पुस्तक एक ओर रखकर सोचता रहता—कभी-कभी अपनी कापी उठाकर उसके पन्ने उलटता और गौरैया चिड़ियावाली कविता पर आकर रुक जाता...।"

"ज़ेन-साधना पद्धति का एक अंग है 'कोआन' अर्थात् पहेली। यद्यपि इसे पहेली कहना पर्याप्त नहीं है। क्योंकि इसका कोई एक बँधा हुआ उत्तर नहीं होता। हर साधक उसके लिए अपना एक विशिष्ट उत्तर पाता है। पहेलियों का उद्देश्य ही साधक को बँधे बँधाये उत्तर के पूर्वग्रह से मुक्त करना होता है। यद्यपि पूर्वग्रह से मुक्त करने के लिए गुरु आवश्यक होता है तथापि गुरु स्वयं पूर्वग्रह है और साधक को गुरु से कुछ पाने की अपेक्षा से भी मुक्त होना होता है...साधक के भीतर यथासमय कभी एक उन्मेष (सातोरी) होता है और तीखे शुभ्र प्रकाश में वह पा लेता है पहेली का उत्तर—अभूतपूर्व, अद्वितीय और एकमात्र असम्पृक्त उत्तर जो इतना निःसग है कि स्वयं पहेली से भी कोई सम्बन्ध नहीं रखता। गुरु से या परम्परा से सम्बन्ध की बात तो दूर।" (आत्मपरक, पृ. 47-48)। इस ज़ेन-साधना-पद्धति का प्रभाव अज्ञेय के काव्य-सम्बन्धी चिन्तन पर पड़ा है। "मुझे उसका लाभ हुआ तो यही कि काव्य-सम्बन्धी बहुत से पूर्वग्रह मुझसे झरते रहे। उनकी धुंध से अवरुद्ध मेरी दृष्टि मेरे अनजाने ही स्पष्ट होती रही।" कवि मन ने पहचाना बस इतनी ही कविता है, जो जोड़ना चाह रहा था वह व्याख्या थी। मन में उड़ती वर्षों से उड़ती-उड़ती चिड़िया उड़ गयी और पत्ती को काँपती छोड़ गयी। काँपती हुई पत्ती थिर हो गयी। इस तरह गौरैया चिड़िया गुरु निकली। ज़ेन-सम्प्रदाय की शिक्षा एक ही गुरु के देने पर भी दो शिष्यों के लिए एक-सी नहीं होती। 'असाध्य वीणा' के साधक की तरह सब अलग-अलग अर्थ ग्रहण करते हैं और यही कविता की निजता से मुक्ति है—चरम निःसंगता है।

अज्ञेय पर जब तमाम श्लील-अश्लील के आक्षेप उनके रचना-कर्म पर भोले पाठकों-आलोचकों ने लगाये तो वे विचलित नहीं हुए। उन्होंने कहा कि सुन्दर-

असुन्दर के प्रश्न को जब हम साहित्य की मर्यादा के अन्तर्गत लाते हैं तो प्रश्न वह रहता ही नहीं, दूसरा ही हो जाता है। नीतिकार और साहित्यकार की दृष्टि में बुनियादी फर्क होता है। 'देखना अश्लील नहीं है अधूरा देखना अश्लील है। इतना ही नहीं शिशु और माता की एक-दूसरे के सम्मुख नग्नता नंगापन या अश्लीलता नहीं है। यह भी कि अनुरागबद्ध प्रणयीयुगल की एक-दूसरे के सम्मुख नग्नता या नंगापन या अश्लीलता नहीं है।' वहाँ अश्लीलता उसी को दिखाई देती है जो नंगापन देखता है, केवल अधूरापन देखता है। जो अधूरा है, वह असाहित्यिक है। कृति के मूल्यांकन में कृतिकार के जीवन का ब्यौरा अप्रांसगिक है—साहित्यिक प्रतिमान नहीं है।

हिन्दी में 'आलोचना-कर्म' की 'अप्रतिष्ठा' को लेकर भी अज्ञेय बेचैन रहे हैं। आलोचना-कर्म की अप्रतिष्ठा के कारण ही पत्र-पत्रिकाओं की अप्रतिष्ठा है। आज का कोई भी सम्पादक या पत्रकार वह प्रतिष्ठा नहीं पाता जो आज से पचास-साठ वर्ष पहले के सम्पादक-पत्रकार पाते रहे हैं। क्यों, सम्मान आज सम्पादक नहीं पाता? पहला उत्तर तो अप्रतिष्ठा की जड़ें व्यावसायिकता के प्रसार में है। अब पत्र निकालना 'साधना' नहीं रहा। न साहित्यिक पत्रकारिता पूरी कृच्छ तपस्या। आज का पत्रकार पेशेवर आदमी है। उसका दिमाग ट्रेड यूनियन की लीक पर चलता है। शिक्षण भी व्यवसाय है। आलोचक पाठ्य-पुस्तक के व्यवसाय के कदम में गिरता है और अपने मुक्त विकास पर पानी फेर लेता है। अतः व्यावसायिकता या पूँजी ही सारे सत्यानाश के मूल में है। जो लोग पूँजी के शासन के प्रति सतर्क थे—आलोचना की मर्यादाओं को लेकर सबसे ज्यादा पतन उन्हीं का हुआ है। क्योंकि उन्होंने समीक्षा या आलोचना को राजनीति का साधन बनाया और 'तात्कालिक सुविध ाा को ही शाश्वत सिद्धान्त बना डाला। वे भूल गये कि शाश्वत कुछ नहीं है—आलोचना के सिद्धान्त साहित्य को प्रतिबिम्बित करते हैं और इसलिए समाज को बदलते हैं। आलोचना के मान समकालीन सांस्कृतिक विकास के प्रतिबिम्ब है। विकास गति के नाम पर ऐतिहासिक दृष्टि पर आधारित आलोचना शास्त्र धोखा है—क्योंकि बकरे को कामधेनु कहने पर भी उससे दूध नहीं दुहा जा सकता। आज समस्या है कि हमारे पास किसी भी चीज को नापने के मानदण्ड या मापदण्ड नहीं है। अनुकरण की दास्य-वृत्ति के कारण अपने पुराने मापदण्डों को हमने नष्ट कर दिया। यह बात साहित्य पर ही नहीं सब जगह लागू होती है। हमारे पास कोई नीति नहीं है—क्योंकि नीति के कोई आधार नहीं है। प्रश्न उठता है कि क्या हमारे पास कोई संस्कृति भी है या नहीं। यह ठीक है कि भारत में बौद्धिक सांस्कृतिक स्वाधीनता की परम्परा रही है, पर आज वह स्वाधीनता आक्रान्त है औ आज निजी

परम्परा के नाम पर बैठे रहना सही नहीं है, क्योंकि वह परम्परा भी आक्रान्त है। आदान-प्रदान पर रोक नहीं लगानी है—वैसा आदान-प्रदान किस संस्कृति में नहीं हुआ, कौन संस्कृति उससे बच सकी। भारत की संस्कृति तो है ही समन्वित संस्कृति। सभी क्षेत्रों में आदान-प्रदान और मिश्रण हुआ। लेकिन संस्कृति के विकास के लिए 'मानसिक स्वातन्त्र्य' अनिवार्य है। स्वतन्त्रता से ऊपर शान्ति को नहीं रखा जा सकता, क्योंकि महाभारत का धर्मसंकट था—शान्ति बनाम स्वतन्त्रता। कला के क्षेत्र में स्वतन्त्रता की प्राथमिकता का अपना विशेष अर्थ है। मनुष्य का विवेक ही उसकी स्वतन्त्रता का आधार है और स्वतन्त्रता को प्रथम मूल्य मानना वास्तव में साहित्यालोचन को निःसंग विवेक पर आधारित करना ही है। इस प्राथमिक मान की रक्षा, जिससे और सब मान उद्भूत होते हैं और सब मर्यादाएँ और प्रतिष्ठाएँ जन्म लेती हैं, हम सबका उत्तरदायित्व है। हमें भूलना न होगा कि अज्ञेय का पूरा सृजन और चिन्तन स्वतन्त्रता या मुक्ति के सर्वोच्च मान की प्रतिष्ठा का प्रतिफलन है। उनके विचार से स्वाधीनता सांस्कृतिक स्वाधीनता से बड़ा कुछ नहीं है—यही संस्कृति का एक महत्त्वपूर्ण अंग है।

हर मोड़ पर अज्ञेय यह प्रश्नाकुल भाव से कहते रहे हैं कि भारतीयता मानवीयता का निचोड़ है, उसकी हृदयमणि है, उसका शिरसावतंस है, उसके नाक का बेसर है। और जो चीज एक भारतीय को सारे संसार से पृथक करती है, वह है उसका विशिष्ट आध्यात्मिक गुण। जो भारतीय इस 'भारतीयता' को नहीं जानता-मानता वह अभागा है—उसकी आत्मा गुलाम है। वह अपनी सांस्कृतिक परम्परा के मूल धन को, धरोहर को अज्ञानवश नहीं पहचानता। "क्योंकि ऐतिहासिक परम्परा कोई पोटली बाँधकर रखा हुआ पाथेय नहीं है, जिसे उठाकर हम चल निकलें। वह रस है—जिसे हम बूँद-बूँद अपने में संचय करते हैं—या नहीं करते, कोरे रह जाते हैं।" भारतीय लोक मानस प्राकृत जन का मानस है—जो भारतीयता का पहला गुण है—सनातन की भावना, अखण्डित काल प्रवाह की भावना—आदिहीन, अन्तहीन काल प्रवाह की भावना। पश्चिम के लोग 'हम पर लम्बी सांस्कृतिक-परम्परा के बोझ' की बात करते थकते नहीं। इस परम्परा के कारण हम भारतीय 'अतीत' की बात करते हैं। हर समकालीन प्रवृत्ति को प्रायः अतीत की कसौटी पर परखते हैं। बहुधा जड़तत्त्वों को 'भारतीयता' मान लेना भ्रान्ति है—दृष्टि भ्रान्ति।

'प्रतीक' के प्रकाशन काल में अज्ञेय ने 'नये लेखक की समस्याएँ' पर विचार किया और पाया कि पहले के रचनाकारों में अटूट प्रवहमानता थी। गुप्त जी, प्रसाद, निराला, पन्त का अनुभव था कि परम्परा का प्रवाह उनके भीतर है और अटूट है।

लेकिन आज का 'साहित्यकार अनुभव करता है कि उसकी कहीं जड़ें नहीं हैं, वह उच्छिन्न और अनाधार है, और इस प्रकार वह तात्कालिक स्थिति का खिलौना बन जाता है। वह चिन्तन की स्वाधीनता को खो देता है—क्षण में जीता है—मानसिक दासत्व में दबता है और पराजित अनुभव करता है। अज्ञेय उस पीढ़ी के साथ उगे और पनपे जो उमंग-उत्साह से भरी विद्रोही परिवर्तनकामी पीढ़ी थी और फासिस्ट विरोधी लेखक सम्मेलन करती थी, लेकिन यह प्रगतिकामी सम्मेलन था—प्रगतिवादी दल का सम्मेलन नहीं था। उसी दौरान 'प्रगतिशील लेखक संघ' का एक अलग सम्मेलन हुआ था। फासिस्ट विरोधी लेखक सम्मेलन एक राजनीतिक दल का सम्मेलन नहीं था बल्कि स्वाधीन चिन्तकों का सम्मेलन था। उसमें बहुत से प्रगतिवादी भी शामिल हुए थे—यह अलग बात है। आज के वे लेखक जो किसी दल या गुट के सदस्य हैं, वे अपना नैतिक दायित्व नहीं मानते—राजनीतिक दायित्व मानते हैं। वे दल को नहीं छोड़ सकते—'विवेक' को छोड़ सकते हैं!' दलगत साम्प्रदायिकता ने नये लेखक को पट्टी बँधा बैल बना दिया है। उस नये लेखक की समस्या है कि वह अपनी करुणा किसे दे? गरीब को दे, निम्नमध्य वर्ग को दें। नये लेखक का स्वच्छन्द रह पाना असम्भ हो गया है—विवशता ने उसका 'सरकारीकरण' कर दिया है।

अज्ञेय ने अपने सृजन-कर्म के आरम्भ से ही 'प्रभाव' 'प्रयोग' 'प्रगति' 'परम्परा' 'आधुनिकता', 'भारतीयता' 'स्वाधीनता' 'भाषा और सम्प्रेषण' 'लेखक और पाठक' पर बहुत तरह से सोचा है। शायद ही हिन्दी के किसी आधुनिक लेखक ने नयी अवधारणाओं की प्राण-प्रतिष्ठा के साथ इतनी बहसें उठायी हों, जितनी अज्ञेय ने। वे आधुनिक साहित्य में सबसे बड़े विवाद-नायक रहे हैं। उदाहरणार्थ—'आधुनिकता' की बहस अज्ञेय ने ही छेड़ी और कहा कि 'मेरी दृष्टि में आधुनिकता एक अनगढ़ चीज है, वह एक सिद्ध स्थिति नहीं है—प्रक्रिया है। संस्कारवान होने की क्रिया को ही मैं आधुनिकता मानता हूँ। जो संस्कारी हो चुका है और अब स्थिर है, वह मेरी दृष्टि में आधुनिक नहीं है।''

यह तो अज्ञेय का प्रबल हिन्दी-प्रेम ही है कि आधुनिकता की दृष्टि से सबसे पहले हिन्दी भाषा पर विचार किया और पाया कि हिन्दी सदा से आधुनिक रही है—सिंधु से लेकर ब्रह्मपुत्र तक सारा क्षेत्र हिन्दी का है। यह देश भाषाओं और संस्कृतियों के संतापों का देश है। हिन्दी उन संगमों से ही विकसित हुई है। अतः वह संगमों की भाषा है—विद्रोहों की भाषा है। उसी भाषा में उन्नीसवीं शताब्दी में आजादी की आकांक्षा विकसित हुई—बांग्ला में उसके उदय के बावजूद। फिर हिन्दी राष्ट्रीयता के स्वर की वाहिका बनी। खड़ी बोली स्वाधीनता संग्राम की भाषा बनी।

इस तरह हिन्दी विकासमान संस्कारों और पनपते विद्रोहों की भाषा रही है। वह किसी धर्म, जाति, प्रदेश की साम्प्रदायिक भाषा नहीं रही। आधुनिकता के साथ हिन्दी को जोड़े रहने के लिए काशी ने अपना दायित्व पहचाना। खड़ी बोली में काशी से आधुनिकता और भारतीयता की चेतना जागी। अतः हिन्दी को लगातार संस्कारवान होते रहना है।

विद्वानों ने अज्ञेय के चिन्तन-कर्म में क्षण और कुंठा को कई तरह से रेखांकित किया है। यहाँ तक कि उन्हें क्षणवादी-कुंठावादी तक कह दिया है। इस तरह की छिछली आलोचना से अज्ञेय के सृजन कर्म के गौरव को छीनने के प्रयास हिन्दी आलोचना में जारी रहे हैं। जबकि उन्होंने अनुभूति की सच्चाई के सन्दर्भ में क्षण को महत्त्व दिया है—यानी रचना प्रक्रिया के सन्दर्भ में। उनकी निगाह में भोक्ता से सृष्टा होने का क्षण सृजन प्रक्रिया में अत्यन्त महत्त्वपूर्ण क्षण है। यह क्षण रचना का 'वर्तमान' है, लेकिन जब वह इस वर्तमान क्षण को पहचान लेता है तो वह अतीत अनुभव हो जाता है। 'मैं सच लिखता हूँ। लिख लिखकर सब झूठा करता हूँ।' का अर्थ है कि सच को पकड़ता रहे। ऊब एक मनःस्थिति है, एक क्षण है—जीवन से ऊब इस कवि को नहीं है। वह रस-राग-रूप और जीवनानन्द का कवि है। नयी कविता की भाषा में जो वासनाओं की उग्रता और यौन-कुंठाओं की अभिव्यक्ति है। नये कवि का मन यौन-वर्जनाओं से यौन प्रतीकों से पटा पड़ा है—यह संकेत उन्होंने 'तारसप्तक' के कवि वक्तव्य में दिया है। लेकिन वे फ्रायड से प्रभावित होने पर भी कुंठित कवि नहीं हैं—कुंठाओं से मुक्त राग-दीप्त सच के कवि हैं। उनकी काव्यानुभूतियों में भावों का विरेचन निहित है।

अज्ञेय ने हमेशा माना कि वाल्मीकि कालिदास-भवभूति-प्रसाद-निराला-पन्त के 'प्रकृति-प्रेम' का नये कवियों के लिए विशेष सन्दर्भ हैं। कवियों का प्रकृति-प्रेम गम्भीर होना चाहिए ताकि वे सुख-दुःख में प्रवेश करके मानवीय रागात्मक सम्बन्धों का यथार्थ के धरातल पर निर्वाह कर सकें। प्रकृति पर्यवेक्षण की कमी कवि के अनुभव को असमर्थ बनाती है—पर यथार्थ का बौद्धिकीकरण उसे आततायी होने का अतिरिक्त सामर्थ्य दे देता है। अज्ञेय तो प्रकृति के रस-राग-रंग में पोर-पोर निमग्न कवि हैं—इसीलिए कहते हैं कि जो व्यक्ति पशु-पक्षी, तरु-लता-फूल-पत्ते, प्रकाश-छाया, रंग-रूप, गंध-ध्वनि-रस इत्यादि को तद्वत नहीं पहचानता वह केवल अबोध है, केवल सोया हुआ है। कृति के लिए अनुभव की सर्वोपरि महत्ता का आग्रह—भक्ति आन्दोलन में अनुभूति की यथार्थता का एक प्रकार का आग्रह था, छायावादी आन्दोलन में वह दूसरे प्रकार का था। नयी कविता ने छायावाद को दुहराया नहीं, केवल सन्दर्भ को नया अर्थ दे दिया। जो इस सन्दर्भ को पहचानते हैं, उनमें

नया अर्थ बोलने लगता है। नया अर्थ सांस्कृतिक परम्परा में नया सन्दर्भ पाता है और नया पूरी दृष्टि को बदल देता है, क्योंकि रचनाकार अपने माध्यम का उपयोग करने के साथ उसकी पुनः सृष्टि करता है। नया प्रयोग एक साधन है--एक मार्ग है। इसी तरह 'शेखर' का या 'असाध्य वीणा' का जो रूप बना, उसका कोई मॉडल उनके सामने नहीं था--हाँ, प्रभाव-प्रेरणा में देश-विदेश की अनुगूँजें हैं जो अपने रासायनिक मिश्रण से नये कथ्य, नये रूप की सृष्टि करती हैं। यह रासायनिक मिश्रण जीवन-रस है—रामरस है, जिसमें परायापन कुछ नहीं है, सब कुछ अपना है। नये साहित्य में अस्तित्ववादी दर्शन से भी जो प्रभाव आये हैं, वे रामविलास शर्मा जैसे आलोचक को पराये पूँजीवादी-पतनशील भले ही लगें--वे पराये नहीं हैं। हमने वरण की स्वतन्त्रता का अपना अर्थ उसमें भर दिया है। इस तरह पाठक कह सकता है कि अज्ञेय के भाव-संस्कार विदेशी नहीं हैं--यद्यपि उन्होंने पश्चिम को जमकर पढ़ा-समझा है। अज्ञेय ने पाया कि "और कुछ लोग राजनीतिक मताग्रहों के कारण मुझे चुप करा सकते हैं।" (आत्मपरक--कठघरे में, पृ. 172)।

दरअसल, हिन्दी-आलोचकों की गुलाम मानसिकता, अज्ञेय के स्वाधीन व्यक्तित्व और चिन्तन को बर्दाश्त करने में असमर्थ रही है। 'कठघरे में' शीर्षक लम्बे इण्टरव्यू में नयी कविता के प्रसिद्ध कवि सर्वेश्वर दयाल सक्सेना ने अज्ञेय से एक बहुत असुविधाजनक प्रश्न पूछा--"कम्युनिस्टों के विरोधी आप कब से हुए? क्या आप अमरीकी विचारधारा को मानते हैं? यदि मानते हैं तो सैद्धानिक रूप से या कम्युनिस्टों की विरोधी विचारधारा होने के कारण?"

अज्ञेय का उत्तर—"कम्युनिस्टों का विरोधी मैं नहीं हुआ। मेरे विरोधी अधिकतर कम्युनिस्ट हुए तो वे जानें। कम्युनिज्म मुझे पसन्द नहीं है, यह ठीक है। राजनीति में वह आततायी सिद्ध हुआ है। दर्शन वह अधूरा और पंगु बनाने वाला है। और भारतीय कम्युनिज्म कदम-कदम पर देश विरोधी और परदेश निर्देशित सिद्ध हुआ है। मैं व्यावहारिक राजनीतिक नहीं हूँ, न होना चाहता हूँ, पर राजनीति के सम्बन्ध में मेरे कोई विचार न हों, ऐसी लाचारी नहीं मानता। जो हैं उन्हें नागरिक के नाते यथासमय व्यक्त भी करता हूँ। पर मैं एक विचार रखता हुआ दूसरे को दूसरा विचार रखने की स्वतन्त्रता देने का कायल हूँ। इसलिए किसी मतवाद को न मानकर मैं मतवादी का विरोधी होना जरूरी नहीं समझता और उसे कलंकित करना तो बिल्कुल नहीं। कम्युनिस्ट क्योंकि ऐसी स्वतन्त्रता को दिमागी ऐय्याशी समझते हैं और साधन की शुद्धता को महत्त्व नहीं देते या कि व्यावहारिक परिणामवादी होकर सभी फलप्रद साधनों को शुद्ध मानते हैं, इसलिए वे मतवाद का भी विरोध करते हैं और उसे जैसे-तैसे लांछित करने या करवाने को न्याययुद्ध मानते हैं।" हिन्दी

आलोचना में डॉ. रामविलास शर्मा ने अज्ञेय को 'कांग्रेस फार कल्चरल फ्रीडम' का अमेरिकी दलाल सिद्ध करने का एक अभियान ही चलाया। हर तरफ से कम्युनिस्टों ने उन्हें लांछित करना शुरू कर दिया। (विस्तार के लिए देखिए लेखक की पुस्तक अज्ञेय : विचार का स्वराज)।

"अमेरिकी विचारधारा भी क्या कोई है? यदि अमेरिका की विदेश नीति से प्रयोजन है तो उसमें मेरी दृष्टि में ठीक और बेठीक बहुत कुछ है और उसको वैसा ही मानता हूँ। और अगर अमेरिकी जीवन-पद्धति से मतलब है तो वहाँ भी यही बात लागू होती है : मैं स्वयं वैसे रहना पसन्द न करूँगा। अमेरिकी अगर पसन्द करते हैं तो वे जानें। जहाँ तक मेरा प्रश्न है मैं यदि राजसत्ता या राजनीतिक दल की सत्ता पर आधारित समाज को दोषपूर्ण मानता हूँ, तो यह नहीं कि पूँजी की सत्ता पर आधारित समाज को दोषपूर्ण नहीं मानता। दोनों रद्दी हैं, दोनों को बदलना चाहिए।" अज्ञेय ने सदैव मानसिक सांस्कृतिक स्वाधीनता का समर्थन किया है और इस दृष्टि से व्यक्ति स्वातन्त्र्यवाद का समर्थन किया। व्यक्ति समाज के भीतर ही स्वतन्त्र है--समाज को तोड़कर नहीं है। समाज को तोड़ना अराजकतावाद है, जिसका वह कभी समर्थन नहीं कर सके हैं। फलतः वह लोकतन्त्र को कम्युनिज्म से बेहतर समझते हैं। एम.एन. राय, विनोबा जी, जयप्रकाश नारायण और लोहिया जी के विचारों की यही दिशा थी। यह सभी चिन्तक मार्क्सवाद को जीवन दर्शन नहीं मान सके। यह मानना भी भूल है कि भौतिकवाद मार्क्स की देन है। मार्क्स को तो इतिहास की भौतिकवादी व्याख्या का श्रेय है। जबकि जीवन-दर्शन के निर्माण में डार्विन, आइनस्टाइन, फ्रायड की देन कहीं बड़ी थी। आधुनिक जीवन इतना बड़ा है कि कोई एक जीवन दर्शन उसका नियन्ता नहीं हो सकता है।

सन् 1942 में फासिस्ट विरोधी सम्मेलन करने के दस वर्ष बाद अज्ञेय ने बम्बई में 'सांस्कृतिक स्वातन्त्र्य' के विषय को लेकर सम्मेलन किया। अज्ञेय उसके प्रथम संयोजकों में एक थे। उसके बाद उस संस्था से उनका सम्बन्ध टूट गया। अज्ञेय ने पाया कि इस संस्था का उद्देश्य साहित्य को प्राथमिकता देना नहीं है। इसलिए उस संस्था की सदस्यता छोड़ दी। लेकिन 'अपने को साहित्यिक कहने वाली कुछ पत्रिकाओं ने जैसा प्रवाद फैलाया है--सरासर झूठ है कि मेरी अंग्ररेजी पत्रिका 'वाक्' को इस संस्था से अथवा किसी भी अन्तर्राष्ट्रीय, विदेशी या देशी संस्था से, अथवा किसी भी सरकार से किसी प्रकार का अनुदान या सहायता मिली है या मिलने का आश्वासन नहीं मिला है। इतना ही नहीं कोई अप्रत्यक्ष सहायता यथा बड़ी संख्या में प्रतियाँ खरीद लिया जाना--भी उसे नहीं मिली है।" जाहिर है कि विचारधारा विशेष के आलोचकों ने जान-बूझकर अज्ञेय को बदनाम करने

की नियत से यह षड्यन्त्र रचा है। अब तो खैर, उत्तर आधुनिकतावाद में मार्क्स और उनकी विचारधारा का अन्त ही हो गया। लेकिन हिन्दी के मार्क्सवादी अभी भी अज्ञेय को लेकर खौखियाये घूम रहे हैं। दरअसल में, मुक्तिबोध को मार्क्सवादी और अज्ञेय को व्यक्तिवादी प्रतिक्रियावादी—खोपड़ी-फोड़ आलोचना का जो दौर चलाया गया, उसमें सामान्य पाठक की आँखों में धूल ही झोंकी गयी है। आज वह अंधड़ धूल में ध्वस्त हो गया है और अज्ञेय पर नये सिरे से विचार-विमर्श का माहौल बन रहा है। आज की हिन्दी आलोचना का केन्द्रीय विमर्श अज्ञेय की रचनाओं के राग-दीप्त सच की खोज की ओर उन्मुख हो गया है।

अज्ञेय के सम्पूर्ण रचना-कर्म में अपनी परम्परा की, अपनी जड़ों की खोज का संकल्प दिखाई देता है। इस परम्परा की चुनौतियों के भीतर से निकलती आधुनिकता एक रास्ते की तलाश बन जाती है—नयी राहों के अन्वेषण की तलाश। अज्ञेय के साथ उनकी समवर्ती पीढ़ी में यह तलाश एक अरमान बनकर मौजूद है। अज्ञेय ने इस उभरते अरमान को ही 'नयी रचना स्थिति के तर्क का पूरी तरह स्वीकार' (कवि दृष्टि पृ. 113) कहा है। अज्ञेय ने इस रचना के तर्क को सजग चुनौती के रूप में स्वीकार किया। 'तारसप्तक तथा 'दूसरा सप्तक' की सैद्धान्तिक स्थापनाएँ नये काव्यालोचन के बीजों का भण्डार हैं। इन बीज वक्तव्यों में अज्ञेय ने जो कहा उसे आगे के कवियों के कवि-कर्म ने आगे बढ़ाया—साधारणीकरण और सम्प्रेषण ही कवि-कर्म की प्रमुख समस्या बन गया और तमाम तरह का चिन्तन भाषा को लेकर हुआ। 'दूसरा साप्तक' का यह कथन उनके चिन्तन का विस्तार बना कि "लेकिन जैसे-जैसे वास्तविकता बदलती है, वैसे-वैसे उससे हमारे रागात्मक सम्बन्ध को जोड़ने की प्रणालियाँ भी बदलती हैं—और अगर नहीं बदलतीं तो उस बाह्य वास्तविकता से हमारा सम्बन्ध टूट जाता है। कहना न होगा कि जो आलोचक इस परिवर्तन को नहीं समझ पा रहे हैं, वे उस वास्तविकता से टूट गये हैं जो आज की वास्तविकता है। उससे रागात्मक सम्बन्ध जोड़ने में असमर्थ वे उसे केवल बाह्य वास्तविकता मानते हैं, जबकि हम उसे वैसा सम्बन्ध स्थापित करके उसे आन्तरिक सत्य बना देते हैं। और इस विपर्यय से साधारणीकरण की नयी समस्याएँ आरम्भ होती हैं।" इस वक्तव्य से जाहिर है कि नयी अनुभूतियाँ ही नये रागात्मक सम्बन्धों की खोज को सम्भव बनाती हैं। अपने लेख 'कविता : श्रव्य से पठ्य तक', में अज्ञेय ने यह प्रतिपादित किया है कि मुद्रण के कारण कवि और पाठक के बीच एक नया संवाद सेतु निर्मित हुआ है। ज्ञान की तमाम परिस्थितियाँ बदल रही हैं और रचना कान से भीतर न जाकर आँखों से भीतर जा रही है। बौद्धिकता का दबाव बढ़ा है और भाव-विचार का सम्प्रेषण कठिन से कठिनतर हो गया है। इस

दबाव से कवि-संवेदना, काव्य-रूप, काव्य-छन्द-लय, वाक्य रचना की स्थिति सभी में परिवर्तन हुआ है। बदली चिन्तन पद्धतियों ने सम्प्रेषण की प्रणालियों को भी बदलकर दम लिया। 'कितनी नावों में कितनी बार' 1967 से लेकर 'ऐसा कोई घर आपने देखा है' 1988 तक की काव्य-यात्रा में वैचारिक गद्य का दबाव बढ़ा है। गद्य के सीधे-सीधे वाक्य कविता में खप गये हैं—जैसे 'चीनी चाय पीते हुए' कविता को ही लीजिए 'चाय पीते हुए/मैं अपने पिता के बारे में सोच रहा हूँ/आपने कभी/चाय पीते हुए पिता के बारे में सोचा है/अच्छी बात नहीं है/पिताओं के बारे में सोचना/अपनी कलई खुल जाती है/गद्य-व्यंजना में काव्यात्मक उत्कर्ष का यह कविता एक अनुपम नमूना है, क्योंकि इसमें जीवन संग्राम की चिन्तन से बोझिल भाषा का प्रवेश है—यहाँ अर्थ 'शब्द' में नहीं, वाक्य रचना में घुमड़ रहा है। सोचने की बात यह भी है कि वाचिक परम्परा से पठित कविता तक के इस बदलाव ने हमारे भीतर काल-बोध की सजगता को भी जन्म दिया है और काल बोध के बदलाव के प्रति हमें सावधान भी किया है। अज्ञेय के शब्दों में कहें तो "छपाई ने एक नया काल-बोध उपस्थित करके कविता का स्वभाव बल दिया है।" अज्ञेय ने ही हिन्दी में 'काल का डमरू नाद' पहली बार एकाग्र भाव से सुना और साहित्य में काल-बोध की समस्या पर गहन-गम्भीर विचार किया। काल के भागते अश्व की पीठ पर अज्ञेय निर्भय होकर सवार हो सके—और घोड़े की गति लय-ताल उठान-उड़ान को निखार कर दम लिया। इसी उठान की ताकत से वे हिन्दी साहित्य को लगभग साहित्य की सभी विधाओं में नया मोड़ दे सके। उपभोक्ता समाज और ग्रहीता पाठक को बाजारवाद की राजनीति समझाकर नया सन्दर्भ दे सके।

परम्परा के साथ अज्ञेय का रिश्ता आलोचनात्मक और सर्जनात्मक दोनों तरह का रहा। परम्परा को वह टी.एस. एलियट के अर्थ-संकोच से निकालकर अर्थ-विस्तार में ले गये। 'एलियट' परम्परा के नाम पर यूरोप की ओर से बोलते हैं—उससे आगे नहीं। अज्ञेय परम्परा के नाम पर विश्व भर की ओर से बोलते हैं—उसमें कोई दीवार नहीं उठाते। वे कहते रहे हैं कि "जो लोग प्रयोग की निन्दा करने के लिए परम्परा की दुहाई देते हैं, वे यह भूल जाते हैं कि परम्परा कम-से-कम कवि के लिए कोई ऐसी पोटली बाँधकर अलग रखी हुई चीज नहीं है जिसे वह उठाकर सिर पर लाद ले और चल निकले। परम्परा का कवि के लिए कोई अर्थ नहीं है, जब तक वह उसे ठोंक-बजाकर, तोड़-मरोड़कर देखकर आत्मसात नहीं कर लेता, जब तक वह एक इतना गहरा संस्कार नहीं बन जाती कि उसका चेष्टापूर्वक ध्यान रखकर उसका निर्वाह करना आवश्यक न हो जाए। अगर वह कवि की आत्माभिव्यक्ति एवं सहज संस्कार के वेष्ठन में ही सहज रूप में सामने आती है,

तभी वह संस्कार देने वाली परम्परा कवि की परम्परा है, नहीं तो वह इतिहास है, शास्त्र है, ज्ञान भंडार है, जिससे अपरिचित भी रहा जा सकता है।'' (दूसरा सप्तक)।

अज्ञेय के विचार से आधुनिक परिस्थिति का संकट मूलतः काल के इकहरे बोध का संकट है। इसी संकट ने गहराकर रागात्मक सम्बन्धों की प्रणालियों का संकट पैदा किया है। संचार क्रान्ति—मीडिया क्रान्ति ने हमारे काव्य-बोध को इकहरा कर दिया है और उसका परिणाम यह हुआ है कि मानवेतर प्रकृति को अपने से अलग माननेवाली मानव-केन्द्रित दृष्टि के जाल में 'मानव' फंस गया है—वैज्ञानिकता के नाम पर उसे सताया-तोड़ा जा रहा है और पर्यावरण विनाश का संकट, आणविक अस्त्रों से सम्पूर्ण सृष्टि को नष्ट कर देने का संकट खड़ा हो गया है। सौभाग्य वश भारत-परम्परा मानव-केन्द्रित न होकर समग्रता-बोध की बहुकेन्द्रीय परम्परा रही है। अनेक केन्द्रीय होने से भारत को यह वरदान मिला हुआ है कि वह सबकी ओर से सबके हृदय में पैठकर सबके लिए सोच सकता है। हमारे यहाँ उस तरह के ऐतिहासिकतावाद का विकास नहीं हुआ जैसा पश्चिम में हुआ है। हमने हमेशा काल-चक्र की चक्रवर्ती अवधारणा को अपने चिन्तन में धारण किया है और आक्रान्ताओं के अनेक प्रहारों के बावजूद यह काल-चिन्तन की परम्परा मरी नहीं है। अद्‌भुत बात बचाने वाली यह है कि हमारी सांस्कृतिक-अस्मिता, जातीय-स्मृति और वेद-उपनिषद, पुराण, गीता-रामायण का आधार काल-बोध ही रहा है। यह काल-बोध पुराण-बोध होकर नया होता रहता है और इतिहास होकर अपनी निरन्तरता में सनातन तत्व। प्रकृति को रौंदकर, दुहकर स्वामी बनकर भोग लेने वाली दृष्टि हमारी दृष्टि कभी नहीं रही। प्रकृति को कल्याणी माँ मानकर उसकी गोद में बैठकर जीने में ही हमने जीवन का अर्थ पाया है। 'कामायनी' का यह दर्शन अज्ञेय की काव्यानुभूति में भिन्न तरह से भिदा हुआ है। वे प्रकृति से जीवन का उल्लास माँगने वाले रचनाकार हैं। वह 'स्मृति और देश', 'स्मृति और काल' 'काल मृगया'-काल और मिथक पर बार-बार विचार करते हैं और पाते हैं कि स्मृति भाषा के बिना सम्भव नहीं है और भाषा स्वयं में 'दिक्काल' है।

एक आधुनिक भारतीय रचनाकार के रूप में अज्ञेय ने अपने समय और साहित्य के समक्ष उपस्थित चिन्ताओं—प्रश्नों-चुनौतियों पर गम्भीरता से विचार-विमर्श किया है। तमाम तरह के विरोधों के विष प्याले को पीकर वह नीलकंठ हो गये और कहते रहे—'यह सवत्सा कामधेन मैंने तुम्हें दी।' जीवन कामधेनु के अमृतमय ने हमारी परम्परा का नव रूपायन सम्भव बनाया। हमें ध्यान दिलाया—'अर्थ हमारा जितना है सागर में नहीं, हमारी मछली में है/सभी दिशाओं में सागर जिसको घेरे

है हम उसे नहीं वह हमको टेर रहा है।' ठीक कहा, 'तीर्थों को तेरी ही तितीर्षा गढ़ती रही।' उन्होंने प्रार्थना की इसे पंक्ति को दे दो।' फिर अज्ञेय के 'मौन में उपनिषदों का चिन्तन, ईसाई अस्तित्ववादियों का चिन्तन, बौद्धों का चिन्तन, जैन' साधकों का चिन्तन, और भारतीय भागवत-परम्परा का चिन्तन सभी तीर्थों-परम्पराओं का चिन्तन, समाता गया है। उन्होंने इस चिंतन के सहारे ही सिद्ध किया कि बड़ा कवि वाक्-सिद्ध होता है और उससे भी बड़ा कवि रससिद्ध होता है।

एक कवि-उपन्यासकार-कहानीकार के रूप में तो अज्ञेय का प्रदेय अद्वितीय है ही, लेकिन उनके लेखक के अन्य पक्ष भी हमें कम सम्पन्न नहीं बनाते रहे हैं। अज्ञेय ने अपने अनुभवों का निचोड़ चार डायरियों में भरकर पाठक को दिया। इस चिन्तन की चिन्तामणियों को उन्होंने 'अन्तः प्रक्रियाएँ' कहा है। चार डायरियाँ 'भवन्ती' 'अन्तरा' 'शाश्वती' और 'शेषा' में जीवन भर की कमाई है—यह कमाई हमारे साहित्य-चिन्तन और साहित्यालोचन को एक नया आलोक देती है। चिन्तन के इन अन्तःसूत्रों में कुछ इस तरह का अनुभव होता है जैसे चित्त-समाधि से जागकर योगी बोलता है। उदाहरणार्थ आलोचना वचन सुनिए—चिन्तन प्रसाद ने अधिक किया है, काव्य निराला का श्रेष्ठ है, प्रसाद पढ़ाये जाएँगे, निराला पढ़े जाएँगे, पन्त से सीखा जाएगा।'' इसलिए इन डायरियों की अन्तर्यात्रा का सुख सभी तीर्थों के जल के आचमन से पवित्र हो जाना है।

अज्ञेय के यात्रा-वृत्तान्तों और संस्मरणों ने साहित्य के एक क्षेत्र-विशेष को बहुत बड़ा अवदान दिया है। 'अरे यायावर रहेगा याद' (1953) तथा 'एक बूँद सहसा उछली' 1960 दो यात्रा-वृत्तों के साथ देश-विदेश और भी यात्रा वृत्त 'भागवत भूमि यात्रा' 'जन-जनक-जानकी यात्रा' पूरे देश के सांस्कृतिक मन को समझ पाने की यात्रा है। वह अपने साहित्य यात्रियों पर संस्मरण लिखते हैं—'स्मृतिलेखा' 1982 और 'स्मृति के गलियारों में' 2000 तो उनमें हिन्दी साहित्य का अकूत कच्चा माल भर देते हैं। आधुनिक हिन्दी साहित्य का इतिहास लिखनेवालों को संस्मरणों की यह सामग्री पाथेय का काम देगी। इन संस्मरणों-यात्रा-वृत्तान्तों में अज्ञेय की अपनी 'आत्मकथा' भी आ गयी है। अज्ञेय 'आत्मकथा' लेखन के विरुद्ध थे, क्योंकि ज्यादातर आत्मकथाएँ अपने गढ़े झूठ से पाठकों को भ्रमित करने वाली होती हैं। हर कोई गाँधी नहीं हो सकता। गाँधी तो आत्म-सत्य के सीमान्तों पर पहुँचे अकाल-पुरुष थे। साहित्य के कुछ विद्वानों का मानना है कि अज्ञेय ने अपनी 'आत्मकथा' को अपनी कविताओं, उपन्यासों, कहानियों, डायरियों, साक्षात्कारपरक निबन्धों में व्यक्त भाव से कह दिया है। 'शेखर : एक जीवनी' एक खास अर्थ में अज्ञेय की आत्मकथा ही है। कुछ भी कहिए अज्ञेय ने खुले तौर पर 'आत्मकथा'

लिखने का जोखिम नहीं उठाया है। सच्चिदानन्द या 'सच्चा' झूठी आत्मकथा लिखकर अपने नाम पर बट्टा नहीं लगाना चाहता था।

अज्ञेय के जीवन में एक समय ऐसा भी आया, जब वे जापान गये और ज़ेन-साधना के रंग में गहरे रंग गये। जापानी काव्य और नाटक में रम गये तो भीतर तक भीग गये। भीतर से उमड़कर उन्होंने जापानी नोह नाटक की शैली पर 'उत्तर-प्रियदर्शी' (1967) जैसा गीति-नाट्य लिखा। हिन्दी नाट्य-परम्परा में अज्ञेय का यह नाटक अपने ढंग का अनुपम प्रयोग है।

साहित्य और पत्रकारिता के साथ अज्ञेय ने अनुवाद-कर्म की सत्ता-महत्ता को पहचाना और पहिचनवाया। स्वयं अपनी कविताओं का 'नीलाम्बरी' नाम से संग्रह निकाला, जिसमें स्वयं अपनी कविताओं का अनुवाद किया। देशी-विदेशी विद्वानों के साथ तमाम अनुवाद किये। जैनेन्द्र के उपन्यास 'त्यागपत्र' का तथा धर्मवीर भारती के 'सूरज का सातवाँ घोड़ा' का अंग्रेजी अनुवाद किया। अपने दो उपन्यासों का 'नदी के द्वीप' (आइसलैण्ड इन द स्ट्रीम) तथा 'अपने-अपने अजनबी' (टू इच हिच स्ट्रेंजर) शीर्षक से अनुवाद किया तथा 'भवन्ती' (टुकुलेन्ट क्ले), अन्तरा (प्रिपेयरिंग दि ग्राउण्ड) शीर्षक से डायरियों का अनुवाद। 'साइन्स एण्ड सायलेन्स' शीर्षक से अज्ञेय की कविताएँ संयुक्त रूप में लियोनार्थ नाथन के साथ अनूदित करके पाठकों को दी। नन्दकिशोर आचार्य ने प्रेमचन्द के 'गोदान' (गिफ्ट ऑफ काउ') तथा श्रीकान्त (शरतचन्द्र चटर्जी) के अंग्रेजी अनुवाद की चर्चा की है, लेकिन इन अनुवादों को प्रयास करने पर भी प्राप्त नहीं किया जा सका। हिन्दी में रवीन्द्रनाथ टैगोर के प्रसिद्ध उपन्यास 'गोरा' तथा नाटक 'राजा' का अनुवाद किया। अज्ञेय ने रघुवीर सहाय के साथ रोमां रोलों के 'विवेकानन्द' का अनुवाद किया। इवो आन्द्रिय के उपन्यास 'वजीर काफीला' तथा पेर लागरक्विस्त के लघु उपन्यास 'त्रयी' का 'महायात्रा' नाम से अनुवाद किया। एक समय में 'अरी ओ करुणा प्रभामय' काव्य संग्रह में जापानी हाइकू कविता को अनुवाद करके दिया और फिर पूरी लगन से 'नया प्रतीक' के जापानी विशेषांक, जर्मन-विशेषांक–1975-76 भी निकाले और उनमें तमाम कवियों के अनुवाद किये। भूलना न चाहिए कि अज्ञेय के इस व्यापक अनुवाद कार्य ने उनकी मानसिकता को दूर तक प्रभावित किया। एक-एक शब्द को लेकर वे जूझे। हमें याद है 'त्रिशंकु' शीर्षक 1945 निबन्ध संग्रह में अज्ञेय ने टी.एस. एलियट के विश्व प्रसिद्ध निबन्ध ''ट्रडीशन एण्ड इंडिविजुअल टैलेंट' का 'रूढ़ि और मौलिकता' नाम से छायानुवाद करके पाठकों को चकित किया था। अज्ञेय ने 'ट्रडीशन' का अनुवाद 'परम्परा' नहीं किया–'रूढ़ि' किया और

कहा–रूढ़ि भी गतिशीलता की निष्पत्ति करती है–रूढ़ियाँ जड़ता नहीं हैं, गतिशील मनोव्यापार हैं, जिनके दम पर साहित्य पलता-बढ़ता है।

कविता और कथा साहित्य की तरह अज्ञेय जी ने हिन्दी निबन्ध को एक दिशा दी है। 'कुट्टिचातन' नाम से व्यक्ति-व्यंजक या ललित निबन्ध लिखे हैं–लेकिन उनकी चर्चा कम हुई है। ज्यादा ध्यान अज्ञेय के वैचारिक आलोचनात्मक, काव्यशास्त्रीय और भाषा-चिन्तन से जुड़े निबन्धों पर दिया गया है। काल-चिन्तन पर तो अज्ञेय जी ने प्रथम बार हिन्दी में निबन्ध लेखन किया है। आज अज्ञेय के एक दर्जन से ज्यादा निबन्ध संग्रह मौजूद हैं–त्रिशंकु 1945 आत्मनेपद 1960, हिन्दी साहित्य : एक आधुनिक परिदृश्य 1967, आलवाल 1971, लिखि कागद कोरे 1972, अद्यतन 1977, संवत्सर 1978, स्रोत और सेतु 1978, युग सन्धियों पर 1981, धार और किनारे 1982, स्मृतिच्छन्दा 1989 में इन सभी संग्रहों के निबंध समग्र रूप से–आत्मपरक, केन्द्र और परिधि तथा सर्जन और सन्दर्भ–शीर्षकों से तीन खण्डों में स्वयं अज्ञेय जी ने प्रस्तुत किए हैं। इनमें 'स्मृतिच्छन्दा' तथा 'संवत्सर' के निबन्ध नहीं हैं। 'स्मृति के रूप' जैसे व्याख्यान भी नहीं आ सके हैं। जीवन भर अज्ञेय अपने निबन्धों की केन्द्रीय थीम–'स्वाधीनता' और 'स्वाधीन चिन्तन की खोज' को बनाते रहे। औपनिवेशिक दासता से मुक्ति के लिए अज्ञेय जी ने सांस्कृतिक चिन्तन पर, भारतीयता पर, एक नया भाष्य उठाया है। साहित्य चिन्तन के साथ कला-चिन्तन पर निरन्तर विचार किया है। अनेक चित्रकारों पर निबन्ध लिखकर पाठक में कला दृष्टि के प्रति आलोक पैदा किया है। स्वतन्त्रता और संस्कृति अज्ञेय के समस्त निबन्ध लेखन में पर्याय हैं और वे मानवीय स्वतन्त्रता और सर्जनात्मकता को केन्द्रीय विचार के रूप में अनेक तर्कों से सिद्ध करते हैं। एक रचनाकार आलोचक की दृष्टि से वह काव्य, कला, इतिहास, आध्यात्मिकता, भाषा-सम्प्रेषण, परम्परा, आधुनिकता-प्रयोग प्रगति से जुड़े प्रश्नों पर अपने निबन्धों में मूल्यांकनपरक विश्लेषण प्रस्तुत करते हैं। देश-विदेश की विचार-धाराओं, साहित्य-प्रवृत्तियों, आन्दोलनों को छानकर हिन्दी में लाते हैं और इस तरह हिन्दी के नवीन काव्य शास्त्र की नींव रखते हैं। इन चिन्तनपरक निबन्धों ने नये लेखकों की समस्याओं पर कई कोणों से विचार किया है। चिन्तन की मौलिकता और सर्जनात्मकता की शक्ति के कारण इन निबन्धों को हमारे साहित्य की एक बड़ी उपलब्धि मानना होगा।

इण्टरव्यू या साक्षात्कार को एक विधा के रूप में प्रतिष्ठा दिलाने वालों में अज्ञेय ही अग्रणी रहे हैं। पत्रकारिता में इण्टरव्यू एक बड़ी अनिवार्यता है। अन्य व्यक्ति के विचारों को जानने का यह साधन बहुत ही लोकप्रिय हुआ है। अज्ञेय

के इण्टरव्यूज के आज चार संग्रह हैं—(1) अपरोक्ष 1979 (2) रचना : क्यों और किनके बीच 1988 (3) अज्ञेय अपने बारे में (साक्षात्कार तिथि 1984) (4) अज्ञेय से साक्षत्कार (2009)। अभी भी अज्ञेय के अनेक साक्षात्कार पत्र-पत्रिकाओं में बिखरे पड़े हैं। हिन्दी पत्रकारिता को इस देश के प्रबुद्धजन की अभिव्यक्ति बनाने में तथा साहित्यिक सांस्कृतिक पत्रकारिता में युग प्रवर्त्तन करने के लिए अज्ञेय सदैव अविस्मरणीय रहेंगे। उन्होंने सांस्कृतिक पत्रकारिता की कला-भाषा, कला-आलोचना की भाषा को सर्जनात्मक सम्पन्नता से विकसित और परिष्कृत किया है।

वस्तुतः हिन्दी का रचनात्मक परिवेश निर्मित करने में अज्ञेय ने अपना पूरा जीवन ही साहित्य और पत्रकारिता को समर्पित कर दिया। 'सप्तकों' का आयोजन एक साहित्यिक क्रान्ति का पर्याय है और 'प्रतीक' 'नया प्रतीक' 'वाक्' 'थाट' की अन्तर्दृष्टि साहित्यिक पत्रकारिता के लिए वरदान। अज्ञेय ने तमाम नये लेखकों को मंच देकर बढ़ाने का जो काम किया है। उसका एक अलग गौरवशाली इतिहास है। इस योजना-विश्वासी व्यक्तित्व ने 'परिमल' की गोष्ठियों के परिसंवादों में सक्रिय सहयोग दिया और नये रचनाकारों के लिए 'वत्सल निधि' की स्थापना की। 'वत्सल-निधि' 1980 के माध्यम से लेखक शिविरों, व्याख्यान-मालाओं तथा सांस्कृतिक यात्राओं का आयोजन किया। 'समकालीन साहित्य एवं संस्कृति' को अज्ञेय के इन कार्यों ने चिन्तन के केन्द्र में स्थापित किया। अज्ञेय ने अपने समय-समाज में रचनाकारों के समक्ष उपस्थित सभी समस्याओं-चुनौतियों का सामना किया और उन्हें एक दिशा दृष्टि प्रदान की। कवि-नाटककार-आलोचक नन्द किशोर आचार्य ने अज्ञेय के साहित्य एवं संस्कृति से जुड़े पक्षों पर विचार करने के बाद ठीक कहा है कि लगभग छह दशकों तक साहित्य-संस्कृति के प्रति पूर्णता से समर्पित इस दौर को 'अज्ञेय-युग' की संज्ञा दी जानी चाहिए। सच है—अज्ञेय अपने प्रतिमान आप ही हैं।

अज्ञेय : स्वातंत्र्योत्तर पत्रकारिता के नायक

आज हिन्दी में पत्रकारिता और पत्रकार की जितनी अप्रतिष्ठा है, उतनी शायद कभी नहीं थी। कभी पत्रकारिता नवजागरण का वह अस्त्र थी, जिससे ब्रिटिश साम्राज्यवाद थर्राता था। आधुनिक हिन्दी पत्रकारिता के आरम्भ में हमारे पत्रकारों की बड़ी भारी प्रतिष्ठा थी। आज वह प्रतिष्ठा नहीं है। साधारण रूप से यह बात कही जा सकती है कि आज का कोई भी सम्पादक या पत्रकार वह सम्मान नहीं पाता जो कि आज से सौ वर्ष पहले के पत्रकारों को प्राप्त था। आज का सम्पादक-पत्रकार न केवल कम सम्मान पाता है बल्कि वह बिकाऊ है, सत्ता का दलाल है, तमाम तरह के माफियाओं के हाथ की कठपुतली है। बाजारवाद और भूमंडलीकरण के कारणों ने उसे अपंग कर दिया है—वह सम्पादक न रहकर पत्र के लिए 'विज्ञापन लाने वाला' मैनेजर बन गया है। इस व्यवसाय में वह कोई जोखिम नहीं ले सकता। इसलिए वह पीत पत्रकारिता कर रहा है। हिन्दी का साधारण पाठक इस स्थिति से बेचैन है, लेकिन बेखबर नहीं है। वह पाता है कि पत्रकारिता की अप्रतिष्ठा की जड़ें व्यावसायिकता के प्रसार में हैं। सच्चिदानन्द हीरानन्द वात्स्यायन 'अज्ञेय' का पत्रकार-पत्रकारिता की इस बदहाली से अपरिचित नहीं था। इसलिए वे पत्रकारिता के क्षेत्र में माधवराव सप्रे, पराड़कर, महावीर प्रसाद द्विवेदी, गणेश शंकर विद्यार्थी और माखनलाल चतुर्वेदी की तरह पक्का कलेजा करके आये थे—और हर जोखिम उठाने के लिए तैयार थे।

अज्ञेय ने पत्रकारिता के क्षेत्र में आने से पहले महसूस किया था कि पत्रकार के वे दिन लद गये जब पत्र निकालना साधना थी और साहित्यिक पत्र निकालना तो पूरी कृच्छ तपस्या। पुराना सम्पादक ही मालिक होता था, क्योंकि वह मिल्कियत नहीं, मुसीबत थी। लेकिन आज का पत्रकार-सम्पादक प्रायः मालिक नहीं है—वह स्वतन्त्र

नहीं है—उसे मालिक के आदेश पर चलना पड़ता है। अब प्रकाशन एक व्यवसाय है। और बिक्री के लिए विज्ञापन चाहिए। आज विज्ञापन नये युग का बादशाह है—मीडिया क्रान्ति ने, संचार क्रान्ति ने पुराना पत्रकारिता का संसार पूरी तरह बदल दिया है। पूँजी और बाजारवाद के दबाव ने साहित्यिक पत्रकारिता में साहित्य की मर्यादाओं को चौपट कर दिया। साहित्य को राजनीति का साधन बनाया और उसे अवसरवादिता के हाथों बेच दिया है। राजनीतिक मानों ने साहित्यिक मानों का टेटुआ पकड़कर उन्हें विकृत कर दिया। हालत यहाँ तक पहुँची है कि अब हमारे पास किसी भी चीज को मापने का मानदण्ड नहीं है। न हमारे पास नीति है—न संस्कृति है—न कोई अनुशासन। भारतेन्दुकालीन, द्विवेदी-युग कालीन, छायावादी-युग कालीन पत्रकारों के सामने नैतिक सांस्कृतिक मानदण्ड थे, जिनका विनाश स्वाधीनता-प्राप्ति के बाद के भारत में हुआ। पत्रकारिता में बौद्धिक सांस्कृतिक स्वाधीनता की जो परम्परा प्रेमचन्द, माखनलाल चतुर्वेदी और सच्चिदानन्द हीरानन्द वात्स्यायन में रही है, आज वह स्वाधीनता से प्रदीप्त है। जब सच्चिदानन्द हीरानन्द वात्स्यायन हिन्दी-अंग्रेजी पत्रकारिता के क्षेत्र में संकल्प लेकर देश-सेवा, देशभक्ति, देश-प्रेम का भाव लेकर आये तो यह विचार लेकर आये कि साहित्य और संस्कृति के विकास के लिए मानसिक स्वतन्त्रता अनिवार्य है। अलग ढंग से सोचने की, नये प्रयोग करने की, परम्परा को गति देने की, भूल करके शिक्षा पाने की, लीक छोड़कर चलने की, नये शोध करने की, अस्वीकार के साहस की, अगले मानस में रमने की, गहराई से विचार करने की, खरी-खरी कहने की, जोखिम उठाने की, चिन्तन की स्वाधीनता के बिना पत्रकारिता विशेषकर साहित्यिक पत्रकारिता सम्भव नहीं है—क्योंकि पत्रकारिता में स्वाधीनता के बिना सांस्कृतिक विकास नहीं है। स्वाधीनता का धर्म संकट सच्चिदानन्द वात्स्यायन की मूल समस्या रही है। इस स्वाधीनता पर जब संकट आया, तब वह उसे छोड़कर हट गये। उन्होंने साहित्य और पत्रकारिता में स्वाधीनता को तरजीह दी। उसे ही सर्वोच्च मूल्य माना। पहले स्वाधीनता फिर शान्ति, 'सच्चा' स्वातंत्र्योत्तर पत्रकारिता के नायक सच्चिदानन्द का लक्ष्य रहा। उनका यह कथन अविस्मरणीय है—कला के क्षेत्र में भी स्वतन्त्रता की प्राथमिकता अपना विशेष अर्थ रखती है। मनुष्य का विवेक ही उसकी स्वतन्त्रता का आधार है और स्वतन्त्रता को प्रथम मूल्य मानना वास्तव में साहित्यालोचना को निःसंग-विवेक पर आधारित करना ही है। इस प्राथमिक काम की रक्षा, जिससे और सब मान उद्भूत होते हैं और सब मर्यादाएँ और प्रतिष्ठाएँ जन्म लेती हैं, हम सबका उत्तरदायित्व है। इस दृष्टि से साहित्य और पत्रकारिता दोनों ही संस्कृति के अंग हैं और ये अंग सांस्कृतिक स्वाधीनता के सहारे ही जी सकते हैं।" (आत्मपरक पृ. 82)।

सच्चिदानन्द हीरानन्द वात्स्यायन अज्ञेय जैसे जन्मजात कवि थे, वैसे ही जन्मजात पत्रकार। इस सन्दर्भ में उनके बचपन की एक घटना का संकेत देना पर्याप्त होगा। पत्रकार-सम्पादक बनने का अरमान जैसे दूध में घुट्टी की तरह जनमा था। दस-ग्यारह वर्ष के सच्चिदानन्द उर्फ 'सच्चा' (बचपन का नाम) पिता के साथ उटकमंड गये। स्वभाव से एकान्तप्रिय इस बालक को परिस्थितियों ने और अकेला कर दिया। उटकमंड से तीन मूल दूर फर्नहिल नामक स्थान के एक बंगले में रहकर तो मानों वे एकान्त में ही डूब गये। यहाँ प्रकृति का स्पन्दन भरा एकान्त और मौन। अज्ञेय जी ने 'मेरी पहली कविता' शीर्षक लेख में कहा है–''इसी एकान्त-काल में मैंने पहले चित्र-संग्रह शुरू किया–मुख्यतया अवनीन्द्रनाथ ठाकुर और उनके नव-बंग सम्प्रदाय की शिष्य-परम्परा के चित्र–और उनके एलबम बनाये। यहीं एक दिन सहसा पाया कि मैंने एक हस्तलिखित पत्रिका निकाल दी है–'आनन्द-बन्धु'। और इस पत्रिका में पहले पृष्ठ पर कविता/से लेकर अन्त में सम्पादकीय के बाद चित्र-परिचय तक सब कुछ था–जैसा कि उससे पहले के वर्षों में 'सरस्वती' में हुआ करता था–स्वर्गीय महावीर प्रसाद द्विवेदी के सम्पादकत्व में। (आत्मपरक, पृ. 22) जाहिर है कि अज्ञेय की पत्रकारिता की प्रेरणा के मूल में आचार्य महावीर प्रसाद द्विवेदी और उनके द्वारा सम्पादित पत्रिका 'सरस्वती' रही है। इसी प्रेरणा से भरे 'सच्चा' ने अपनी हस्तलिखित पत्रिका 'आनन्द बन्धु' के पहले अंक में तो कविता के नाम पर गुप्त जी की...

'नीलाम्बर परिधान हरित-तट पर सुन्दर है।'

स्वदेश-वन्दना की कविता छापी, पर दूसरे अंक से समझ में आने लगा कि इस प्रकार उद्धृत सामग्री देना सम्पादन कला के विरुद्ध है। दूसरे अंक में बड़े भाइयों से भी सामग्री प्राप्त की : (अज्ञेय जी आठ भाई-बहन थे) एक ने तो ड्यूमा के 'काउंट ऑफ मांटेक्रिस्टो' के आधार पर हिन्दी धारावाही कथा की पहली किस्त दी, दूसरे ने उस समय याद नहीं क्या। पर कविता उस अंक में मेरी ही गयी। यह भी मुझे पूरी याद नहीं है; पर उन्हीं दिनों शिवप्रसाद गुप्त की 'पृथ्वी-प्रदक्षिणा' निकली थी, जिसमें अमरीका के नियागरा प्रपात को दी गयी कन्या-बलि का उल्लेख था, उसी कहानी से प्रभावित होकर उसी पर कविता लिखी गयी थी। ××× 'आनन्द बन्धु' का पहला अंक तो बहन-भाइयों ने ही देखा था, दूसरा पिताजी ने भी। उनसे इस कविता पर मुझे पाँच रुपये पुरस्कार में मिले थे। इस पूँजी पर अगले चार वर्ष तक 'आनन्द बन्धु' चल सका ××× मेरे सम्पादन के अनुभवों में कदाचित् यही सबसे प्रीतिकर है–उसके बाद न तो इतना कम खर्च हुआ, न इतनी

बाला-नशीनी नसीब हुई।'' (वही, पृ. 23) इन्हीं दिनों 'सच्चा' का गुप्त जी की कविता के अतिरिक्त, मुकुटधर पाण्डेय, श्रीधर पाठक, 'हरिऔध', रामचरित उपाध्याय और 'प्रेमयोगी देवेन्द्र' की कविता से परिचय हुआ। ''इन सबसे छन्दों के बारे में कौतूहल बढ़ा। रोला और दोहा तो हिन्दी के अति परिचित छन्द हैं, जिनसे कौन हिन्दी कवि बचा होगा; और गुप्त जी की कृपा से हरिगीतिका और गीतिका पर भी हाथ साफ करने का साहस हुआ। लेकिन कुछ संस्कृत छन्दों ने भी आकृष्ट किया। 'हरिऔध' की 'यशोदा का विलाप' पढ़कर मैंने मालिनी छन्द में कई एक विलाप लिखे थे, राधा का, प्रवत्स्य पतिका वीर-वधू का इत्यादि। मन्दाक्रान्ता तब इतना अच्छा नहीं लगा था, पर शिखरिणी पर मैं मुग्ध था, विशेषकर पिताजी के पढ़े हुए 'महिम्न स्तोत्र' के कारण। लेकिन ये छन्द कभी मुझसे सधे नहीं और पीछे बरवै के आकर्षण में अपनी असफलता का दुःख भी भूल गया।

''आनन्द बन्धु' के कुछ अंक अभी मेरे पास हैं। जब कालेज आया तो कालेजी विद्यार्थी की नयी अहंमन्यता के कारण मैंने कई अंक नष्ट कर दिये। केवल कुछ रखे जो 'अच्छे' समझे। बाद में कई वर्ष बाद उन्हें फिर देखा तो कुछ ऐसे कौतूहलप्रद लगे कि फिर रख ही छोड़े। इनमें एक और अंक में एक रचना पर पिताजी के बन्धु रायबहादुर हीरालाल से पुरस्कार मिला था—लेकिन यह रचना गद्य-पद्यमयी थी और इसमें अपने ही परिवार के सब लोगों का कौतुकपूर्ण परिचय दिया गया था। 'आनन्द-बन्धु' का पाठक वृन्द पीछे काफी बढ़ गया था और वह दो भाषाओं में निकलने लगा था—अंगरेजी अंश तो टाइप भी हो जाता था। इन पाठकों में पिताजी के कुछ मित्र और सहयोगी भी थे—जिनकी समालोचनाओं से मुझे बड़ी सहायता मिली।'' (वही पृ. 23-24)।

पत्रकारिता हो या साहित्य अज्ञेय जी अपनी दुनिया को खुद बनाते-मिटाते हैं। उनके रचनाकार व्यक्तित्व और पत्रकार-सम्पादक व्यक्तित्व में एक दुर्लभ प्रयोगशीलता का समावेश रहता है। इसका नतीजा यह होता है कि वह अपने क्रान्तिकारी चिन्तन और विद्रोही स्वभाव से लीकें तोड़ते हैं। भारतीय स्वाधीनता आन्दोलन की लय ने उनकी पूरी मानसिकता का निर्माण किया है। यही मानसिकता उन्हें पत्रकारिता में बनारसीदास चतुर्वेदी की ओर ले गयी। बनारसीदास चतुर्वेदी शुरू से ही अज्ञेय की प्रतिभा की धाक महसूस करते थे। चतुर्वेदी जी ही उस समय के क्रान्तिकारी नेता श्री कृष्णदत्त पालीवाल के पास अज्ञेय को ले गये और पालीवाल जी के पत्र 'सैनिक' में लाये। प्रभाकार माचवे ने लिखा है—''सबसे पहले मेरा साक्षात्कार अज्ञेय जी से 1936-37 में आगरा में हुआ। बनारसीदास चतुर्वेदी तब उनके बहुत प्रशंसक थे। वे ही श्री कृष्णदत्त पालीवाल से कहकर 'सैनिक' में उन्हें

सम्पादक के रूप में लाये। 'सैनिक' में ही मेरठ के किसान सम्मेलन और हिन्दी साहित्य परिषद के समारोहों के व्यंग्यपूर्ण विवरण मैंने और उन्होंने मिलकर लिखे थे। 'सैनिक' में वात्स्यायन जी कई नामों से लिखते थे। राजनैतिक पत्रकारिता भी करते और कहानियाँ भी लिखते। तब की फाइल 'सैनिक' की कहीं प्राप्त हो तो बहुत मनोरंजक सामग्री मिल सकेगी। पर बहुत जल्दी वात्स्यायन ने आगरा छोड़ दिया और कलकत्ते में बनारसीदास जी के पत्र में पहुँच गये। 'विशाल-भारत' में उन्होंने विविध विषयों पर लिखा : 'कुल्लू घाटी की यात्रा से लेकर 'सार्वजनिक स्वच्छता' तक। ××× वात्स्यायन जी 'विशाल भारत' के सम्पादकीय में राजनैतिक नोट भी लिखते। विदेशी राजनीति का उनका ज्ञान विशद था। ××× पटना से प्रफुल्लचन्द्र ओझा 'मुक्त' और अज्ञेय जी ने मिलकर 'आरती' मासिक पत्रिका निकाली।'' अज्ञेय जी ने प्रभाकर माचवे को पत्र में लिखने की पूरी स्वतन्त्रता दी और निर्भीक होकर अपने विरोधियों के विचारों को भी छापा। पत्रकारिता हो या साहित्य-सृजन चिन्तन अज्ञेय जी निर्भीकता के पर्याय रहे हैं।

दुर्भाग्यवश 'सैनिक' की फाइल आज उपलब्ध नहीं है। आगरा का 'सैनिक कार्यालय' भी उजड़ चुका है और सैनिक परिवार से जुड़े व्यक्तियों के पास 'सैनिक' के किसी भी अंक को देख पाना नसीब नहीं है। हाँ, 'विशाल भारत' के अंक उपलब्ध हैं। इनमें वात्स्यायन जी की सूझबूझ की वैज्ञानिकता को पाकर पाठक चकित रह जाता है। प्रभाकर माचवे ने पत्रकार वात्स्यायन को लेकर कहा है—''पत्रकारिता में भी, सम्पादन में भी उनकी वैज्ञानिक सूक्ष्म-दृष्टि बराबर कार्य करती रही। इस दृष्टि से यह विचारणीय है कि हिन्दी के कितने साहित्यिक सम्पादकों को विज्ञान का ज्ञान है। अज्ञेय हिन्दी के सर्वाधिक आधुनिक ज्ञान-विज्ञान-युक्त, सुसंस्कारशील, अनेक भाषाविद् वेलइक्विप्ड सम्पादक हैं।'' अज्ञेय के पत्रकार-सम्पादक ने अपने आसपास के न जाने कितने रचनाकार सम्पादकों-पत्रकारों को प्रभावित किया और उन्हें एक नयी दिशा-दृष्टि दी। पत्रकारिता की भाषा-शैली में अज्ञेय ने कविता की तरह ही नये से नये प्रयोग किये। लेकिन इस 'विशाल भारत' के दौर में बनारसीदास चतुर्वेदी से बनी नहीं। फलतः अज्ञेय ने 'विशाल भारत' छोड़ दिया। घुमक्कड़ अज्ञेय विश्व-भारती होते हुए दिल्ली आ गये और दिल्ली रेडियो के समाचार विभाग में रेडियो के लिए कोश-कार्य में जुट गये। लेकिन यहाँ भी हिन्दी-प्रेमी अज्ञेय को उर्दू-प्रेमियों से टकराना पड़ा। अज्ञेय का विश्वास था कि हिन्दी का चरित्र समूचे देश, समूचे समाज की तरफ से बोलने वाली भाषा उनकी व्यापक चिन्ताओं-समस्याओं को वहन करने वाली भाषा का रहा है। अन्य भाषाओं में कभी-कभार प्रदेश बोला है, लेकिन हिन्दी में हमेशा पूरा देश बोला है। अपनी इसी शक्ति के कारण हिन्दी स्वाधीनता

संग्राम की, सत्ता-प्रतिष्ठानों से विद्रोह की भाषा रही है। दिल्ली रेडियो में उर्दू की धक्कापेल लेकर लिखा—"उन दिनों हिन्दी का काफी विरोध था। बुखारी का जमाना था। उर्दू ही उर्दू चलती थी। ब्राड कास्टिंग में कृश्नचन्दर, नून मीम राशिद, मंटो आदि थे। कोशिश यह रहती थी कि रेडियो की भाषा आम बोली जाने वाली भाषा हो। रेडियो छोड़कर फिर 1943 में आर्मी में चला गया।" सन् 1943 में ही अज्ञेय के सम्पादकत्व में 'तार सप्तक का प्रकाशन हुआ। 'तार सप्तक' का प्रकाशन क्या हुआ—हिन्दी साहित्य में एक भूकम्प आ गया। तमाम पुरानी अवधारणाओं को खारिज करते हुए अज्ञेय ने साहित्य की अनेक नवीन अवधारणाओं को केन्द्रीयता प्रदान की। आज यह सिद्ध हो गया है कि साहित्यकार अज्ञेय के रचना-कर्म के समग्र सौन्दर्य-चिन्तन को समझे बगैर पत्रकार अज्ञेय को समझा ही नहीं जा सकता है।

अज्ञेय ने 1946 में आर्मी से अपने को मुक्त कर लिया तथा 1947 में साहित्यिक पत्रकारिता का प्रतिमान पत्र 'प्रतीक' का प्रकाशन किया। 'प्रतीक' ने अनेक युवा रचनाकारों को एक साहित्यिक मंच दिया। सन् 1951 में 'दूसरा सप्तक' का सम्पादन किया तथा 1951-52 में 'नदी के द्वीप' शीर्षक उपन्यास का प्रकाशन। 'नदी के द्वीप' को बहुत से आलोचकों ने 'शेखर : एक जीवनी' के दो भागों का विस्तार माना। क्योंकि पाठक 'शेखर : एक जीवनी' के तीसरे खण्ड की प्रतीक्षा बहुत उत्सुकता से कर रहा था और अज्ञेय से बार-बार पूछ रहा था कि शेखर के तीसरे खण्ड का प्रकाशन कब होगा? इस तरह यह 'कब' कभी नहीं आया। सन् 1955 में अज्ञेय फिर रेडियो से जुड़े। उसी दौरान विदेश जाने के लिए फेलोशिप मिली और छुट्टी न मिलने पर त्यागपत्र दे दिया। फेलोशिप पर वे एशियाई देशों में गये। सन् 1957 में जापान गये और वहाँ की साहित्य, संस्कृति, दर्शन और धर्म की मनोयोगपूर्वक जानकारी प्राप्त की। उन्होंने जापानी-साहित्य और ज़ेन-बुद्धिज्म को बहुत रमकर जाना-समझा। जापानी हाइकू कविता का अनुवाद किया तथा स्वयं भी बहुत से हाइकू लिखे। इसी प्रभाव-प्रेरणा से 'असाध्य वीणा' जैसी क्लासिकल रचना की सृष्टि की। एशिया की यायावरी से भारत लौटे तो नया पत्र 'दिनमान' निकालने का मन बनाया। अज्ञेय ने कहा कि जब 'दिनमान' का काम शुरू किया तो मालिकों ने कहा था कि आप टिककर तो रहते नहीं, पत्र का क्या होगा? मैंने कहा था—जब तक 'दिनमान' स्थापित नहीं हो जाएगा, मैं कहीं नहीं जाऊँगा। जितनी ग्राहक संख्या उन्होंने बनाने को कहा था, जब उससे भी दस हजार अधिक हो गयी तो मैंने कहा 'अब अगर छोड़ना चाहूँ तो चौंकना नहीं चाहिए। मैं साल भर की छुट्टी पर गया तो रघुवीर सहाय पत्र देखने लगे। वे मुख्य सम्पादक थे।"

'दिनमान' सन् 1965 में पाठकों के पास पहुँचा। समस्त भारतीय भाषाओं में 'दिनमान' एक नया प्रयोग था—इसका अभूतपूर्व स्वागत हुआ। 'दिनमान' का नारा या मूलमंत्र था—'राष्ट्र की भाषा में राष्ट्र का आह्वान'। इस पत्र को राष्ट्रकवि मैथिलीशरण गुप्त ने आशीर्वाद देते हुए कहा कि ''दिनमान'' सही दिशा में हमारे लिए कल्याणकारी हो, यही कामना है।' शिक्षा मन्त्री मोहम्मद करीम छागला का शुभकामना संदेश सुनिए—''अज्ञेय का नाम साहित्य में सुरुचि, शालीनता, नवीनता और प्रौढ़ि का वाचक समझा जाता है। मुझे पूरा विश्वास है कि उनके सम्पादकत्व में निकलने वाला दिनमान, दिनमान के ही समान प्रतापी और जाज्वल्यमान होगा।''

'दिनमान, निकलने के समय भी अज्ञेय विरोधी चुप नहीं थे। वे अज्ञेय को 'अमरीकी एजेण्ट' कहकर बदनाम करते आ रहे थे। अतः लपककर कम्युनिस्टों ने 'दिनमान' को अमेरिकी 'टाइम' का अनुवाद घोषित कर दिया और कहा कि यह पत्र शीत युद्ध के अमेरिकी प्रचार का अस्त्र है। तमाम तरह के आक्रमण झेलकर अज्ञेय ने शालीनता से पलट दिया—'दिनमान' अर्थात् सूर्य, दिन, सप्ताह, माह, वर्ष सभी की माप प्रस्तुत करता है, इसलिए वह युग मान भी है।'' अज्ञेय की पत्रकारिता में 'दिनमान' का यश ऐसा था कि मनोहर श्याम जोशी हों या रघुवीर सहाय, सर्वेश्वरदयाल सक्सेना हों या श्रीकान्त वर्मा आदि सभी आधुनिक बोध के रचनाकारों ने 'दिनमान' से जुड़ना अपना गौरव समझा। 'दिनमान' के अंक निरन्तर उत्कर्ष को प्राप्त करते गये। एक अंक के बाद ही 'पत्रकार-संसद' नामक स्तम्भ शुरू किया जाता है और उसमें पाठकों की रुचि बढ़ती जाती है। प्रत्येक अंक में 'पत्रकार संसद' तथा 'चिट्ठी-पत्री के अतिरिक्त राष्ट्रीय व्यापार', 'राज्यों के समाचार', 'राजनैतिक दल', 'विश्व के समाचार', 'उद्योग और व्यापार', 'खाद्य और कृषि' जैसे स्तम्भ तो होते ही हैं—साथ ही 'विज्ञान', 'आधुनिक जीवन', 'रंगमंच', 'कला', 'धर्म-दर्शन', 'साहित्य तथा खेल और खिलाड़ी'। वात्स्यायन जी 'दिनमान' के लेखकों के सामने हमेशा यह सच कहते थे कि सम्पादक को लिखाना आना चाहिए। उसे अपने पत्र में बहुत कम लिखना चाहिए ताकि अन्य को लिखने का अवसर मिले। साहित्य पर लिखना हो या खेल-खिलाड़ी पर यह पत्रकारिता का मन्त्र न भूलना चाहिए कि शब्द-ब्रह्म है—उसे भ्रष्ट या विकृत मत करो तथा कम से कम शब्दों में कहने की कला का अभ्यास करना चाहिए। 'दिनमान' में 'विज्ञान' स्तम्भ की ज्ञान-कला है। यहाँ हिन्दी पाठक प्रथम बार भारतीय गणितज्ञ जयन्त विष्णु नार्लीकर से रू-ब-रू होता है, लंदन की रॉयल सोसायटी के सामने एक नवीन गुरुत्वाकर्षण सिद्धान्त प्रस्तुत करते हुए। अज्ञेय का विज्ञान में दीक्षित पत्रकार यहाँ

पूरी रंगत से उपस्थित है और वह भारतीय पत्रकारिता को नयी दिशा दे रहा है कि वैज्ञानिक-सामग्री पाठकों को कैसे दी जा सकती है।

पाठक पाते हैं कि 27 फरवरी 1965 के अंक में समाजवादी चिन्तक डॉ. राममनोहर लोहिया की एक चिट्ठी छपती है—''सुना, मालिकों ने 'अमेरिकी टाइम' के नमूने पर 'दिनमान' निकालने की सोची है।'' लोहिया जी व्यंग्यपूर्ण अंदाज में कहते हैं—''एक ओर पुराने हिन्दुस्तान की नामसझ पूजा करने वाले पीछे देखू लोग हैं तो दूसरी ओर अमरीकी या रूसी या पश्चिम यूरोपीय नकल पर चलने वाले लोग।'' तीसरी ओर 'नकली एशियाई रुख अपनाने वालों' से भी लोहिया को वितृष्णा है। क्या खाक लिखेंगे वे विदेशी मामलों पर।'' नहीं-नहीं। यह पीछे देखू और बगल देखू यानी विश्वयारी मनोवृत्ति नहीं चाहिए। 'आगे देखू' रुख चाहिए।'' डा. लोहिया की इस विचार-मुद्रा को समझते हुए अज्ञेय ने उत्तर दिया—''दिनमान' के लिए 'अमेरिकी टाइम' नमूना नहीं है। हाँ, समाचार-संग्रह के लिए जितना बड़ा संगठन 'दिनमान' कर सकेगा, करेगा। विदेशी मामलों पर लिखने वाले हिन्दुस्तानियों की 'रुख' के अलावा एक कमी यह भी रहती है कि उनके सोचने पर अंग्रेजी की छवि बहुत गहरी रहती है, वे भारतीय भाषाओं में नहीं सोचते, अनुवाद में सोचते हैं—चाहे वे अंग्रेजी विरोधी ही क्यों न हो। 'दिनमान' ऐसी भाषा में ऐसे चिन्तन का प्रयत्न करेगा कि उसमें न तो हिन्दुस्तान की नासमझ पूजा दिखेगी और न हिन्दुस्तान की किसी भी भाषा का कम-समझ मलीदा।'' आज 'दिनमान' के अंक गवाह हैं कि अज्ञेय जी ने अनुवाद-जीवी भाषा से उसे मुक्त रखा तथा लोक-संस्कृति में उतरकर 'दिनमान' को एक नयी भाषा दी। एक ऐसी भाषा जिसमें अचूक सम्प्रेषणीयता हो और जो संस्कारी भाषा हो। अपनी इसी संकल्प-शक्ति के कारण 'दिनमान' हिन्दी पत्रकारिता का मानदण्ड बनता गया। हिन्दी ही नहीं, किसी भी भारतीय भाषा में 'दिनमान' जैसा व्यापक दृष्टि का पत्र नहीं निकला और अंग्रेजी पत्रकारिता की आँखें 'दिनमान' को देखकर फटी की फटी रह गयीं। पिछलग्गूपन अज्ञेय का 'स्वभाव' न था। वे मौलिकता और भारतीयता दोनों को जोड़कर नये प्रयोग करते थे—चाहे साहित्य हो या पत्रकारिता। इसलिए जो लोग कहते थे कि अंग्रेजी कविता का आनन्द लेना हो तो अज्ञेय को पढ़ो—केवल झूठ और ईर्ष्या से भरा कथन था। अज्ञेय का प्रयास था कि 'दिनमान' अपने नये सोच से राष्ट्रीय एकता के साथ लोकतान्त्रिक समाज और मूल्य-दृष्टि की महत्त्व प्रतिष्ठा करे। कई बार 'दिनमान' में 'कुट्टिचातन' नाम से भी लिखा है—बाद में यह नाम उनके व्यक्ति-व्यंजक ललित निबन्धों का स्रोत ही बन गया। 'दिनमान' के कई अंकों में 'विज्ञान' के साथ 'पुरातत्त्व' भी विषय सूची में जुड़ गया है।

'दिनमान' के एक अंक में साहित्य' स्तम्भ के अन्तर्गत उभरती हुई भाषा-बोली की राजनीति पर एक टिप्पणी है--जिसका शीर्षक है--'मोर्चे पर एक भाषा'। ऐसी राजनीति चली कि मैथिली को हिन्दी से अलग भाषा का दर्जा दिया जाने का निर्णय किया गया। इस निर्णय के निहितार्थ ने हिन्दी-भाषा के प्रेमी अज्ञेय को बेहद आहत किया। इस अनिष्टकर निर्णय के लिए जो समिति गठन की गयी थी--इस प्रस्ताव पर विचारार्थ उसमें सुनीतिकुमार चटर्जी के साथ आचार्य हजारीप्रसाद द्विवेदी भी थे। अज्ञेय को इस निर्णय से काटो तो खून नहीं। उन्हें समझ में नहीं आया कि कैसे आचार्य हजारीप्रसाद द्विवेदी के रहते हुए यह निर्णय हो गया। वे शंकाकुल हो गये और इस निर्णय के खिलाफ आचार्य हजारीप्रसाद द्विवेदी से अपने अंतरंग सम्बन्धों को ताक पर रखकर लिखा, ''इस निर्णय का प्रभाव हिन्दी-भाषा और साहित्य पर तो गहरा पड़ेगा ही, आज के दूषित वातावरण में भाषा वैमनस्य को और बढ़ावा देगा। मैथिली को स्वतन्त्र भाषा के रूप में मान्यता देना हिन्दी के सार्वदेशिक चरित्र और सम्भावनाओं के हित में तो नहीं ही है, ऐसा तुष्टीकरण क्षेत्रीय अलगाववादी प्रवृत्तियों को प्रोत्साहित करना है और राष्ट्रीय सोच को संकुचित करना भी है।'' अज्ञेय का कथन ठीक निकला--आज मैथिली की देखा- देखी भोजपुरी हिन्दी से अलग भाषा बनने की राजनीति में फंसी हैं। दिल्ली में हिन्दी से अलग भोजपुरी अकादमी की स्थापना की गयी है और उसे आठवीं सूची की भाषा बनाने की जोरदार राजनीति चल रही है। भोजपुरी की देखा-देखी राजस्थान की बोलियाँ भी अलग भाषा का दर्जा माँग उठी हैं। 'हिन्दी को तोड़ने की हवा चल रही है और तोड़नेवाली साम्राज्यवादी शक्तियाँ सक्रिय होकर राजनीति कर रही हैं। बोलियों को लेकर हिन्दी प्रदेशों में गृह युद्ध की स्थिति बन रही है। आज अज्ञेय जी याद आते हैं। अंग्रेज जिस अलगाववाद से हिन्दी की संगठित ताकत को तोड़ना चाहता था--वह काम आज हम भस्मासुर बनकर स्वयं कर रहे हैं। हिन्दी तो बोलियों से बनी है औ वे ही उसकी शक्ति हैं, वे टूटकर अलग हो जाएँगी तो हिंदी बचेगी कहाँ?

'दिनमान' में उत्तरोत्तर नयी विषय-सूची जुड़ती जाती है। 'चरित-चर्चा' के साथ 'नारी जगत' का नया स्तम्भ सामने आता है। इस चर्चा का आरम्भ एक ऐसे आयोजन की रपट से हुई, जिसमें दो विरोधी पक्षों का पूरा प्रतिनिधित्व हुआ। यहाँ एक पक्ष श्रीमती झाबवाला का है, दूसरा लक्ष्मी मेनन का। एक नारीवादी आन्दोलन की गूँजों से भरा हुआ है तो दूसरा नारी-नर के बीच परस्पर सहयोग पर बल दे रहा है। यहाँ शिकायत का केन्द्रीय बिन्दु यह है कि इस आयोजन पर उच्च-वर्ग की महिलाओं का दबदबा है। अतः यह सम्मेलन व्यापक स्तर पर

नारी समुदाय की व्यथा-कथा का प्रतिबिंब नहीं कहा जा सकता है। श्रमरत-कर्मरत-अभाव-ग्रस्त नारी यहाँ गायब है।

यहाँ 'चिट्ठी-पत्री' का स्तम्भ अपनी चेतना में ऐतिहासिक है। सम्पादक अज्ञेय की इस स्तम्भ में गहरी दिलचस्पी है। उदाहरणार्थ एक अंक में चार क्रुद्ध वामपंथियों (सुरेन्द्र चौधरी इत्यादि) का एक पत्र छपा है। यह पत्र कहता है कि 'डांगे के शिविर में रणदिवे' शीर्षक आपकी टिप्पणी में 'जनयुग' में छपी डॉ. नामवर सिंह के बारे में गलत सूचना उनके एक लेख को लेकर दी गयी है। क्रोध भरे स्वर में यह कहा गया है कि यहाँ 'आक्षेपों की भाषा आवश्यकता से अधिक गिरी हुई है और संस्कारहीन है। हम 'दिनमान' की इस पैगम्बरी-नीति का विरोध करते हैं।'' किन्तु सम्पादक अज्ञेय पर इस विरोध का कोई सीधा असर नहीं दिखाई देता है। अज्ञेय ने कहा (क) कितनी संस्कारहीनता आपकी नजर में आवश्यक है? (2) विचारों की टकराहट के लिए गुंजाइश आप रखते हैं तो उतना यथेष्ट है–राजनीतिक स्थितियों के विवेचन में 'दिनमान' मतैक्य नहीं चाहता। पर इसके लिए यत्नशील रहेगा कि इतिहास को सही सिद्ध करे। ऐसा ही उत्तर अज्ञेय ने विरोधियों को 'तारसप्तक' के प्रसंग में दिया था कि 'तारसप्तक' के कवियों में मतैक्य नहीं है–सभी महत्त्वपूर्ण विषयों पर उनकी राय अलग-अलग हैं। वे एक राह के राही नहीं हैं--नयी-नयी राहों के राही नहीं, अन्वेषी हैं। संयोग ही कहिए कि जिस अंक में यह 'चिट्ठी पत्री' छपी–(20 अगस्त 1965), उसी अंक में एक नया स्तम्भ देखने को मिलता है–'संस्कृति'। इस लेख का शीर्षक है–'वैष्णव संस्कृति के पूर्वी दिक्पाल' यह लेख मणिपुरी नृत्य के अनुपम गुरु अमुबी सिंह पर केन्द्रित है।

'दिनमान' में 'शिक्षा जगत्' स्तम्भ के बाद सर्वेश्वरदयाल सक्सेना का स्तम्भ 'चरचे और चरखे' शुरू हुआ। इस स्तम्भ की लोकप्रियता का तो एक इतिहास ही बन गया। 'दिनमान' में सम्पादकीय ज्यादातर रघुवीर सहाय लिखते रहे। कभी-कभार अज्ञेय ने अनाम सम्पादकीय लिखे, जिन्हें शैली से नन्दकिशोर आचार्य जैसा प्रबुद्ध पाठक ही पहचान पाता है। सम्पादकीय के नीचे कभी-कभार केवल 'वा' लिखा होता तो कभी 'स. ह.'। 'दिनमान' में 'साहित्य स्तम्भ के अन्तर्गत महत्त्वपूर्ण पुस्तकों, साहित्य-गोष्ठियों की भी गहन गम्भीर समीक्षा रहती थी और महत्त्वपूर्ण पुस्तक के कुछ अंश भी उसमें अवश्य दिये जाते थे। आज हिन्दी में पुस्तक समीक्षा की जो दुर्गति है, उसे देखकर 'दिनमान' याद आता है कि कैसे विषय के जानकारों से पुस्तक समीक्षा को स्तरीय बनाया गया था। अज्ञेय जी को यह ज्ञान था कि कैसे समय-समाज की आलोचना दृष्टि अच्छी पुस्तक समीक्षाओं के भीतर से ही निकलती है।

अज्ञेय द्वारा सम्पादित पत्रिका में यात्रा-साहित्य पर चुप्पी हो यह कैसे सम्भव था। एक रपट 'सचाई और सादगी' नाम से छपी है कि कैसे सर्व सेवा संघ की ओर से हरिदत्त शर्मा और सतीश कुमार ने विश्व भ्रमण कर डाला। विशेष बात यह कि यात्रा के अर्थ पर 'दिनमान' बार-बार कई कोणों से मूल्यांकनपरक विचार करता है। यायावर अज्ञेय एक उत्कृष्ट-यात्रा-वृत्त के प्रतिमान निर्मित करते हैं और इस देश में यायावरी के महत्त्व को पूरे दम-खम से रेखांकित करते हैं।

'दिनमान' का आखिरी अज्ञेय जी द्वारा सम्पादित अंक 20 सितम्बर 1969 का है। दिलचस्प बात यह है कि इस अंक में सम्पादक की विदाई का कोई संकेत नहीं है। अचानक सम्पादक को एक फेलोशिप लेकर विदेश जाना पड़ रहा है, इसकी भी कोई ध्वनि नहीं है। हाँ, इसमें पहली बार सम्पादकीय कायदे से सामने आया—सच्चिदानन्द हीरानन्द वात्स्यायन (स. ही. वा.)। वात्स्यायन जी के विदेश जाने पर रघुवीर सहाय 'दिनमान' के सम्पादक हो गये और अज्ञेय की पत्रकारिता की राह को अपनी तरह से आगे बढ़ाया। रघुवीर सहाय ने अज्ञेय के साथ रहकर यह अनुभव किया कि वह अपने व्यक्तित्व से किसी को अभिभूत और आतंकित नहीं करते, स्वतन्त्र करते हैं। भारतीय आधुनिक बुद्धिजीवी अज्ञेय ने स्वाधीनता की लय को विचार में ढालकर एक लेख लिखा—'मेरी स्वाधीनता सबकी स्वाधीनता'। इस लेख का पहला वाक्य है—"स्वाधीनता की अवधारणा उतनी ही कठिन और धुँधली होती है जितना उसका अनुभव प्रत्यक्ष और स्फूर्ति देनेवाला। यह नहीं कि स्वाधीनता का अनुभव भी कुछ कम जटिल होता है, कदाचित् वास्तविक अन्तर इस बात में है कि उस अनुभव के लिए शब्द अनावश्यक होते हैं।" (केन्द्र और परिधि, पृ. 103) स्वाधीनता पर विचार करते हुए स्वाधीनता की एक मूल्यांकन परिभाषा उनके हाथ लगी कि "स्वाधीन होना अपनी चरम सम्भावनाओं की सम्पूर्ण उपलब्धि के शिखर तक विकसित होना है।" इसलिए स्वाधीनता के योद्धा को सबसे पहले एक करुणा-सम्पन्न स्वाधीनकर्मी होना होगा, जो दूसरों की स्वाधीनता के लिए अपनी स्वाधीनता का बलिदान करने को सदैव प्रस्तुत है। स्वाधीनता की सच्ची कसौटी 'मैं' नहीं 'ममेतर' है। ऐसे समाज में साहित्यकार-पत्रकार स्वाधीन नहीं हो सकता जो समाज स्वाधीन नहीं है। स्वाधीनता के विचार से ही अज्ञेय में 'आत्मदान' और 'आलोचक राष्ट्र' के निर्माण का संकल्प जागृत रहा। इस संकल्प की प्रेरणा के कारण ही बहुत से लोग 'दिनमान' से शिक्षित होकर पत्रकार बने।

'दिनमान' का सम्पादन करने से पहले अज्ञेय जापान और यूरोप की यात्रा कर चुके थे। यूरोप-यात्रा में कार्ल यास्पर्स से विचार-विमर्श करके एक नया बौद्धिक पक्ष आत्मसात किया। उनकी भेंट पाल पासीन्दो से हुई, जिन्होंने सहारा के रेगिस्तान

में तपस्या केन्द्र या मठ बनाया था और सूफ़ी-साधक अलगजाली से प्रेरणा लेकर ईसाइयत से बाहर जाकर साधना का पथ ग्रहण किया था। फ्रांस में वे कैथोलिक पादरी पियेर दानिएलू से मिले थे और एक माह तक पियेर-क्वि वीर के मठ में भी रहे थे। मौन-साधना की और पाया कि ईसाइयत का सबसे बड़ा प्रदेय है कि दूसरे के पाप का फल अपने ऊपर ओढ़ना ही परम पुरुषार्थ है। फिर अस्तित्ववादी चिन्तन में डूबकर उन्होंने वरण की स्वतन्त्रता का अर्थ जाना-पहचाना। भारत में आकर आनन्द कुमार स्वामी, मानवेन्द्रनाथ राय, गाँधी, रामकृष्ण परमहंस, टैगोर, विवेकानन्द के प्रभावों को फिर से मथा और साहित्य तथा पत्रकारिता के लिए एक नवीन विचार ऊर्जा का पुनराविष्कार किया। 'दिनमान' के सम्पादन में इसी ऊर्जा का उपयोग कई रूपों में हुआ। इस समय तक उनमें एक ऐसा कर्मठ योद्धा, संस्कारी भारतीय और अपने को निरन्तर संस्कारित करने वाली आधुनिकता का ऐसा रचनाकार-पत्रकार जाग्रत हुआ जो अपने कर्तव्य के प्रति अधिक अर्पित था। उनका साहित्यकार 'दिनमान' से हिन्दी पत्रकारिता के स्तर को ऊँचा उठाना चाहता था। साथ ही वह यह प्रयोग का अरमान भी लेकर भी 'दिनमान' की ओर गये थे कि जन-साधारण के स्तर पर अपने विचार को सम्प्रेषणीय बना सकें।

अज्ञेय के सखा पंडित विद्यानिवास मिश्र ने अज्ञेय की मनोभूमिका का विश्लेषण करते हुए यह निष्कर्ष सहज भाव से दिया है कि अज्ञेय स्वातन्त्र्योत्तर भारतवर्ष में अपनी राष्ट्रीय प्रतिबद्धता का निर्वाह करने के लिए यह जरूरी समझने लगे कि गैर-पेशेवर राजनीतिक मत का सामने आना आवश्यक हो गया है। पेशेवर राजनीतिज्ञों के हाथ में देश को सौंपकर चुपचाप बैठ जाना जनतंत्र के लिए वांछनीय नहीं है। 'दिनमान' में उन्हें सबसे पहला अनुभव हुआ कि हिन्दी की प्रतिष्ठा की बुनियाद हिन्दी की प्रेषणीयता में है, हिन्दी की आन्तरिक शक्ति में है। इस विश्वास ने उन्हें अपनी समूची संगठन शक्ति, कल्पना और मनोयोग को लगाकर 'दिनमान' के विकास के लिए प्रेरणा दी। छह महीने के भीतर ही हिन्दी का ही नहीं, भारत का अनन्यतम साप्ताहिक समाचार बन गया, यहाँ तक कि विदेशी पत्रकारों ने कहा, "जिस भाषा में दिनमान जैसा साप्ताहिक पत्र निकले उसे क्षमाप्रार्थी होने की आवश्यकता नहीं। 'दिनमान' न केवल फैलते हुए विश्व की जानकारी सुलभ करायी—सुरुचि का भी परिमार्जन किया।" (अज्ञेय : वन का छन्द, पृ. 30) 'दिनमान' की चिन्ताओं को लेकर सम्पादक को हर मोर्चे पर जूझना पड़ा—लेकिन उसने न हार मानी, न मन मैला किया। हाँ, उनकी राजनैतिक प्रतिबद्धता लोहिया जी के समाजवादी चिन्तन के प्रति बढ़ी और हिन्दी प्रेम भी रंग लाया। 'दिनमान' से मुक्त होकर वे काल-चिन्तन में डूब गये और 1972 में उन्होंने जयप्रकाश नारायण

के आग्रह पर अंग्रेजी के एक नये वैचारिक साप्ताहिक 'एवरीमैन्स' का सम्पादकत्व ग्रहण कर लिया। सन् 1973 में 'नया प्रतीक' शुरू किया और कई तरह के आक्रमण झेले। आपातकाल के सामने अज्ञेय झुके नहीं, हर कीमत पर 'एवरीमैन्स' का सम्पादन करते हुए संघर्ष के लिए तैयार रहे। उनका विश्वास और दृढ़ हुआ कि स्वाधीनता से बड़ा कोई मूल्य नहीं है।

अज्ञेय जी ने अगस्त 1977 में 'नवभारत टाइम्स' का सम्पादकत्व ग्रहण किया। यहाँ 'दिनमान' जैसी प्रयोग की गुंजाइश नहीं था—क्योंकि इस अखबार का एक चला आता हुआ साँचा-ढाँचा था। फिर यह आपातकाल में सरकार का समर्थन करने के कारण अपनी स्वतन्त्र छवि धूमिल कर चुका था। वहाँ अज्ञेय जी के आने से उनकी प्रतिष्ठा का लाभ 'टाइम्स ग्रुप' को मिला। अज्ञेय भी लपककर नहीं आ गये थे—बहुत अनुनय-विनय पर आये थे और जनता सरकार अज्ञेय की स्वतन्त्र स्वाधीन चिन्तन की छवि को भुनाकर अपना चेहरा उजला करना चाहती थी। अज्ञेय ने इस पत्र को अपने कौशल से चमकाया। राजनीति और संस्कृति, धर्म और दर्शन के सामने जो पुच्छलतारे इस काल में उदित हुए थे—उसकी पहचान और परख अज्ञेय को थी। यहाँ उन्होंने 'कुट्टिचातन' नाम से 'नाम में क्या रखा' जैसे (14 अगस्त 1977) सम्पादकीय लेख में लिखा—''अब नयी सांकेतिक मुद्रा है जाति सूचक नाम छोड़ने की। ठीक है आप नाम छोड़ दीजिए। कहावत भी है कि नाम में क्या रखा है? लेकिन नाम छोड़ देने के साथ क्या आप यह व्यवस्था भी करेंगे कि उसमें कहीं जाति के प्रभाव की बू न रहे?'' भारत में निरन्तर दृढ़ होती जाति प्रथा अज्ञेय जी को तकलीफ देती है। 15 अगस्त 1977 श्रावण के 'स्वाधीनता दिवस अंक' में उन्होंने 'उसने कहा : स्वाधीनता' शीर्षक अपनी कविता छापी। उसमें व्यंग्य का स्वर प्रधान है—'अपनी बड़ी स्वतन्त्रता देंगे। अपनी छोटी स्वाधीनताएँ हमें दे दो।' क्या विडम्बना है कि जनता की स्वाधीनता को सत्ताधारियों ने धोखा देकर छीना है। संवत्सर 'नवभारत टाइम्स' के 1979 में सच्चिदानन्द वात्स्यायन का लेख छपा—'खिलौनों का समाजशास्त्र'। इसी काल में 1978 का भारतीय ज्ञानपीठ पुरस्कार अज्ञेय को 'कितनी नावों में कितनी बार' काव्य संग्रह पर मिला। 'नवभारत टाइम्स' में सोमवार 22 जनवरी 1979 को पुरस्कृत होने पर रिपोर्ट में कहा गया—'भारतीय भाषाओं में 1962 से 1971 के मध्य प्रकाशित कृतियों में से श्री अज्ञेय की कृति सर्वश्रेष्ठ चुनी गयी।'

अज्ञेय ने 'नवभारत टाइम्स' में 'आकाश भारती : सामाजिक चुनौती' 11 मार्च 1978, 'स्वायत्त आकाशवाणी' 12 मार्च 1978, पाकिस्तानी फैसला 21 मार्च 1978, 'पालिकाएँ साहित्यकार और नागरिकों के बीच कड़ी बनें' 1 सितम्बर 1978,

'भारतीय संस्कृति केवल अतीत की वस्तु नहीं' (16 जून 1978) हिन्दी के स्वरूप सम्बन्धी विवाद निरर्थक (28 जनवरी 1978) और बहुत से अनुपम लघु लेख लिखे। एक समय ऐसा भी आया जब वरिष्ठ पत्रकार पं. बनारसीदास चतुर्वेदी को कालिदास नाग स्वर्ण पद से सम्मानित करने सच्चिदानन्द हीरानन्द वात्स्यायन अज्ञेय पहुँचे। इस अवसर पर आगरा विश्वविद्यालय के पुस्तकालय में ब्रज-कक्ष की स्थापना की गयी और चतुर्वेदी जी के संग्रह को सुरक्षित किया। इस अवसर पर अपने भाषण में अज्ञेय जी ने कहा, "चतुर्वेदी जी द्वारा लिखित पत्रों का भी संग्रह हो।" यह संग्रह इसलिए भी आवश्यक है कि 'पत्राचार' समकालीन जीवित इतिहास होता है। नवभारत टाइम्स ने 6 दिसम्बर 1977 को डॉ. राजेन्द्र प्रसाद व्याख्यान माला जिसमें अज्ञेय जी ने 'व्यक्ति एवं व्यवस्था' विषय पर बोलते हुए कहा था—"स्वतन्त्रता को जातिगत अनुभव से अलग रखना इतिहास की अवज्ञा है।" 'ब्रज-कक्ष' की स्थापना के अवसर पर अज्ञेय जी ने पुरानी बातों को याद किया—(25 मार्च, 1978 का नवभारत टाइम्स) और कहा कि हमारे भीतर इतिहास के प्रति उदासीनता है। इस तरह अज्ञेय की गैर साहित्यिक पत्रकारिता का एक गौरवपूर्ण इतिहास है—इस इतिहास का हिन्दी पत्रकारिता का 'गौरव पर्व' मानकर स्मरण करना चाहिए।

हिन्दी के साथ अज्ञेय जी अंग्रेजी पत्रकारिता में भी लगन से जुटे रहे। वे 'थाट' नामक अंग्रेजी साप्ताहिक के साहित्य सम्पादक 1950 से 1952 तक रहे। 'वाक्' एशियाई साहित्य की अंग्रेजी पत्रिका 1967 में तथा एवरीमैन्स अंग्रेजी साप्ताहिक का 1971-73 तक सम्पादन किया। साथ ही हिन्दी-अंग्रेजी के अनगिनत पत्र-पत्रिकाओं में पूरे मनोयोग से निबन्ध लेखन किया। वस्तुतः भारतीय पत्रकारिता के बीसवीं शताब्दी में लगभग छह दशकों का दौर 'अज्ञेय' युग रहा है।

अज्ञेय की पत्रकारिता का सर्वाधिक विशिष्ट प्रदेय साहित्यिक पत्रकारिता के क्षेत्र में है। मूलतः वह कवि थे—स्रष्टा थे, पत्रकार थे। उनका विचार था कि साहित्यकार ही समाज की संवेदना का परिष्कार करता है। साहित्य-सर्जक होने के नाते वह अपने उत्तरदायित्व और सामाजिक-उत्तरदायित्व के प्रति सजग थे। उनका व्यक्ति-स्वातन्त्र्यवाद का सिद्धान्त, स्वाधीनता का सिद्धान्त और संस्कारित आधुनिकता का सिद्धान्त पश्चिम के व्यक्तिवादी चिन्तन पर केन्द्रित नहीं है, जैसा कि अज्ञेय विरोधी मानते रहे हैं। 'ज्ञानोदय' मार्च 1960 में सर्वेश्वर दयाल सक्सेना ने (अज्ञेय कुछ प्रश्न—सर्वेश्वरदयाल सक्सेना) एक 'साक्षात्कार' में प्रश्न किया तो अज्ञेय ने उत्तर दिया—"बहैसियत लेखक के एक अतिरिक्त उत्तरदायित्व भी मानता हूँ और एक अतिरिक्त सामाजिक उत्तरदायित्व भी। रचनाकार की एकान्त साधना

का यह अर्थ उनके लिए बिलकुल नहीं कि वह महत्त्वपूर्ण सामाजिक समस्याओं पर चुप्पी साध ले—उसे बोलना चाहिए और सत्ता पक्ष का प्रतिवाद करना चाहिए। अज्ञेय के पत्रकार कर्म के दोनों पक्ष-साहित्येतर सरोकारों वाली पत्रकारिता और दूसरी तरह की साहित्यिक पत्रकारिता में इसके प्रमाण मिलते हैं। इन्दिरा-युग में आपातकाल घोषित हुआ तब नागार्जुन, हरिशंकर परसाई, श्रीकान्त वर्मा, नामवर सिंह आदि अपने को प्रगतिशीलता की नाक कहने वाले सत्ता पक्ष के समर्थन में खड़े दिखाई दिये। लेकिन अज्ञेय, निर्मल वर्मा, भवानी प्रसाद मिश्र, मनोहर श्याम जोशी उसके विरोध में हर जोखिम झेलकर खड़े रहे। अज्ञेय जी उस समय लोकनायक जयप्रकाश नारायण के साथ थे और अभिव्यक्ति की स्वतन्त्रता के लिए संघर्ष कर रहे थे। इस तरह पत्रकारिता में उन्होंने बालमुकुन्द गुप्त, महावीर प्रसाद द्विवेदी, माखनलाल चतुर्वेदी और पराड़कर से जो सीखा था—उसे लज्जित नहीं किया।

अज्ञेय के पत्रकार ने अनुभव किया कि ''हिन्दी पत्रकारिता में तो बहुत प्रगति हुई है, परन्तु साहित्यिक पत्रकारिता में उतनी नहीं है।'' (देखें, त्रिलोक दीप से अज्ञेय की भेंटवार्ता, साप्ताहिक हिन्दुस्तान, 18 मार्च 1981) अपने पत्रकार-कर्म को लेकर कहा कि पत्रकार के रूप में मैंने जो अलग किया है, अच्छा ही काम किया है परिश्रम बहुत किया है और उन दिशाओं में किया है, जिनकी प्रायः उपेक्षा होती रही।'' (वही) कितनी बड़ी बात है कि रचनाकार अज्ञेय ने पत्रकार अज्ञेय से तालमेल बनाये रखा है। उनका विचार था कि 'दोनों का रूप अलग है, पर मेरा दोनों में लिखने का मन होता है।' रचना-कर्म आत्मदान, आत्मसमर्पण, व्यक्तित्व के विलोपन की निर्वैयक्तिक प्रक्रिया है और शब्द-ब्रह्म की साधना का आत्म-यज्ञ। इसी पवित्र भाव से अज्ञेय ने साहित्यिक पत्रकारिता की समृद्धि के लिए अपना (सब कुछ) झोंक दिया है। उन्होंने कभी भी अपनी स्वाधीनता तथा सम्पादक की स्वाधीनता से कोई समझौता नहीं किया—हमेशा गाया—''यह दीप अकेला स्नेह भरा है गर्व भरा मदमाता पर इसको भी पंक्ति दे दो।'' अज्ञेय और अन्य रचनाकारों की साहित्यिक पत्रकारिता में बुनियादी अन्तर यही है कि 'यह वह विश्वास नहीं जो अपनी लघुता में भी काँपा? तथा यह कि 'जिज्ञासु, प्रबुद्ध, सदा श्रद्धामय, इसको भी भक्ति को दे दो' का ध्वन्यर्थ है—समर्पण और आधुनिक बौद्धिक-विवेक-वयस्कता का आग्रह। सर्जनात्मकता और पत्रकारिता दोनों ही उनके लिए सांस्कृतिक कर्म हैं। इस सांस्कृतिक-कर्म में वह स्वाधीन चिन्तन और स्वाधीनता की रक्षा आँख की पुतली की तरह करने का अरमान (टेम्पर) रखते हैं। उनका अखण्डित स्वाधीनता-बोध हिन्दी की गुलाम मानसिकता के गले नहीं उतर सका है। नतीजा यह हुआ कि गुलाम मानसिकता के लोग उन्हें गालियाँ बकते

रहे हैं। निर्मल वर्मा ने लिखा है—"यही लेखक का स्वाधीनता बोध, जो स्वाभाविक और अनिवार्य मूल्य होना चाहिए। वही अज्ञेय को हिन्दी के परिवेश में सर्वाधिक विवादास्पद भी बनाता रहा। × × × आपातकाल में सत्ता के सामने घुटने टेकने में हिन्दी के प्रतिबद्ध लेखक सबसे आगे थे, जबकि उसके कुछ समय पहले तक अज्ञेय, जयप्रकाश नारायण की पत्रिका 'एवरीमैन्स' का सम्पादन कर रहे थे। × × × अज्ञेय का स्वभावगत स्वाधीन विवेक हमारी गुलाम मानसिकता में कहीं फिट नहीं हो पाता था। ऐसी स्वतंत्र मेधा हमें हर क्षण अपनी गुलाम आत्मा की याद दिलाती है, जो हमें असह्य लगती है।' (अज्ञेय का स्मृतिलेखा)

अज्ञेय ने भारी मानसिक तैयारी के साथ 1947 में 'प्रतीक' जैसी अपूर्व साहित्यिक पत्रिका का प्रकाशन किया। सन् 1946 में सेना से मुक्ति पाकर वह इलाहाबाद में रहने लगे और वहीं से 'प्रतीक' निकाला। उसके बाद वह दिल्ली आ गये तो उनके साथ 'प्रतीक' भी दिल्ली आया और रघुवीर सहाय उसके साथ जुड़ गये। 'प्रतीक' पहले द्विमासिक फिर मासिक हुआ। मासिक रूप में ही 'प्रतीक' 1952 तक चला और फिर रुक गया। 'प्रतीक' के अंक साक्षी हैं कि यह 'सहयोगी प्रयास' था। पहले दूसरे अंकों में स. ही. वात्स्यायन के साथ नेमिचन्द्र जैन का नाम मौजूद है और तीसरे अंक में नेमिचन्द्र का नाम गायब हो जाता है और उसके स्थान पर तीन नाम आ जाते हैं—श्रीपतराय, सियारामशरण गुप्त तथा डॉ. नगेन्द्र। कुछ समय बाद 'प्रतीक' दिल्ली आया तो फिर सम्पादक मंडल की जगह केवल एक नाम रह गया—स. ही. वात्स्यायन। लेकिन यहाँ भी रघुवीर साहय का नाम सहायक के रूप में जुड़ा हुआ है। सलाहकार के रूप में यहाँ रह जाते हैं—सियारामशरण गुप्त और श्रीपतराय। वर्ष 3, 1951 में एक सलाहकार और बढ़ जाते हैं—शिवमंगल सिंह 'सुमन'। इसमें 'बारहखम्भा' जैसे प्रयोगपरक उपन्यास की धारावाहिक किश्तें छप रही हैं और अज्ञेय 'चित्रकला : राजनीति सिंह' पर लेख लिखते हैं। 'प्रतीक' के अंकों में कलाकारों पर चाहे अवनीन्द्र नाथ हों या ब्रजमोहन जिज्जा अज्ञेय ने निरन्तर दस बारह लेख लिखे हैं। यहाँ 'कुट्टिचातन' भी सक्रिय हैं और अज्ञेय का सिनेमा समीक्षक भी। साथ ही अगस्त 1951 में धारावाहिक उपन्यास 'बारहखम्भा' का पहला अध्याय अज्ञेय लिखते हैं। 'प्रतीक' में कहीं भी 'शेखर : एक जीवनी' के तीसरे भाग की लेखन चर्चा नहीं है।

'प्रतीक' का प्रवेशांक अपनी यह प्रतिज्ञा लेकर आता है कि वह आधुनिक हिन्दी के समूचे साहित्यिक कृतित्व का प्रतिनिधित्व करने वाला आयोजन करेगा। इस द्वैमासिक अंक में भारतीय रचनाकार के प्रकृति प्रेम का राग-रस है। यह राग आगे के अंकों में और बढ़ जाता है जैसे तीसरे अंक में 'सरद रितु आई' शीर्षक

से वाल्मीकि रामायण के 'किष्किंधा कांड' से अद्‌भुत काव्य पक्तियाँ संकलित हैं। साथ में कालिदास के 'ऋतुसंहार' और माघ के 'शिशुपाल वध' से उद्धरण चुने गये हैं। तुलसीदास का किष्किंधा कांड–शरद ऋतु के साथ है तो श्रीपति और राय देवी प्रसाद पूर्ण के इसी विषय के रोचक पद्य हैं। मैथिलीशरण गुप्त और सुमित्रानन्दन पंत की रचनाएँ हैं, रवीन्द्रनाथ की 'गीतांजलि' का उद्धरण प्रकाश है। आश्चर्यजनक बात यह भी है कि चीनी कवि सु-हुन की कविताई के भी कुछ अंश मौजूद हैं। हिन्दी के भाव-बोध को पूरी एशिया के भाव-बोध से जोड़ने का यह उद्यम सराहनीय है। यहाँ स. ही. वात्स्यायन का सम्पादकीय है–'सामयिक साहित्य नयी लीकें'। इस अंक में कहीं विष्णु डे का यामिनी राय की कला पर लेख है, तो कहीं देवेन्द्र सत्यार्थी, सियारामशरण गुप्त की कहानियाँ। मूल बात यह कि विषय सामग्री अपने वैविध्य में पाठक को चकित करने वाली हैं। 'प्रतीक' के सभी अंकों में नयी प्रतिभाओं के साथ, ज्ञान-विज्ञान के अनेक क्षेत्रों की सामग्री है। प्रतीक के 'प्रवेशांक' का यह कथन कि 'प्रतीक किसी दल का पत्र या आयोजन नहीं, देश की स्वाधीन साहित्य-चेतना का प्रतीक है।'' पाठक के मन में इस विश्वास को दृढ़ करता है। अपने सम्पादकीय जुलाई 1951 में अज्ञेय 'नये लेखक की समस्याएँ' पर ध्यान केन्द्रित किये रहे हैं। आज 'प्रतीक' के सभी अंकों की फाइल से गुजरना किसी भी पाठक के लिए एक अद्‌भुत-अपूर्व अनुभव है। सार संक्षेप यह कि 'प्रतीक' हिन्दी की साहित्यिक पत्रकारिता की गरिमा-महिमा की प्रतीक पत्रिका है। आज 'प्रतीक' के बहुत से अज्ञेय द्वारा लिखे लेख या सम्पादकीय अग्रलेख 'आत्मनेपद' 'केन्द्र और परिधि' तथा अन्य लेखों की पुस्तकों में समाविष्ट मिलते हैं, जिनसे अज्ञेय की निर्मम व्यापक साहित्य दृष्टि को परिलक्षित किया जा सकता है। अज्ञेय का संकल्प ''प्रतीक के पीछे जो उद्योग, जो योजना और जो आदर्श निहित है, वह पाठक की आलोचक बुद्धि को ही नहीं, संग्राहक संवेदना को भी छू सके, उसके साथ हमारा सम्बन्ध उत्पादक, वितरक और ग्राहकभोक्ता का न होकर भावक और रसिक का हो।'' (प्रथम अंक का संपादकीय) आज हिन्दी की साहित्यिक पत्रकारिता पर छाये बाजारवाद के दुर्दिनी बादल अज्ञेय जी के भावक-भोक्ता से कितनी दूर हो चुके हैं। यह बात 'प्रतीक' और 'नया प्रतीक' के अंकों से ही समझी जा सकती है। 'प्रतीक' के बन्द होने पर प्रतीक के अवदान को लेकर रघुवीर ने कहा है, ''प्रतीक बन्द होने के बाद हठात् यह मालूम हुआ कि अपने को कहने का, अपने को पहचानने का बहुत बड़ा साधन छिन गया।'' सन् 1952 में प्रतीक तो बन्द हो गया, लेकिन 'प्रतीक' की प्रेरणा-अग्नि से नये लेखक निरन्तर एक नयी गरमाहट पाकर आगे बढ़ते रहे हैं। यह भी सच है कि

'प्रतीक' के साहित्य-यज्ञ में अज्ञेय ने अपना तन-मन-धन सब कुछ झोंक दिया। 'नया कवि : आत्मस्वीकार' की काव्य-पंक्तियाँ पाठक के मन में 'प्रतीक' को लेकर अर्थ बहुत सन्दर्भ छोड़ देती है—'किसी का सत्य था—मैंने सन्दर्भ से जोड़ दिया।'

'प्रतीक' का 1973 में 'नया प्रतीक' के रूप में पुनः जन्म हुआ। 'नया प्रतीक' का प्रवेशांक दिसम्बर 1973 में पुनः दिनमान की तरह उदित हुआ। अज्ञेय जी ने 'प्रतीक' के पुराने दिनों की स्मृति को जगाते हुए लिखा कि "प्रतीक का पहला समारम्भ 1947 के ग्रीष्म में हुआ था, तब से इस नये और तीसरे समारम्भ तक एक चौथाई शती का अन्तराल पड़ गया है। जो व्यक्ति आज यह सम्पादकीय लिख रहा है, उसी ने तब भी सम्पादकीय टिप्पणी लिखी थी, इसी से ऐसा लग सकता है कि इतने लम्बे व्यवधान के बावजूद सारे आयोजन में एक निरन्तरता है।" किन्तु इस निरन्तरता और व्यवधान को पहचानते हुए अज्ञेय कहते हैं—"चौथाई शती का अन्तराल काफी बड़ा अन्तराल होता है और इस व्यवधान के कारण बदल गये परिवेश, परिस्थिति, रुचि और साहित्य प्रवृत्तियों की अनदेखी नहीं हो सकती।" अज्ञेय के मन में पाठकोन्मुख संवाद चलता है और अपने 'पाठ' पर वे पुनः पाठ करने पर आ जाते हैं कि काल और देश में बहुत बड़ा बदलाव आ गया है। उन्हें ध्यान है—"जिस तरह आजादी के बाद जन्म लेने वाली एक पूरी पीढ़ी बड़ी भी हो गयी है जो कि आज के उत्तरदायी नागरिकों की है और इसलिए प्रजातंत्र में हमारे शासन के आधार के लिए महत्त्व रखती है, उसी तरह 'प्रतीक' के पहले द्विमासिक रूप के बाद जन्म लेने वाले वयस्क पाठकों की भी एक नयी पीढ़ी हो गयी है--जिस पर नये साहित्य को निर्भर करना है, जिसकी रुचियों और जरूरतों को भी उसे प्रतिबिम्बित करना है।" इस कथन से जाहिर है कि अज्ञेय के पत्रकार-कर्म की प्रधान प्रेरणा रही है—पाठकों की रुचियों का परिष्कार। प्रवेशांक में आलोचक प्रवर रामस्वरूप चतुर्वेदी का लेख 'बोलचाल और सम्प्रेषण' के साथ कुँवर नारायण, सर्वेश्वर और शमशेर के साथ अज्ञेय की कविताएँ हैं। दो गम्भीर लेख हैं—'साक्षरता धर्म' और 'नृत्य के उद्गम'। निर्मल वर्मा के उपन्यास 'लाल टीन की छत पर' एक अध्याय है। 'साहित्यिक गतिविधियाँ' और फ्रेंच से अनूदित पियरे तेइयार द शार्दे का लेख 'प्रेम : मूल मानवीय ऊर्जा' के साथ नये लेखकों की रचनाएँ हैं। एक स्तम्भ 'सामयिक साहित्य' के अन्तर्गत ललित निबन्ध बनाम आत्म निबन्ध है। यहाँ एक आलोचक नवल किशोर की विवादग्रस्त पुस्तक 'मानववाद और साहित्य' की समीक्षा है।

'नये प्रतीक' के सम्पादक मण्डल में स. ही. वात्स्यायन का नाम सम्पादक के रूप में है। सलाहकार के रूप में पं. विद्यानिवास मिश्र, फणीश्वरनाथ रेणु,

कुँवरनारायण और रमेशचन्द्र शाह तथा सहायक के रूप में इला डालमिया और नन्द किशोर आचार्य। इस अंक में रघुवीर सहाय, सर्वेश्वरदयाल सक्सेना, शमशेर और अज्ञेय की कविताएँ हैं और 'युवा कविता' के नाम से धूमिल और लीलाधर जगूड़ी पर आलोचक रामस्वरूप चतुर्वेदी की मूल्यांकनपरक टिप्पणी है। चतुर्वेदी जी ने कहा है—''नयी कविता में रघुवीर सहाय ने अखबार से जो कविता रचने की कोशिश की थी, वह जैसे यहाँ उलट गयी है। युवा लेखन कविता को अखबार की तरह सनसनीखेज और असंवेदनशील बनाना चाहता है, स्त्री का एक चीज के रूप में वर्णन इसी दृष्टि का परिणाम है।'' चतुर्वेदी जी ने यह भी ध्यान दिलाया कि समकालीन कविता में रघुवीर सहाय के बाद भाषा के सरलीकरण में 'बयान' या 'वक्तव्य' केन्द्र में हो गया—सपाटबयानी का रचनात्मक प्रयोग भी समाप्त हो गया।

समकालीन सृजन चेतना और आलोचना दृष्टि को समझने के लिए 1973 से 1978 तक के 'नया प्रतीक' के अंकों का अध्ययन इस बात की पुष्टि करता है कि नये और पुराने सभी लेखकों का सहयोग सम्पादक को मिलता है। नयी से नयी बहसों को साहित्य क्षेत्र में 'नया प्रतीक' आमान्त्रित करता है। यहाँ यह भाव नहीं है कि जो हमारे साथ नहीं है—वह हमारा शत्रु है। 'नया प्रतीक' सभी के लिए खुला मंच है और व्यावसायिकता से दूर है। नये ढंग का आलोचनात्मक चिन्तन 'नया प्रतीक' केन्द्र में लाकर सभी को देता है। अज्ञेय के मन में मुक्तिबोध और शमशेर के लिए बहुत सम्मान का भाव है। नयी मीडिया क्रान्ति या सूचना संचार क्रान्ति की भाषा को लेकर अज्ञेय का माथा गरम है, क्योंकि वह सांस्कृतिक बिखराव के साथ उथलापन भाषा में ला रहा है। साहित्य का वैश्विक परिपार्श्व 'नया प्रतीक' का स्थायी सरोकार है और विदेशी रचनाकारों के भावनानुवाद कभी 'जापानी विशेषांक', कभी 'जर्मन विशेषांक' 'नया प्रतीक' में एक नया अध्याय जोड़ते हैं। नयी साहित्यिक विधाओं पर विचारपरक लेख और विश्लेषणात्मक मूल्यांकन रहता है। आज कहा जा सकता है कि 'नया प्रतीक' हिन्दी की परिपक्व साहित्यिक पत्रकारिता का प्रतिमान रहा है।

यह तो साहित्यिक पत्रिका के क्षेत्र में अज्ञेय का ही साहस था कि वह अपने पत्र के सलाहकार रमेशचन्द्र शाह के प्रति खासी नाराजगी व्यक्त कर सकें। सन्दर्भ यह है कि शाहजी के लम्बे लेख और अशोक वाजपेयी द्वारा सम्पादित सरकारी पत्रिका 'पूर्वग्रह' में धड़ाधड़ छप रहे थे। अज्ञेय जी ने अनुभव किया कि शाहजी सरकारी पत्र को 'नये प्रतीक' से ज्यादा तरजीह दे रहे हैं। रमेशचन्द्र शाह ने 'अज्ञेय : मेरी स्मृति के परिदृश्य में' लिखा है—''उन्होंने (अज्ञेयजी) 'नया प्रतीक' निकाला और उसके सलाहकारों में मुझे शामिल किया। इधर भोपाल से मेरे मित्र अशोक

वाजपेयी के सम्पादन में 'पूर्वग्रह' नामक एक आलोचना की पत्रिका निकलने लगी। जिसके पहले ही अंक में 'फिर बैतलवा डाल पर' शीर्षक से 'नया प्रतीक' की खासी खबर ली गयी थी। स्वयं अशोक जी 'नया प्रतीक' के सलाहकार रूप में मेरा नाम जुड़ा देखकर अत्यधिक क्षुब्ध थे... 'इतिहास आपको कभी माफ नहीं करेगा।' उन्होंने मुझसे कहा था। इतिहास की यह अवधारणा मेरे लिए नयी थी। सहयोगी और सलाहकार तो मैं अशोक जी का भी था ही। ××× अज्ञेय का कृतित्व ही नहीं, चिंतन भी मुझे, संस्कृति और समकालीन परिस्थिति, दोनों ही स्तरों पर अपनी तर्कशुद्ध स्पष्टता और देशकाल-निष्ठ जागरूकता के कारण सर्वाधिक सक्षम और संवेदनशील लगता था। सांस्कृतिक दृष्टि से ही नहीं, राजनीति दृष्टि से भी। मगर तत्कालीन हिन्दी की साहित्यिक राजनीति मुझे लगता है–किन्हीं और ही प्रेरणाओं से परिचालित हो रही थी जो मेरे लिए निरर्थक थी। अज्ञेय सरीखे जागरूक और सतत विकासमान कवि के चिन्तन की अप्रासंगिकता स्वतःसिद्ध मान ली जाए, यह बात किसी तरह अपने गले उतरने वाली नहीं थी। 'इण्टैलैक्चुअल' की मेरी अवधारणा में इस तरह की इतिहासपरस्ती के लिए कोई गुंजाइश नहीं निकाली थी।

'नया प्रतीक' में मेरी रचनाएँ बराबर छपती रहीं। किन्तु आलोचनात्मक लेख ज्यादातर 'पूर्वग्रह' में छपे। पीछे मुड़कर देखने पर यही प्रतीत होता है कि आलोचनात्मक विचार के स्तर पर जिस तरह के संवाद और सहयोग की अपेक्षा वात्स्यायन जी को मुझसे मन ही मन रही होगी, उसे मैं पूरा नहीं कर पाया। इसका पता मुझे तब चला, जब अपनी एक चिट्ठी (29 अप्रैल 1977) में उन्होंने मुझे उलाहना दिया कि 'आप सलाह तो मुझे देते हैं और लेख ऐसी पत्रिकाओं को जिनके कारण साहित्यिक पत्रिकाओं पर सबसे अधिक संकट आता है।' इस तर्क को जितनी स्पष्टता से आज मैं समझ पाता हूँ, उतना तब नहीं समझ सका था।'' इस तरह की शिकायत के बावजूद अज्ञेय जी के मन में शाह जी के प्रति आत्मीयता बराबर बनी रही और खूब छनी। उन्होंने 'कुमार स्वामी अंक' तथा अफ्रीकी साहित्य अंक की योजना में शाह जी को बड़ा दायित्व भी सौंपा।

अज्ञेय को 'संवाद' की खोज निरन्तर रही और 'प्रतीक', 'नया प्रतीक' में उन्होंने भेंटवार्ता को महत्त्वपूर्ण स्थान दिया। प्रश्नोत्तर रूप में जून 1977 के अंक में लोठार लुत्से और फणीश्वरनाथ रेणु से भेंटवार्ता छपी है। उन्होंने ज्ञान-विज्ञान के सभी अनुशासनों में साहित्य की स्थिति को केन्द्रीय माना और इसीलिए पत्रकारिता के स्वायत्त महत्त्व को बराबर रेखांकित किया। पन्त जी के देहावसान पर हिन्दी-समाज की उदासीनता से अज्ञेय को बहुत पीड़ा हुई। जनवरी 1978 का अंक देखिए, जिसमें उन्होंने कहा–''क्या हिन्दी समाज व्यक्तिगत रूप से पंतजी

के प्रति ही इतना उदासीन हो गया था कि रोग इससे अधिक गहरा है? पिछले कई वर्षों में हमारे सामाजिक और सांस्कृतिक जीवन का जिस तरह का राजनीतिकरण हुआ है, क्या यह उसी का एक पहलू है? उन्होंने प्रश्न उठाया कि हमारी समूची संस्कृति की यह अधोगति क्यों?

संस्कृति और साहित्य के साथ पत्रकारिता की चिन्ता करने वाले अज्ञेय जी साहित्य और सम्प्रेषण को अभिन्न मानते रहे। शायद ही किसी समकालीन लेखक और पत्रकार ने सम्प्रेषण पर इतना अधिक जोर दिया हो। वास्तव में, वह स्वयं दो पीढ़ियों में संवाद-सेतु थे। 'मैं वहाँ हूँ' कविता में उन्होंने कहा भी है–"यह नहीं कि मैं भागता हूँ : मैं सेतु हूँ–जो है जो हो गया दोनों को मिलाता हूँ।" 'मैं साधना हूँ तो मैं प्रयत्न में कभी शिथिल न होने का निश्चय हूँ। मैं संघर्ष हूँ जिसे विश्राम नहीं। जो है उसे मैं बदलता हूँ, जो मेरा कर्म है उसमें मुझे संशय का नाम नहीं। दूर-दूर-दूर मैं वहाँ हूँ।" अज्ञेय मानते थे कि साहित्य का समाज परिवर्तन में बड़ा योग होता है। प्रगति का अर्थ केवल विकास की दिशा मानने वालों से वे कभी सहमत नहीं हो सके। क्योंकि रचना-कर्म सांस्कृतिक-कर्म है और संस्कृति की चिन्ता अज्ञेय जी की बुनियादी चिन्ता रही है। 'प्रतीक' स्रष्टा होने के नाते मनुष्य पहला स्वाधीन प्राणी है। उसकी सम्भावनाएँ पूर्वानुमान से परे चली जाती हैं। अर्थवान शब्द और रूपकार्थ के साथ जुड़ा होने के नाते साहित्य भी इस अर्थ में अपूर्वानुमेय है। साहित्य हो या पत्रकारिता अज्ञेय बहुपठित-बहुश्रुत कृतित्व-व्यक्तित्व चिन्तन की मानवेन्द्री, लोहियावादी सीमाओं का अतिक्रमण करते हुए उससे आगे जाते हैं। तभी तो उनके विचार से श्रेष्ठ साहित्य समाज को बदलने से ज्यादा उसे मुक्त करने का दायित्व निभाता है। मानव-मात्र की स्वाधीनता के अन्वेषी अज्ञेय जी ने जीवन भर यही किया-जिया है कि स्वाधीनता सर्वोपरि मूल्य है, हमें हर कीमत देकर इस मूल्य की रक्षा करनी चाहिए। साहित्य-कर्म और पत्रकार-कर्म की दुहरी साधना का तप अज्ञेय जी से कहला सका है–

किन्तु शून्य से शून्य तक का सतरंगी सेतु नहीं
वह सेतु जो मानव से मानव का हाथ मिलने से बनता है
जो हृदय से हृदय को, श्रम की शिखा से श्रम की शिखा को
कल्पना के पंख से कल्पना के पंख को
विवेक की किरण से विवेक की किरण को
अनुभव के स्तम्भ से अनुभव के स्तम्भ को मिलाता है,
जो मानव को एक करता है

समूह का अनुभव जिसकी मेहराबें हैं
और जन जीवन की अजस्र प्रवाहमयी नदी जिसके,
नीचे से बहती है
मुड़ती, बलखाती, नये मार्ग फोड़ती, नये करारे तोड़ती,
चिर परिवर्तनशीला, सागर की ओर जाती, जाती, जाती...
मैं वहाँ हूँ—दूर, दूर, दूर!

परिशिष्ट (क)

रचनाकार : अज्ञेय का जीवन वृत्त

नाम	–	सच्चिदानन्द वात्स्यायन
	–	बचपन का नाम–सच्चा
	–	ललित निबन्धकार नाम–कुट्टिचातन
	–	रचनाकार नाम–अज्ञेय
	–	(जैनेन्द्र-प्रेमचन्द का दिया नाम है–अज्ञेय)
	–	व्यन्ती देवी–पण्डित हीरानन्द शास्त्री
1911	–	(7 मार्च) जन्म कुशीनगर (कसया) जिला देवरिया (उ. प्र.) में एक पुरातत्त्व-उत्खनन शिविर में।
1915	–	बचपन, लखनऊ में, संस्कृत मौखिक परम्परा से शिक्षा का आरम्भ।
1929	–	श्रीनगर एवं जम्मू में, संस्कृत, फारसी और अंग्रेजी की प्रारम्भिक शिक्षा।
1921	–	उडुपी (नीलगिरि) में मध्वाचार्च-संस्थान में यज्ञोपवीत संस्कार।
1925	–	नालन्दा एवं पटना में स्वर्गीय काशीप्रसाद जायसवाल रायबहादुर हीरालाल और स्व. राखालदास बन्द्योपाध्याय का सम्पर्क मिला।
	–	स्व. राखलादास बन्द्योपाध्याय से बंगला सीखी।
	–	सन् 1921 में माँ के साथ जलियाँवाला काण्ड की घटना को लेकर पंजाब-यात्रा के फलस्वरूप देशभक्ति का संकल्प और अंग्रेजी साम्राज्यवाद के प्रति विद्रोह की भावना।
	–	पंजाब से 1925 में प्राइवेट हाईस्कूल की परीक्षा उत्तीर्ण की।
1927	–	इण्टर–साहित्य क्रिश्चियन कॉलेज, मद्रास।
1929	–	बी.एससी.–फारमन कॉलेज, लाहौर से–प्रथम श्रेणी में प्रथम।

— मद्रास में अंग्रेजी के प्रोफेसर एण्डरसन के साथ टैगोर-मण्डल की स्थापना।

— लाहौर में अमेरिकी प्रोफेसर जे.बी. बनेड एवं प्रोफेसर डोनियल से सम्पर्क।

— लाहौर में क्रान्तिकारी जीवन का श्रीगणेश हिन्दुस्तान रिपब्लिकन पार्टी से जुड़े चन्द्रशेखर आजाद, भगवतीचरण वोहरा, सुखदेव के सम्पर्क में आने पर हुआ।

— पहली कहानी 1924 में पंजाब की यात्रा के फलस्वरूप, अंग्रेजी साम्राज्यवाद के प्रति विद्रोह भावना का जन्म।

1936 — क्रान्तिकारी जीवन

— हिन्दुस्तान रिपब्लिकन आर्मी में सक्रियता।

— वहीं पर देवराज, कमल कृष्ण एवं वेदप्रकाश नन्दा से परिचय।

— 1930 में भगतसिंह को छुड़ाने का प्रयत्न। लेकिन भगवतीचरण वोहरा के एक घटना में शहीद हो जाने के कारण योजना का स्थगन।

— दिल्ली में हिमालयन टॉयलेट फैक्टरी में बम बनाने का कार्य क्रान्तिकारी मित्रों के साथ आरम्भ किया, जिसकी परिणति अमृतसर में ऐसी ही फैक्टरी कायम करने के सिलसिले में 15 नवम्बर, 1930 में देवराज एवं कमल कृष्ण के साथ गिरफ्तारी में हुई।

— एक महीने लाहौर जेल में, तत्पश्चात् अमृतसर की हवालात में बन्द रहे।

— 1931 में अन्य मुकदमा जो 1933 तक चला। दिल्ली जेल में कालकोठरी में बन्द रहे। इसी बीच 'चिन्ता' काव्य एवं 'शेखर : एक जीवनी' यहीं पर सृजित हुआ। साथ ही 'भग्नदूत' की कविताओं का प्रकाशन।

— सन् 1933 में अपने घर में नजरबन्द। घर लौटने पर छोटे एवं माता की मृत्यु पर दुःख तथा पिता की नौकरी से सेवानिवृत्ति।

— क्रान्तिकारी जीवन में 'रावी' के तट पर छलांग लगाने से घुटने की टोपी उतर गयी जिसकी पीड़ा जीवन-भर झेलते रहे।

1936 — जीवन में आजीविका की तलाश। 'सैनिक' अखबार आगरा में श्री कृष्णदत्त पालीवाल के साथ साल भर 'सैनिक' के सम्पादक मण्डल में रहे।

	–	इसी समय किसान आन्दोलन में सक्रिय रहे।
	–	इसी अवधि में रामविलास शर्मा, प्रकाशचन्द्र गुप्त, भारतभूषण अग्रवाल, प्रभाकर माचवे तथा नेमिचन्द्र जैन से परिचय हुआ।
1937	–	पण्डित बनारसीदास चतुर्वेदी के आग्रह पर 'विशाल भारत' में गये। लगभग डेढ़ वर्ष वहाँ रहे। यहीं पर पुलिनसेन, बुद्धदेव एवं आचार्य हजारीप्रसाद द्विवेदी के साथ बलराज साहनी के परिचय में आये।
	–	व्यक्तिगत कारणों से 'विशाल भारत' छोड़कर पिता के पास बड़ौदा रहे।
	–	विदेश जाने का कार्यक्रम युद्ध छिड़ जाने के कारण स्थगित करना पड़ा और रेडियो में नौकरी कर ली। इस दौरान साहित्य के अनेक पक्षों से गहन-सम्पर्क हुआ। सन् 1937 में ही 'विपथगा' का प्रकाशन हुआ।
1940	–	जुलाई 1940 में सिविल पद्धति से बंगाली युवती सन्तोष से विवाह। अनमन होने से अगस्त 1940 में ही सन्तोष से अलग हो गये। सन् 1946 में पूरी तरह विवाह-विच्छेद।
1941	–	'शेखर : एक जीवनी' का प्रकाशन। हर ओर विरोध और प्रशंसा का दौर।
1942	–	दिल्ली में अखिल भारतीय फासिस्ट विरोधी सम्मेलन का आयोजन एवं प्रगतिशील लेखक संघ के सदस्यों में कृश्नचन्दर एवं शिवदान सिंह के साथ। इसी सम्मेलन में प्रगतिशील गुट से अलगाव।
	–	इसी वर्ष 'आधुनिक हिन्दी साहित्य' का सम्पादन।
1943	–	'तारसप्तक' का सम्पादन। हिन्दी आलोचना में भूचाल।
	–	सेना में नौकरी—असम-दर्मा फ्रंट पर नियुक्ति।
1944	–	'शेखर : एक जीवनी' के दूसरे भाग का प्रकाशन 'परम्परा' का प्रकाशन।
1945	–	सेना की नौकरी से मुक्ति पाने का आवेदन जो 1946 में स्वीकृत। 'कोठरी की बात' का प्रकाशन।
1946	–	गुरुदासपुर पंजाब में पिता की मृत्यु से भारी धक्का।
	–	मेरठ साहित्य परिषद् की स्थापना।
	–	'इत्यलम्' 'प्रियजन डेज एण्ड अदर पोयम्स' एवं जैनेन्द्र के उपन्यास 'त्यागपत्र' का 'दि रिजिग्नेशन' नाम से अंग्रेजी अनुवाद का प्रकाशन।

1947-55 – इलाहाबाद और फिर दिल्ली से 'प्रतीक' पत्रिका का सम्पादन। दिल्ली ऑल इण्डिया रेडियो में कार्य। इसी काल में 'बावरा अहेरी', 'नदी के द्वीप', 'अरे यायावर रहेगा याद' तथा 'जयदोल' का प्रकाशन, सांस्कृतिक स्थलों का भ्रमण।

– 'दूसरा सप्तक' का 1951 में सम्पादन।

– मानवेन्द्र राय के साथ गहन सम्पर्क तथा प्रभाव।

– अंग्रेजी पत्रिका 'वाक्' का सम्पादन।

1955-56 – यूनेस्को की ओर से भारत-भ्रमण। कपिला मलिक से विवाह।

1957-58 – जापान-भ्रमण। ज़ेन-बुद्धिज्म का प्रभाव।

– 'इन्द्रधनु रौंदे हुए' का प्रकाशन। कुछ समय तक इलाहाबाद में निवास।

1958-60 – 'तीसरा सप्तक' का 1959 में सम्पादन।

– यूरोप-भ्रमण एवं 'पिएर-द क्विर' के मठ में एकान्तवास।

1961-64 – 'आँगन के पार द्वार' काव्य-संग्रह पर साहित्य अकादेमी, दिल्ली से पुरस्कार।

– कैलिफोर्निया विश्वविद्यालय में भारतीय संस्कृति एवं साहित्य के प्रोफेसर।

– 'अपने-अपने अजनबी' उपन्यास का प्रकाशन।

– इस बीच अमेरिकी कवियों के सहयोग से हिन्दी कवियों और अपनी कविताओं के अनुवाद किये।

1964-71 – 'दिनमान' साप्ताहिक का सम्पादन।

– इसी बीच आस्ट्रेलिया, पूर्वी यूरोप के देशों, सोवियत यूनियन एवं मध्य यूरोप के देशों की यात्रा एवं व्याख्यान।

– 1969 में 'दिनमान' से अलग हो गये। तत्पश्चात् कुछ समय तक बर्कले विश्वविद्यालय में विजिटिंग प्रोफेसर।

1977 – सन् 1971-72 में जोधपुर विश्वविद्यालय में 'तुलनात्मक-साहित्य' के प्रोफेसर।

– 1973-74 में जयप्रकाश नारायण के अनुरोध पर 'एवरीमैन्स वीकली' का सम्पादन।

– दिसम्बर 1973 में 'नया प्रतीक' का प्रकाशन-सम्पादन। अल्मोड़ा के पास उत्तर वृन्दावन में श्रीकृष्ण प्रेम आश्रम में कुछ समय निवास।

— 1976 में छह माह के लिए हाइडेलबर्ग-जर्मनी के विश्वविद्यालय में अतिथि प्रोफेसर।

— आपातकाल का गहरा विरोध तथा उद्विग्नता।

1977-80 — प्रमुख हिन्दी दैनिक 'नवभारत टाइम्स' का सम्पादन।

— 'कितनी नावों में कितनी बार' कविता-संग्रह पर 'भारतीय ज्ञानपीठ पुरस्कार।'

— 1979 में पुरस्कार राशि के साथ अपनी राशि जोड़कर 'वत्सल निधि' की स्थापना—1980 में।

— 'चौथा सप्तक' का सम्पादन।

1980-87 — 'वत्सल निधि' के तत्त्वावधान में प्रतिवर्ष लेखन-शिविरों, हीरानन्द शास्त्री व्याख्यानों एवं रायकृष्णदास व्याख्यानों का आयोजन।

— 'जन-जानकी यात्रा' एवं 'भागवत भूमि यात्रा' का आयोजन, जिनमें प्रमुख लेखक सम्मिलित होते रहे।

— 1983 में स्त्रुगा-यूगोस्लाविया के कविता-सम्मान 'गोल्डन रीथ' से सम्मानित।

— 1984 में हालैण्ड के 'पोयट्री इंटरनेशनल' में भागेदारी।

— 1985 में साहित्य अकादेमी के शिष्ट मण्डल में चीन-यात्रा।

— 1986 में फ्रेंकफर्ट पुस्तक मेले में शिरकत।

— 1987 में 'भारत-भारती' सम्मान की घोषणा।

— भारत-भवन, भोपाल में आयोजित 'कवि-भारती' समारोह में भागेदारी।

— 4 अप्रैल, 1987 की सुबह, दिल्ली में देहावसान।

परिशिष्ट (ख)

रचनाएँ

कविता

1.	भग्नदूत	वी.एच. वात्स्यायन, लाहौर	1933
2.	चिंता	सरस्वती प्रेस, बनारस	1942
3.	इत्यलम्	प्रतीक प्रकाशन, दिल्ली	1946
4.	हरी घास पर क्षण भर	प्रगति प्रकाशन, दिल्ली	1949
5.	बावरा अहेरी	भारतीय ज्ञानपीठ, दिल्ली	1954
6.	इंद्रधनु रौंदे हुए ये	सरस्वती प्रेस, बनारस	1957
7.	अरी ओ करुणा प्रभामय	भारतीय ज्ञानपीठ, काशी	1959
8.	पुष्करिणी	साहित्य सदन, झाँसी	1959
9.	आँगन के पार द्वार	भारतीय ज्ञानपीठ, काशी	1961
10.	पूर्वा (भग्नदूत, इत्यलम्, हरी घास पर क्षण भर का संकलन)	राजपाल एंड संज, दिल्ली	1965
11.	सुनहले शैवाल	अक्षर प्रकाशन, नई दिल्ली	1966
12.	कितनी नावों में कितनी बार	भारतीय ज्ञानपीठ, काशी	1967
13.	क्योंकि मैं उसे जानता हूँ	भारतीय ज्ञानपीठ, काशी	1970
14.	सागर मुद्रा	राजपाल एंड संज, दिल्ली	1970
15.	पहले मैं सन्नाटा बुनता हूँ	राजपाल एंड संज, दिल्ली	1974
16.	महावृक्ष के नीचे	राजपाल एंड संज, दिल्ली	1977
17.	नदी की बाँक पर छाया	राजपाल एंड संज, दिल्ली	1981
18.	सदानीरा (दो खंडों में)	नेशनल पब्लिशिंग हाउस, दिल्ली	1984

19.	**ऐसा कोई घर आपने देखा है**	नेशनल पब्लिशिंग हाउस, दिल्ली	1986
20.	**मरुस्थल**	प्रभात प्रकाशन, दिल्ली	1995
21.	**प्रिजन डेज एंड अदर पोयम्स**	रूपा प्रकाशन, दिल्ली	2011
22.	**अज्ञेय रचनावली** सं. कृष्णदत्त पालीवाल	भारतीय ज्ञानपीठ	2011

नाटक

1.	**उत्तर प्रियदर्शी**	अक्षर प्रकाशन, दिल्ली	1967

संग्रह

1.	**विपथगा**	भारती भंडार, लीडर प्रेस, इलाहाबाद	1937
2.	**परंपरा**	सरस्वती प्रेस, बनारस	1944
3.	**अमर वल्लरी और अन्य कहानियाँ**	सरस्वती प्रेस, बनारस	
4.	**कड़ियाँ तथा अन्य कहानियाँ**	सरस्वती प्रेस, बनारस	
5.	**कोठरी की बात**	प्रतीक प्रकाशन, बनारस	1945
6.	**शरणार्थी**	शारदा प्रकाशन, बनारस	1948
7.	**जयदोल**	प्रगति प्रकाशन, नई दिल्ली	1951
8.	**से तेरे प्रतिरूप**	राजपाल एंड संज, दिल्ली	1961
9.	**सम्पूर्ण कहानियाँ (दो खंडों में)**	राजपाल एंड संज, दिल्ली	1975

उपन्यास

1.	**शेखर : एक जीवनी खंड-1**	सरस्वती प्रेस, बनारस	1941
	शेखर : एक जीवनी खंड-2	सरस्वती प्रेस, बनारस	1944
2.	**नदी के द्वीप**	सरस्वती प्रेस, बनारस	1951
	(Trans. Island in the Stream)		1979
3.	**अपने-अपने अजनबी**	भारतीय ज्ञानपीठ, काशी	1961
	(Trans. To each his Stranger)		1967/82
4.	**बारह खंभा-संयुक्त कृति दस अन्य लेखकों के संग एक प्रयोग**	प्रभात प्रकाशन, दिल्ली	1951
5.	**छाया मेखल**	प्रभात प्रकाशन, दिल्ली	2000
6.	**बीनू भगत**	प्रभात प्रकाशन, दिल्ली	2000

डायरी/यात्रा

1. भवन्ती	राजपाल एंड संज, दिल्ली (64-70)	1967
2. अंतरा	राजपाल एंड संज, दिल्ली (70-74)	1975
3. शाश्वती	राजपाल एंड संज, दिल्ली (75-79)	1979
4. शेषा	प्रभात प्रकाशन, दिल्ली	1995
5. अरे यायावर रहेगा याद	सरस्वती प्रेस, बनारस	1953
6. एक बूँद सहसा उछली	भारतीय ज्ञानपीठ, दिल्ली	1960

निबन्ध/गद्य

1. त्रिशंकु	सरस्वती प्रेस, बनारस	1945
2. सबरंग		1946
3. आत्मनेपद	भारतीय ज्ञानपीठ, काशी	1960
4. हिन्दी साहित्य : एक आधुनिक परिदृश्य	अभिनव भारती ग्रंथमाला, कलकत्ता	1967
5. सबरंग और कुछ राग		1969
6. आलवाल	राजकमल, दिल्ली	1971
7. लिखि कागद कोरे	राजपाल एंड संज, दिल्ली	1972
8. अद्यतन	सरस्वती विहार, दिल्ली	1977
9. जोग लिखी	राजपाल एंड संज, दिल्ली	1977
10. संवत्सर	नेशनल पब्लिशिंग हाउस, दिल्ली	1978
11. स्रोत और सेतु	राजपाल एंड संज, दिल्ली	1978
12. व्यक्ति और व्यवस्था	नेशनल पब्लिशिंग हाउस, दिल्ली	1979
13. अपरोक्ष	सरस्वती विहार, दिल्ली	1979
14. युग संधियों पर	सरस्वती विहार, दिल्ली	1981
15. धारा और किनारे	सरस्वती विहार, दिल्ली	1982
16. स्मृति लेखा	नेशनल पब्लिशिंग हाउस, दिल्ली	1982
17. कहाँ है द्वारका	राजपाल एंड संज, दिल्ली	1982
18. छाया का जंगल	सरस्वती विहार, दिल्ली	1984
19. अ सेंस आव टाइम	ओ.यू.पी., दिल्ली	1981
20. स्मृतिछन्दा	नेशनल पब्लिशिंग हाउस, दिल्ली	1989
21. आत्मपरक	नेशनल पब्लिशिंग हाउस, दिल्ली	1983

22. **केन्द्र और परिधि** नेशनल पब्लिशिंग हाउस, दिल्ली 1984

अनुवाद

1. अंग्रेजी 'विजिर' स एलीफेंट (इवो आंद्रिक) से 'वज़ीर का फ़ीला'
2. अंग्रेजी 'विवेकानन्द' (रोमाँ रोलाँ) से हिन्दी 'विवेकानन्द'
3. हिन्दी 'त्यागपत्र' (जैनेन्द्र कुमार) से अंग्रेज़ी 'द रेजिग्नेशन' 1946
4. बाङ्ला 'गोरा' (रवीन्द्रनाथ ठाकुर) से हिन्दी 'गोरा'
5. बाङ्ला 'राजा' (रवीन्द्रनाथ ठाकुर) से हिन्दी 'राजा'
6. लागरक्विस्त के तीन उपन्यासों का अंग्रेजी से हिन्दी अनुवाद
7. बाङ्ला 'श्रीकान्त' (शरतचन्द्र चट्टोपाध्याय) से हिन्दी 'श्रीकान्त'
8. लिंकन वाणी 1959

सम्पादित ग्रन्थ

आधुनिक हिन्दी साहित्य (1940)	मेरठ, साहित्य-संस्थान
तारसप्तक (1943)	द्वितीय परिवर्द्धित संस्करण-1963
दूसरा सप्तक (1951)	प्रगति प्रकाशन, दिल्ली
तीसरा सप्तक (1959)	भारतीय ज्ञानपीठ, काशी
चौथा सप्तक (1978)	सरस्वती विहार, दिल्ली
पुष्करिणी (1959)	साहित्य-सदन, झाँसी
नये एकांकी (1952)	

नेहरू अभिनन्दन ग्रन्थ (संयुक्त रूप से, 1949)

रूपाम्बरा (हिन्दी प्रकृति काव्य-संकलन, 1960), भारतीय ज्ञानपीठ, दिल्ली

सर्जन और संप्रेषण (वत्सल निधि लेखक शिविर, लखनऊ, नेशनल पब्लिशिंग हाउस, नयी दिल्ली, 1985)

साहित्य का परिवेश (वत्सल निधि लेखक शिविर, आबू, नेशनल पब्लिशिंग हाउस, नयी दिल्ली, 1985)

साहित्य और समाज परिवर्तन (वत्सल निधि लेखक शिविर, बरगी नगर, नेशनल पब्लिशिंग हाउस, नयी दिल्ली, 1986)

समकालीन कविता में छन्द (वत्सल निधि लेखक शिविर, बोधगया, नेशनल पब्लिशिंग हाउस, नयी दिल्ली, 1987)

स्मृति के परिदृश्य (संवत्सर व्याख्यानमाला, साहित्य अकादेमी, नयी दिल्ली, 1987)

भविष्य और साहित्य (वत्सल निधि लेखक शिविर, जम्मू, नेशनल पब्लिशिंग हाउस, नयी दिल्ली, 1989)

होमवती स्मारक ग्रन्थ

'नये साहित्य-स्रष्टा' ग्रन्थमाला (भारतीय ज्ञानपीठ) में

रघुवीर सहाय, सर्वेश्वर दयाल सक्सेना, अजित कुमार, शांति मेहरोत्रा के रचना-संकलन

भारतीय कला-दृष्टि, प्रभात प्रकाशन, दिल्ली

जन जनक जानकी, प्रभात प्रकाशन, दिल्ली

सामाजिक-यथार्थ और कला-भाषा : 1986

भागवत भूमियात्रा, प्रभात प्रकाशन, दिल्ली, 2010

संयोजन—**कृष्णदत्त पालीवाल**

22. **केन्द्र और परिधि** नेशनल पब्लिशिंग हाउस, दिल्ली 1984

अनुवाद

1. अंग्रेजी 'विजिर' स एलीफेंट (इवो आंद्रिक) से 'वज़ीर का फ़ीला'
2. अंग्रेजी 'विवेकानन्द' (रोमाँ रोलाँ) से हिन्दी 'विवेकानन्द'
3. हिन्दी 'त्यागपत्र' (जैनेन्द्र कुमार) से अंग्रेज़ी 'द रेजिग्नेशन' 1946
4. बाङ्ला 'गोरा' (रवीन्द्रनाथ ठाकुर) से हिन्दी 'गोरा'
5. बाङ्ला 'राजा' (रवीन्द्रनाथ ठाकुर) से हिन्दी 'राजा'
6. लागरक्विस्त के तीन उपन्यासों का अंग्रेजी से हिन्दी अनुवाद
7. बाङ्ला 'श्रीकान्त' (शरतचन्द्र चट्टोपाध्याय) से हिन्दी 'श्रीकान्त'
8. लिंकन वाणी 1959

सम्पादित ग्रन्थ

आधुनिक हिन्दी साहित्य (1940)	मेरठ, साहित्य-संस्थान
तारसप्तक (1943)	द्वितीय परिवर्द्धित संस्करण-1963
दूसरा सप्तक (1951)	प्रगति प्रकाशन, दिल्ली
तीसरा सप्तक (1959)	भारतीय ज्ञानपीठ, काशी
चौथा सप्तक (1978)	सरस्वती विहार, दिल्ली
पुष्करिणी (1959)	साहित्य-सदन, झाँसी

नये एकांकी (1952)

नेहरू अभिनन्दन ग्रन्थ (संयुक्त रूप से, 1949)

रूपाम्बरा (हिन्दी प्रकृति काव्य-संकलन, 1960), भारतीय ज्ञानपीठ, दिल्ली

सर्जन और संप्रेषण (वत्सल निधि लेखक शिविर, लखनऊ, नेशनल पब्लिशिंग हाउस, नयी दिल्ली, 1985)

साहित्य का परिवेश (वत्सल निधि लेखक शिविर, आबू, नेशनल पब्लिशिंग हाउस, नयी दिल्ली, 1985)

साहित्य और समाज परिवर्तन (वत्सल निधि लेखक शिविर, बरगी नगर, नेशनल पब्लिशिंग हाउस, नयी दिल्ली, 1986)

समकालीन कविता में छन्द (वत्सल निधि लेखक शिविर, बोधगया, नेशनल पब्लिशिंग हाउस, नयी दिल्ली, 1987)

स्मृति के परिदृश्य (संवत्सर व्याख्यानमाला, साहित्य अकादेमी, नयी दिल्ली, 1987)

भविष्य और साहित्य (वत्सल निधि लेखक शिविर, जम्मू, नेशनल पब्लिशिंग हाउस, नयी दिल्ली, 1989)
होमवती स्मारक ग्रन्थ
'नये साहित्य-स्रष्टा' ग्रन्थमाला (भारतीय ज्ञानपीठ) में
रघुवीर सहाय, सर्वेश्वर दयाल सक्सेना, अजित कुमार, शांति मेहरोत्रा के रचना-संकलन
भारतीय कला-दृष्टि, प्रभात प्रकाशन, दिल्ली
जन जनक जानकी, प्रभात प्रकाशन, दिल्ली
सामाजिक-यथार्थ और कला-भाषा : 1986
भागवत भूमियात्रा, प्रभात प्रकाशन, दिल्ली, 2010

संयोजन—**कृष्णदत्त पालीवाल**